U0807589

本书得到南京大学“985”三期工程、国家自然科学基金项目
“面向知识服务的知识组织模式与应用研究”
（项目批准号：71273126）的资助。

图书情报与档案管理创新丛书

面向知识服务的知识组织理论与方法

苏新宁 等 著

科学出版社

北京

内 容 简 介

本书主要从知识服务的角度探讨了知识组织的理论、技术与方法，并注重于各类知识组织的数据结构的设计。全书阐述了知识组织的科学理论基础，并从用户的知识需求出发，架构了面向知识服务的知识组织体系，设计了主题词表和分类表的及其组织结构，探讨了语义信息的知识组织、复杂网络的深层组织、知识地图的数据组织、文本中知识点的链接组织、用户行为的信息组织、引用关系（引文索引）的数据结构、知识库的结构与组织、数据仓库的逻辑组织。还对不同类型的知识组织给出了一些应用实例。

本书是知识服务实践者、知识服务系统开发者的良师益友，是知识组织研究实践性的成果，可作为计算机科学、信息管理等学科研究生、高年级本科生的研究读本和教学参考书。

图书在版编目(CIP)数据

面向知识服务的知识组织理论与方法 / 苏新宁等著．—北京：科学出版社，2014.3

（图书情报与档案管理创新丛书）

ISBN 978-7-03-040220-2

Ⅰ.①面…　Ⅱ.①苏…　Ⅲ.①情报服务－研究　Ⅳ.①G358

中国版本图书馆 CIP 数据核字（2014）第 048994 号

责任编辑：李　敏　刘　超 / 责任校对：朱光兰
责任印制：徐晓晨 / 封面设计：王　浩

科学出版社 出版
北京东黄城根北街 16 号
邮政编码：100717
http://www.sciencep.com

北京厚诚则铭印刷科技有限公司 印刷
科学出版社发行　各地新华书店经销

*

2014 年 3 月第　一　版　开本：787×1092 1/16
2021 年 1 月第五次印刷　印张：16　插页：2
字数：350 000

定价：138.00 元

（如有印装质量问题，我社负责调换）

《面向知识服务的知识组织理论与方法》编写组成员

苏新宁　谢　靖　徐绪堪　沈　思

虞　为　王东波　郑昌兴　韩　普

吴　凯　朱云霞　蒋　勋　刘喜文

总　　序

图书情报与档案管理作为独立的一级学科，如何在激烈的竞争环境中生存、扬弃、发展、创新，探索出一条既符合学科发展规律，又与社会、经济、科技和文化发展与时俱进的学科发展道路，是一代又一代图书情报与档案管理人光荣而神圣的使命。

南京大学信息管理系作为我国图书情报与档案管理学科的重要教学和研究阵地，从20世纪20年代创建伊始就一直以培养人才、创新科研、服务社会为历史使命。80多年来，已毕业的6000多名南京大学信息管理系学子遍及海内外图书资讯服务机构，以及文教、传播及其他行业。

图书情报与档案管理学科的发展承载着先辈的学术寄托，从创建图书馆学科肇始，学科先辈就在为争取独立学科地位、构建自身核心理论及扩大教育规模而努力。图书情报与档案管理获得一级学科地位后，仍然面临“大学科观”与“小学科观”、“图书馆业务中心论”与“情报分析与服务中心论”等不同的学科发展路径争论。20世纪90年代以来，又面临紧跟计算机科学、互联网技术发展，适应工商管理需求的巨大挑战。

走向国际化、建成世界一流大学是南京大学的既定战略目标。南京大学信息管理系近日被批准加入国际iSchools图书情报教育联盟，这是我系推进国际化战略所迈出的坚实一步。从国际上看，2000年美国图书情报教育联合会就指出，图书情报教育的服务场景和核心技能正发生深刻蜕变，以数字环境和学科融通为特征的创新更为显著；美国图书馆学会也发现，美国所有图书情报学院开设的课程越来越多地围绕信息科学的前沿展开，充分体现了图书情报与档案管理学科的创新特征；2002年在意大利帕尔玛召开的“图书馆和情报研究国际化”研讨会和在赛萨洛尼基达成的“欧洲图书情报学教育重整和适应标准”，以及2003年在波茨坦召开的“应对变化——图书情报学教育管理变革”研讨会和随后推进的“博洛尼亚进程”均反映了学科内涵的跨学科发展与融合发展趋势。

国内外同行皆认为图书情报与档案管理学科目前仍然属于学科范式急剧“转型”阶段。因此，在学科范式和教育探索中，必须以学科创新为前提和己任。南京大学信息管理系历来致力于学科前沿与社会服务的有机融合，其学科与期刊评价、数字图书馆技术、数字出版教育、数字人文阅读、信息系统采纳、信息用户行为、保密科技、档案信息资源建设等领域在国内外具有重要影响力。

含英咀华悟真知，南京大学信息管理系汇集了全系最新、最具影响力的一批科研成果，通过编写出版《图书情报与档案管理创新丛书》，既向国内外学者汇报南京大学信息管理系的科研进展，也想与国内外同行相互切磋，共同为图书情报与档案管理学科的发展贡献绵薄之力。创新是一个持续的过程，我们也希望通过国家“985”工程等平台的支持，以《图书情报与档案管理创新丛书》为载体，催生更多学术成果，将图书情报与档案管理学科的学术创新精神延续传承。

古人曰："周虽旧邦，其命维新。[①]" 仅以创新为旨向，以《图书情报与档案管理创新丛书》为形式，诉予大家同仁，是为志，亦以为序。

孙建军

2011 年 8 月于南京大学

① 引自《诗经 · 大雅 · 文王》

前　言

大数据时代，各类数据扑面而来。在数据的海洋中人们往往无所适从，迫切期待信息服务部门能够从繁杂的数据中提取出能够用于解决问题的知识，以服务于大众。作为信息服务部门如何驾驭大数据？如何进一步挖掘其中的巨大价值？这已成为企业界和学术界共同关心的话题。大数据的特点是：多（数据量大）、冗（冗余信息多）、杂（真伪信息混杂）、乱（各种类型、各种结构数据同在）、新（时时刻刻都在产生新的数据）。面对庞大繁杂、急剧膨胀的大数据，如何保证它们在知识服务中发挥的作用，并使其有序化地收敛于高效的知识服务，这对数据处理与知识组织提出了更高的要求。

知识组织就是对知识的整序。不同的知识需求对知识整序的要求不同，不同的知识服务形式的知识整序方法也不相同。当用户希望从复杂的知识关系中寻找出规律、探究隐藏在大量知识中的未知知识时，需要知识组织能够将知识间的相互关系呈现出来，将知识间的语义联系建立起来；当用户想得到某一方面知识或某一类知识时，就希望知识组织能够将知识分门别类聚集起来；当用户希望了解某些领域的知识体系时，就期待具有组织知识体系的工具来架构知识；当用户要求在阅读过程中即时获得知识帮助时，就要求知识组织能够将文本中的知识点与知识库相链接；当用户希望借鉴他人对信息获取的经验时，就需要能够将用户进行信息采集的相关行为知识组织起来。可以说，用户的知识需求对知识组织提出了更高的要求；反过来，知识组织的深入也将会促进知识服务水平的提升。

面向知识服务的知识组织不仅需要传承过去知识组织的理论方法，更需要创造和完善知识组织技术，使之适合于知识服务的需要。因此，本书强调从知识服务的需要出发，以知识服务的形式和要求为依据，从宏观上研究知识组织的架构，从微观上探讨知识组织的逻辑结构和物理结构，并从应用角度上介绍各类知识组织在技术上的实现与应用。

本书综述了知识组织的发展过程，探讨了知识服务的类型及其对知识组织的要求，阐述了知识组织的科学理论支撑，理清了各类用户的知识需求，为知识组织的架构与实现提供了依据。本书具体探讨了主题词表和分类词表的机器组织结构，并通过实例展示了主题词典和分类词表在知识组织中的应用；介绍了语义网和本体技术，并通过对实例的介绍和关键词语义网的构建研究了语义网和本体技术的数据组织与应用价值；针对用户阅读中对知识点的知识需求，研究了动态生成知识链接技术，阐述了文本知识点与知识库链接的知识组织结构和应用；从引文分析的知识需求从发，探讨了引文索引的知识组织；根据用户行为知识推荐服务的需求，阐述了用户行为知识的组织结构和应用服务；还阐述了关联技术如何应用于知识地图、数据仓库和知识库的技术与方法，介绍了知识地图、数据仓库和知识库的数据组织结构和应用示例。

本书的作者均是我的研究团队成员。为了本书高质量地完成，本团队成员经过多次讨论和交流，在交流中碰撞出火花，对问题产生出更深刻的理解。本书应该是集体智慧的结晶。本书具体分工如下：苏新宁构建本书框架，撰写第 1 章、第 2 章、第 3 章；其他章节的完成者：第 4 章，谢靖；第 5 章，徐绪堪；第 6 章，沈思；第 7 章，虞为；第 8 章，王东波；第 9 章，郑昌兴；第 10 章，韩普；第 11 章，吴凯；第 12 章，朱云霞；第 13 章，蒋勋；第 14 章，刘喜文。苏新宁对全书进行了认真的审阅和修改。参加本书讨论的学者有：杨建林、邓三鸿、王昊、钱爱兵、章成志、朱惠、孙立媛等。

本书系国家自然科学基金项目“面向知识服务的知识组织模式与应用研究”（项目编号：71273126）成果之一，研究过程得到国家自然科学基金的资助。本书的出版得到了南京大学“985”三期工程的资助。在此对国家自然科学基金委、南京大学学科建设与发展规划办公室、南京大学信息管理学院表示衷心的感谢。同时，感谢本书的所有作者，你们对本书的完成做出了很大贡献；感谢所有作者的家人们，感谢你们在作者的写作过程中所给予的支持。

苏新宁

2013 年 12 月于南京

目　　录

第 1 章　引　　论

随着社会信息化程度的不断提高，人类已处在信息的海洋中。虽然人们被大量的信息所包围，但在海量的信息中却常常显得无所适从，解决问题时也会感到知识匮乏。究其原因，主要在于当前信息服务平台的信息组织尚不能满足人们日益增长的对知识服务的要求。在信息社会的环境中，信息服务业也发生了很大的转变，其服务核心已由文献服务转到信息服务，进而转向知识服务。服务深度也由提供一次文献（源文献）、二次文献（文献源及目录型数据）、三次文献（综述性信息）的服务提升到决策支持服务（知识服务）。如何实现知识服务，如何提升知识服务的效率？除了服务的技术和手段需要更新外，基础性工作能够将信息存储提升为知识存储，即将信息组织成能够实现知识服务的知识组织形式。

1.1　信息组织发展简述

信息组织的目的是让信息能够方便的被找（检索）到。从传统的书本式工具书到现在的网络信息组织，历经了书本式检索工具的信息组织、卡片式信息组织、计算机数据库的信息组织，直至目前的数据仓库的信息组织。信息组织的发展，与用户的要求和信息服务的深入相伴随。随着人们对知识需求的增加，信息组织已逐渐提升到知识组织的高度，满足知识服务的知识组织已成为学术界和信息服务领域的一个重要研究课题。

1.1.1　传统的信息组织

传统的信息组织是指纸质型或印刷型检索工具的信息组织，这些检索工具在计算机用于数据处理之前的文献检索和用户知识获取中发挥着主要作用。如为人们解惑的辞典、百科全书等提供各类信息的手册、名录和文献的检索工具。此外，还包括图书馆、情报服务部门的图书文献的卡片目录。随着文献管理的计算机化、图书馆和信息管理的数字化的成熟，尤其是网络的普及，这些传统的信息组织工具已经或正在被淘汰。即使尚在广泛使用的百科全书和辞典等工具书，也已经遭到网上百科字典（如百度百科、维基百科等）的挑战。

1）工具书

工具书（reference book）是为了人们更方便地查阅文献、获取信息以及学习相关知识，将有关资料线索、知识和信息汇集在一起，并以特定的方式加以组织和编排出版的图书。从而使人们能够快速、方便地找到所需资料或解决问题的知识。

工具书的起源可以追溯到数千年前，但真正得到快速发展还是在近代。工具书的种类很多，如辞典、百科全书、书目、索引、文摘、手册、名录、年鉴、人物传记等。无论是何类工具书，其信息的组织方式都遵循某种规律。即正文的条目部分多以音序排列，另配以笔画或分类等目录提供快速查检。对于索引类文献检索工具，其内容是文献线索，内容也是多以音序排列，另配有分类索引指向相关内容的页码。图 1-1 和图 1-2 分别给出了工

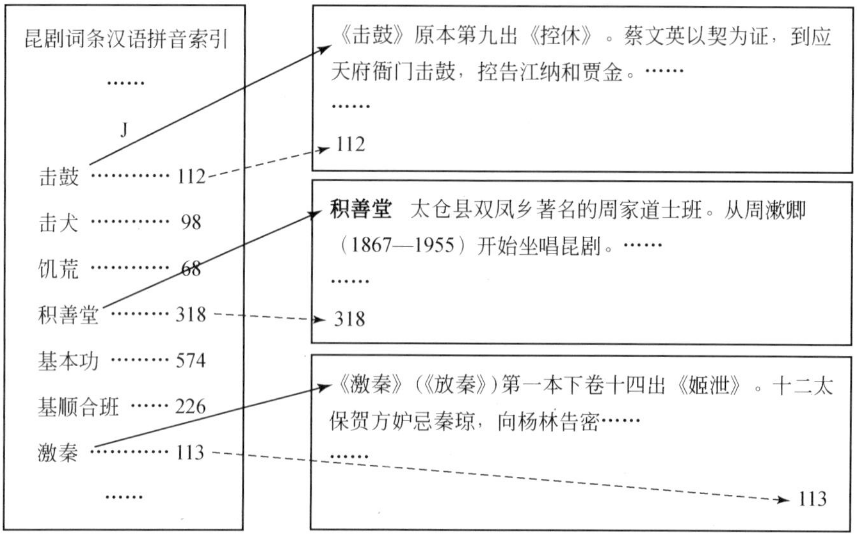

图 1-1　中国昆剧大辞典汉语拼音索引与正文关联示例

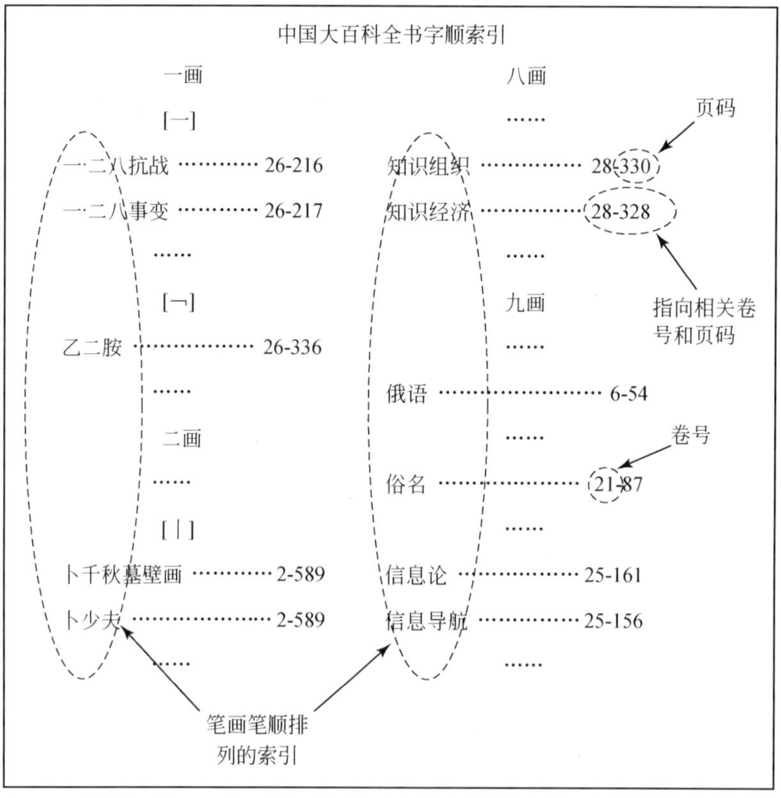

图 1-2　中国大百科全书字顺索引结构

具书中音序索引（正文以分类、拼音排列）和笔画字顺索引（正文以学科、音序组织排列）。

2）卡片式目录

20 世纪初期，美国国会图书馆开始使用目录卡片记录所收藏的每一本图书，以便读者方便快速地找到所需要的图书。在目录卡片上记录有文献内容、形态特征，一张卡片就是一个款目。图书卡片的标准尺寸为：宽 12. 5 厘米，高 7. 5 厘米，卡片的下端中部有一个直径 0. 8 厘米的圆孔。圆孔由直径 0. 5 厘米左右的铁棒穿过并固定在目录盒里，便于用户翻阅卡片。当需要增加或剔除卡片时，拔出铁棒，操作完毕后再将铁棒插回圆孔，固定于目录盒中。

每一款目在目录中的排列顺序由标目（查检项）所确定，如题名目录的标目是款目的题名，作者目录的标目是款目的作者姓名，分类目录的标目是款目的分类号，主题目录的标目是款目的主题词。款目中的标目一般置于款目之首便于查检。在每一个目录中，为了方便查检款目，还设有许多导卡。导卡的主要作用是对款目的分段定位，快速搜寻到欲查找的标目。图 1-3 和图 1-4 分别为图书卡片和导卡示例。

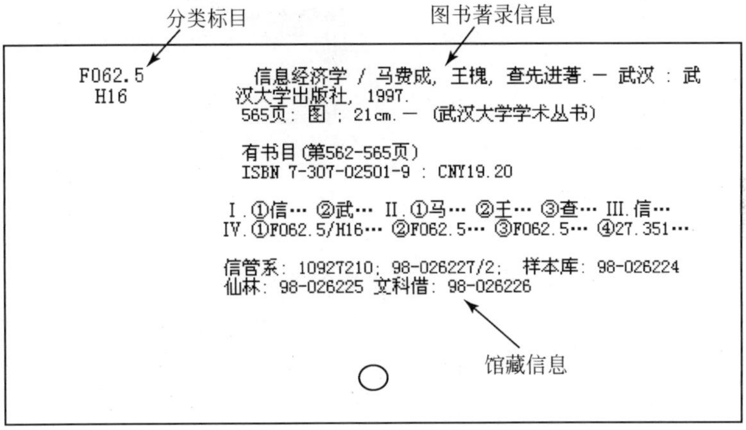

图 1-3 图书卡片示例

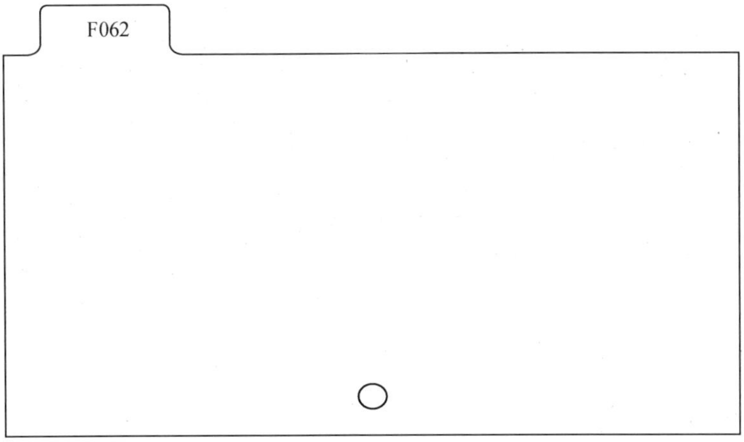

图 1-4 图书分类卡片导卡示例

为了减轻人们查找文献的劳动强度，即避免在大量的卡片中翻查所需要的文献，人们开始用一种卡片边缘穿孔形成的穿孔卡片式检索工具。这是一种半机械化的检索文献工具。其信息的组织方式：将有关文献特征的信息、描述信息、线索信息记录在卡片中央。卡片的四周有许多孔眼，每一个孔眼代表一个主题。如果该卡片具有某孔眼的主题特征，就将该孔眼做成豁口。检索时用细棒穿过代表某一主题的孔眼，向上提起，在这一孔眼中具有豁口的卡片自动落下，落下者即为用户所需要的文献（图1-5）。

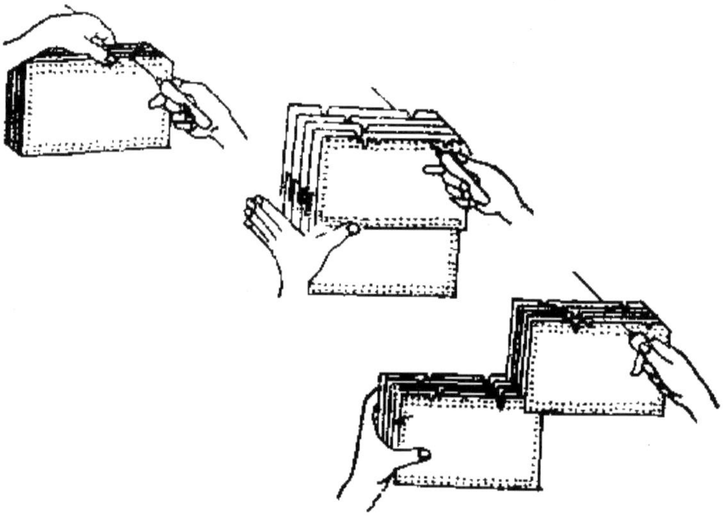

图1-5　穿孔卡片图示①

当然，穿孔卡片的形式多种多样。本书主要介绍一种传统的穿孔卡片组织方法，这种知识组织方式提升了用户的查询效率，拓展了传统的功能。穿孔卡片需要分组存放，不能混放。因为一张卡片的周边孔眼是有限的，而需要表达的主题内容远远超过孔眼数量，所以按某个规则分组组织卡片，这样每组卡片也就只涉及有限的主题内容了。穿孔卡片不需要卡片按顺序排列，只需要分组聚在一起即可。穿孔卡片也可以组成不同标目的目录，如作者目录、分类目录、主题目录等。

总之，传统的信息组织方式，通常采用一定的排序规则排列信息内容，还提供多种标目排序的目录或索引，以提供快速查检信息（知识）的服务和指引获取信息（知识）的服务。传统检索工具的信息组织的主要作用是，为快速查找文献线索、相关信息或知识提供途径和手段。卡片式工具主要用于文献（图书、期刊、档案等）的组织，其主要目的是方便用户查找，也能够在卡片目录被利用的同时进行款目增减和修改。传统的信息（知识）组织方式是图书情报领域工作者长期以来对文献组织、信息组织以及服务利用的经验积累，有着科学的依据和应用的方便性，这些方法对当今网络环境下的知识组织有着重要的启迪作用。

---

① 该图转自陈光祚等编著由武汉大学出版社1987年出版的《科技文献检索》：P427

1.1.2 计算机及网络信息组织

20 世纪 50 年代，计算机开始应用于数据处理领域。这一时期，信息在计算机存储介质中的组织应用得到迅速发展。早期主要利用计算机磁带存储信息，存储组织形式以连续（顺序）存放的文件形式为主，后来逐渐发展到磁盘存储的数据库形式。网络普及以后，超文本的数据组织和元数据的数据组织得到了快速发展。

1）关键词轮排索引

20 世纪 50 年代末到 60 年代初，计算机专家逐渐将计算机应用于数据处理领域，开始利用计算机编制二次文献检索工具，如《化学文摘》中的题录索引，以及《科学引文索引》（SCI）。计算机编制二次文献最早的应用为题内关键词轮排索引，其组织方法为：将题名中的每一关键词分别置于索引（排序）位置，每一题名有多少关键词，这一题名在这个索引中就有多少条记录。题名仍按原有顺序围绕所列关键词存放，由于印刷版面的限制，当关键词前文本或后文本放不下时，截断置于后部（若后部有空）或前部（若前部有空），在每条记录的后面有该文献的文献号。表 1-1 是标题为“The influence of ion bombardment on deposition of carbon films”文献的体内关键词轮排片段。

表 1-1　题内关键词轮排索引示例

关键词前标题部分	关键词及其后标题部分	文献线索
Alkaloids	bombarding solid potassium titrate . =	BCSIA8-0059-1974
lms . = The influence of ion	bombardment on deposition of carbon fi	NIMBEU-0B16-0369
sin (COPNA) as a binder for	carbon fibre composites . = + romatie re	JMTSAS-0021-2027
bo mbardment on deposition of	carbon films . = The influence of ion bo	NIMBEU-0B16-0369
molecular beams traversing	carbon foila . = + omic negative ions from	NIMBEU-0B16-0334
e in plasma chemaicll vapor	deposition of amorphousa hydrogenated s	JAPLD8-0025-471L
nce of ion bombardment on	deposition of carbon films . = The influe	NIMBEU-0B16-0369
ent on deposition of carbon	films . = The influence of ion bombardm	NIMBEU-0B16-0369
y butadiene graft co-ploymer	films . = + ne doped - poly acetylene - pol	MACEAK-0167-1287
n films= The influence of	ion bombardment on deposition of carbon	NIMBEU-0B16-0369

题内关键词轮排索引保持了文献题名的原状，便于在人们在关键词查检中看到所查找关键词的二次文献的所有相关文献题名，是二次文献编制的革命性的进步。关键词轮排索引是最早的计算机输出二次文献的成果，该项技术出现以后，使文摘索引检索工具的出版速度大大加快。除了输出印刷型的检索工具，保留在机器内的数据为后来形成相关数据库提供了数据基础。

2）缩微胶片信息存储

在计算机存储设备还比较昂贵且存储容量有限的情况下，缩微胶片无疑是一个廉价且容量大的信息存储媒介。缩微胶片主要用来存储全文文献，其信息组织通常为：顺序存放于缩微胶卷或缩微平片中，缩微品按文献号码排列，阅读机根据号码找到相应的画面，投映于阅读屏上。也有的缩微品对内容本身进行编码，在各画面中给出所包含的相关主题内容，以供机器快速检索。

缩微胶片存储信息改变了当时的各检索系统只能提供二次文献的不足，除了可以通过光电技术迅速找到文献外，还可以直接阅读到全文。但这种系统对设备的依赖性很强，在当今计算机数字化技术快速发展的今天，缩微胶片存储技术已经被淘汰。

3）MARC 格式

MARC（machine readable catalogue，机器可读目录）是一种计算机可识别的目录，是美国国会图书馆 20 世纪 60 年代研制出来的，用于把图书馆书目存入计算机，供读者进行检索和馆际之间的数据交换。目前，MARC 已经有了国际通用标准，许多国家在这个标准下制订了自己的 MARC 格式。虽然，MARC 格式最早诞生于顺序文件形式，但在目前的图书馆应用中，MARC 格式文件经过适当改造，被存储于关系数据库中。

MARC 格式由三部分组成：头标区、目次区、数据区。头标区具有固定长度（24Byte），主要记录一条记录的基本状态和有关数据格式定义。目次区是记录数据字段（目次）的区域，每个字段在该区域用三部分表达：字段标识符（3Byte）、该字段的数据实际长度（4Byte）、该字段在数据区中的起始位置（5Byte），每条记录的目次区长度与所描述的文献的字段数量有关。数据区主要记录具体的文献目录数据信息，这些数据的字段属性、位置、长度均由目次区记录和指引。图 1-6 给出了 MARC 格式的存储结构。

依照 MARC 的组织方式，该数据组织只能被顺序的读取且用于数据交换。但近十多年来，按 MARC 格式记录的数据已被直接应用于图书管理系统。各系统从 MARC 数据中抽取出可检索字段，建立了许多相关索引，供快速查检图书之用。

4）元数据组织

元数据概念的推出，源于网络信息描述。由于网络信息爆炸式增长，人工处理网络信息已不现实，鉴于计算机对网络信息处理和理解上的需要，期待原有网络上的无序化文本信息（或超文本信息）具有机器可读性，元数据信息组织概念在这样的背景下诞生了。

元数据是一种带有数据结构的数据组织形式，也就是人们常说的“关于数据的结构化数据”。实际上可以这样理解，元数据是在文本信息中，标记出了信息的属性或概念，如责任者信息、题名信息、分类信息、主题信息等，确保计算机能够“读懂”这些信息，使计算机能够快速、正确地搜索和处理网络信息。表 1-2 给出了一篇学位论文示例。

按元数据的定义，其实元数据早就存在，如图书馆卡片、MARC、图书版权说明等，都可视为是元数据。但这些元数据计算机不能理解或难以理解，也往往被人们所忽略。因此，今天人们所述的元数据主要指计算机中存储的文本信息的结构化数据表示。

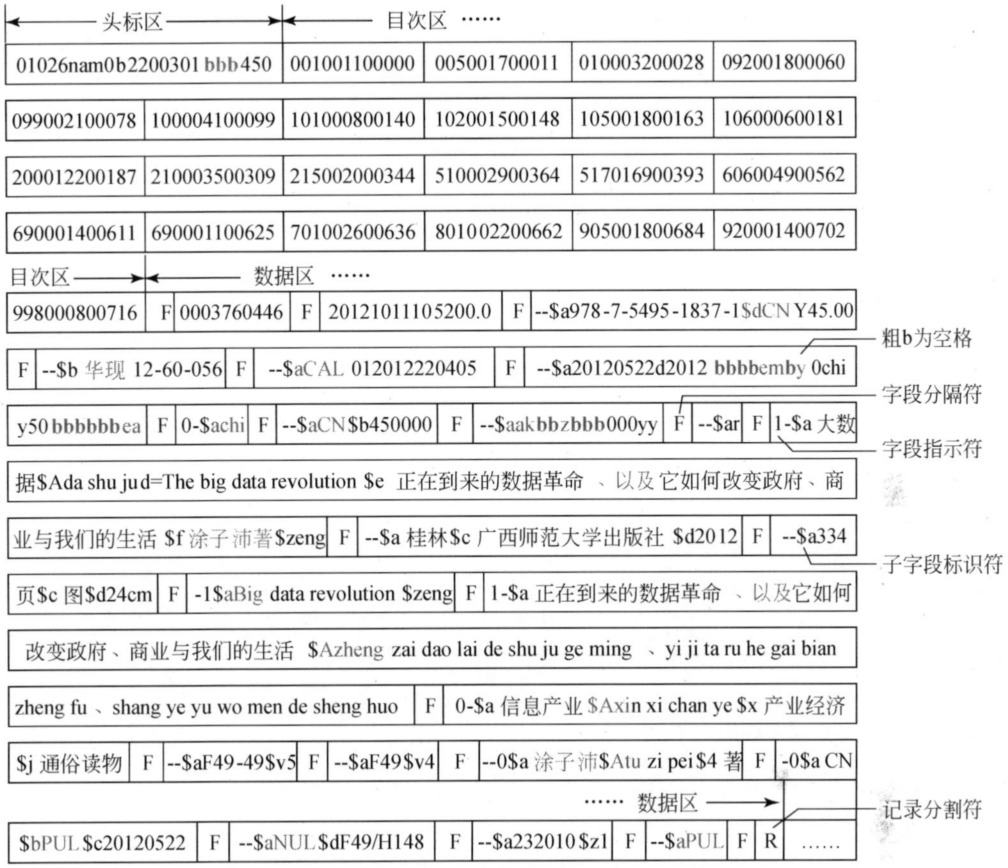

图 1-6 MARC 记录存储结构示例

表 1-2 学位论文元数据示例

元素	修饰词	内容
题名		Web 个性化信息推荐技术在搜索引擎中的应用
	交替题名	The application in search engine of web personalized information recommendation technology
作者		李树青
	培养单位	南京大学信息管理学院
主题		个性化服务，信息推荐技术，Web 技术，搜索引擎，PageRank
	中国图书馆分类法	G354. 4
描述		
	摘要	论文通过对基于个性化信息推荐服务的搜索引擎框架和基本技术的探讨，介绍了一种利用搜索引擎服务器日志中所具有的关键词序列得到用户模式，并按照事务模式聚类的方法实现用户个性化特征的表达，利用得到的用户个性化特征改进传统的 PageRank 算法 ……
导师		苏新宁
日期		

续表

元素	修饰词	内容
	答辩日期	2006-05-30
	提交日期	2007-06-15
	全文可获得日期	2008-04-01
资源类型		学位论文
资源格式		
	IMT	Application/pdf
资源标识		
	国家图书馆标识号	108. ndlc. 2. 1100009031010001/T3F24. 003434664
语种		
	ISO 693-2	chi
学位		
	学位名称	管理学博士
	学科专业	情报学
	授予单位	南京大学

5）超文本信息组织

超文本是指在文本内嵌有一些指向相关信息、知识或线索的指针（称为超链）。有了这些指针的引导，读者在网络上阅读文本时，可以不必顺序阅读文本，而是顺着指针跳跃式阅读。它帮助读者实现联想式阅读，这在当今网络环境下是一种非常有效的资源链接方式。超文本信息组织是一种非线性的信息组织结构，其实这样的结构早在网络出现以前的数千百年以前就已存在，如检索工具书。但检索工具书并不能帮助人们即时阅读，故人们也就没有将其作为一种信息组织结构重视起来。当今天网络的发展和普及，尤其是 Web 技术的出现，使这种结构可以方便地浏览，才引起人们的广泛重视和研究。常见的超文本组织结构不仅仅是在一个文本内部的跳跃指向（类似图书中的目录或相关索引），还包括文本之间的指向，网络上出现更多的是资源之间或网页之间的指向。典型结构如图 1-7 所示。

超文本结构可以帮助人们根据兴趣快速阅读文本，是目前网页资源组织的一种非常重要的形式。它是按人们的联想思维习惯对信息进行非线性组织、存储和检索的一种信息处理技术。该技术不但应用于文本中，在多媒体信息中也得到广泛的应用。可以说，在网络中超文本技术已无处不在。

计算机信息组织形式经历了文件系统和数据库系统，目前的信息存储主要以数据库为主，也有一些特殊信息采用文件形式存放作为数据库的辅助。当然，网络上的页面信息基本上是以文件形式存储的，但要将这些信息汇集在一起变得有序的话，必须存于数据库。在数据库中，其数据结构的组织、数据关系的建立、索引文件的设置决定了数据库的获取效率和应用价值，科学地组织信息是将信息服务提升到知识服务的基础。

图 1-7　超文本结构示例

1.1.3　面向知识服务的知识组织

知识服务是信息提供与咨询机构的高端服务。过去，知识服务往往需要借助人脑的对信息进行分析，给出一些规律、趋势以及人脑的判断来实现。也就是说，传统的知识服务主要以人的智力服务为主。但今天网络已十分普及，自助式获取信息已成为主要手段。因此，为了实现知识服务，将信息组织成能够提供知识服务的知识资源，已成为信息管理领域的一个重要研究课题。近年来，在国内外该领域的研究中都已经出现了大量研究成果。

1）国内知识组织研究概述

在中国，“知识组织”一词最早出现在袁翰青教授 1964 年撰写的论文《现代文献工作基本概念》中。文章指出，文献工作就是组织知识的工作，现在看来这是对知识组织的朴素理解。受国外图书馆界“知识组织”影响，刘迅于 1985 年首次将“知识组织”作为图书馆学情报学研究的一个内容，自此“知识组织”开始进入图书情报研究领域的视野。

1991 年，刘洪波发表以“知识组织论”为题名的论文，指出“图书馆内部活动的本质是知识组织，图书馆知识组织是对人类知识体系结构的模拟和对大脑知识记忆结构的近似模拟”，已经在知识组织中考虑到知识服务对象即个体因素。

1998 年，王知津在《情报学报》上撰文指出，知识组织顺应了信息社会和知识社会的发展，并对知识组织的方法、目标和任务进行了深入探讨。

1999 年，蒋永福发表了《图书馆与知识组织——从知识组织的角度理解图书馆学》一文，从图书情报理论基础的角度对知识组织的基本原理和方法等进行了论述，以后又陆续发表了一些相关文章。

2006 年以来，毕强等从语义角度研究了数字图书馆中的知识组织的研究目标、研究内容等理论问题，提出了语义 Web 的知识组织模型。

中国人民解放军医学图书馆与重庆九济科技发展有限公司合作研发了中国第一个疾病知识库《中国疾病知识总库（CCD）》，目前包含 7 个库、30 多个专科系统和 7000 多种疾病信息，在医学知识服务中发挥着重要作用。

王曰芬等（2008）研究了面向个性化服务的知识组织机制，将用户需求和用户隐性知识纳入其中，形成了个性化服务的知识组织。

贺德方（2010a）对知识组织的汉语主题词表研究进行了整体的回顾和展望。

以侯汉清为首的南京农业大学研究团队对受控词表、叙词表等进行了全方位、多角度的研究（刘华梅和侯汉清，2010；张雪英和侯汉清，2000）。

曾文和王惠临（2010）对主题词表的自动构建技术进行了系统的探讨。

卜书庆（2009）在《中国图书分类法》的基础上对国家数字图书馆的知识组织进行了探究。

薛建武（2011）通过《国防科学技术叙词表》对构建国防科技领域本体进行了研究。他在详细描述 W3C 新推出的本体描述语言标准 SKOS 的基础上，结合《国防科学技术叙词表》分析了 SKOS 对于概念、属性、映射的描述方法，最后实现了在详细分析枪械体系中的概念和其中的关联关系等的基础上完成了本体的转换。

2011 年，由中国科学院文献情报中心等单位联合启动了国家“十二五”科技支撑计划“面向外文科技文献信息的知识组织体系建设与应用示范”。这一课题对中国未来向科技领域有效地提供外文科技文献服务打下了坚实基础。

2）国外知识组织研究概述

国外关于知识组织的研究更强调实践应用方面。1929 年英国著名分类法专家布利斯提出“知识组织”这个概念，同时 Alexander Sigel 指出“知识组织是将含有知识的集合物加入信息价值的一种跨学科领域的文化活动，以便为用户群提供最好的相关信息体系”。从此，国外有关知识组织的研究在图书馆、情报学的分类法和叙词表基础上得到了逐步发展。

图书情报领域的知识组织研究主要以 NKOS（networked knowledge organization systems/services）作为重点研究方向来开展研究。国际数字图书馆联合会（JCDL）从 1998 年开始针对叙词表、电子词典、本体组织、主题图等知识组织的结构和模式问题先后举行了九次会议，进行了广泛而深入的探讨。欧洲数字图书馆会议（ECDL）通过多次会议对知识组织的标准、系统设计、映射以及知识组织的表示和服务等问题进行了全方位、多角度的讨论。

Gail Hodge 在知识组织的语义化工具这一层面，将知识组织界定为 3 个层次、11 种类型。

Wright（2008）将知识组织系统不仅界定为一组概念的集合，而且还包涵概念之间的语义关系。

在 Borst（1997）博士关于本体是共享概念模型的形式化规范说明的界定下，本体在知识组织中得到了越来越广泛的应用，主要集中在政务和医学等领域。

通过对知识库和对象进行语义描述，德国学者 Sure 和 Studer（2005）认为语义 Web 技术在推动数字图书馆知识组织的发展中起到了重要作用。

英国著名的情报学家布鲁克斯（1984）在他的经典著作《情报学基础》中，最早提出了“知识地图”的概念。

Vail（1999）将知识地图定义为可视化地显示获得的信息及其相互关系。Vail 的定义非常有助于获取知识点之间的隐形关系。

Yun 等（2011）利用韩国大型咨询公司的访谈记录和案例数据，对该公司的项目建立了知识地图。通过结果对目前知识地图模型用于实际项目的不足和缺陷，提出了分析和解决方案。

Dahlberg（2011）在 ISKO20 年纪念大会上提出了知识组织迫切需要解决的 10 个问题。他认为在知识表示的理论和应用中，需注意概念（知识单元）、概念层（词，术语，编码），以及词句层的识别基础的区别。并在此基础上，针对知识分类和标引、知识组织中专家系统的训练、不同主题的知识建模等 10 个问题进行了阐述。

Friedman 和 Thelletsen（2011）首次提出了结合知识表示、语言学模型和概念理论的知识组织方法。他们在对比了美国学者 Peirce 的语言学模型和 Dahlberg 提出的概念理论模型之后，发现 Dahlberg 的模型在分析和表示知识组织的细节上有很好的表现，而语言学模型则在上下文内容上表现出色，并提出了一个融合两者优点的综合模型。

Idea Collider（Smiraglia & van den Heuvel，2011）是一种新颖的信息解组合重构理论，目前被用于信息检索和知识分类研究。基于该理论产生出在知识检索和分类中，需区分相对于“常识知识”的“多元知识”的理念。作者们认为 Idea Collider 理论在识别知识的多元单元，并将其剥离于时间维度方面十分重要。

Abbas 在 2011 年出版的专著中，从传统知识组织表示结构、知识组织中个人信息的表示、和 Web2.0 下个人和社会信息的表示方法三个方面，综述了知识表示的各种格式和方法。

Menzel（2011）介绍了一种基于一介谓词逻辑的语义表示方法，common logic，以及该方法如何表示互联网信息的知识共享，知识推理等问题。

3）知识服务平台建设概述

目前国内外已有一些基于知识组织的知识服务平台。欧洲的 ETERNA（semantic web-based thematic european reference network application）系统基于自然科学的数字资源，构建了包括引文网络和元数据的动态知识系统。

台湾大学的典藏数位化计划，研究了基于语义检索的知识资源整合平台。中国科学技术信息研究所搭建了一个基于“新能源汽车”领域的原型系统，可实现多语言监测、跨语言管理和原文传递链接等知识服务功能。

中国科学院知识创新工程中，搭建了面向西南生物多样性的知识环境。

国家农业图书馆和美国合作，搭建了基于作物所和畜牧所的面向专业领域的知识组织和服务平台，可以实现学科知识导航、学科组科研环境建设、个人知识管理以及机构知识库等一系列功能。

武汉大学董慧教授主管研制的“基于语义系统的中华史籍分析研究——中华基本史籍分析系统”，将24史中人物、时间、事件、地点间的关系通过语义表达建立起来，为中国历史研究提供了非常高效的知识服务平台。

国家“十二五”科技支撑计划“面向外文科技文献信息的知识组织体系建设与应用示范”项目，它是一项重大工程项目，主要从宏观上架构中国外文文献的知识组织体系，并以提供文献服务为目标。

通过以上分析可以看出，国内知识组织主要集中在知识组织的基础理论、关键技术、方法和知识的表示方面，因为限于具体技术方法问题，还缺乏理论结合实践的研究，从词典角度考虑知识的组织还在初级阶段。国外研究更多的是从词典角度去考察知识的组织问题，虽然也有很多成果探讨信息的本体组织和知识地图等知识的组织技术，但均没有系统地研究知识组织模式和具体结构问题，或者说没有从知识服务的角度去深刻地考察知识组织体系和构成。大部分基于知识组织的知识服务平台还处在框架搭建阶段，也有的正在不断探索和完善中，与基于知识服务的应用平台还有很大差距。因此，我们将从知识服务角度研究知识组织模式，并着重探讨面向各类知识服务的知识组织逻辑结构。

1.2 知识组织的研究内容

对面向知识服务的知识组织进行研究的目的是希望数据库存储的数据、信息和知识能够满足用户解决问题和进行决策的知识需求。所以，知识组织的研究不仅仅关注知识如何存储在数据库中，还需要注重如何将数据库中的数据通过某种关联能逻辑映射出对应的知识，并服务于用户。既然知识组织需要面向服务，关于知识组织的研究内容也应包括用户及用户对知识服务的需求，只有这样才能使知识组织的研究更加完善和实用。

1.2.1 用户与知识需求

知识服务面对的用户是多种多样的，各类用户的需求也是多样化的。因此，研究知识组织除了要研究满足知识服务要求的数据组织结构，也要对不同层次用户进行研究，研究他们的需求特征和对知识服务的要求。

1）用户研究

用户研究主要是对服务对象的研究，信息服务或知识服务的对象是一些有知识需求的群体，在文化生活、娱乐欣赏、学习与科研、解决问题与制定决策等活动中，需要得到信息或知识的帮助时，他们就会成为信息用户。对信息用户的研究，需要根据对信息和知识的需求深度进行用户层次的划分，也可以根据用户需求的个性化对用户群体进行需求类型的用户聚类分析。目的是为了向用户提供更加有效、更加适合的信息和知识服务。

因此，信息用户研究的内容应当是：明确信息用户，研究哪些人需要信息或知识，哪些人是潜在用户，即不能表达或不会表达需求的用户，和未来可能需要信息的用户；用户分类研究，主要涉及根据用户的知识文化程度、年龄层次、用户的职业、用户的学科领域等指标进行用户分类，其主要目的在于归纳各类用户的信息或知识需求，以达到根据需求实现知识服务要求的知识组织目的。

2）用户知识需求研究

知识需求是指人们在生活、工作、学习中从外界获取知识的愿望。人们希望通过知识的获取来充实自己、提升工作效率、解决科研难题、增强决策能力。任何一个生活在现实世界的人都有需求，每一个人为了生存与发展都有知识需求。知识需求的目的是多种多样的，有的是为了丰富自己的生活，有的是为了解决科学问题，有的是为了对问题做出判断与决策等。因此，对用户知识需求的了解有助于更有效地提供知识服务。

用户知识需求的研究内容主要包括：研究用户知识需求的规律；研究在什么样的条件下用户可能存在什么知识需求；研究不同用户群的特定知识的需求；研究可表达性需求（显性需求）和难以表达的需求（潜在需求或隐性需求）；分析影响需求产生的因素以及用户需求的类型。研究用户的知识需求的目的，是为了更科学地组织知识，保证用户更方便、更高效地接受知识，使用户得到更为贴切的知识服务。

1.2.2 知识服务类型

知识服务是指从分散的各种资源中按照用户需要有针对性地提炼知识，提供给用户，帮助解决他们实际问题的服务过程。这种服务的特点在于：它是一种面向知识内容和解决方案的服务，主要为给用户提供用于决策和解决问题所需知识的过程。本节主要介绍在网络环境下可提供的知识服务的几种形式。

1）基于语义推理的知识服务

传统的信息检索通常需要有明确的检索对象，如检索某个人的成果，某个主题的文献。但是，如果用户不能明确自己需求的检索词，就可能无法获得所需信息。例如在地方志检索系统中欲检索南京最早的地名时，如不具备南京最早的地名的知识，则无法准确地定位相关信息。若在地方志数据库中，事先建立地名知识的历史变化和沿革关系，则就可以通过“南京”这个线索进行语义推理得到所需知识。这种推理检索实际上就是一种知识服务的实现，而本体技术、知识地图、语义网络技术是实现语义推理的理想方式。

2）知识点知识推送服务

当用户进行网络信息阅读时会有大量知识点的出现，如果没有掌握这些知识将会影响对全文的理解，阅读质量也会下降。例如，阅读海洋地理信息的时候会出现“专属经济区”和“大陆架公约”等名词，阅读期刊评价的文献时会出现“影响因子”和“期刊半衰期”等词汇。如果读者对这些词汇不理解，对文献的理解会受到影响。作为一个知识服务系统，如果能够在线动态提供这些专有名词的知识，就能大大提高用户阅读文献的质量。这种知识服务可称为是一种知识点知识的推送服务。

3）基于信息关联的知识服务

信息经过有机的关联会呈现出一些规律并产生新的知识，这些知识对科研人员的研究、政府行政的决策、学生的学习等都会有很大的帮助。这类知识服务可以加深人们对信息的理解，使信息管理学科对社会发展和科技进步起更大作用。例如，研究文献主题关联网络，提供学科交叉领域与学科增长点的服务；研究文献引用网络和合作网络可以向学界呈现学术源流、学者研究的引用规律、各研究领域学者群、核心学者以及研究团队信息；在进行决策和解决问题的过程中，有时需要考虑大量的相关因素，这些相关因素会存在许多有机的联系，借助数据仓库将这些相关因素关联起来，使之形成对解决问题有用的知识并提供服务；等等。

4）用户行为知识推荐服务

用户在进行 Web 访问和信息检索的交互中，会产生一些用户行为信息（使用过程信息），这些信息可能包含许多资源获取经验。如果能将这些信息清洗处理，筛选出有推荐价值的经验，使这些经验知识通过推荐被用户共享。对信息服务系统来说，这将会大大提高系统服务水平，促进系统知识服务能力的提升。用户行为知识推荐服务研究需要对用户和系统的交互过程中的信息进行分析，根据用户的行为过程和检索主题，对用户进行层次划分、检索主题及相关行为聚类，使原本杂乱无章的用户使用信息具有一定的规律，从而形成用户对信息获取的行为知识。

1.2.3 信息关联与组织研究

实现上节所述的知识服务需要对数据组织有更高的要求，除了要求数据库存放有知识单元外，还需要在数据之间、信息之间、数据和知识单元之间建立关联或具有某种语义关系。因此，数据组织或知识组织的科学合理是实现知识服务的保证。

1）知识词典的组织

人们在阅读时可能需要查阅词典，在检索时也希望系统能够提供相关词汇帮助构建检索策略，这就需要系统能够提供相关词表完成这种知识服务。在词表的组织中需要建立词汇之间的多种关系，如属分关系、同义关系、用代关系等。在传统词表中，这些关系都是双向的，也就是说，当一个词 A 是另一个词 B 的下位类的话，反过来，B 词也是 A 词的上位类，这两种关系在传统词表中都需要标注出来，这样便于使用词表时双向查找。但在机读词表中不需要双向标注，只需通过单向的反推就可以得到双向标注的效果，大大减轻了词表标注的工作量，同时也降低了词表构建的复杂度。

另一种词典的组织体现在阅读时的知识点知识在线推送服务中，这需要有效地构建相关知识点的知识库，并且能够将知识库在文献输出时动态地与显示信息中相关的知识点建立链接，方便用户及时学习领会这些知识。研究这种知识库的结构和动态地建立输出文本中知识点的链接，是实现在线阅读过程中知识点提供的基本保证。在这项知识服务的知识组织中需要做到以下三个方面：①建立专业术语的知识库。这个知识库中的词条是动态增减的。统计各词条被阅读的频率，决定舍去的词条；同时，新的概念出现时增加相关词条。②建立与知识库词条对应的动态知识点生成的知识链接数据库，保证动态知识点能够快速生成。③需要开发文本中知识点动态生成程序，保证文本输出时，知识点的链接能够自动快速输出。

2）数据间语义关系组织

实现语义推理检索的知识服务要求数据或知识的组织能够体现语义关系。如何将数据中各类复杂的语义关系在数据库中体现出来，并且使之能够实现检索中的语义推理，这就需要对数据单元之间语义关系的科学合理组织展开研究。

数据的语义关联研究需要分两步走：①数据的概念划分，也就是将数据分门别类地归集，制定类与类之间的规则，并确定各类之间相互联系的语义关系。②建立数据单元之间的语义关系。数据间语义关系的建立应使用可扩展、易组合、易操作的数字编码标注，为了简化语义关系并减少语义关系标注的工作量，复杂性的语义关系应当由简单的语义关系复合而成。例如，在人的社会关系中，不要标注“舅甥”关系，而要标注“母子（女）”关系和“兄妹”关系等这样的单元关系，其复杂（合）关系依靠推理来得到。

3）复杂关系的知识关联组织

数据的复杂关系经过有机的联系，可能形成对解决问题非常有用的知识，这些数据和联系关系存储于数据库中，就形成了促进知识服务的高效知识库。研究数据复杂关系的数据组织可分为两种：①研究数据仓库的逻辑组织。即在数据库中实现数据的多维数据关联，将知识分割成为多层次、多模块的知识元体系，实现按照知识元进行检索，将不同类型却有着密切联系的知识内容的资源按层次建立联系。②研究知识地图的数据组织。知识地图实际上是把一个组织中的知识资源进行汇集、整合、关联，形成组织的知识集合和知识流。研究知识地图的组织主要研究不同类型的知识在数据库中的表现形式，不同知识间的关联如何在数据库中建立起来，知识地图的图状结构如何在数据库中刻画出来，等等。确切地说，就是研究知识地图的存储结构和组织结构。

4）用户行为知识的组织

用户行为知识的组织是指将用户使用网络信息系统过程中的行为加以清洗、归纳和组织的过程。因此，欲使用户可借鉴的行为知识能够被有效的利用，即在服务中可作为知识推荐，数据组织中应当做到两点：①信息系统的服务日志数据结构的科学组织，确保用户使用中的信息都能记录下来，并方便未来获取和处理；②对用户的行为信息进行知识挖掘，对其进行使用行为归纳聚类，使之具有知识推荐价值，并构建合理的行为知识存储结构，将处理后的用户行为知识存储其中。

5）知识网络的构建

为了提升知识服务系统的决策能力，需要系统内的知识能够形成知识网络，如主题知识关联网络的构建、知识分类关联网络的构建、专家知识网络的构建、期刊引用网络的构建、文献关联网络的构建、学者研究网络的构建，等等。这些知识网络的构建研究都是知识组织研究的重要内容。

1.3 知识组织的工具

单纯的数据难以构成复杂知识，只有当它与环境联系在一起时，才可能体现出相关知识。所以，欲使数据有效地表达知识，需要将数据关联起来，通过一定的语义关系，确保知识完整的呈现。知识组织工具就是将知识系统化地架构起来，抑或将知识内容以一种更有效的形式关联起来，或是帮助用户将知识以一种可视化的形式展现出来。由此，可将知识组织工具划分为：基础知识与知识架构类工具、知识关系建立类工具、知识处理与展现类工具。

1.3.1 基础知识与知识架构类工具

作为基础知识和知识架构类知识组织工具，其主要作用表现为展现基础知识和架构知识体系。它们的作用一是在知识服务中完成知识的给予，二是在知识组织中实现知识的主题标引和知识体系架构。这类工具主要有词典、百科知识以及反映知识体系结构的分类法、叙词表等。

词典是为人们提供字、词等知识的工具，通过词典可以了解字词的读音、字词的含义，帮助人们在学习和阅读中查询和解惑。词典，尤其是主题词典，在知识组织中扮演很重要的角色。当文献进行主题标引时，主题词典提供出标准且规范的词汇；当为用户提供检索服务时，主题词典可以为用户提供词汇知识扩展和聚焦，帮助用户扩检和缩检，从而提升查准率和查全率。

百科知识类工具向人们提供各类知识的。传统的百科知识类工具主要是各类百科全书，如《中国大百科全书》《不列颠百科全书》等。目前在网络上比较流行的百科知识类工具有：维基百科（Wikipedia)、百度百科等。百科知识是各类知识的集成，是对青年学者学科入门、一般读者知识汲取非常有效的工具。在知识服务系统中，百科知识类工具为实现知识服务提供了知识保证。如在公共信息服务系统或学术信息服务系统中，用户在阅读文献过程中遇到了专业化知识或不理解的知识时，百科知识类工具可及时提供相关知识信息，从而实现知识服务。

知识架构类工具主要指构建学科或领域知识体系的工具，如中国图书分类法，学科分类与代码（GB/T 13745—2009）等。传统的文献知识组织主要依赖中国图书分类法或类似分类工具，通过此类工具可以将原本杂混在一起的知识构建成一个知识体系。例如，一个图书馆从书店买来的成千上万册图书，可以借助中国图书分类法对每一本图书进行分类，保证这些图书按一定的学科体系组织起来。知识架构类工具在知识标引和知识检索中发挥着很大作用，能够帮助用户鸟瞰学科或领域知识全貌，并且为用户检索信息提供了有效的扩检缩检手段。

1.3.2 知识关系建立类工具

为数据建立语义关系，可以使数据的价值得到提升，使数据中隐含的知识得到显现，为知识服务提供有效的知识资源。知识关系建立类工具的功能主要体现在两个方面：①知识间关系的设定（具有知识关系架构类工具功能）。②提供对数据库中数据间的知识关系的建立方法和手段。这类工具将原本孤立的数据借助语义关系联系为一个整体，为知识服务奠定了基础。

知识关系建立类工具的主要目的是揭示数据、信息或知识间的关系，它既可能是一个既有的知识架构类工具（如图书分类法），也可能是一个语义关系标注类工具。此处主要论及针对数据间的语义关系的标注工具。如本体建立类工具，主要是通过一定的语义标注以及概念与概念、元素与元素之间的相互关系，来建立数据之间的语义关系，为检索提供语义关系的推理和指引知识路径。

引文索引也是一种典型的知识关系建立类工具。引文索引建立了文献与文献之间的引用和被引用关系，让人了解文献涉及内容的源流和去向，帮助人把握学术研究领域的脉络。同样，通过引用关系，可以通过引用的中间文件把两篇原本没有直接引用关系的文献联系在一起。如两篇文献或多篇文献共同引用同一篇文献，产生了引文偶合，说明这两篇施引文献具有一定的相关性，耦合度越高相关度就越大；同样，当两篇文献被一篇或多篇文献同时引用时，这两篇文献就产生了同被引关系，说明这两篇文献在施引文献的研究领域均发挥着一定作用，同被引越高，说明两篇文献在此领域研究中的相关度越大。

1.3.3 知识处理与展现类工具

知识的组织需要进行必要的处理，以促进信息中的主题特征和所反映知识的呈现。知识处理类工具的首要任务是将信息中的主题（知识点）从文本中提取出来，并对提取的语词进一步加工处理，获得更深层次的价值。如分类工具将信息划分在某一类别中，可以有效地帮助用户进行分类检索或统计分析。再如聚类工具使得信息根据主题集中起来，通过聚类分析可以发现新的研究领域和交叉领域等。

最初级知识处理工具是汉语分词工具。因为汉语文本中词与词之间没有分词标记，分词是汉语信息处理首先要突破的问题。目前，已有一些永久性免费使用分词工具，这些工具不但将词汇分隔开，还可以识别词汇的属性（人名、地名、机构等）。大多数分词工具还配有词库，方便使用者“即插即用”。

目前在知识组织领域深度使用的且较为流行的工具是本体构建工具和语义网络绘制工具。本体构建工具一般均提供概念、关系、属性及实例的构建，并提供语义关系的实现和推理手段。语义网络工具的作用是将数据、信息或知识间的语义关系用线相连，构成一个网络图（语义网），从而将各对象之间的关系以图像形式呈现出来。对于语义分析网络工具，还可以根据语义网络的状态进行多种角度的分析。

1.4 知识组织的未来展望

知识组织的目的是更好地利用信息资源，将信息资源提升为知识资源，实现知识服务。知识组织的基础工作是知识的体系架构资源建设，也就是说要加强知识词表等基础知识资源建设。其次，技术将在知识组织的实践中发挥更加重要作用，为信息和数据的知识提升提供更加有效的手段。未来的知识组织将更加注重服务，即以知识服务为导向，以用户需求为目标，使知识组织更加方便用户、适应服务。

1.4.1 知识词表体系建设

在网络信息检索中，用户使用的检索词是用户自己所熟识的关键词，系统提供的标引词（或可检索词汇）是信息中拥有的词汇。这种检索词汇与标引词汇相互脱离的检索系统，其查全率往往较低，会遗漏一些很有价值的信息，这与未来知识服务系统要求是不相适应的。因此，未来的知识组织将会注重知识词表建设，以此来减轻用户选择检索词的负担，避免系统为选择标引词而增加人力劳动。知识词表配以一定的算法软件，可以自动为用户转换或扩展检索词，自动为系统标引主题词，从而提高系统的检索效率，达到知识服务的目的要求。

知识词表体系包括：①网络主题词表。该词表记载词汇间各类关系，如同义关系、用代关系、属分关系、所属学科等，可以为检索或标引时的词汇扩展和正确选词进行知识推荐。②分类词表，主要为引导信息分类参考。在分类词表内，将建立词汇与分类号之间的关系，各种分类体系之间的联系等，确保计算机系统能够为信息进行准确分类，检索时可自动进行由主题到分类，及分类体系之间的转换，实现分类知识检索。

未来的知识词表将是一个开放性的知识组织工具。词表可以提供用户共享，不同词表之间可以实现互操作，可以认为未来的知识词表将是一个知识词表组织体系。

1.4.2 技术引导知识组织提升

技术的发展必然带来知识组织革命性的变化。未来的知识组织将是一个在技术引导下的数据间密切关联的数据结构。①本体技术和人工智能技术日益成熟和实用，使充满语义关系的数据结构在知识检索系统中得到充分运用。②数据挖掘技术和数据仓库技术的发展，促进了数据仓库广泛用于知识服务系统，数据的多维联系结构使得联机分析技术真正运用于竞争情报系统。③云计算技术使数据组织技术发生了彻底的变革。随着信息爆炸日益凸显，数以千万计的数据生产者每天生产出大量信息，集中式的数据组织、生产与管理已不能适应时代的要求。云计算技术使整个信息服务体系中的数据分布式存储形成了一个巨大的虚拟整体，并且能够得到高效的存取。因此，在云计算技术的推动下，未来知识组织将是一个分布式的虚拟整体（云组织）。

1.4.3 以用户为主导的知识组织

未来的知识组织将以服务为导向，以用户需求为目标。不同类型的用户具有不同的知识需求，因此未来的知识组织将会根据资源库的主要服务对象来组织知识。

从用户的科学研究需求出发。知识的组织将更注重于数据的语义网络构建，以便信息扩检和发现研究领域新的学术增长点；强调信息的类别关联刻画，方便研究者能够鸟瞰学科或研究领域全貌；体现知识的源流与线索，确保研究者能够方便地获取所研究领域的早期思想和相关研究。

从用户的工作需要出发。知识的组织将会刻画生产与工作流程知识，让用户能够清晰地了解自己所在工作部门的工作流程、工作知识以及对问题的解决方法。因此，未来满足工作需求的知识组织会更注重知识地图的构建，强调工作知识的存储，也会重视工作案例知识的建设，以促进人们更高效地工作。可以预测，未来的决策支持系统将会非常关注知识的组织，注重知识仓库的建设，以提升系统的决策能力。

从用户的学习和娱乐需求出发。知识的组织将会更多地考虑用户阅读中的知识组织，百科知识的组织将会和文献资源库广泛地联系为一体。知识的组织将考虑更多的获取角度和更方便的获取途径。各类知识学习平台不仅强调服务的技术与方法，也将会更加关注知识的组织结构。提供人们娱乐的知识资源建设将会得到重视，以此丰富人类的文化、生活，并促进人们养成自觉学习的良好习惯。

从用户个性化需求出发。信息服务系统的知识组织将会充分考虑用户的行为知识，归纳分析用户行为信息，将存储经过清洗和整序的用户行为信息上升为用户使用知识，并确保能够将用户行为知识有效地推荐给相关用户。另一方面，未来的知识组织将会是一个复杂关联的数据仓库，能够满足各类用户的个性化需求。

知识组织就是将知识重组或整序，使知识便于用户快捷、有效地存取和利用，帮助用户从大量繁杂的知识中快速获取解决问题的知识。面向知识服务的知识组织研究不仅仅是过去的文献型组织、单元词组织，还包括对知识片段的存储，文献间、词汇间、概念间的关联关系的建立等。当然，这种关系不只限于二维联系，还要上升到多维关系的联系。目前，国内在知识组织的研究中，多数研究还限于对各类词表的构造与组织进行研究，对其他形式的知识组织一般仅限于框架的构造、概念的介绍，缺乏直接指导知识服务系统建设中知识如何组织的成果。本书是为了解决这一问题出发的，展示各类知识组织的数据结构，阐释知识间逻辑关系的关联结构，介绍如何建立各类知识库，希望能使读者对知识组织有更加具体、客观的理解。

第2章 知识组织相关理论与方法

科学研究需要有科学的理论和方法来支撑，对于每一项研究也需要科学的理论来升华和诠释、需要借助科学的方法来实现。目前，知识组织研究的支撑除了情报学中一些定律之外，还涉及与数学密切关联的理论和方法，尤其是系统科学中的一些重要理论，它们对知识组织研究与实践都有很大的指导意义和解惑作用。应该说，这些理论和方法促进了知识组织研究与实践的快速发展和完善。

2.1 系统科学理论与知识组织的关系

知识组织不同于信息组织，它更强调数据间的有机关联，通过数据间的联系形成相关知识。知识组织研究更关注知识组织的结构和系统性，强调数据质量控制和数据流程管理，注重数据关联的平衡性和稳定性，重视知识间关系的协同作用，发现知识组织中的特殊规律等，这些研究都需要相关的理论来支撑和解释。系统科学理论中的“老三论”和“新三论”对一切科学都有着重要的指导作用，对知识组织研究过程中一些问题和现象也能够进行科学的阐释和有效地引导。

2.1.1 系统论与知识组织

中国大百科全书（中国大百科全书编辑委员会，2009：第24卷）认为：系统论（system theory）是研究系统思想和系统方法的哲学理论。它包括三部分内容：系统的科学（或称数学系统论）、系统技术论（包括系统工程）和系统哲学。从情报学或信息学角度阐释系统论，认为它是研究系统一般模式、结构和规律的理论，研究各类系统的共同特征，并用数学方法定量描述其功能，寻求适用于一切系统的原理、原则和数学模型，是具有逻辑和数学性质的一门新兴科学（中国情报学百科全书编委会，2010：P303）。

从系统论角度出发，任何事物都具有整体性、关联性、动态平衡性，具有等级结构、时序性和可延续性。我们不仅要利用系统论的思想和方法去认识事物的规律和特征，更重要的是借助所认识的规律和特征去创造新事物、管理新事物，使事物达到最优化。

借助系统论整体性思想，可以把知识服务系统中的知识资源看成一个整体；利用系统论的事物（知识资源）都具有关联性的思想，认识到孤立的数据不能成为知识。这一思想指导我们寻找知识或数据间的联系，并把这些联系上升为语义关系，保证经过关联的知识和数据的知识总量高于知识资源内个体知识之和。

系统论的系统内部事物的动态平衡性思想可以指导我们在进行语义网络构建时，注重语义网络的平衡性。在知识聚类过程中，要保持各类元素的平衡，切忌出现大量的孤立点

(或元素很少的类) 和稠密网络 (元素很多的类), 这样既可以避免在进行知识查询时命中很少的结果以致不能满足需求, 也可以避免命中大量的结果从而加重用户筛选有效结果的负担。

在知识组织的分类系统和词表系统中, 其体系的层次结构和词汇间的属分关系, 充分印证了系统论中所认为的事物的等级结构特征。系统论的这一思想对知识分类体系的建立和词表构建都具有指导意义。同样, 系统论中事物的时序性思想, 对进行知识组织中的文献链结构和用户行为知识的组织都具有非常重要的参考价值。

2.1.2 控制论与知识组织

中国大百科全书 (中国大百科全书编辑委员会, 2009: 第 13 卷) 对控制论 (control theory, cybernetics) 的定义是: 研究生命体、机器和组织的内部或彼此之间的控制和通信的科学。可以理解为: 控制论是关于工程系统、生命系统和社会系统等领域中有关反馈现象和控制机制的共同理论的一门学科。控制论的主旨思想是: 通过反馈机制, 采用系统方法或过程方法对复杂事物或现象进行控制, 通过调节使被控对象达到预定目标。因此, 作为一门横断理论的控制论, 其理论几乎可以应用于任何复杂过程。

在知识组织领域, 控制论可以全面运用于数据的质量控制、数据和知识生产流程控制, 运用控制论基本原理可解决知识组织过程中大量复杂问题。例如, 在进行知识组织的架构时, 需要针对系统的服务目标, 借助控制论的系统分析方法, 辨识数据或知识间的关系, 使知识的关联达到最优化; 在数据组织与操作过程中, 控制论可以将数据组织工作中的计划、安排、激励、领导等职能与纠正工作中的偏差紧密结合起来, 使数据的管理工作形成一个有机的系统, 以确保对数据质量的有效控制。

总之, 强调系统方法、过程方法和微观调整的控制论, 在知识组织的实施中发挥着重要作用。具体而言, 控制论为人们进行数据结构和数据关联的宏观控制提供指导思想, 为实现知识服务目标提供了保证; 过程化的控制思想对数据加工处理环节的数据质量控制、时间和进度等控制, 为知识组织工程的时间、进度和质量的控制提供了有效的理论与方法; 为了对事物有效控制, 控制论还强调反馈和调节功能, 在知识组织的一些细节中, 通过系统使用或测试的反馈信号, 加强了对数据或知识间关系的调节, 确保知识的组织能够提供更为有效的知识服务。

2.1.3 信息论与知识组织

信息论 (information theory) 是利用数学的方法来讨论信息本质、信息度量、信息识别和信息传递与交换共同规律的科学理论。正如中国大百科全书对信息论定义所述: 信息论是研究信息的表示、传输、处理、存储和利用的理论科学。它的经典内容包括信息的数量定义 (信息量)、信道容量、信源和信道编码以及信息失真率理论等 (中国大百科全书编辑委员会, 2009: 第 25 卷)。由此可见, 知识组织所涉及的知识表示、知识传递、知识的处理与存储、知识的利用等研究与实践, 都可以得到信息论思想的指导。信息论还可促进知识组织研究的升华。

信息论将信息描绘成在现实世界中客观、广泛地存在着的对象。信息空间充斥着大量杂乱无章的信息子，当信息子有规律地排布时，就会产生能量，这些能量经过传递就会使确定的事件发生。而知识组织正是遵循这一原理，将数据或信息（可比做信息子）有机联系，建立数据、信息之间的语义关系后，就可以确定知识或产生新的知识，当这些知识传递给人们解决问题时，就激发出知识的能量。

知识组织的一个重要因素就是将数据进行关联后，使之能够进行推理，获得知识，以满足知识服务的要求。信息论中认为，信息子的摩擦碰撞产生能量，信息子的排布形式决定事件的性质。这一信息论机制非常近似于知识组织中数据仓库的数据间的多维联系、本体结构数据间的语义关系，这种联系与关系完全可视为信息子的碰撞和排列，其产生的知识恰恰可视为解决问题的能量。

信息论思想认为，知识系统内部存在着大量知识熵，为了控制知识熵的增长，必须将知识系统内的知识序化，也就是进行有效的知识组织。信息论有助于探索知识组织的本质，观察知识组织中的全新世界，让人跳出传统的数据组织思想去建立一个全新的知识组织领域，促使系统提升知识服务的能力，为构造更加高效的知识服务系统提供理论基础。

2.1.4 耗散结构理论与知识组织

耗散结构理论（dissipative structure theory）是指寻求系统在非平衡状态下形成稳定有序结构的条件和机制，探索自组织过程的一般原理的理论（中国情报学百科全书编委会，2010：P78）。在知识组织过程中，无论是知识聚类、分类，还是语义网络的构建，抑或数据仓库的组织等，均存在大量非平衡状态，而这些知识组织体系本身就具有潜在的稳定有序结构，我们需要认识这些有序结构形成的条件和机制，完成这些知识组织结构的自组织过程。

典型的耗散结构需具备四个基本特征：系统的开放性、系统的非平衡性、系统与外界物质和能量的可交换性、系统的自组织性。也就是说：①具有耗散结构的系统必定能和外界进行某种交换，孤立或封闭的系统是不可能产生耗散结构。②耗散结构是远离平衡态的，平衡态或近平衡态都不可能将已有的有序转变为更高级的有序，只有远离平衡的开放系统，通过与外界进行物质与能量交换时，所积聚的能量达到某个临界值才会引起突变，形成稳定有序结构。③耗散结构具有自组织能力，这种自组织能力使系统具有柔韧性和鲁棒性，具备抗拒外界干扰的能力，确保系统走向自我完善。

因此，知识组织可视作为一种耗散结构。要借助耗散结构理论促进知识组织的稳定有序、提升知识组织的知识服务能力，需要将耗散结构理论充分运用于知识组织的研究中。知识组织是一个具有开放性的并远离平衡的系统，它需要外部知识的介入，产生新的知识。同样，语义关系的链接，激活了知识。随着内外部知识交换的频繁，新知识的大量增生产生了质变，构成了自成一体的知识组织系统，形成了知识组织的耗散结构，为实现理想的知识服务提供了保证。

随着社会、文化和科学技术的发展，原有知识体系的将不断被新生知识所取代。如果原有知识组织不更新，很快就会衰退到惰性的平衡，从有序走向无序。所以，欲保证知识组织对知识服务的持续有效性，需要不断加强内外部的能量（数据、知识、关系）交换，增添新的知识和语义关系，使知识组织处在“有序—无序—有序”的转化过程中，保证知识服务系统始终处于高效的活动状态。

如此看来，知识组织是一种耗散结构，需要在耗散结构理论指导下不断提升和完善，只有这样才能在知识服务中发挥更大作用。

2.1.5 协同论与知识组织

协同论也称协同学（synergetics）或协和学，是研究系统从无序到有序转变规律和特征的一种理论方法。它是研究系统中子系统之间怎样合作产生宏观的空间结构、时间结构或功能结构的（中国大百科全书编辑委员会，2009：第 24 卷）。协同论认为，尽管各子系统之间千差万别，但它们在一个大的系统下，依然存在相互影响、相互配合以及相互作用的关系，也存在着相互干扰、相互制约等因素。因此，协同学研究的任务就是，探索人类社会各类系统的共同本质，研究它们发展演变的共同规律，寻求它们之间的协作机理。

协同论所研究的对象在知识组织的研究中大量存在。信息聚类组织时依赖的是信息的主题，而同一主题的信息可以看作是这些信息所具有的共同本质。在关联信息的组织时，相关联的数据可能会相互影响、相互作用，甚至是相互制约，将信息的这种影响或制约关系加以描述并组织起来，可使信息上升为能够提供知识服务的知识，实际上这就是协同论中所阐述的系统从无序转变为有序。然而，协同学的思想更鼓励我们去寻找信息关联前后的信息转化为知识的转变规律和特征。

协同学应用于知识组织可以展现这样一个道理，孤立的数据或一个个数据个体可能价值很小甚至没有价值，但是数据“协同”（关联）起来，却能展现出数据中隐藏的大量知识，也就是说“协同”可以帮我们找到数据中大量的“客观性质”。因此，在知识组织中，应当借助协同学思想，针对知识服务的目的和要求，建立探索数据间各类关系的机制，解决知识组织中的复杂问题，更有效地开展知识服务。

2.1.6 突变论与知识组织

突变是指事物发展过程中的间断或突然转换的现象。从理论角度探讨突变，就是用数学的方法研究自然界中事物发生演变中出现的不连续现象。如，中国大百科全书认为（中国大百科全书编辑委员会，2009：第 22 卷）：突变论（catastrophe theory）是描述自然界中发生的各种突变现象的数学理论。突变论使我们对人类社会许多现象的发展变化有了更深刻的理解，为战胜愚昧和无知提供了新的武器。突变理论使事物发生的质变或飞跃（革命性的变化）有了科学的解释依据。例如，互联网的急剧膨胀，网络地址资源远远不能满足互联网发展的需要，并制约了互联网的发展，使接近崩溃边缘的互联网处于极不稳定状态，需要一种网络技术的革命性变化（突变）使互联网达到一种新的平衡，所以新一代互联网技术完成了互联网发展历程中的突变。

信息组织同样也经历过从量变到质变的突变过程。从二次文献信息到全文信息、从文本信息到多媒体资源都带来了信息存储技术与信息获取技术的跃变和质变。目前，在大数据和云计算环境下，数据的组织更是发生了巨大的变化。大数据产业的出现，数据的计算已由 GB 级的计算上升到 TB、PB 甚至 YB 级 的度量，信息组织架构已不再局限于某个局部，而是拓展到全球，形成大区域甚至全球协作战略。

在知识服务环境下，随着知识服务需求的不断提升，知识组织也将会发生突变，如何应对这种突变？如何控制需求变化带来的知识组织的突变？可以借鉴突变论中应对突变现象的数学方法，对知识组织由于知识服务需求带来的突变进行有效的控制和科学应对。首先，可以针对知识服务要求分析刻画知识需求参数和满意度控制参数；其次，进行知识标引并建立知识间的关联关系，构造知识间的势函数；再次，分析关联，构建实现平衡态的知识空间；第四，研究知识空间到知识需求参数间的投影，确定知识需求可能发生的变化。总之，在突变论的指导下，知识组织研究与实践可以迅速适应用户知识需求的不断升级和变化。

2.2 情报学相关定律与知识组织

情报学是研究事实、数据、信息、知识和情报的产生及其有效收集、组织、存储、传递、转换和利用规律，并运用科学技术手段对其进行有效的管理和利用的一门科学（中国情报学百科全书编委会，2010：P191）。因此，情报学中的定律注重探索信息和知识的活动特征，强调探究信息和数据中有价值情报的规律。著名的情报三大定律（布拉德福定律、齐普夫定律、洛特卡定律）虽然是针对文献、词汇以及作者和文献的关系给出的一般性规律，但同样对知识的组织有很大的指导意义。另外，在情报学中广为应用的、阐述社会网络的小世界理论也对知识组织研究有着很大的启示作用。

2.2.1 布拉德福定律与知识组织

布拉德福定律（Bradford’s law or Bradford’s distribution）由英国文献学家、化学家布拉德福先生创立（中国情报学百科全书编委会，2010：P13），主要描述了文献分散规律之经验定律。布拉德福定律认为，如果按科技期刊刊载某专业论文的数量多少，以倒序排列，则可以分出一个核心区和相继的几个区，每个区的论文数量相等，则核心区期刊数量和相继区期刊数量成 $1:n:n^2\cdots$ 的关系（$n>1$）（中国情报学百科全书编委会，2010：P13）。布拉德福定律用专业文章数量的多少确定期刊核心区的概念，虽然这一定律不一定适合当今选择核心期刊，但这一思想仍对当今核心期刊的选择有很大的指导作用。

布拉德福定律的主要思想认为，文献有相对集中和普遍分散两个方面。这一思想对开展知识组织研究同样具有帮助作用。文献分散原理可以应用于知识组织的信息聚类研究中，聚类核心区的思想可以指导阈值的确定，从而帮助确定类的规模。另一方面，无论是知识仓库还是知识库，抑或本体数据组织，都存在着知识点的集中和分散规律。布拉德福定律可以指导知识点的集中区的发现，了解分散的知识点，这些信息可以帮助我们更科学有效地构造各类知识库的逻辑结构。

布拉德福定律强调，某一专业领域的论文通常分布在众多期刊中。虽然有少量的期刊刊载了较多的该专业领域论文，但仍存在大量的论文分散在众多的期刊中。而这一经验总结表明，每一学科都有本学科重要知识点的关键词，也有其他学科知识点的关键词散落在本学科。这就提醒我们在进行相关知识库组织时，对散落在不同学科的知识点（关键词）做好学科关联处理，并确定关键词的主要学科，以确保可以通过关键词的学科关联关系发现交叉学科，寻找学科新的增长点，以此为学科规划提供知识服务。

2.2.2　齐普夫定律与知识组织

齐普夫定律（Zipf's law）是美国学者齐普夫于 20 世纪 40 年代提出的关于词汇在文献中出现频次的分布规律，也称词频分布定律、最省力法则、齐氏分布定律。齐普夫定律的主要思想：如果把文献中词的频率（f）从高至低递减排序，并用自然数给这些词编上等级序号（r），则有 $fr=C$（C 为常数）。这个定律与 80/20 规律有异曲同工之效。这条定律提示：做任何事情都要尽可能以较少的付出去获得较大的收益。当然，这条定律并不是暗示“偷工减料”，而是指导我们如何利用事物的客观规律，发现可能产生较大影响的并较为“省力”的部分作为重点突破，以后再向全局突破。

在知识组织研究中，可以依照这条定律的原则，归纳出社会对知识服务的需求，并分析用户对各类知识服务需求的渴望程度，再根据分析结果针对相应的知识组织的难易程度、工作量大小，选择率先建设的知识组织系统。例如，根据用户使用信息系统的行为信息，分析被普遍关注的领域，并针对这些领域率先构建相关知识库。如知识点链接知识库、用户行为推荐知识库以及相关主题的知识仓库，以后再逐渐扩大知识库的构建领域。再如，根据该定律提示可以针对国家、地区或企业关注的领域，选择重点建设相关知识库，确保知识服务能够首先和国家、地区重点关注的问题紧密结合起来。

在具体的知识组织方面，可以根据齐普夫定律将知识组织体系中工作量大小以及各项数据组织工作在知识服务中影响的大小分别进行排列，并权衡工作量大小和知识服务中发挥作用大小选取先进行的工作，使知识组织工作达到效率和效果的平衡。例如，在语义关系的构建工作中，可以花费较小的力气建立实体间的简单关系，那些大量的复杂语义关系可以交给计算机实现，计算机根据人们设计的推理算法就可以完成各种复杂关系的组合。这恰恰是最省力法则的精髓。

2.2.3　洛特卡定律与知识组织

洛特卡定律（Lotka's law）揭示了科学研究人员数量与所著文献数量之间的关系，认为发表 2 篇论文的作者数量是发表 1 篇论文作者数量的 1/4，发表 3 篇论文的作者数量是发表 1 篇论文作者数量的 1/9，如此类推，发表 n 篇论文的作者数量是发表 1 篇论文作者数量的 $1/n^2$（中国情报学百科全书编委会，2010：P149）。洛特卡定律又称倒平方定律，描述了科学生产率的经验规律，是美国学者洛特卡于 20 世纪 20 年代提出的。

洛特卡定律并未有涉及知识组织领域，但该定律能否符合知识表达上的一些规律，确切地说，在学术成果的影响上是否遵循这一规律。我们做了实验。论文发表三年以后，没有被引用的论文，是被引 1 次的论文 4 的倍，被引 2 次的论文是没有被引过论文的 1/9，如此类推，基本符合洛特卡定律的倒平方定律。这一规律的出现为构建引文索引的数据结构，计算文章发表后的知识量提供了一个非常有效的途径。

同样，洛特卡定律也为探索知识词库中使用词的规律，发现常用词汇以及分析各词汇在知识服务中的贡献（热词）提供了新的思路。曾经有对汉语词汇在文章中的分布情况进行的探索，发现汉语词汇在文章中呈现洛特卡现象（王东波等，2012）。这一结论为更加科学有效地构建知识词库提供了新的依据，为知识服务系统分析用户行为用词提供了更加科学的方法。在引文知识组织中，洛特卡定律为构建作者知识库，探求核心作者群提供了新的思路。

2.2.4 小世界理论与知识组织

小世界理论（small world theory）也称为六度分割理论（six degrees of separation theory），它来自数学领域的猜想和社会学领域的实验。六度分割概念始自于 1929 年的一则小故事。匈牙利作家 Frigyes Karinthy 在这个小故事里论断，地球上任何 2 人都可以通过一条由 5 位联系人组成的链条联系起来（中国情报学百科全书编委会，2010：P308）。也就是说，世界上任何 2 人，均可以通过不超过 6 个人建立联系或搭上关系。即一个人预想结识世界上任何一个陌生人，可通过自己所熟识的那个可能认识这个陌生人的人去结识他，这个熟识的人再通过他所熟识的、可能更靠近那个陌生人的人，依此联系不断进展，这个人可能最多经过 6 个人就能和那个陌生人搭上关系。这个故事后来成为数学家的猜想，也得到社会学家的实验证明。六度分割理论让世界变“小”，所以也被人们称为“小世界理论”。

六度分割理论并非准确的是 2 人之间需通过 6 个人才能建立联系。随着现代人类社会交往的密切，网络普及增添了更多的交往渠道，人类间联系更加紧密，可能会使人类的联系链更短。但无论怎样，它说明了一个问题，世界上任何事物间都存在或近或远的联系。这种联系为建立信息、数据间的关联提供了理论依据，也为建立语义网实现推理性知识服务打下基础。

既然人与人之间通过联系链总能找到某种联系，那么数据、信息、知识也一定存在某种关联。小世界现象在学术文献间的引用网络、知识间的语义网络、词汇（主题词表或叙词表中）间语词关系网络、作者合作研究网络、研究主题的交叉网络中都有很深刻的体现。如果把每一篇文献、每一个词汇、每一位作者、每一个主题都看作是一个网络的节点，并根据关联关系实现两者之间的联系，构成的网络就是一种小世界现象。

小世界理论的世界事物都存在关联的思想，为寻找数据间关联提供了依据，使我们清楚地认识到，数据、信息或知识在关联或传递中不断提升其价值。将数据、知识间的关系有效地组织，将会大大提升知识服务系统的服务效率。因此，可以借助小世界理论，建立复杂网络，并通过复杂网络中数据间的关联，进行数据挖掘和深度分析，发现新的知识，提供解决问题的素材、知识和方案。

当然，在情报学领域对小世界理论的运用还处在初级阶段，在知识组织领域中还需要进一步研究。例如，小世界理论只给出了人与人之间的一般联系，并没有强调人与人之间的关系程度。实际上人与人之间的关系强度在人的交往中是非常重要的一个方面，可能决定两人合作事件的走向。这也提示我们，知识间的联系也有强弱关系，这种强弱关系可能会影响对知识网络中的知识发现。因此可以设定一个阈值屏蔽数据或知识间的一些弱关系，将强关系凸现出来，这也就是要求我们在知识组织方面如何区别关系的强弱问题。

再者，在小世界理论中，只强调人与人之间存在联系链，但人与人之间具体有什么关系并没凸显。例如，一位社会学家为证实小世界现象，进行一项连锁信件实验，让发件人把信件传给其他城市的陌生人，每一位发信人将信件发给自己熟识并认为最有可能认识目标人的人，最终信件经过不到 6 个人到达了陌生的收信人手中（中国情报学百科全书编委会，2010：P308）。这一实验说明小世界现象并没有改变人与人之间的原有关系，传递的信息并没有得到升华。因此，在知识组织研究中必须认识到，知识间的关系是普遍存在的，如果要实现知识升华，在知识服务中发挥更大效能，需要建立知识间语义关系。

小世界现象在知识组织中还有一个方面需要注意。在人的传递网中，忽略了关系链中两人互逆问题。如，某人有两个朋友 A 和 B，分别支撑着此人的前后朋友链，但 A、B 两人矛盾很深，如果此人将这两个朋友同时引入朋友圈，这条朋友链就可能崩溃。同样的道理在知识组织中也会出现，这就需要在知识组织时把各知识元间语义关系都建立起来，尤其是将知识元之间的主要关系建立起来。

2.3 知识组织方法

知识组织是关于数据结构的设计、知识内容的记录以及知识集合整序的过程，使之便于揭示知识单元，方便知识发现，能为用户提供有效的知识服务。为实现不同的知识服务目的，需要采取不同的知识组织方法。如，为了探寻数据中隐藏的规律、深入分析数据内涵知识，可以采用关联技术对知识进行组织；为了进行聚类分析或分类知识检索，聚类组织方法是一个有效途径；实现推理检索或相关知识服务，需要数据间具有语义关系，这可以借助知识的语义组织方法来完成。当然，知识组织技术与方法很多，本节主要简述对知识服务产生明显效果的几种方法。

2.3.1 知识关联组织法

关联就是事物之间的联系，关联分析就是分析事物间的关系性质，通过事物的关联和关联分析可以对事物产生更深刻的理解。针对数据而言，数据经过关联使其价值得到升华，原本松散的数据在关联的作用下，可能上升为非常有价值的信息或知识，成为知识服务的有效知识源。知识关联就是建立知识之间存在的联系（链接），着重强调揭示知识间的关系性质或类别。知识关联组织是将知识及相互联系关系有效地存储于数据库中。因此，知识关联组织法就是对数据、信息、知识的关系的建立、揭示和组织所采取的一系列技术方法和组织过程。

知识关联组织法使原本无序的知识变得易于控制且有序，让原本孤立的数据呈现出有机的联系。例如，当在网络阅读中遇到不能理解的专有名词或相关知识时，就希望能够直接阅读到相关知识，关联技术为实现这样的阅读提供了有效的手段，可以将文本中的专有名词与知识库中的相关知识关联起来，并通过一定的组织结构实现这种连接，为提供知识点知识服务奠定基础。

再如，数据仓库技术就是将散落在多个数据库中的信息有机地关联起来，形成多维度联系，使隐藏于大量数据之中的规律呈现出来，为决策者进行决策提供非常有价值的信息和知识。经典的购物篮分析之例，“尿布”与“啤酒”的关联“神话”（高勇，2008），就是利用数据仓库将这类购买联系的多维数据（如购买者相关信息、购买时间等）关联起来，为超市货物重新布局提供了非常有价值的参考。

另外，数据关联组织方法还用于多种知识组织结构中，如知识地图、学科关联网络、科学知识图谱、引用网络、学者研究网络等。这些关联组织结构的主要特点是：以知识单元（人、文献、概念、知识）为节点，通过存在关系实现链接，从而实现关联数据组织，为知识服务提供有效资源。

2.3.2 知识聚类组织法

聚类组织法就是根据一定的规则将文献、信息或知识按类聚集起来，分别给予相应的类别标记，并将类号赋给相关信息，存于数据库中的过程、技术与方法。知识聚类组织实际上也是数据关联组织的一种，它与上文所述关联不同在于，数据不是依赖相互关系联系起来，而是赋予相关类别（号），并借助类别（号）聚集在一起，形成分类有序的数据组织。

知识聚类组织法将原本分散的信息或知识按主题特征等聚合在一起，使聚合在一起的信息或知识具有某种共同特征或关联。数据仓库的建立有效地采用了这一知识组织方法。知识仓库的一个主要特征就是“面向主题”的数据集市，它是从多个数据库中将某一主题相关信息汇集一起，并通过一定的关联组织于数据仓库中。这种聚类的知识组织为聚类分析与知识服务打下了基础。

数据采集系统对采集来的数据所做的最重要的一项工作就是对数据进行清洗和处理，为了使采集来的数据发挥更大作用，需要进行聚类，对数据进行聚类组织。这种聚类的知识组织方法在情报分析系统、竞争情报系统中发挥着很大作用。同时，聚类组织技术也为多文档摘要提供了基础。

在聚类组织信息的过程中，信息的类分层是很重要的，也就是类的上下位关系要体现出来，并将这些关系存储于数据库中，对信息分析和知识服务更有价值。

2.3.3 知识语义组织法

语义组织就是将信息及信息间的语义关系存储起来，构成具有语义关系的数据库。在检索和分析时，通过建立的语义关系，进行语义推理实现知识服务。知识的语义组织将数据库中原有记录、字段（属性）的关系，上升到数据、知识间的语义关系，保证了知识的关联和再生，以及隐性知识的呈现。知识组织中的语义关系丰富多彩，例如：主题知识词表中的语词关系有属分、同义、用代等语义关系；人与人之间有各种亲属关系；研究中有合作关系；工作中有上下级之间的关系以及各类人际关系。事物、知识间的语义关系更加复杂。但这些关系在数据或知识之间建立以后，将大大提升信息系统的知识服务能力。

语词间的语义关系组织主要用于解决叙词表或主题词表中词间的语义关系，每一个词可标记出其上位词（属关系）、主题词（用关系），其下位词（分关系）、参见词（代关系），这些关系都可采用正反推理而得。词汇间语义关系的建立，使词汇间形成了一种知识体。通过这个知识体使文献或信息间存在的知识关系得以显现。这种显现可体现在对知识的检索中。系统可通过词间语义关系自动地进行扩检和缩检。另一方面，词汇间的语义关系也可以有效地实现知识推荐的服务。

本体技术是知识语义组织应用最多的形式之一。本体是对客观存在事物的一个系统的解释或说明，它关心的是客观现实的抽象本质。也就是说，把对象之间的关系抽象出来，这些抽象出来的关系再通过语义关系表达出来。本体中的语义关系有概念之间的语义关系，即类与类之间的语义关系，如历史事件中的“事件”和“地名”的关系，“事件”和“时间”的关系等；也有客观事物对象之间的语义关系，如父子关系、同事关系、上下级关系等。

在语义关系的表达上，需要注意语义关系单元化，也就是说，能够复合而成的关系就不需要专门建立关系，但可以建立一个关系组配复合库，将各种复杂关系在这个库中用单元关系组配起来，提供检索时对复杂语义关系的组合。对知识体采用单元语义标注，大大减轻了语义标注的工作量和难度，而且更便于语义推理的检索实现。在语义关系的表达上，应尽量采取数字化表达，也就是每一种语义关系对应一个数字，这样便于语义关系组合叠加，也方便检索算法的实现。

科学理论是人类智慧的结晶，是高屋建瓴对相应科学领域的总结。严格地说来，科学理论并不是完全抽象的东西，它指导着科学研究的开展、支持着科学实验的进行。本章阐释了我们对知识组织研究中的相关科学理论的理解，以希望能够帮助大家更深刻地理解科学理论在知识组织中发挥的作用。

虽然，知识组织研究所涉及的理论与方法远远不止本章所述，但本章所介绍的理论和方法对知识组织研究的指导作用和针对性更加显著，对面向知识服务的知识组织理念形成与提升知识服务系统水平都有很大的帮助。

第3章　用户需求与知识服务

知识组织的理想化是提升知识服务质量的保证。理想化的知识组织来自于对用户知识需求的充分理解、对知识服务形式和技术的了解以及对现代信息组织技术的掌握。因此，进行知识组织的研究，应当了解用户与用户类型，分析各类用户对知识服务的需求，熟悉知识服务的类型与手段，掌握知识组织的技术。只有这样，才能将知识组织的研究深入开展下去，并卓有成效。

3.1　用户类型与知识需求

知识服务面对的用户是广泛的，不同的用户对知识的需求也是不一样的。对不同类型用户的知识需求的了解，对用户在使用知识服务系统时需要什么样的知识形式的把握，是知识服务系统提升服务质量的重要保证。知识服务面对的用户分为：不同文化程度的用户、不同知识背景的用户、不同职业的用户、解决不同类型问题的用户，等等。

3.1.1　不同文化程度用户的知识需求

网络面对的用户群体来自不同的文化程度，有接受义务教育的初中生和小学生，有准备进一步深造的高中生，有进行技能或职业技术教育的大专、中专、技校生，有普通高校的大学生、研究生。虽然，不同的文化程度的用户都有对知识的渴求，但他们的需求重点是不一样的。

1）初中生和小学生

初中生和小学生处于对文化知识汲取的早期阶段，他们除了对文化和知识进行学习外，还需要对内在素质进行培养，即培养他们对社会、世界、环境和人生的看法和理解，树立正确的世界观、价值观、道德观和人生观。初中生和小学生还需要进行外在素质的培养，主要体现在：生存能力、办事能力、处事行为、特殊专长等方面的培养。

文化知识的学习和素质培养的要求，使初中生和小学生对知识需求有自身的特点。包括：①希望能方便地获得词汇的解释说明，尤其是在阅读中遇到的专有词汇、历史名词、成语等。②希望能够通过网络查阅解决自己在学习中遇到的问题。③希望能得到百科知识以拓宽自己的知识面。④为提升素质和专项特长，对琴棋书画和文化体育等方面的技能和知识有需求。⑤有关行为规范、遵纪守法等知识的学习。

2）高中生

高中生（包括中专生和技校生）处于稚嫩的少年期向成熟的青年期过渡的时期。这一阶段学校的课程不断增加，要学的知识也越来越多，高考的压力越来越大，高中生的学习几乎就是为了高考。中专生和技校生的就业压力也很大。这一时期，他们的思维开始发散，个性与独立性开始凸显，内心世界丰富多彩，他们对知识的渴求已经从初中阶段的模仿思维，进入了创新性思维阶段。

因此，高中生对知识的需求重点发生了很大的变化。除了解决学习中遇到的问题以外，还迫切需要了解知识的来龙去脉；除了把握课堂上所学文化知识以外，还希望知晓社会知识、就业情况、了解高校及高校专业学科情况等；高考生们对国际知识、时政知识更加关注，对国家政策、国内外重要事件开始重视，这些都导致他们注重网络信息。总之，高中生对知识的需求是多方位的，除了因为学习、高考和就业等需求加强知识的汲取，本身内在素质的提升也增长了他们对知识的渴望。

3）大学生

从知识需求角度分析，本书这里定义的大学生主要指在普通高等学校（包括职业技术学院、高等专科学校）在读的大专生和本科生，也就是说，是正在接受大学教育的学生。他们是不断学习科学技术文化知识，努力掌握解决科学问题的理论与方法，积极探索实践，善于接受新生事物的知识群体。

从知识需求角度看，大学生更热衷于读书，期待知识服务系统能够向他们推荐重要的专业书籍，以便更好地完成学业。在学习期间或临近毕业时，他们非常希望能够了解社会对专业的需求，以及行业的发展信息，为未来的就业和创业做好准备。实际上，大学生的知识需求是多方面的，除了学习中遇到问题的解惑知识，还需要为提升自己的素质大量汲取相关知识，以及为未来升学了解国内外高校本专业研究生招生信息等。

4）研究生

研究生是大学本科以后的继续深造和学习的学生。作为用户分析，我们将硕士研究生、博士研究生以及博士后等放在一类。虽然严格意义上来讲应该分开，但其知识需求的特点是相近的。相对于本科生，研究生的培养目标是在本学科领域掌握坚实的基础理论和专门知识，尤其注重培养研究问题和分析问题的能力，特别是提升他们独立从事科学研究的能力。

因此，研究生的知识需求除了表现在对本专业和相关专业的相关理论、技术和方法知识的需要方面，他们还希望了解知识的关联性，把握知识的来龙去脉。他们善于使用主题聚类的检索方式得到相关文献和知识，也熟知研究成果间的文献链的形成，他们也习惯采用通过所检索到的文献去搜寻文献链。

当然，不同文化程度用户的知识需求没有严格界限，他们的知识需求在许多方面可能是相同的。但不同文化程度用户的主要知识需求是有差别的，这些差别为进行知识组织研究提供了有效参考。

3.1.2 不同工作特征用户的知识需求

用户的工作特征不同其知识的需求也有一定差异。由于工作特点和工作需要，他们对知识需求都有一定侧重点。从不同的知识需求类型出发，可将其分为：党政机关工作者、事业单位工作者、普通劳动者、商务人员、军事人员。

1）党政机关工作者

党政机关是中国共产党及中国政府各级领导机构以及其他民主党派领导机构，这些机构具有一定的行政权力。作为这些机构的工作人员需要有一定的领导水平、决策水平和执行能力，需要对政策的把握能力，对科学发展、社会历史和当前状况有所了解，对所掌管的行业和行政领域所涉及的相关知识要能熟知。总之，作为党政机关工作人员必须具备进行决策和行政时应有的必要知识。

因此，党政机关工作人员迫切希望知识服务系统能够提供政策理论知识、科学技术动态、行业发展水平等知识。为提升自己决策水平和对事件的宏观掌控能力，他们希望能够掌握科学的分析理论和方法，还需要能够通过知识服务，从系统大量的复杂数据中获取一些隐藏的规律性以及帮助决策的知识。此外，领导者为了应对突发事件和引导突发事件的走向，希望能够及时了解突发事件的进展以及过去同类突发事件的经验教训。

2）事业单位工作者

中国的事业单位主要指政府创设的从事教育、科技、文化和卫生活动的公共服务机构。事业单位包括：教育事业机构、研究性事业单位、文化事业单位、卫生事业单位、其他公共服务事业单位等。它们以社会公益性服务为宗旨。因此，事业单位的工作者需要掌握和自己服务业务相关的社会知识和行业知识，熟悉本领域拥有的相关知识资源。

教育事业单位包括高等教育、中等教育、基础教育、继续教育、特殊教育等事业单位。教育工作者的知识需求主要体现在：教学方法知识、教育政策以及所从事的专业领域知识。高等院校的教师还进行着大量科研活动，为此他们还需要了解各自领域的最新研究成果等。

研究性事业单位主要有：自然科学研究、社会科学研究、其他科技研究事业单位。这些单位主要从事相关领域的科学研究、科技创新或解决社会科学研究中的问题。自然科学研究者关注最新研究成果、科学的理论与方法。社会科学工作者更重视社会问题、历史问题和经济问题等。

文化事业单位涉及很广，包括新闻编辑出版类、广播电视类、艺术类、群众文化类、文物博物馆、图书馆、档案馆等。这类事业单位工作人员的知识需求主要体现在与自己的服务工作和业务相关知识的获取。他们希望能得到追根溯源的知识，希望能够采集到民间文化、传统文化和社会关注的问题。

卫生事业单位主要指医疗单位、防疫检疫单位、计划生育单位以及与医疗卫生相关的一些事业单位机构。卫生单位工作者关注医学和药学领域最新学术研究成果，关心医疗临床领域疑难病例和最新医学技术手段等等。他们也希望知识服务系统能够提供医疗专家知识库的服务。

其他公共服务事业单位涉及面更广，涉及社会福利、体育、交通、城市公共服务、信息咨询、法律服务，等等。这些事业单位的工作者在知识需求方面和其他事业单位工作者相差不大，主要关心的是自己服务领域和专业领域的知识。

3）普通劳动者

从知识需求类型的角度出发，将普通劳动者的分类涵盖所有体力劳动者、技术工人、一般职员，和企业的一般管理干部。这类人员的知识需求较为广泛，除了对自己岗位要求具备知识的需求以外，往往根据业余爱好或阅读报刊文章时遇到不能理解问题产生某种知识需求。此外，技术工人为了技术创新会希望获得相关知识和技术的支持，管理人员也会为提高自己管理水平，增长自己的管理理论水平查阅有关图书和文章。

4）商务人员

商务一般指从事商品交易服务的相关的活动。商务人员是从事商务活动的各类专业人员。商务活动在社会与经济发展中起着重要作用。社会专门为商务活动提供的服务也越来越多，如乘坐飞机时的商务舱，宾馆中的商务套房等。从知识需求来说，商务人员的知识需求也有其独特性。

素质良好的商务人员需要具备关于所经营商品的知识，了解商品的生产过程、原材料加工过程、企业上下游资源、同类产品之间的差异，这些方面促使商务人员产生对信息流、物流、资金流等方面的知识需求。在商品销售过程中，商务人员对知识产权领域的知识有相关需求。为提升自身的业务能力，帮助企业从销售角度提高竞争力，他们也有对战略知识、销售策略知识有一定需求。

5）军事人员

军事人员是指维护国家安全的武装力量中的指挥员与战斗员。例如，军队指战员、武警指战员、公安干警等。作为军事人员，他们需要具备各类武器装备的相关知识，各类武器的性能和使用方法。对于特种部队战士，还需要拥有各类运输工具和战斗工具的操作技能，了解世界上最先进武器的性能。对于指挥员，需要掌握各类战略战术知识，了解世界上经典战役过程和成败经验，并具有现代数字化战争的知识。对于武警公安人员，需要掌握解决突发事件的手段和技能。这些都是军事人员的知识需求，他们迫切希望有关知识服务系统能够提供相关服务。

用户的分类有多种角度，有的还按性别、学科、行业、网络用户以及用户和系统的关系等方式进行的分类（邓小昭等，2010：P10），也有从用户水平、用户服务方式、用户级别等角度进行的分类（胡昌平，2005：P34-36）。本书主要从用户知识需求出发，为着知识服务目的来讨论用户及用户需求的，故注重不同类型用户的知识需求及特点。实际上，所有用户都存在一般性知识需求，如阅读中查阅字典和百科全书；工作或实际生活中遇到问题时，需要寻求解决方法和相关知识；当突发事件降临时，也期待能迅速得到相关知识和应对知识。本书将根据用户的知识需求，分析知识服务类型，为更加有效地进行知识组织打下基础。

3.2 知识服务类型

知识服务已成为信息服务部门的追求，过去以文献服务为主的各大综合信息服务平台，均竭尽所能的以提供知识服务为目标。例如：北京万方数据有限公司的万方知识服务平台，清华同方推出的中国知网（CNKI，China National Knowledge Infrastructure）等，都在倡导并实施知识服务。从目前网络服务的特点来看，知识服务的形式和类型是多种多样的，实现知识服务的角度也存在着差异。

3.2.1 基于词典的知识服务

词典可以为人们解惑，帮助人们增长知识。无论是中小学生还是大学生甚至博士和教授，在他们日常的知识获取中无不与词典打交道。有时在进行文献和信息查找时，也需要借助主题词典或检索词表的知识帮助，进行相关扩检或缩检。利用知识词典的知识服务主要体现在三个方面。

1）日常阅读中的知识服务

阅读既是消遣活动也是增长知识的过程。在传统阅读环境下，遇到不认识的字可以查字典，不理解的词汇可以查词典，不了解的知识可以查百科全书。但这样会大大降低阅读效率，影响阅读兴趣，有时由于不能及时获得相关知识，还会对阅读的内容一知半解甚至误解。网络环境下的阅读，其涉及面是非常广泛的，人们会接触到各种各样的信息和知识，遇到不解知识会更多，这就需要网络能够提供与阅读匹配的知识。信息检索与服务技术的发展，让阅读中知识点的知识提供变得简单、方便和易行。

在网络上可以将字典和词典建成词典知识库。当用户在网上阅读文献时，为用户提供各类专有名词和专业词汇的查阅，例如百度百科就是这样一种工具。但这依然要求用户离开阅读的文本，打开另一页面去查询相关词汇。读者更希望能够提供在阅读页面上直接获取欲知专有词汇知识的服务，这就要求能够在每篇文献的知识点上建立超链接来提供这种专有词汇知识的服务。当然，将每一篇文献入库时就为每个专有词汇建立超链接（指向词典知识库的链接），其工作量巨大，也是不现实的。通常采取动态的在输出文本中建立即时超链接的方法，以实现文本中专有词汇和词典知识库中词汇的链接，这样就实现了网络阅读文献时的及时动态的知识服务。

2）检索中的词汇知识提供

人们在使用一些信息检索系统时，往往会选择与自己需要信息相关主题的关键词进行检索。检索词选择不当、不十分准确，或选择的检索词不完备，会造成检索结果不满意。这就需要检索系统能够提供相关检索词知识，使所提供的检索词能够改变检索结果，达到用户满意的结果。

机读主题词表或叙词表可以实现检索时提供词汇知识的服务。词表中词汇间的“同义”关系可以扩展检索，从而提升查全率。词表中词汇间的“属分”关系，可以引导扩展检索和专指检索，分别可以实现扩大检索（提高查全率）和缩小检索（提升查准率）。这种利用词表中词汇的属分关系、同义关系、用代关系等，实现检索中词汇推荐或自动扩展的服务，是一种非常有效的知识服务。

3）分词信息处理中的分词和标引

在汉字信息处理过程中，无论是自然语言处理还是信息标引，都需要将语句中的词汇切分开，这就需要得到词表或专门分词知识库的帮助。在自然语言理解和自动翻译研究中，目前使用较多的词表工具有 HowNet（知网）、同义词词林等。这些工具提供的知识服务，一是用于语词的切分，二是用于消除语句中语词和结构上的歧义。

在信息标引领域，使用较多的还是主题词表和叙词表。主题词表或叙词表在信息处理中的知识提供主要体现在：辅助抽取文本中的实义词，将抽取出的实义词（关键词）关联到可用于标引的主题词（词表中词汇的用代关系），然后分析所抽取出的词汇并标引出主题词。由词表辅助自动标引的信息为检索带来了更高的效率。在检索时，可直接利用主题词检索，或借助词表把用户的检索词转换为主题词实现检索。

3.2.2　基于语义关联的知识服务

语义关联是指为原本零散、孤立存储但实际上具有某种关联的信息建立语义关系。信息间有了语义关系，其信息含量将大大增加，知识性也能够得到充分体现。信息的语义关联将信息服务提升到知识服务层面，人们不再为无法知道具体检索对象的名称造成无法检索的情况而烦恼。知识服务系统完全可以根据用户所掌握的某一知识或信息，借助一定的语义关系实现推理检索，使用户享受知识服务。

1）基于语义推理的知识服务

语义推理是指从某一信息点出发，根据一定的语义关系，推理出所需结果或所需知识的过程。从检索角度分析，语义推理检索实现了过去传统检索技术甚至智能检索技术都无法实现的对未知对象的检索。譬如，当用户不知道某个地区最早的名称，就无法检索这个地区最早期的情况。但语义推理检索则可以根据现在地名，通过该地区名称变化沿革的语义关系，推理得到这个地区最早的地名，通过该地名就可以进一步检索出这个地区最早期的情况。

语义推理的信息服务使用户从一个已知源出发，经过推理获得自己需要的未知知识源，扩展了用户获取知识的渠道，满足了用户的知识需求。语义推理提供的知识服务有多种多样。例如：可以从一个人出发，找出和此人有关系的各种人，也可以发现此人经历过的主要事件，还可以发现此人的生活与工作轨迹。再如，通过事件入手，可以了解到事件发生的地点、时间，事件中有哪些重要的人物，事件的起因和最终结果。语义推理服务还能够给出事物发展的过程轨迹，如一个高校的名称变化、分并变化以及起源都能够通过语义推理得到较为满意的答案。

2）基于语义网络的知识提供

任何事物都不是孤立存在的，一定和其他某些事物存在某种联系。例如，词汇之间存在有同义关系、属分关系等，人与人之间也存在父子关系、兄妹关系、母女关系、朋友关系等，如果用一条有向边（具有语义关系的连线）将相互存在关系的对象相连接，所构成的图形就是一个语义网络。语义网络将对象有机关联，使原本信息的价值得到提升，保证了新知识的呈现，为实现知识服务提供了又一有效途径。

语义网络使数据挖掘、知识发现变得更加便捷，蕴含在大量数据中的知识可以通过语义网络浮现出来。例如，论文的关键词关联网络可以向用户反映学科的研究热点，再辅以论文的学科交叉网络使用户更加明确哪些学科在哪些领域存在交叉和渗透。这类语义网络对科学研究者、科研规划与管理部门都有很强的指导作用。再如，科学研究中的合作网络，使用户了解合作团队以及交叉学科学者的合作情况。同样，历史上的人物、事件、时间、地名等产生的语义网络，可以让历史事件、历史活动非常清晰地呈现在用户面前，对了解历史、研究历史提供了非常有价值的知识服务。

3）基于知识地图的知识导航

地图告诉人们国家、城市、甚至建筑物的具体方位和地貌特征。知识地图则是一种知识导航系统，它可以告诉用户在何处可以得到所需要的知识，也可以引导用户通过什么人能够得到所需要的知识。知识地图中不仅包含可编码的显性知识，也包括难以编码的隐性知识。因此，作为有效的知识地图，不仅要提供知识资源的存在方位，以及它们的结构、功能和获取路径，更需要能够揭示图中资源的类型、特征及相互之间的关系，确保能够有效地完成知识导航作用。

将组织内业务流程的相关知识和知识源图形化表示的知识地图，方便了用户获取工作知识，促进了工作人员的知识学习。知识地图还可以将组织内部知识资源分等级、分类型地组织起来，就像是一幅组织内部的智力分布图，能够帮助组织成员方便地找到自己所需的专业知识。知识地图的知识导航作用还表现在，能够指引用户去寻找隐性知识，引导用户去请教拥有专门知识的领域专家。总之，知识地图在知识服务系统中的主要作用就是知识指引和知识导航。

3.2.3 基于数据关联的知识服务

孤立的数据其价值甚微，只有将大量复杂数据建立了有机联系，才能使隐藏在数据间的规律和价值得以发现。可以说，关联促使数据增值，关联促使数据转变为知识，只有实现了数据间、知识间和数据与知识间的关联，才能更有效地实现知识服务。

1）数据关联后的知识价值

数据关联后其价值得到提升。尤其是数据经过多维关联后，更为知识服务提供了保证。数据仓库是数据多维关联最有效的载体。数据在数据仓库中得到了多维关联后，不仅价值得到提升，更为重要的是一些不易发现的事物规律和隐藏的知识变得易于挖掘出来，为决策提供了可靠的支持，是知识服务的有效工具。例如，著名的婴儿使用的“尿布”与成人所饮之“啤酒”的购买关联分析之例，就是在对销售数据仓库关联分析之下的成功案例，为超市的货物排架、进货决策提供了非常有价值的知识。

数据关联后得到的新知识可以用于知识服务。例如，图书馆会分析什么人在什么时间段借了什么书，借还这本书的时间大约多长，借这本书的时候还会借什么书，等等。如果图书馆建立了图书借阅行为的数据仓库将这些数据都关联起来，经过分析就能够得到非常有价值的信息和不易被人发现的规律，这些信息和规律可以用于知识服务。再如，如果建立了学校科研数据仓库，把各位老师的学术背景、学术专长、已完成的科研项目、发表的学术论文、正在从事的研究等数据建立关联，就可以为在学校内建立跨学科的创新团队提供最佳组合，实现学校学术资源的有效配置。

2）引证关系中的知识体现

引证关系是指论文、著作或其他研究成果与其引用的文献之间的关系，即文献间的引用和被引用构成了引证关系。实际上引证关系就是一种文献关联，引证关系给出了一条文献链，使人了解到与该文献的相关文献，也可以从中发现各研究领域的发展轨迹。确切地说，引证关系给出了文献间的语义关系，这种语义关系为探索文献间、学者间、学科间、科学研究领域间的关系提供了一条有效途径。

通过引证关系，建立期刊引用网络，可以发现期刊间的引用规律，及不同学科期刊之间的关系。借助引用分析也可以发现各学科各领域重要的期刊、有影响的学术论文和学术著作。通过引用文献之间的主题领域与学科领域的分析，还可以发现领域之间、学科之间的研究关系，发现交叉领域和交叉学科。总之，引证关系为了解研究特征、发现研究成果之间的关系提供了非常有价值的知识服务。

3.2.4　基于用户行为的知识服务

用户行为是指用户在使用信息服务或知识服务系统时查找信息的过程。一些有经验的、成功的查找案例的过程就是用户的行为知识，将这些行为知识服务于其他用户就是基于用户行为的知识服务。例如，当一位用户到图书馆去借阅一本书时，这本书已被借出，但他认为另一本书完全可以取代这本书，他又提出借阅这本书，并说明为什么借这本书。这时，图书馆员记下了这一借阅过程和替代过程缘由，当另一位用户也来借上一本书的时候，他就可以根据前一用户的借阅行为向这位用户推荐后一本书，从而使这位用户得到满意的服务。

在网络环境下，用户查找信息的行为属于自助行为。一些初级用户或缺乏使用经验的用户非常需要能够得到有一些有助于查找信息的知识，这就需要系统能够将成功的查找行为和一些有效的查找策略记录下来，并在用户需要时提供给他们。当然，用户的行为知识不是简单的检索过程，它需要将众多用户的行为清洗、归纳、总结，整理出有价值的、合理的检索行为过程，并存储于用户行为知识库，最终提供用户服务。用户行为的知识服务不是一个人的行为推荐，而是众多用户行为归纳总结的经验推荐；也不仅仅是用户使用过的检索词的推荐，还包括系统通过主题表等关联产生的相关词汇的提供。所以，用户行为的知识服务是用户行为知识与相关知识集成的知识服务。

如上所述，目前知识服务系统面对的用户是多种类的、多层次的，他们的知识需求也表现出多样化。为实现用户的知识需求，系统的知识服务形式也应更加丰富多彩。然而，欲满足广大用户的知识需求，提升知识服务系统的知识服务能力，知识的组织是最基础的工作和有效保证。反过来，为了使知识组织能够有效地用于知识服务，必须充分了解用户、了解用户的知识需求，使知识组织适应于满足用户要求的知识服务。

第4章　知识组织工具

知识组织工具是知识组织发展到一定阶段的实用成果，通过系统化的知识架构，将知识内容相互关联，并在此基础上提供相关知识服务。在科学研究过程中，随着知识量的增长，需要对其进行梳理和展现，这就促进了知识组织工具的发展。通过合理的组织，知识才能更好地为研究者所使用，知识组织工具是知识组织研究的成果体现，也是用户知识需求的产物。从知识服务的角度看，可以将知识组织工具划分为基础知识与知识架构类工具、知识关系建立类工具、知识处理与展现类工具。基础知识与知识架构类知识组织工具主要作用为架构知识，并为用户提供基础知识释义及查询。在基础架构类知识基础上，针对数据之间的关联，知识关系建立类工具提供了语义关系标注的解决方案，并支持机器理解与推理。在知识关系建立的过程中，需要对数据和文本进行处理，如汉语分词、句法标注、本体构建、分类、聚类、网络分析等，一些实用工具为这些处理提供了支持，这些以软件为主的实用工具就是知识处理类工具。

4.1　基础知识与知识架构类工具

基础知识与知识构架类工具在知识组织中实现知识系统化架构及主题标引，进而在知识服务中提供知识释义及相关检索。这些工具在概念组织及系统化方面发挥着重要的服务作用，面向不同的知识内容以及用户的知识需求起着规范、释义、传承和指南的作用，其呈现形式也不相同。对于知识点的推送服务，通过领域词典和百科等基础知识工具来提供相应知识内容检索，这些工具是学科知识释义的重要获取途径。领域词典和百科是编撰专家对相关知识的汇总与规范，具有较高的权威性及影响力，是知识传承的重要组织形式。传统知识组织工具中的主题词表与分类法可以看作是架构类知识组织工具，体现了领域专家对于学科知识的有序梳理，通过主题词表与分类法对文献资源进行重组排序。基础知识与知识构架类工具是图书情报工作人员从事相关信息服务时的主要工具书，在文献编目、标引等工作中发挥着重要作用，也是用户解决知识需求的常用工具。

4.1.1　领域词典与百科全书

传统信息组织中，领域词典和百科全书在用户获取知识过程中充当着非常重要的角色。词典，又称辞典，是进行词汇收集并提供释义的检索工具书。领域词典和百科全书属于专业词典，是由专家对收录领域知识词条进行规范化、排序和释义的知识组织工具，在概念知识查询和引用服务中具有权威性作用。领域词典和百科全书与传统词典的不同之处在于：传统词典以提供语言知识为内核，通过字顺和拼音进行排序检索，而领域词典和百科全书以知识为内核，通过对词条的解释与定义完成知识的概括。领域词典和百科全书可以提供针对特定知识的知识元查询服务，如术语概念、定义、背景资料、人物、机构、地名以及相关命名实体等。

如图 4-1 所示，以《中国情报学百科全书》为例，在条目分类目录中，情报学知识概念以分类索引形式存在并标注其正文页码，在正文词条内对其进行概念释义。领域词典和百科具有知识概括面广、权威度高、规范严格等特点，因而在知识查询服务中具有较广的应用。通常情况下，领域词典由词条及词条内容组成。词条内容涵盖理论、概念和解释等。对于初学者而言，领域词典和百科全书具有很好的阐释说明作用，是提供普及性知识的有效工具。同时，对于研究者而言，领域词典和百科全书具有较高的权威性，有利于消除研究者间的分歧。目前，中国的综合性百科全书有中国大百科全书编辑委员会编审的《中国大百科全书（第二版)》。在各个学科领域，领域词典和百科全书也有较多资源，如图书情报界研究者可以参考《中国情报学百科全书》。

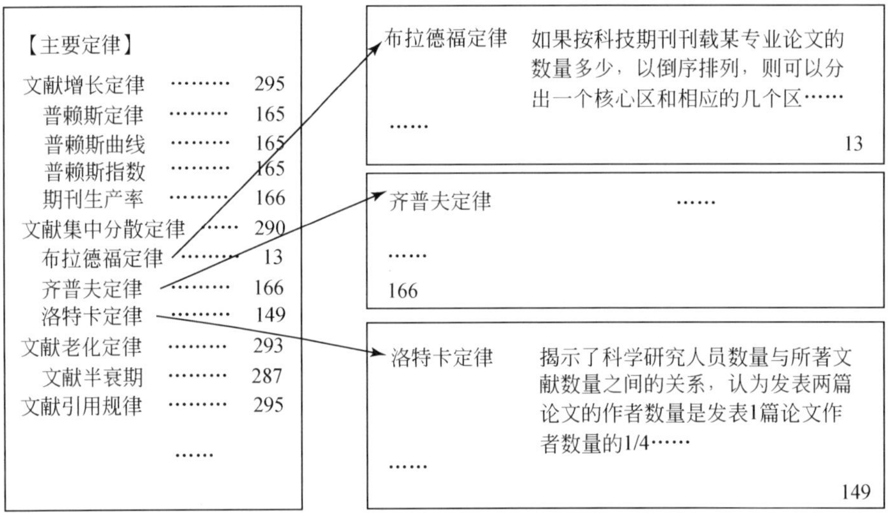

图 4-1 《中国情报学百科全书》索引及词条释义

维基百科作为网络环境下的开放式百科，更加强调用户的参与及分享。传统领域的词典和百科一般由专家参与构建，其词条更为规范、权威性强，但这种词典和百科构建周期长、领域性强。在网络环境下，用户参与构建的维基百科具有知识量大、共享性强、知识更新速度快等特点，更加适应网络海量信息下的知识查询。其缺点也同样明显，即信息质量参差不齐。维基百科词条也通过链接进行一定组织，通过对词条内容中知识点的机器识别与标识，将词条形成松散的网络，在这点上具有知识关系建立的服务功能。

4.1.2 主题词表

主题词表，又称叙词表（thesaurus)，按字顺排列、并以参照系统揭示相互关系的概念标识词表，通过将文献内容中的自然语言规范为检索语言进而揭示其相互间的语义关系。主题词表通常由主表及各类索引构成，主表按照字顺排列对收录的规范化术语建立参照及注释，辅助索引为与字顺不同的检索方式。主表叙词部分包括款目主题词、范畴号、注释项及参照关系，辅助索引主要是词族索引和范畴索引。辅助索引按照学科性质、词义范围、类目上下位关系对收录主题词进行分类及树形结构呈现，在分类主题下继续进行类目划分，同类主题词按照字顺提供检索。

在知识服务中，主题词表适用于标引人员和检索人员。通过对文献内容的人工标引，参照主题词表，可以更为准确地表达文献的主题内容和相关知识。在信息检索中，主题词表能够帮助用户选词并提供组配功能，通过限定词与主题词的组配，对某一主题词概念进行限定和复分，以此获得更高的专指性服务。对于对某一主题概念还不熟悉的检索人员，主题词表可以揭示检索词相关知识及其词汇表现。通过主题词间的正确组配，可以解释其相互间的语义关系。同时，在网络环境下，通过对主题表术语的链接，可以实现知识导航服务。

如图 4-2 所示，以《汉语主题词表》为例，主题词款目由款目叙词项、标注项及参照项构成。款目叙词项包括主题词、拼音、英文对照，标注项为范畴分类号，参照项包括代、分、属、族、参这些附属索引。主题词表在基于内容的知识组织中有重要的影响力。影响力较大的主题词表有美国国立医学图书馆编制的《医学主题词表》（Medical Subject Headings，简称 MeSH）、中国科学技术情报研究所、北京图书馆等合编的《汉语主题词表》。主题词表在知识组织中的作用在于：主题词具有规范化作用，机器检索系统也可以通过主题词对文献进行索引。

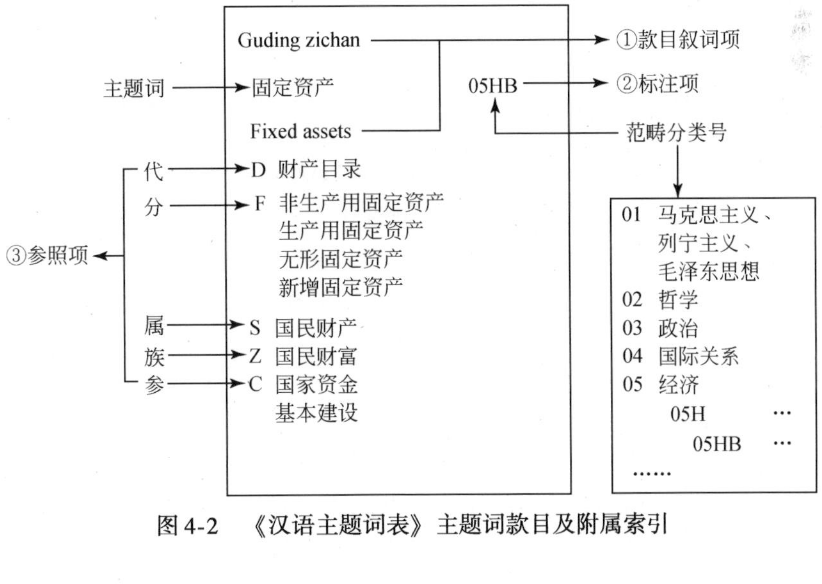

图 4-2　《汉语主题词表》主题词款目及附属索引

4.1.3　分类法

分类法是将知识、文献按照学科体系或内容性质进行划分并排序的方法，与主题词表的组织方法不同在于，分类法强调概念的层级以及类别体系。对图书情报工作者而言，分类法是图书编目工作中的常用工具。分类法为研究者探索概念层级关系，发现概念词汇上下位关系提供了解决方案。在知识服务应用中，分类法在图书和期刊的学科分类以及文献分类中应用广泛。同时，通过分类号也可以提供机器查询服务，对图书、期刊、文献组织具有重要意义。对于图书情报编目人员来说，分类法提供了相应的分类知识；对于检索人员来说，文献分类号则提供了直接通过分类号查找的检索入口，分类号对应的分类条目同样涵盖知识的潜在上下位关联知识，是用户扩展检索的常用参考。

如图4-3所示，以《中国图书馆分类法（第五版）》为例，分类法条目间存在概念的层级关系，可以提供相应的知识关联服务，分类号是机器检索常用的入口，也是传统图书馆图书查阅服务的标识。在图书馆员的工作中，通过分类法对图书进行编目，并以分类进行图书的上架。对于借阅者，可以通过查询图书分类号来获取图书。在分类法中，影响力较大的分类法有《杜威十进分类法》《美国国会图书馆分类法》和《中国图书馆分类法》等。

分类号	类名
G25	图书馆事业、信息事业
G250	图书馆学、情报学
G250.1	图书馆学
G250.13	图书馆学研究方法
G250.15	图书馆学与其他学科的关系
G250.2	情报学
G250.23	情报学研究方法
G250.25	情报学分支
G250.252	信息计量学
[G250.253]	信息经济学
G250.255	专科情报学（专科信息学）
……	……

图4-3 《中国图书馆分类法（第五版）》图书馆事业、信息事业分类条目

网络环境中信息量的剧增，使得传统分类法难以满足用户对新知识的获取。通过网络社会性标签的标记可以统计出大众对相关知识的分类，这就是分众分类法（folksonomy）。相较于传统分类法，分众分类法反映了大多数用户对知识的表达，是用户协同的产物，且分类更为灵活、动态性更强、更新更快，缺点为知识概念表达的模糊性、概念层次的缺乏、精准性差、噪声多。

4.1.4 分类主题一体化及电子化

分类主题一体化就是将主题词表、分类法相结合，在检索工具中将分类表与主题词表中的术语建立对应关系的索引。分类主题一体化将主题词表的概念关系与分类法中的层级关系有机结合，从而提供优化的检索知识。在知识组织中，通过分类主题一体化工具进行标引，可以同时获得号码标识及词汇标识两种知识。因此，在文献检索服务中，可以通过分类主题词表提供相关检索标识入口，并与另一检索实现相通，进而实现主题检索和分类检索的互通。同时，分类主题一体化也可以直接作为主题词表或分类词表的检索目录，实现其相关服务功能。在国内影响力较大的分类主题一体化词表有《中国分类主题词表》。

网络技术与数据库技术的发展促进了主题法和分类法的一体化及电子化。通过与网络技术相结合，传统出版方式（纸版、印刷版）的知识组织工具更新速度加快，与数据库技术相融合使其增加了动态词表更新等新的功能。《杜威十进分类法》是传统分类法网络化的代表，已有多个网络化版本。《中国图书馆分类法》于 2001 年出版了第四版的电子版。《中国分类主题词表》于 2005 年出版了第二版及电子版。图 4-4 为《中国图书馆分类法》第四版的电子版视窗界面。

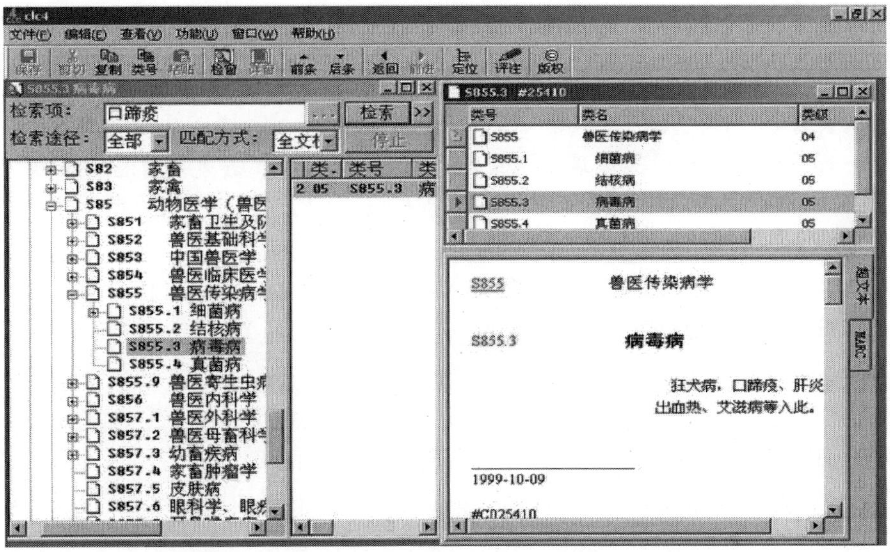

图 4-4　《中国图书馆分类法（第四版）》电子视窗

分类法、主题法的电子化为其知识服务开辟了新的应用，支持单机查询及网络检索等服务。在纸质情况下，检索人员需要经过一定培训才能熟练掌握主题法、分类法使用。电子版及 Web 版则可以快速通过多途径进行查询，对检索人员的要求也相对较低。其服务对象从专业的图书馆和情报部门编目人员，扩展到未经专业培训的知识需求者，从而适用于图书馆、档案馆、情报机构、电子网站等各类型的文献与电子资源。同时，由于电子信息的有序组织，可以通过电子版对文献及相关电子资源进行机器辅助标引、自动标引服务。

4.2　知识关系建立类工具

知识关系建立类工具通过对数据间关系的建立，将原本无关联的数据连接起来，进而提供基于这些关系的知识呈现。这些关系体现了数据间潜在的、深层的语义关系。通过知识关系的建立，提供更为多元的检索入口，也为机器理解与推理提供了支持，如语义网络、本体、主题图、引文索引等。在大数据的环境背景下，想要通过系统化构建知识框架变得更为复杂，数据、信息、知识间的关系更为多样，通过关系来标识知识一方面可以充分体现多元关系，一方面也更适应于机器理解与推理。与知识框架类工具不同的是，知识关系建立类工具更多强调知识之间的关联呈现，而不是系统化地构建知识体系。需要说明的是，知识框架类工具可以通过对其上下位类关系、附属索引的转化完成知识关系建立，即知识框架类工具通过转化可以成为知识关系建立类工具，其关系为分类中的上下位关系以及相关附属索引。知识关系建立类工具侧重于揭示数据、信息、知识间的关系，提供这些关系的呈现，并以此进行知识组织。这些关系的识别和标识，则需通过知识处理类工具完成。

4.2.1 语义网络

语义网络（semantic web）概念由 Quilian（1968：P227–270）提出，通过网络来表示概念间的语义关联。作为知识关系建立类工具，语义网络是常用的知识表示形式，通过由概念节点、有向边完成知识的呈现。语义网络中的节点可以是领域内的名词实体（如物体、时间、动作等），通过不同的语义关系来连接各个节点（如实体关系、泛化关系、集聚关系、属性关系等）。这些关系与本体有相通之处，因此有些语义网络工具，学者也将其归入本体进行讨论，如 WORDNET、HOWNET。本文将 WORDNET 作为语义网络的知识组织工具，对其所能提供的知识服务进行讨论。语义网络的关系与知识框架类工具相比，更为灵活，不仅仅局限于上下位概念、属、分、族、参等。

WORDNET 是由普林斯顿大学认知科学实验室开发的语义检索工具，通过对英语单词同义的认知归类，将词汇链接成词汇语义网络。在 WORDNET 中，名词、动词、形容词、副词都通过对其不同语境下语义同义处理，将其划分为不同的同义集合（synsets）。这些语义集合通过概念间联系，进而相互连接。WORDNET 提供的常用语义关系有上下位关系、实体关系、部分整体关系、反义关系等。WORDNET 提供单机版及网络版服务，网络版查询如图 4-5 所示，检索词汇为“buy”。检索结果为名词下同义集合 1 个，动词下同义集合 5 个。这些同义集合对于不同语境下的词汇消歧具有重要意义，即通过考察（buy，purchase）及（buy，bribe）等在不同语境下的同义集合，实现多义词的歧义消解。同时，通过同义集合链接及词义关系，可以获取词汇联系，进而实现语义推理。WORDNET 提供网络化的词汇语义服务，可以通过对词汇链接发散，考察其语法功能，进而获取基于链接的词汇网络知识。任意词汇间的链接，又可以作为语义推理服务的基础。

4.2.2 本体

本体是近年来知识组织工具方面的研究热点。关于本体的概念，在图书情报界影响较大的是 Neches 等（1991）以及 Gruber（1995）的定义，主要是领域内概念及概念关系的规范化，通过规范化实现概念、概念关系等知识的共享与重用。本体可以提供知识概念及概念间关系的规范化表示，并提供相应的查询和推理服务。

对于本体的研究，成果较多集中于本体的理论和构建方面。在本体理论研究方面，其基本要素为类（概念）、关系、实例、公理、函数。其中，基本关系是 part-of，kind-of，instance-of 和 attribute-of，这在某些方面与语义网络及知识库等知识组织工具有相似之处。关于本体的构建，已有很多学者通过将知识框架类工具（如叙词表）进行转化完成本体构

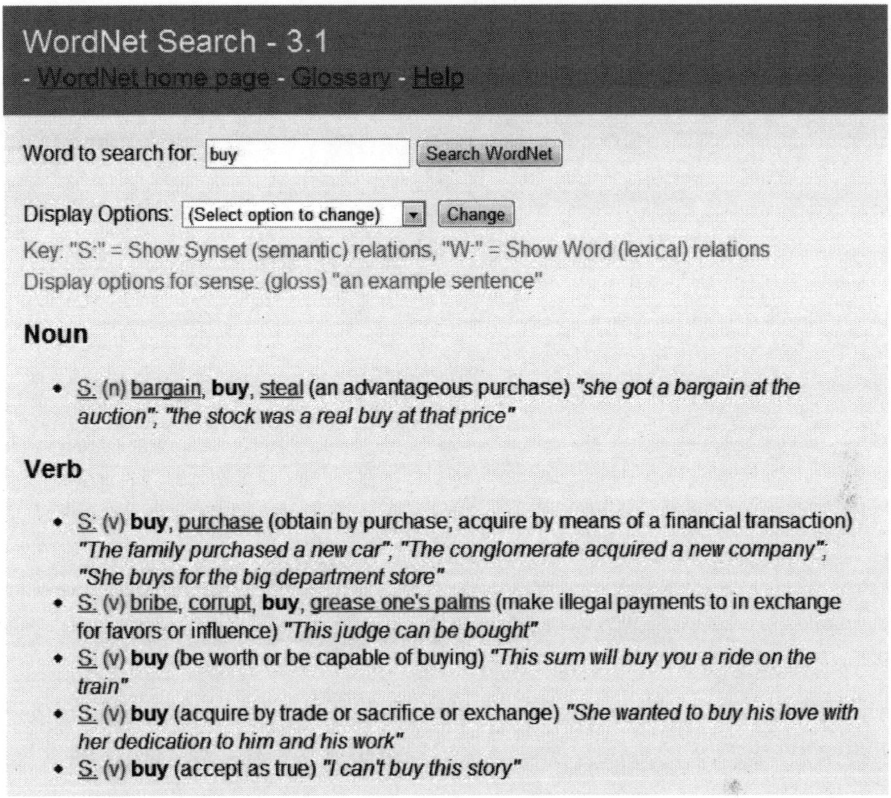

图4-5 WORDNET 3.1 网络版界面图

建。这种转化，在原有术语概念基础上，对术语间的关系进行了提取与区分。在知识组织方面，本体利用现有的信息技术及标准（如 RDF、XML），并通过知识处理类工具（如本体构建软件工具）完成了概念、概念间关系的知识表示。在本体构建基础上，可以提供智能化检索服务，以下将以 KIM 为例对本体在知识服务中的应用进行探讨。

KIM 是 Ontotext 公司推出的基于本体的文本分析及语义检索平台，支持对网页文本的自动标注、本体部署及知识导航。其上层实体类为 object、happening、abstract，并可继续细分，通过对网页内与企业相关实体的识别（企业家、公司名、地名等），附加相关语义链接，如图 4-6 所示。实体间关系在语义链接后，通过“is a”“part of”“located in”“subregion of”等语义关系来呈现实体间关系。同时，当前检索相关实体可继续通过链接进行知识导航服务。

4.2.3 主题图

主题图是由 W3C 提出的基于元数据的信息资源描述工具，通过 XML Topic Maps 等语法来实现类似于传统图书索引及数据关联的功能。主题图将某一主题内所有涉及主题及附属主题进行标注，并建立相互间的参照关系，提供查询和导航服务。作为知识关系构建类工具，主题图中的知识概念与语义网络、本体不同的是，主题图将所有标引对象都视为主

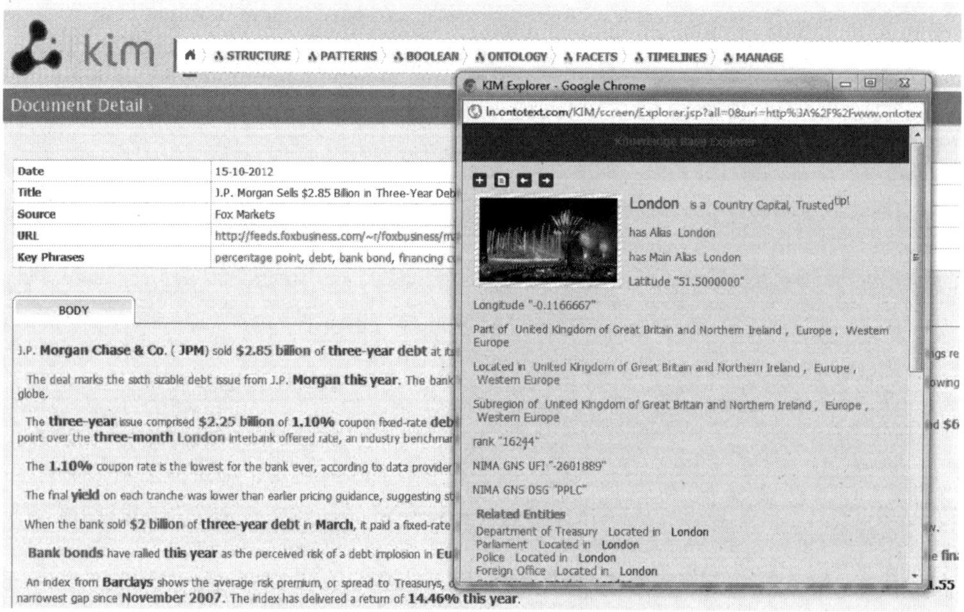

图 4-6　基于 KIM 的智能检索服务界面图

题，如人、地点、物体、时间、动作等，同时，主题图通过相关语法规范呈现数据关系。

主题图作为知识管理的方法与技术，在知识组织方面，可以满足语义网发展的需要。通过对任意知识结构的定义，借助元数据以及标准技术方案来构建和共享知识。在网络应用环境下，通过主题、关联及资源出处来进行知识导航。这个过程与语义网络有相似之处，但主题图具有其技术标准，即 XML Topic Maps 和 HyTM 语法。

4.2.4　引文索引

引文索引呈现了文献之间的引用关系，体现了文献内知识的源流。通过引文索引的追溯，可以把握科研发展的脉络。同时，通过引用关系，可以将文献构成网络。在这个网络中，可以通过引用关系获取文献的共引关系、共被引关系，从而对文献所包含的知识进行追踪。通过引文索引，还可以获取相关研究学者、机构的共引关系、共被引关系，进而分析其学术团体性。对于期刊引用网络的分析，可以在学科内部获取影响力较大的期刊，也可以获取不同学科之间知识交叉情况。目前，在国内外具有较大影响力的引文索引工具有 SCI、SSCI、CSCD、CSSCI 等。

4.3　知识处理及展现类工具

知识处理及展现类工具主要面向知识的识别、提取、构建等任务，根据任务不同其分类也不同。对于文本中知识的提取，首先要利用自然语言处理工具对文本中的知识点词汇和短语进行识别和提取，在中文文本中需要使用中文分词工具。在词汇基础上，可以对句子中的特定成分进行识别与提取，获得其语法及语义关系，句法分析工具可以提供有力支持。在提取文献特征词汇的基础上，可以通过分类及聚类工具进行标注。在获取文献相关概念知识后，通过本体构建工具和语义网络构建工具，可以实现本体的构建及语义网络的绘制。社会网络分析为语义网络更深层次知识的挖掘提供了可能，而这些知识可以通过可视化工具进行展现。

4.3.1　自然语言处理工具

自然语言处理类工具主要提供词汇、短语、句法一级的知识，是进行分类、聚类、本体构建等处理的基础。通过分词，对文本中的人名、地名、机构、数词、时间词进行识别。在此基础上，为进一步的语义识别及相关知识服务提供素材，如命名实体识别、信息抽取、本体构建、知识网络构建等。对于专业领域应用，可以通过自定义用户词典，提高分词精确率，避免专业词汇切分过碎。这些自定义用户词典也可以由基础知识及知识框架类工具中的领域词典、百科词条、分类法条目转化而来。目前，国内应用较为广泛的汉语分词工具是 ICTCLAS，其主要功能为中文分词、词性标注、命名实体识别。在中文信息处理中，中文词汇没有形式与形态的变化，作为知识的最小组成单元，需要通过对其进行切分识别。ICTCLAS 基于层叠隐马尔可夫模型，将分词、词性标注、新词识别等词法分析工作融为一体。ICTCLAS2013 还提供微博分词功能，对微博语料中的博主、URL 及 Email 进行标引，为研究不同用户实体行为提供了基础，如图 4-7 所示。

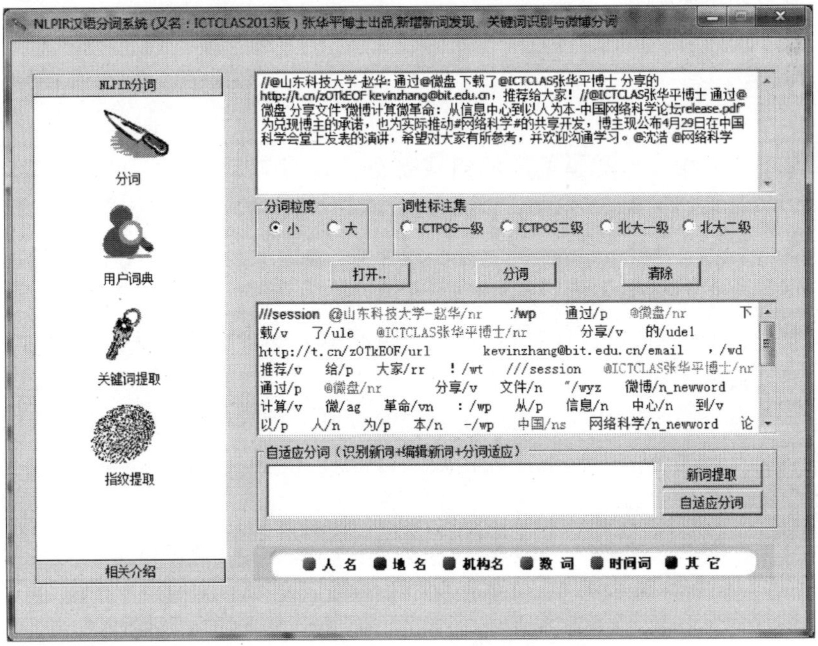

图 4-7　基于 ICTCLAS2013 的中文分词服务界面

由图 4-7 可以看出，ICTCLAS2013 在当前的汉语词汇知识服务中起到非常重要的作用。该工具在进行分词的基础上，还能够对人名、地名、机构名、数词、时间词等进行词性标注，这一功能有助于对知识主题的抽取，对进一步建立这些主题间的语义关联有很大的帮助作用，是目前汉语分词知识服务的重要工具。

句法分析工具可以获取词汇在上下文语境下的语法及语用，实现对文本中的实体抽取，并识别实体间的关系。在英语文本处理中，由于存在词形变化，简单的单词匹配不能获取相同语义的词汇知识，通过句法分析器可以获取相关词汇不同变化以及上下文修饰关系，进而实现语义检索。在英文句法分析方面，影响力较大的是斯坦福句法分析器（Stanford Parser），支持基于概率上下文无关文法及依存语法的自动句法标引。Stanford Parser 提供多语言自动句法分析，语料来源为各语言中影响力较大的树库，如宾州树库、宾州中文树库等。斯坦福英文句法分析器提供词性标注、命名实体识别、文本分类等功能，这些服务为相关研究提供了素材。斯坦福中文句法分析器是目前为数不多的中文句法分析工具，提供中文分词、词性标记、短语句法解析等功能，是中文领域自然文本中知识抽取的语料来源。

在中文句法处理方面，哈尔滨工业大学社会计算与信息检索研究中心中心研发的 LTP（language technology platform）也有较大的影响力，自底向上提供分词、词性标注、命名实体识别、依存句法分析、词义消歧、语义角色标注功能。LTP 语料来源于人民日报语料，并通过不同算法完成相应服务功能，如通过 CRF 模型进行分词、SVM 模型进行词性标注、最大熵实现命名实体识别等。通过 LTP，可以获取自然文本内中词汇、命名实体知识，并考察其句法功能。LTP 提供的依存句法分析、语义角色功能，可以作为句子相似计算、术语概念抽取等应用的基础。

4.3.2 分类工具

在知识框架体系中，分类是重要的组成部分，通过知识的分类可以获取其上下位关系、同位关系。对于知识架构类组织工具，通过对其分类间关系的呈现可以转化为分类知识建立类工具。对于文本中的知识获取，通过分类工具对已建立分类知识的文本进行特征提取训练，并以此作为分类依据，对未分类文本进行机器自动识别。特征提取时，可以使用户标注关键词，也可以通过自然语言处理工具获取文本中的特征词汇。在分类标记机器学习中，通过分类标签标记，以小样本训练进行大规模语料分类标注，通过已知对象的属性抽取，将其作为分类的特征，从而对无分类的对象进行标注。在分类知识服务中，分类工具通过对小规模数据分类的标识，以相同的特征对其他数据进行分类预测，在文献学科分类、主题分类中有较广应用。

目前使用较广的分类工具主要有基于支持向量机（support vector machine，SVM）模型的 svmtools、基于最大熵模型的 Maximum Entropy Modeling Toolkit for Python and C++、基于条件随机场模型的 CRF++、基于多标签（multi-label）的 Mulan。其中，CRF++通常可被用于序列标记识别，其分类标记间存在更进一步的序列关系。在传统分类组织中，对于分类对象的标记通常是互斥的，在 Mulan 多标签标记中，对于分类对象可以是多标签的。多标签分类是目前分类研究中的研究热点。在关键词、主题词学科分类研究中，单分类并不能反映研究对象在各学科的分布情况，在边缘学科及相关学科知识交叉研究中，某些术语在相关学科内都是学者关注的热点。通过多标签分类研究，可以对知识的学科领域交叉与演化进一步分析。

4.3.3 聚类工具

在博客、微博等用户更多参与知识共建的环境下，对于用户类型、兴趣、关系等研究对象的分类是不确定的，需要对关键词、用户标签等知识进行聚类分析。聚类分析与分类分析不同在于，分类分析的类目知识是已知的，而聚类分析要通过对数据的关联挖掘，获取不定类目知识。在这些类目内部数据是密切相关，而类目外部，数据关系尽可能远离。常用的聚类算法有层次聚类、K-means 等。

Cluto 是支持低维和高维聚类的聚类工具包，在数据分析、信息检索及自然语言处理研究中有广泛的应用。其聚类方法主要有重复二分（repeated bisection）聚类、直接（direct）聚类、凝聚（agglomerative）聚类和图形（graph）聚类。与社会网络分析工具 Ucinet、Pajek 相似，Cluto 聚类数据通过矩阵进行存储和分析。在知识组织研究中，通过矩阵对相关对象进行聚类分析，获取其类目隐性关联知识，并将这些类目作为下一步分类研究的基础。

4.3.4 本体构建工具

在知识关系建立类工具应用中，本体在基于机器理解的概念及关系组织中受到较多关注。在通过本体进行知识关系组织前，需要对其进行构建。本体构建工具是为此服务的知识处理类工具。在本体构建中，这些工具可以支持层次性概念类本体构建，即由知识框架类工具转化本体，也支持面向语义网的网络本体构建（如 Protégé），还有一些工具主要面向本体操作（如 Jena），图 4-8 为 Protégé 提供的本体构建服务。

Protégé 提供本体概念、关系、属性及实例的构建，用户可以在不需要了解其具体的本体构建语言条件下完成本体设计。对于基于框架知识的本体构建，通过 class 来完成类及子类设计，通过 slot 设计相应类属性，通过 instance 完成赋值，进而完成领域本体构建；在基于 OWL 的本体构建模式下，通过 owl_ class 完成类体设计，通过 property 完成类体间语义关系设计，并通过 individuals 完成类及关系的实例化。因此，在侧重本体语义关系的本体构建服务中，Protégé-OWL 使用较多。

Jena 是由 HP Labs 开发的面向语义网应用程序的 JAVA 开源包，其主要功能有以 RDF/XML 或三元组形式读写 RDF、本体操作、数据库读取和查询以及基于规则的推理。其中，Jena 提供的本体子系统可以用来从已构建本体中进行信息抽取，并提供相应的数据文档管理功能。相对于 Protégé，Jena 侧重于对应用程序的本体操作，在相应的知识服务中，用户可以通过基于图形界面的 Protégé 构建本体并存储，而 Jena 通过 JAVA 应用程序完成本体的构建以及相关的数据操作。

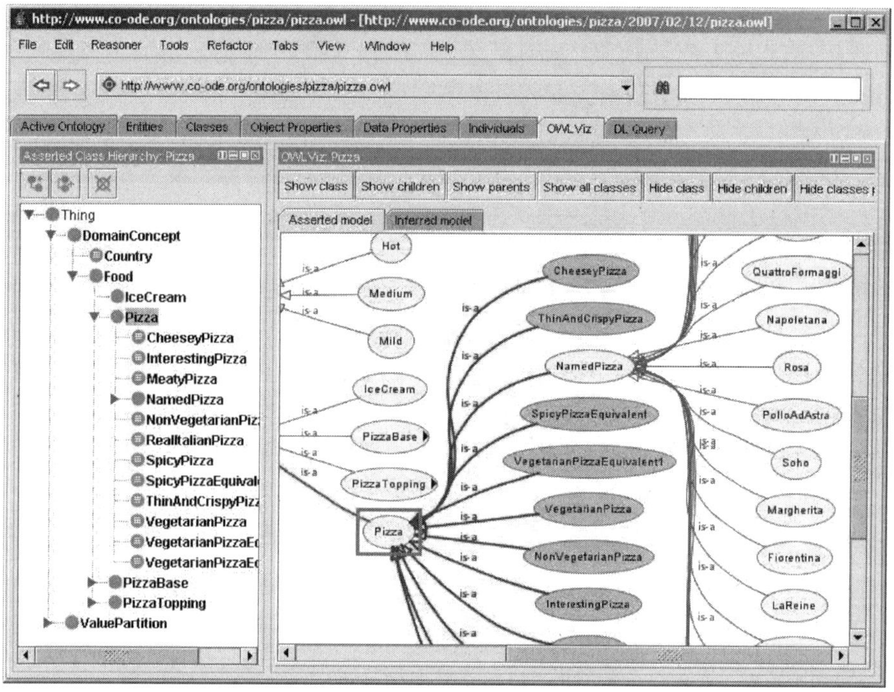

图 4-8 Protégé 本体构建服务图例

4.3.5 引文处理及可视化工具

引文知识管理工具的主要功能有：提供在线检索数据库的统一接口、定制个性化检索并保留参考文献数据、管理并辅助用户正确引用。在引文数据的基础上，一些引文工具还提供可视化分析服务，为用户了解某一主题、学科发展提供参考。引用关系体现了期刊论文之间知识的发展，是研究科学创新的有效途径。引文作为对前人的追溯，体现了主题、学科发展的脉络。由于信息服务商不同，各期刊数据库的检索略有差异，通过引文知识管理工具可以实现多数据检索与下载，并根据用户需求实现定制服务。这些工具中影响力较大的有 Endnote、NoteExpress。在引文知识管理工具基础上，通过下载引文文本，可以支持对文献源流的分析及可视化，Citespace 是引文分析工具中影响力较大的。

Endnote 是 Thomson Reuters 提供的官方引文管理工具，支持多种国际期刊引文格式。通过 Endnote 可以快速检索文献，可以直接连接相关数据库并提供通用检索入口。对于检索结果，可以将其保留至本地数据库，并以相同格式进行存储。同时，根据用户需求可以构建个人参考文献库，在 Endnote XII 版本后还支持在线下载。在用户学术研究过程中，可以通过 Endnote 嵌入 WORD 编辑器功能，实现引文格式固定输出。在引文评价研究中，由于用户人工输入错误及格式不规范，给学者研究带来很多不便。Endnote 通过对在线数据库直接查询，将用户所需引文建立参考文档，并通过其进行固定输出，在引文服务中起到很好的规范管理效果。

NoteExpress 是国内影响力较大的文献检索与管理系统，支持国内的 CNKI、万方、维普以及 Web of Science 等国际主流信息数据库文献检索服务。通过 NoteExpress，可以实现相关数据库无缝在线检索。NoteExpress 功能与 Endnote 相类似，用户可以构建个性化参考文献数据库，并保留至本地机，同时支持定制论文参考文献格式服务。NoteExpress 还提供笔记功能，将用户个人笔记、草稿等隐性知识与参考文献题录信息相关联，这个功能有助于将用户个人知识与文献知识相结合，如图 4-9 所示。

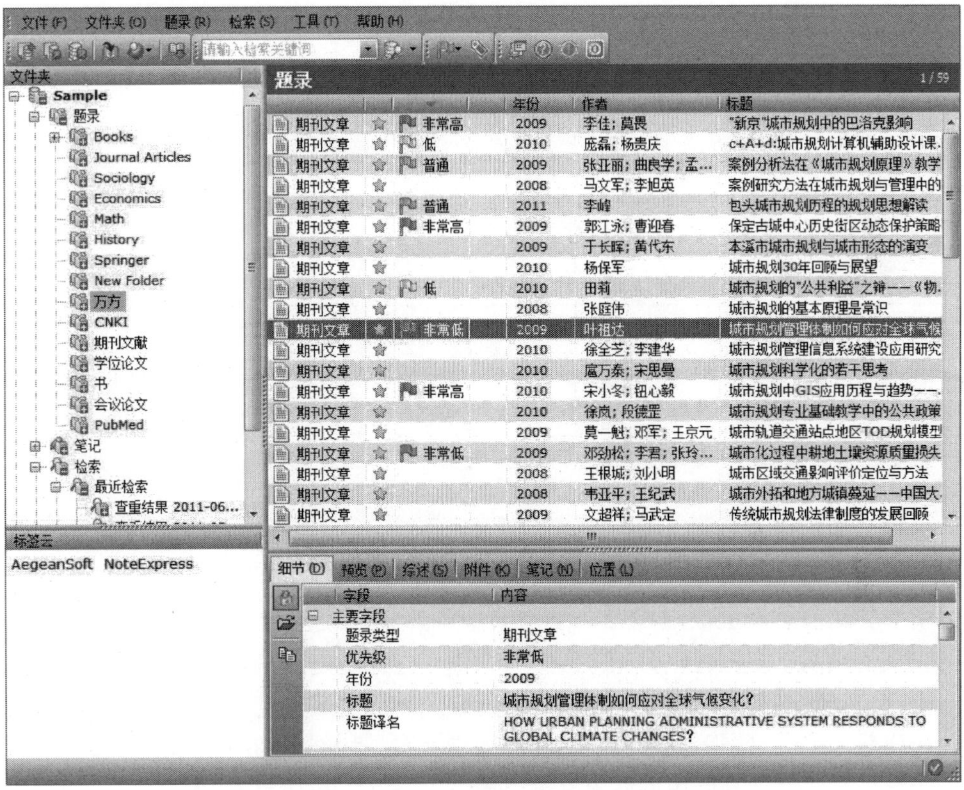

图 4-9　NoteExpress 提供文献智能管理服务界面图

Citespace 是由美国 Drexel 大学陈超美博士开发的基于引文的定量可视化分析工具，通过对某一主题、学科关键词引用，分析研究热点和发展趋势。Citespace 支持的数据来源有 Web of Science、Derwent 专利数据库、Scorpus 等国际知名数据库，CitespaceII 还支持 CNKI、CSSCI 引文数据分析。Citespace 自 2003 年推出以来，在基于引文的知识图谱研究中有较大的影响力。用户只需将检索结果保留为 Citespace 可以识别的 ISI 格式，在此基础上，通过软件可以自动对研究内容进行时序分析，并以可视化形式呈现结果，图 4-10 为 CitespaceII 的可视化界面之一。

如图 4-10 所示，Citespace 可以通过可视化的分析界面展现有关文献出版信息（作者分布、研究机构分布、国家分布）、文献内容（以标题、关键词、摘要进行内容聚类）以及引用（高影响力作者、文献、期刊等），其聚类及时间演化、突变检测为研究者获取学科、主题研究的变化提供了可视化的引文分析服务。

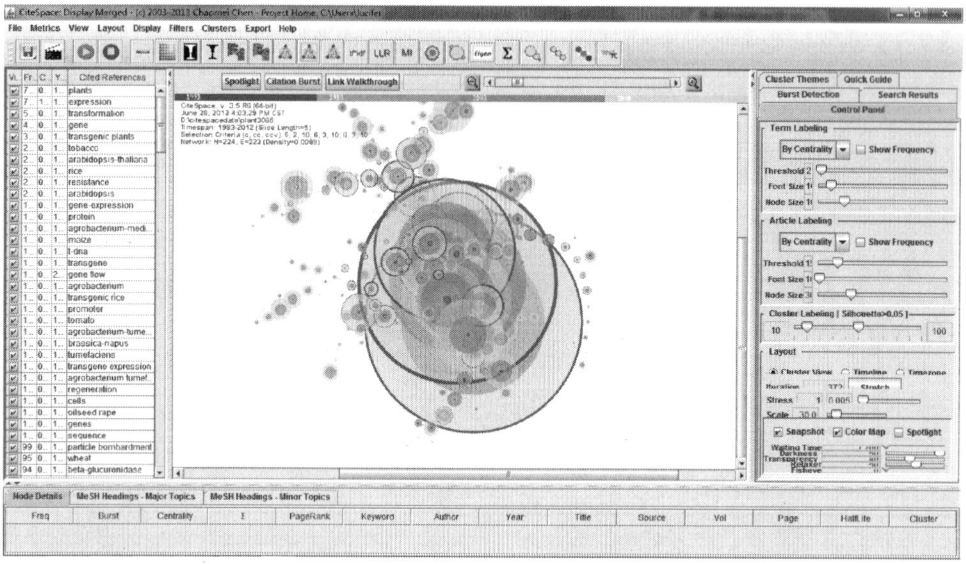

图 4-10　CitespaceII 的可视化界面

4.3.6　社会网络分析工具

在知识关系构建类工具中，语义网络使得知识通过有向及无向边连接为相互关联的网络。社会网络分析工具支持对网络中的隐性知识进行研究，如网络中心度、子团体划分、角色分析等，从而更深层次地挖掘语义网络中的知识。在知识组织中，通过关系矩阵构建，可以将语义网络知识转化为相应的矩阵知识。在此基础上，可以对网络整体的各种关系进行研究，如关系的传递性等，也可以对网络个体分析其密度、同质性等指标。在图书情报的应用研究中，对于研究对象间的社会网络关系，如论文的引用网络、作者的引用网络、作者合作网络、期刊引用网络等，可以通过 Ucinet、Pajek 获取相关的社会网络知识。

Ucinet 是由美国加利福尼亚大学 Irvine 分校社会网研究学者开发的社会网络分析软件，主要功能包括网络指标分析（网络中心度、凝聚度、位置分析、派系分析等）以及常见多元统计分析工具（多维、对应、因子、聚类等），数据格式为矩阵格式，最大处理容量为 32767 个网络节点。此外，Ucinet 的子模块 Netdraw 还提供可视化支持。

Pajek 是由 Vladimir Batagelj 和 Andrej Mrvar 开发的面向网络分析及可视化的工具，在网络分析功能上与 Ucinet 有相似之处。Pajek 的数据处理量更大，可以支持百万级数据网络分析。其主要功能有网络的分区、分析及可视化，支持网络类检索，可以将同类节点单独进行可视化。Pajek 还支持多关系网络、动态时序演化等功能。在知识服务中，Pajek 支持更加强大的可视化服务，可以对局部网络进行平面和空间旋转，也可以更为精细地移动网络观察点，适用于对个体知识进行分析和观察。

在知识组织工具未来的发展中，以用户服务为核心的智能化知识组织工具是发展的主要方向。在基础知识和知识框架类工具的基础上，知识词表建设将更加智能化，即词表更加动态化、个性化。通过文本处理工具，与基础知识和知识框架类工具实现交互，从而完成用户知识词表构建。在大规模用户知识词表的基础上，通过云计算等分布式技术，利用知识关系建立类工具，自动获取用户分类与聚类知识，完成本体、语义网络的构建，并通过互操作实现其知识关系建立。在引文服务中，也更加强调用户对文献的标引，用户知识词典与叙词表、分类法相互结合，通过知识关系建立用户知识与专家知识的融合。

第 5 章　面向知识服务的知识组织体系

知识服务对数据的组织有特定要求，不仅需要通过数据间的联系形成知识，更需要将所有数据在知识服务的框架下构成知识组织体系。因此，作为一个知识服务系统，需要对知识组织过程进行宏观架构，即建立系统内知识组织体系。研究知识组织体系不仅是研究如何进行知识组织以及架构，还需要确定知识组织的目标，了解知识组织的构成，明确知识构建准备和知识的组织过程，以确保组成高效的知识服务系统。本章的目的就是探讨与知识组织架构相关的知识组织目标、知识组织构成要素、知识组织的准备以及面向知识服务的知识组织体系，试图在知识资源与用户知识需求之间搭建一座桥梁。

5.1　知识组织目标与架构

面向知识服务的知识组织框架应从系统视角出发，以解决用户实际问题为目标，在用户需求驱动下，制定知识组织的目标和原则，明确知识组织要素及其体系结构，以知识服务为纽带，将知识获取、知识表示、知识挖掘、知识仓库构建、知识语义以及知识地图等知识组织过程有条不紊地串通，形成一个不断持续循环并改进的知识组织链，使知识服务达到最大的满意度。知识组织的核心是为了更好地实现知识服务。知识服务的满意度取决于用户，也就是用户的需求是否得到满足。因此，知识组织的设计应根据用户需求来驱动，需要遵循从宏观到微观的设计理念，确保知识组织实现知识服务、提升服务效率。

5.1.1　知识组织目标

知识组织目标是能够方便地为用户提供有针对性的知识，从而实现知识服务。然而，人类目前正处在信息泛滥、信息无序的时代，大量过剩的信息往往使人束手无策，迫切需要能将其进行科学处理、整理、关联，最终形成解决用户问题的知识。实现这样的目标需要将杂乱的信息蜕变、升华，使之有序、关联和可用，也就是说知识组织必须保证数据知识化、知识有序化和知识服务化。

数据知识化是分析采集的数据或信息，通过对客观数据筛选、加工和处理形成相应的知识，为知识有序化提供基础。例如，“36℃”，是客观描述温度的信息。如果春季均温是36℃，描述的不仅是气温，更是表示气候异常；如果人体体温是36℃，表示人体正常，没有发烧；如果水温加热到36℃，表明水未烧开，不能直接饮用。由此可见，同样的信息在不同用户需求和情境关联下，表现出的内容不同，这些内容就是信息知识化的产物。

知识有序化是对无序的信息或者知识按照一定需求进行分类、关联和管理，实现无序知识有序化，方便知识检索和利用，有利于实现知识服务化。单个信息点本身无法体现知识，应通过对各类知识进行聚类，发掘无序知识的潜在规律，以形成更有价值的知识，改善和提升知识服务的质量。例如，图书馆的图书不是随意摆放，而是按照一定分类标准排序，这种排序体现出知识；再如，尿布和啤酒的销售看似无联系，但经分析后，发现其中存在紧密的购买联系。

知识服务化是知识组织的目的，最终要实现知识的利用、共享、传播和增值。根据用户问题及相关环境，将其融入到知识组织过程中，让有序化的知识服务于用户实际问题的解决，最终实现知识增值。例如，图书馆学科信息综合服务中，用户可以提出自己的问题需求，图书馆馆员可以结合用户的需求，根据序化知识的语义关联和数据挖掘等方式，形成针对用户问题的解答，为用户提供知识服务。

总之，在用户需求的驱动下，在知识服务的目标下，在知识组织理论和方法的指导下，在各类技术的支撑下，探讨如何架构知识组织体系来实现数据知识化、知识有序化以及知识服务化，是高效实现知识服务目标的基础。

5.1.2 知识组织原则

为了使知识组织有序化过程更加有助于知识服务，在知识组织过程中需要按照一定原则构建和整合各种载体，提高各种资源的利用效率。面向知识服务的知识组织主要遵循以下原则。

1）科学性原则

科学性是一切研究工作的前提和基础，也是知识组织的首要原则（王知津等，2012）。如果不遵循科学性原则，就无法有效组织知识，更谈不上为用户提供知识服务。只有科学地组织知识，才能保障数据知识化、知识有序化以及知识服务化的实现。

科学性原则主要包括知识组织的静态特征和发展特征，其中最重要的是强调知识组织的发展和适应特征。知识组织过程也包含社会机制和文化理念，往往被认为是规范的和标准化的，如果这种规范化和标准化的分类方法不科学，就可能面临不适合人类知识需求的尴尬，无法有效组织和使用知识。例如：工种分为服务、营销、农业、计算机应用等类别，但并不能为求职者在职业选择中提供有效的帮助和指导。所以科学性原则不仅是对现实的反映，也是一种社会机制和文化理念。知识组织的发展性体现为一个不断质疑、争论和发展的过程。科学性原则并不意味着一成不变地墨守成规，科学的标准是经过不断的推敲和争论而确定的。时刻用怀疑的态度面对科学，结合用户需求进行改进和完善，为知识有序化提供科学支撑。

2）系统化原则

在知识组织框架体系中，需要系统化地宏观架构知识的组织，并对知识组织各个环节进行系统化组织和协调，全面系统考虑知识组织的整个过程，才能实现知识服务化。同时在知识组织的各个环节应能够与用户保持沟通和反馈，各个环节之间存在有效链接，才能确保数据知识化和知识有序化，为用户提供高效的知识服务。

系统论为知识组织的产生和发展提供了依据及方法指导。根据《韦氏大词典》，系统是同类事物按一定的关系组成的整体；结合成的整体所形成的各种概念和原理的综合；由有规则的相互作用、相互依存的形式组合的诸要素的集合。系统论认为，系统是指相互联系、相互作用并具有一定整体功能和整体目的的诸要素所组成的整体。在内部，这些要素相互作用，形成一定的结构；在外部，这些要素所构成的整体与环境相互联系，表现出一定的功能，具有一定的目的；要素、结构、系统、功能、环境构成了系统五位一体的关系（宋克振和张凯，2005：P68）。系统的各个内部构件之间相互联系、相互作用，并与外部环境相适应，呈现出一种有序的状态。系统具有突变性，突变的目的是为了系统的协调和有序。有序性是系统的重要特征，系统论是系统化原则的基础，系统化原则是知识组织的理论指南。

3）目的性原则

面向知识服务的知识组织是有目的活动，即数据知识化、知识有序化和知识服务化，也就是说以解决用户知识需求为目的。在知识组织的过程中，不同阶段的目的也不一样。在知识组织初期需要获取用户需求，其目的是采集和挖掘用户需求特征。如第 3 章中所述，不同文化程度、知识背景、不同职业的用户需求特征不同。在提供知识服务过程中，应针对用户的需求特征进行知识组织，融入用户不同专业背景和需求背景，提供有目的性的知识服务。例如，对于水的描述要涉及化学、环境等多个学科。化学家在描述水时，强调它的结构特性；环境专家在描述水时，侧重于水污染和治理。如果试图寻找一种所谓通用的知识组织方法，则无法为用户提供针对性的知识服务，需要结合用户需求进行知识组织和知识服务。

目的性原则渗透知识组织的全过程。知识组织不仅要对知识进行有序化和再组织，还要紧密结合用户需求和情景来进行组织，才能提供更加有效的知识服务。

4）以用户为中心的原则

以用户为中心就是尽可能满足用户外在和内在的知识需求，将理解用户需求和实现知识服务作为知识组织的中心任务，充分满足用户个性化需求。以用户为中心的原则，其核心在于对用户个体知识需求过程的认知。以用户为中心的知识组织设计，需建立用户心智模型，一个产品、一个网站或一个问题的解答都是由一系列用户心智模型组成的群组矩阵。建立动态的需求曲线、行为曲线、逻辑曲线、产品曲线、成本曲线、决策曲线来应对和满足用户各种不确定性变化。

在面向知识服务的知识组织过程中，也不能一味地满足用户的所有需求。而应在分析用户需求和行为的基础上，结合当时情景分析用户内在和外在真正的要求，构建用户心智模型，并贯穿在知识组织全过程中，为用户提供高效优质的知识服务。

5）学科性原则

知识伴随着学科发展得到充分积累，从学科角度组织知识，可以使面向科学研究的知识服务更有针对性。知识组织实践是从图书情报学的分类法和叙词法的基础上逐渐发展起来的，不断地吸取相关学科的理论与方法，逐步完善。知识组织的学科性主要体现在：随着学科发展，相关知识的联系更加紧密；传统的知识组织工具多数带有学科聚集的色彩，如学科的大百科全书，即使是综合性百科全书也是按学科再次组织的。再如，许多检索工具都配备有学科分类的检索途径或排序规则，如传统的体系分类法：《杜威十进分类法》《美国国会图书馆分类法》《中国图书馆图书分类法》等都具有强烈的学科特征。当前网络上的知识许多也是遵循学科特征进行信息组织，并通过学科交叉关联的知识分析工具展现学科之间的知识关联，充分体现学科性原则。

知识组织过程中的学科性原则，促进了数据知识化、知识有序化以及知识服务化的呈现。数据、信息、文献或知识根据学科特性的组织，保证了科研工作者能够获得更加有针对性的知识，普通用户能更方便快速地获取所需知识。此外，知识组织与系统科学、逻辑学、数学、语言学、心理学、计算机科学、管理学等多个学科领域紧密相关，这些学科的理论和方法已渗透到知识组织的研究与实践中。可以说，知识组织是吸收了众多学科的精髓发展起来的。

6）易用性原则

知识组织的科学有效需要通过检索等手段实现，易用性直接决定知识服务化的过程。知识组织的科学合理决定了知识服务系统的易用性，没有科学的知识组织就不可能提供高效的知识服务。知识组织的易用性原则主要体现在：知识便于获取，这要求知识组织的结构便于提取；知识的多途径检索，这需要知识组织能够建立众多的索引款目；知识的多样化展现，这来自于知识间关联的建立和知识展现技术的保证；知识挖掘和智能检索技术的应用，使用户更加方便、快速、有效地获取所需知识，实现这一目标对知识组织也有专门要求。

知识服务的高效性取决于知识组织的易用性。知识组织的易用性要求用户参与到知识组织的系统设计中，确保所设计知识组织系统有较好的易用性；其次全面了解各类用户的需求，了解用户获取知识的方式和手段，了解不同类型的用户对知识需求的差异，使知识组织不仅方便普通用户提取知识，也能够满足科研用户的高端需求。总之，在知识组织过程中，应充分分析用户知识需求和获取知识的习惯，使知识组织能够满足用户的各类需求，并做到易用，真正帮助用户获取知识和解决问题，实现知识服务化这一终极目标。

7）多维性原则

从不同的角度观察知识会产生不同的理解，不同方面的知识关联起来可能产生新的知识。因此，对知识组织而言，只有经过多维度数据的关联、多方面的知识联系，才能增生新的知识，并在知识服务中发挥更大的效应。所以，知识组织的多维性是指从多个维度来进行知识的组织，同一个知识从不同的学科进行组织，或在同一学科内以不同的维度或范式来组织。

用户的需求是多样化的，映射到知识组织也要求其呈现多维性。因此在知识有序化和知识服务化过程中，多角度、多途径、全方位地多维度组织知识和展现知识，不仅能满足用户的多方面需求，还能针对用户的需求开展有针对性的知识服务，帮助用户获得所需知识和为用户提供增生知识。知识组织的多维性促使知识按照不同领域、不同理论、方法和范式进行组织，并按照用户的不同思考方式和价值体系将知识提供给用户。

8）共享性原则

知识组织的共享性主要体现在：知识表示的标准化，便于用户理解和检索；知识组织结构的标准化，便于知识服务系统间的数据交换；知识组织的开放性，能够支持不同知识服务系统间的互操作。任何一个知识服务系统都不可能拥有世界上所有的知识资源，各知识服务系统间的共享就显得十分重要。这要求各知识服务系统能够相互共享知识资源，实现这种知识资源共享的基础是知识组织具有共享性。

知识组织间协同发展，形成了一个互为补充、互为操作、知识共享的知识组织系统，才能发挥整个知识服务系统的作用。共享性原则要求知识组织遵循一定标准或者规范，使知识在更广的范围有序化，以促进知识服务系统之间交互和共享，进而提供高效的知识服务。例如，美国通过 OCLC 和 RLIN 两大联机联合目录系统，实现了美国所有图书馆书刊资源的全国共享，它们是知识组织共享的典型范例。

5.1.3 知识组织构成要素

知识组织的构成不仅限于具体的数据和知识，它还涉及知识服务的主体、客体、工具和资源等多个方面。具体地说，其构成要素主要包括知识服务提供方、知识资源、服务客体、知识组织工具。这四个要素构成了一个知识组织的环境（图 5-1）。

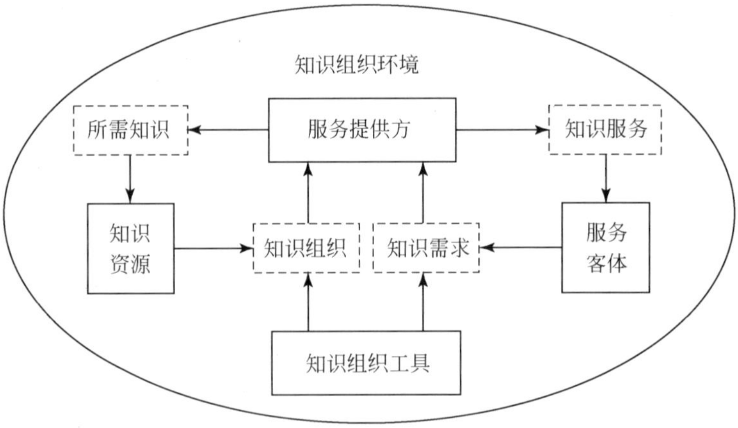

图 5-1 知识组织构成要素结构图

图 5-1 中显示了知识组织的四个构成要素，它们在知识的组织与流动中各司其职。知识服务提供方主要完成知识的采集与组织，形成知识资源，同时向服务客体提供知识服务。知识组织工具主要承担知识资源的加工，是知识提供的技术手段，确保知识服务提供方能够科学高效地组织知识资源，为服务客体提供满意的知识服务。知识资源是知识组织的对象，是知识服务的基础。服务客体即知识服务的对象，他们对知识服务的需求对知识

组织提出了相应要求。所有这些要素的知识组织活动均在一个高效的知识组织环境下运行，以促进数据知识化、知识有序化和知识服务化目标的实现。

知识服务提供方主要负责各类数据的采集和有序化组织，向用户提供高效的知识服务。知识服务提供方是知识资源和服务客体关联的纽带，它的主要形式包括有图书馆机构、情报服务机构、行业协会机构、咨询服务机构等。例如，高校图书馆、企业情报所、科技中介与咨询服务机构等。

知识资源是人类理解自然资源、科学规律、社会历史、艺术文化等知识的总和，它的体现形式有：数据、信息、图像、事实、文献等。知识资源是知识组织的对象，是知识服务的基础。知识按照属性可以分为显性知识（explicit knowledge）和隐性知识（tacit knowledge）。显性知识主要为可以由文字表达的事实、词典、百科知识、论文、著作、报告、专利等；隐性知识多为一些难以用文字表达的经验和规律。在知识组织中，前者可以通过数据库中的数据、信息、文献等反映出来，后者则通过数据间的关联、语义关系以及对数据间的关系推理出来。在知识组织的构成中，知识资源是知识组织的基础，是知识服务的数据保障和源泉。

服务客体是获得知识服务的组织或个人。他们是知识需求发起者，同时也是知识服务的接受者，确切地说，服务客体是知识组织的需求方和消费者。服务客体包括不同文化程度、不同知识背景、不同职业以及试图解决不同类型问题的用户，他的主要包括科研机构的研究者、高校教师、学生、企事业职工、社会服务者与政府管理人员等。服务客体在知识组织中发挥着对知识组织的实用性和科学性进行检验的作用。

知识组织的工具主要包括知识组织过程中所用到的方法和工具。知识组织工具促进知识资源快速和高效地组织，它们在知识表示、知识重组、知识聚类、知识存检、知识编辑、知识布局和知识监控等过程中发挥着重要作用（蒋永福和李景正，2001）。新环境下知识组织工具使所组织的对象表现出用户的需求性、控制手段的科学性、知识结构的透明化、计算机的可操作化、数据与知识的交融性等特征。知识组织工具不仅包括图书分类法、主题词表等传统知识组织工具，还包括如 Semantic Web、Taxonomies、Ontologies 和 Topic Maps 等新的知识组织工具（王忠红，2009）。

以上四个要素构成了知识组织环境。知识组织环境不仅包括基础设施，还包括软环境。基础设施主要包括提供知识采集、传递、展现的硬件系统和软件系统，软环境主要包括知识组织的相关机构、用户的知识和文化背景、知识组织方法论、知识组织工作标准化、知识产权等制度和法规环境以及知识组织的教育和培训环境等。一个好的知识组织环境能促进知识服务提供方为服务客体提供高效服务，有利于知识的组织和流动，最终促进知识组织目标的实现。

5.1.4　面向知识服务的知识组织体系结构

解决复杂问题的最佳方法是将问题分解为多个较简单的问题，然后利用简单知识解决分解的简单问题，进而综合全面地认识事物并解决复杂问题。即使解决相对简单的问题，往往也需要通过不同角度、不同层次、由表及里、层层深入的方法。这一方法本质上就是引入粒度的思想，把问题粒化后，经过粗细粒度知识的反复迭代，用低成本的付出获得足够满意的解答。构建面向知识服务的知识组织体系结构也需要采用粒度的思想，通过粗细粒度知识不断迭代和组织，使知识组织达到理想化的结构。

知识组织过程同样是一个解决问题的过程，涉及数据到知识的转化、知识到再生知识的增值过程，这些过程需要通过净化、关联和推理来完成，以此实现数据知识化、知识有序化以及知识服务化的目标。知识组织不仅涉及多方面、多层次的知识采集和分类，还是一个粗细粒度知识不断迭代和关联的过程。例如，将用户需求分解为若干个子需求，即是粗粒度知识向细粒度知识的转化；从文本中获取知识点也是粗粒度知识向细粒度知识的转化；将知识间进行关联分析后形成新的观点或问题的解答是细粒度知识向粗粒度知识的转化。为了有助于这些转化过程的自适应性，有必要根据面向知识服务的知识组织过程和特点构建知识组织体系结构，促进该体系实现从知识资源到知识服务的知识增值和知识流动的大框架。

知识组织体系主要包括知识资源层、知识组织层和知识服务层。其中知识资源层采集各类数据并进行数据有序化；知识组织层对数据资源进行知识化组织和知识挖掘，形成并完善知识库；知识服务层根据服务客体的知识需求对知识进行采集并传送到知识组织层进行挖掘，最后将知识组织的结果以可视化形式提供给用户，图 5-2 是一个面向知识服务的知识组织体系结构图。

图 5-2 显示，面向知识服务的知识组织体系是一个三层组织结构。知识资源层是该组织体系的基础，通过数据的有序化过程形成粗粒度知识，为知识组织层粗粒度知识细化提供数据来源，是构建知识组织的底层数据。该层的主要任务是完成数据采集，并依据一些数据组织标准对数据进行有效处理和有序化组织，使之有序和可用，也就是说可以在传统的数据库环境实现信息服务。此层的数据主要包括：文献数据、事实数据、专业领域数据、知识单元数据以及用户使用行为数据等。数据的组织方法主要包括：MARC 格式、元数据格式、一般数据库格式等。

知识组织层主要实现数据知识化和知识再生。这一层主要完成知识资源层的数据关联，将数据资源升格为知识资源。在知识组织层将借助一些知识组织工具，建立知识间的语义关系，形成面向特定专题的领域本体、文献链（引用关系）、用户行为知识等知识库，并建立面向决策分析的知识仓库。这些知识库和知识仓库是数据库再组织的知识产品，是实现知识服务的重要保证。建立知识库和知识仓库首先需要将知识分解为细粒度的知识点，通过粒度聚类和关联，将若干个知识点融合形成粒度较粗的知识单元，从而形成用户需求知识、知识单元以及关联知识等不同颗粒度的知识，再将多个不同类型知识相互关联形成知识网络，以便知识服务化，同时对用户的问题进行分析和整理，形成问题库，并把用户问题的解答整合形成解答库。

知识服务层是实现用户需求和知识组织联系的接口层，这一层表现为知识服务平台。该层虽然不承担知识组织的具体任务，但它却是用户和知识组织系统之间的纽带。一方面，它根据用户的需求，运用检索技术、推理技术、关联分析技术对知识库或知识仓库进行运算，从而实现知识服务；另一方面，它采集用户知识需求信息和使用行为信息，并将这些信息传递给知识组织层，为建立用户行为分析知识库提供客观数据。知识服务层不仅

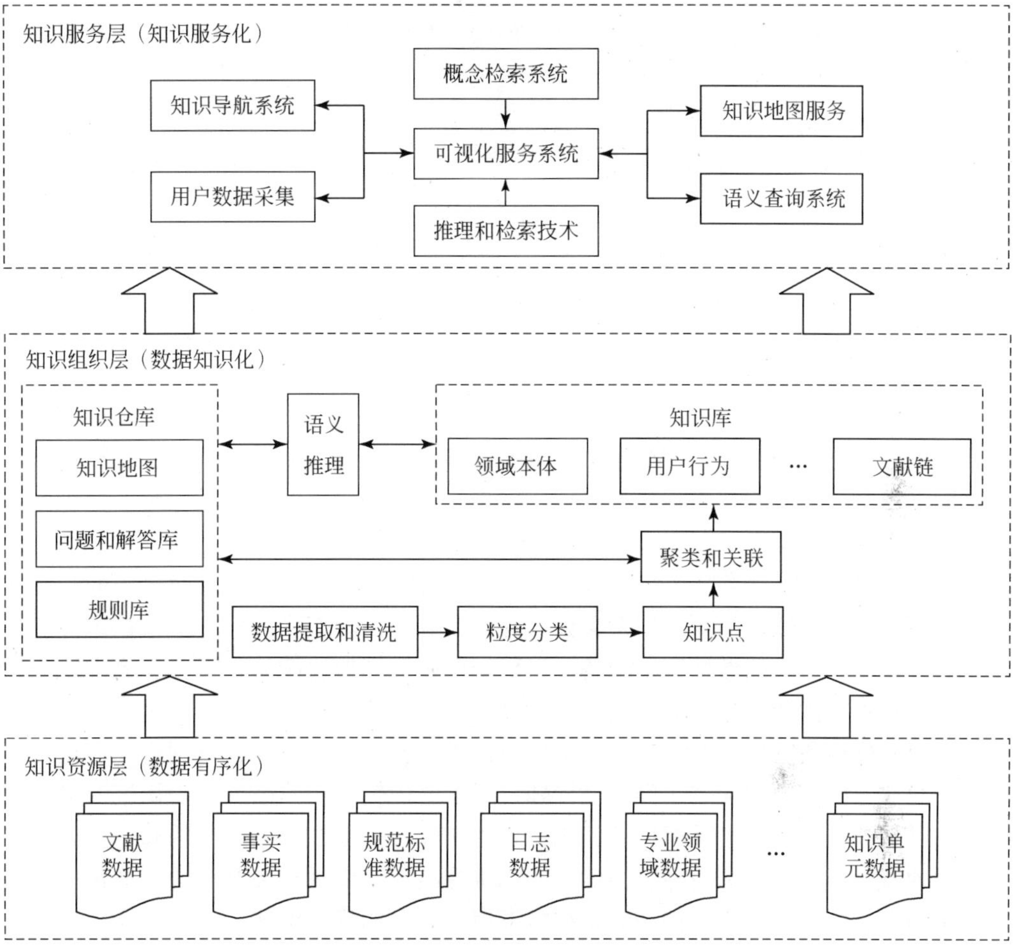

图5-2　面向知识服务的知识组织体系结构示意图

包括原有文献服务，还包括知识导航服务、知识地图、搜索辅助系统、概念检索系统、语义匹配系统等各种类型的知识服务应用系统，同时采集用户对知识服务系统的反馈，便于完善和更新知识组织处理和分析过程。在知识服务层中，知识呈现粗粒度动态性。服务客体的知识需求是不确定性和抽象性的粗粒度知识，在知识组织层中经过粗粒度知识细化和细粒度知识重组等环节，形成问题的解答（粗粒度知识），并通过适当方式呈现给服务客体，最终实现知识服务。

5.2　知识组织构建准备

为了实现数据知识化、知识有序化以及知识服务化的目标，知识组织工作的前期准备是十分重要的，它是知识组织工作的基础和保证。在知识组织的前期构建准备中，在获取和选择相关的知识资源、工具和方法的同时，还需要制定相关数据标准和规范。虽然大多学者都意识到这些知识组织构建准备工作的重要性，但是在实际知识组织过程中尚未引起足够重视。因此，将知识组织构建准备作为知识组织前重要的基础工作，也就是说从知识组织的数据、粒度化、知识构建规范、知识组织工具等方面系统规划，为知识组织和知识服务奠定基础。

5.2.1 知识组织的数据准备

数据是任何一个知识服务系统的基础，也是获取知识的主要原材料。因此在知识组织的前期准备中，对知识组织所需的数据进行充分准备和规划是十分重要的。数据准备主要包括知识资源准备、数据标准的拟定、知识组织工具选取等方面的工作。

1）知识资源准备

知识资源准备主要包括具体行业数据资源、领域数据资源以及相关资源分布调查等方面。资源准备充分，是知识服务系统高效、实用运行的前提条件和基础保障。知识资源的形式有多种多样，既有尚未正式出版的零次文献（如手稿、事件原始记录等）和正式出版的一次文献（如论文、著作、专利等），也包括经过整理生成的索引文摘之类的二次文献和综合分析产生的综述、述评类三次文献，还包括各类活动产生的各种复杂数据。这些知识资源需要在知识组织前做好充分准备，以保证能够合理地组织这些资源，科学地架构这些资源，使这些资源能被更加有效的利用。

知识资源的准备需要根据用户的需求以及需求类型来进行，即针对用户的需求决定知识资源的形式，根据用户的需求类型设计知识组织的逻辑结构。另外，知识资源准备要能够做到知己知彼。知己是指了解拥有的知识资源，知彼是指了解所构建的知识资源库的相关资源的地域、机构等分布情况。因此，知识资源准备需要对相关领域的资源情况进行充分、全面地调查研究，确保知识服务系统能够得到充分的资源保证。

2）数据标准的拟定

按照标准构建和管理知识组织系统是实现知识服务化的基础，只有按照一定规范进行数据知识化和知识有序化，才能做到知识共建共享，进而为用户提供知识服务。目前虽然有很多知识组织系统相关的标准和规范，但是大多是针对特定领域知识的应用，为了促进不同领域间知识共建共享，需要通过建立知识组织系统的互操作和交互的通用标准来规范化，获得最佳实践。这些标准和规范是知识组织构建、管理和利用的依据，将有助于保证各种类型知识组织系统数据输入输出的规范性，保证用户和各种应用程序拥有一个统一的知识组织系统调用接口，保证特定知识组织工具中特定术语和概念的识别，使得知识组织系统的实践应用具有良好的可操作性。

3）知识组织工具的选取

在知识资源和标准充分准备的基础上，选择合适的知识组织工具是知识组织的关键。这些工具可以在相应规范的条件下充分利用和分析采集到的各类资源，解决用户的实际问题，最终保证数据知识化、知识有序化以及知识服务化的高效实现。知识组织工具的作用是保证用户能够以最简单、最快捷的方式获得所需的资源，并对这些资源进行管理和有效利用，更为重要的是将数据转变为知识，促进知识再生知识。

在当今的大数据时代中，人们处于数据的海洋里，大量繁杂的数据需要有工具来处理，不同类型的数据、不同的知识析出要求，所需要的知识组织工具也不相同。因此，选择合适的知识组织工具显得非常重要。在知识组织之前有必要对知识组织工具的选择和使用进行充分准备，只有这样，才有可能为用户提供高效、快捷的知识服务。

在知识组织工具的选取过程中需要了解常用的知识组织工具及其特点，分析用户的知识需求，选择恰当的知识组织工具。本书第 1 章已将知识组织工具归纳为基础知识与知识架构类工具、知识关系建立类工具、知识处理与展现类工具，第 4 章对这些工具分别进行了详细阐述。在知识组织过程中可根据需求和各类知识组织工具的特点与优势选择最合适的知识组织工具。各类知识组织工具的特点和优势见表 5-1，作为知识组织工具选择依据，为实现知识组织目标提供工具保障。

表 5-1　各类知识组织工具的特点和优势

序号	工具类别	特点	主要工具
1	基础知识与知识架构类	在概念组织及系统化方面发挥着重要的服务作用，面向不同的知识内容以及用户的知识需求起着规范、释义、传承、指南的作用，是数据知识化的基础工具	领域词典、百科全书、主题词表、分类法、主题分类一体化词表
2	知识关系建立类	通过各种理论、方法和技术将数据和知识建立相互关联，是实现知识有序化的主要工具	语义网络、本体、主题图、引文索引
3	知识处理与展现类	通过自然语言、分类、聚类、本体等工具建立知识之间深层次关系，形成知识网络，并通过适合的方式展现给用户，是实现知识服务化的主要工具	自然语言处理工具、分类工具、聚类工具、本体构建工具、引文处理及可视化工具、社会网络分析工具

5.2.2　粒度化分类和聚类准备

在知识组织过程中，知识的粒度是不相同的。一本著作包含有大量知识，一篇文章也拥有许多相关知识，这两种载体表现为粗粒度；一条简短的信息、一个专有词汇，则具有较细粒度知识。从不同角度观察知识间的交融组合，它们又表现出较复杂的粒度粗细不等的关系。对用户而言，不同的需求所需知识的粒度是不相同的，有时为了解决具体问题需要细粒度知识，也可能需要经过对知识的综合得到宏观知识。这种细粒度知识和宏观知识可以通过知识的逐层分类（知识细化或粒化）和知识的聚类（知识的综合或粗化）处理得到。

用户在解决问题的过程中，可能需要细粒度知识，也可能需要整合型知识。在知识提供过程中既要避免整合型知识导致用户问题难以解答，也要避免细粒度知识引起问题解答效率低下。然而，知识的细分与整合在什么程度是最优的？这是知识组织过程中需要重点考虑的。由于用户对知识的需求存在许多不确定因素，要满足这种不确定性必须加强知识组织的知识粒度可变化性。而粒度原理最大的优势就是模仿人思考的不确定性。因此通过粒度化分类和聚类来度量知识细分和整合的程度，可以促进用户问题的解决。这样看来，在知识组织之前对知识粒度化分类和聚类的准备就显得尤其必要。

粒度是物理学中的概念，粒度化分类和聚类是根据人类从不同的粒度去思考、分析和解决问题的重要特征，在处理一些复杂的、非结构化的、不完整的、不确定的信息时发挥粒度原理的优势。国内学者运用粒度原理模仿人类思考的不确定性已经产生了一些应用成果。例如，卜东波等（2002）提出一种新的分类算法，将知识中的一个类拆分成不同粒度之下的一些子类，每个子类在各自的粒度之下显示出更加明显的“抱团”性质，采用不同的粒度表示有助于消除分类先验知识和特征选取之间的不协调性。杨人子和严洪森（2011）提出基于信息粒度知识网的模糊分类和检索方法，利用知识网复杂度解决了自重构运算导致的知识网存在多样性的问题，利用相似度考虑知识网在“质”“量”和复杂性等方面的差异，获得目标知识网的关联规律，实现问题由细粒度空间转化为粗粒度空间。这些成果都运用了粒度思想模仿人类思考问题的方式（徐丽和丁世飞，2011），把问题粒化后，经过粗细粒度的反复迭代，并按照知识服务的要求进行知识组织和知识服务，发挥了知识的最大潜在价值。

在数据知识化、知识有序化以及知识服务化的过程中都无法避免不同粒度知识之间分类和聚类的不确定性问题，因此对知识进行粒度化非常适用于面向知识服务的知识组织，选择一种合适的知识粒度划分算法直接影响知识采集、重用、检索、推理、共享等应用效果，所以有必要在进行知识组织之前，对知识的粒度化进行充分准备。

采集各类知识资源，其目的是有效地管理和运用。由于知识资源本身具有不确定性和不规范性的特点，而实际应用过程中对知识粒度又有不同的要求，所以需要根据粒度原理对知识进行分类和聚类等预处理，将知识逐步粒度化，划分为不同大小的颗粒。知识粒度即是对知识细化的不同层次的度量，通过知识粒度化有助于非结构化知识的形式化，根据知识服务的需要动态调整知识粒度的粗细，适应知识组织的要求，并最终实现高质量解决用户的问题（刘晨等，2008）。粒度较大的知识转化成粒度较小的知识的过程即为“加细”，可以帮助用户得到更加具体和有效的检索结果；粒度较小的知识转化成粒度较大的知识的过程称为“加粗”，可以提高检索效率。为了规范知识粒度化和聚类过程，有必要对知识粒度概念和分类进行约定。

1）知识粒度概念界定

解决实际问题时，如何选取适当的知识粒度，是与具体领域相关的问题。但无论哪种方法获取知识粒度，任一粒度大小的知识，都由内部属性、外部属性以及情景属性构成。其中，内部属性主要是该粒度知识内部关联的描述，外部属性是该粒度知识与其他知识关联的描述，情景属性是在特定环境下与外部情景关联的描述（赵昌葆，2006：P112-115）。结合粒度原理给出知识粒度的相关定义（李道国等，2004）。

定义1（粒度的定义和大小）：粒度是知识的基本组成单元，粒度大小是对知识抽象程度的度量。根据解决问题的要求，从不同角度或不同层次对知识进行划分，将知识分为若干个不同的知识块，则每一知识块是一个知识粒度。具体数学表示如下：设定论域 U 表示知识，R 表示等价关系、不可区分关系、功能相近关系、相似关系、相等关系、约束关系、相容关系、复合关系、模糊关系、属性、投影、结构关系和一般的函数关系等。在给

定的论域 U 和 U 上的关系 R：$U \rightarrow P(U) \Rightarrow U = \cup_{i \in \tau}(G_i)$，则每一个 G_i。为一个知识粒子。$\{G_i\} \in \tau$ 是论域的一种粒度，知识粒度 G 的大小为 Card $(G) = |G| = \int_G \mathrm{d}x$. 其中，当论域为离散情形时，积分表示知识粒度 G 所含个体的总个数；当论域为连续状态时，积分表示知识粒度 G 长度的度量值，也可能是无穷大或者不可数。

在界定知识粒度概念基础上，为了充分发挥粒度原理在知识组织中的优势，需要理解粒度知识的构成。一般情况下粒度知识都具有一定的内部属性。而在解决用户问题的环境下，通过内、外部属性以及情景属性来描述特定环境下的粒度知识，通过粒度的定义描述用户问题和问题所涉及的知识，为问题解决提供了基础支撑，有助于提供高质量的知识服务。

定义 2（粒度知识的构成）：任一粒度的知识，主要包括知识的概念与属性、功能，以及关联三个方面。其中概念与属性主要是描述粒度知识的定义和具有的属性特征；功能是粒度知识所能解决问题的描述；关联包括粒度知识内部、不同粒度知识之间以及特定情景下粒度知识的关联的描述。

通过三个方面立体化描述粒度知识的构成，可将粒度知识分为不同层次，并与其他粒度知识建立关联，形成粒度知识网络，不仅可以描述将粗粒度知识分解为细粒度知识，还可以描述将细粒度知识合并形成粗粒度知识，有利于不同粒度知识之间的转换。

2）知识粒度化规范

知识粒度化是与所要解决的问题或子问题相关联或相伴随的，其目的是保证知识粒度能够适应问题解答。因此，知识的粒度划分是与待解决问题或子问题的粒度相关的，知识粒度的划分须以能够向用户提供所需知识为准则，并以正确支撑问题解答为目标，根据粒度原理进行知识的粒度表示。在解答用户问题过程中，根据知识粒度将问题分解，从不同粒度层次和不同角度来分析和解决问题，不需要再将所组织的知识进行分解或重构，知识的大小（粒度）能恰当地解答当前问题。欲实现这些目标，需要为知识粒度的划分和知识粒度化制定规范，这些规范主要包括文献著录规范、文献标引规范、知识表示规范以及知识融合规范四部分（表 5-2）。

表 5-2　知识粒度化规范

序号	规范类别	规范描述	相关规范与方法
1	文献著录规范	对文献著录的原则、内容、格式等方面进行统一科学的规范，实现文献著录标准化	《文献著录总则》《检索期刊条目著录规则》《古籍著录规则》《文后参考文献著录规则》《西文文献著录条例》以及《中国文献编目规则》等
2	文献标引规范	为了方便文献检索和引用，对文献的引用制定统一的分类标引和主题标引等标引规范	《中国图书馆分类法》《中国分类主题词表》《汉语主题词表》《汉语叙词表编制规则》《多语种叙词表编制规则》《文献主题标引规则》等
3	知识表示规范	对知识的属性、关系以及使用过程等按照统一规范进行编码或表示，主要包括叙述性和过程性表示	产生式表示、语义网络表示、框架表示法、过程表示法、电子文件 XML 表示法、面向对象表示法等

续表

序号	规范类别	规范描述	相关规范与方法
4	知识融合规范	对异构知识按照一定规范进行知识转换、更新、共享和集成，并按照统一规范表示产生的新知识	本体、语义网、多代理决策、人工神经网络等各种推理算法

5.3 面向知识服务的知识组织过程

传统的知识组织的过程主要是借助知识组织工具（如分类法、主题词表等）对所采集的数据、信息、文献进行知识提取和知识架构，并通过数据处理工具和相关算法，将数据、信息、文献等实现相互映射和语义关联，使数据、信息、文献等上升为能够实现知识服务的知识资源。知识组织过程主要包括：欲组织资源的分析、知识与资源的映射、知识组织结构设计、再生知识的产生、知识组织实现五个方面。

5.3.1 知识组织过程描述

知识组织是为了满足不同阶段知识服务要求的一个循序渐进的过程。完整的知识服务过程应包括：知识资源采集、相关知识资源的选择和整理、知识资源的分类、标引和加工、知识组织结构设计与知识关联，通过推理和提炼再生知识，最后实现知识检索和可视化展示，服务于用户。这是以用户的知识需求为动力，以知识服务为目标运作的知识组织过程，每一步骤都使知识量得到提升。图 5-3 给出了知识组织过程中知识升华的描述。

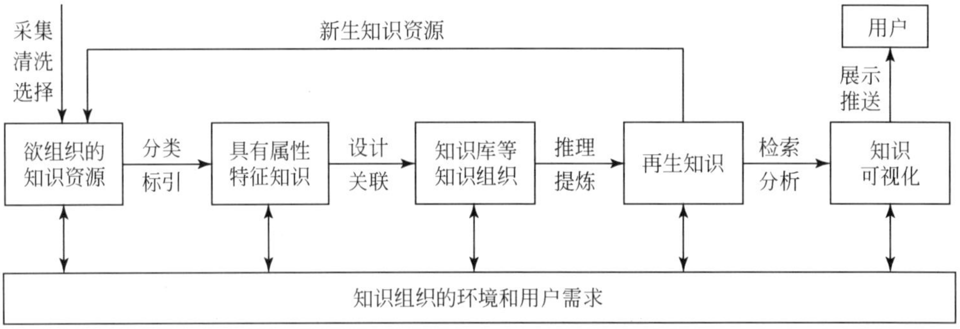

图 5-3 知识组织过程的描述图

由图 5-3 可见，面向知识服务的知识组织过程是在用户需求驱动下，进行欲组织的知识资源的采集、清洗和选择，形成待组织和处理的知识资源，通过知识组织工具对知识资源进行分类、标引和有关加工，使知识资源具有某些主题、类别或其他鲜明知识特征，再通过知识的关联与映射处理，并根据知识表现的特点和服务需要构建知识组织结构（如知识库、语义数据库、知识仓库等），最后，借助各类检索技术（如常规检索、语义检索、智能推理检索等）为用户提供所需知识，并利用可视化技术将知识以多种形式呈现给用户。另外，在知识的处理过程中，经过深度的挖掘和知识关联，还会形成再生知识，这类知识也是知识组织系统的宝贵资源。

5.3.2 欲组织知识资源

欲组织知识资源是指根据系统知识服务的需求，经过采集、清洗、选择、整理以后汇集的知识资源。欲组织知识资源既要提供涵盖解决用户问题直接所需或潜在可能需要的各类资源，又必须考虑针对用户的需求，提高知识服务效率，明确所需资源的特点、来源以及构成。所以，作为知识服务的基本资源，应当能够为解决用户问题提供全面的知识资源支撑，同时为效率考虑，也需要净化知识资源，避免垃圾信息、杂乱信息污染知识资源。

1）欲组织知识资源的特点

欲组织知识资源不同于一般的资源，主要特指信息资源，虽国内外学者对信息资源没有一个统一概念界定（肖希明，2006），本书中的信息资源主要指经过人类选取、组织、序化的有用的信息，以下文中的资源主要指信息资源。信息资源具有以下独特性质：

（1）目的性：指资源融入用户需求，这些资源可以支撑或者服务于用户问题的解决。

（2）动态变化性：信息急剧膨胀，外部环境存在多变性和不确定性，大量信息随时间变化动态增加，有时信息的变化甚至不可预测。

（3）涉及领域广泛性：涉及不同学科、不同领域、不同行业，甚至社会生活方方面面。

（4）存在形式多样化：以文字、字符、视频、图像等多种形式体现，其结构也是异构的。

（5）分布域广：以不同形式存放在不同场所，如科研机构、图书馆、遍布整个网络，有的存放在国外，有的存放在用户大脑中等。

这些特点为资源的采集、清洗、选择增加了难度，尤其是知识与知识的关联，形成解决问题的知识整体等，需要根据信息资源的特点，对其进行必要的清洗。

2）欲组织资源的来源

由于欲组织资源分布较广，面对的资源良莠不齐的信息资源，既要确保资源可靠，又要能够满足知识服务的要求，这就需要对资源进行选择，为知识组织获取全面可靠资源提供保障。通常知识组织来源既取自于专业数据库，也包括许多自建数据库；既有专门从事资源建设的网站，也包括博客和微博这类个体信息源；既包括印刷型的图书、期刊、报纸、广告等媒体信息，也包括电视、电影、电台等多媒体信息。总之，只要是对知识服务有价值的资源都可以作为欲组织知识资源，但在资源的清洗、选择和真伪鉴别上采用的手段不一样。

一般而言，资源的来源包括：①科学数据支撑的资源主要取自国家科研机构、科学数据中心、专业学术资源建设中心提供的科学数据库，如美国的 DIALOG 系统所拥有的数据库、中外专利数据库等。②专业学术资源建设中心所建资源，例如，国家科技文献中心

（http：//www. nstl. gov. cn/）、中国知网（http：//www. cnki. net/）、万方数据（http：//www. wanfang. com. cn/）等提供的文献资源。③一些经济和社会统计数据来源，如行业协会、公司、银行、交易所、经纪人、政府部门和国际组织、独立的调查机构、市场研究机构、数据汇编机构、出版商、媒体、非营利性组织、大学、研究中心等所拥有的信息。④来自政府统计部门、国际统计机构等的政府调查资料、政府行政管理档案、市场调研报告和行业报告、经济分析师报告、银行报告、新闻报道、贸易类期刊等。⑤经济数据和财政数据主要来自银行、信贷机构、保险公司、基金管理公司、政府经济普查机构、媒体、面谈调查等。

3）欲组织资源的构成

欲组织资源的构成不仅是待组织的信息资源本身，还应该涵盖资源的采集、传输、处理以及展现等支持解决用户问题的所有环节。因此，其构成包括：数据资源、工具资源、标准和规范以及方法等资源类型，这些资源可以以文字、字符、视频、图片等多种形式体现。

数据资源主要以文献数据、事实数据、专业领域数据、知识单元数据以及用户使用行为数据等形式体现；工具资源主要包括基础知识与知识架构类、知识关系建立类、知识处理及展现类三个类；标准和规范资源主要包括编码和分类标准、行业标准、行业规范等。

欲组织资源的来源和构成是知识组织的基础，也是实现知识服务的基本保证。因此，需要针对用户需求对欲组织资源进行甄别，定位支持解决用户问题的欲组织资源，为知识获取和资源关联提供向导，为知识资源的组织奠定基础。

4）欲组织资源获取与清洗

欲组织资源获取与清洗的主要任务是根据用户需求对欲组织的目标资源进行采集、检测、修正、抽取等过程，初步检测和消除噪音数据，合并同类数据（Hernández & Stolfo，1998），剔除重复记录数据和不可用的数据资源，形成粗粒度的数据清洗框架，有效提高数据的质量，为知识组织提供可靠的资源支撑。

资源获取与清洗主要包括数据采集和准备、检测、清洗以及修正等步骤，资源获取与清洗的总体框架如图 5-4。

资源获取与清洗分为获取准备、检测分析以及数据清洗三个层次，各层次之间形成不断完善和优化的循环回路。

获取准备层是在对采集目标资源充分分析的基础上，明确噪音数据范畴，分析用户需求和外部环境，同时针对数据资源状况，选择恰当的知识组织工具，为采集资源做好充分准备。

检测分析层对采集的数据资源进行初步分析和检测，结合解决用户问题的要求，检测噪音数据，主要从数据是否可用、重复以及是否完整等方面开展检测。其中，不可用数据主要是由于数据本身存在错误或者数据对解决问题没有帮助；重复数据是指基本相同的数据，可能由于在格式或拼写上的差异，导致数据库管理系统不能区分；不完整数据是指信息的缺失，例如，资源责任者的缺失、数据度量单位的缺失等。

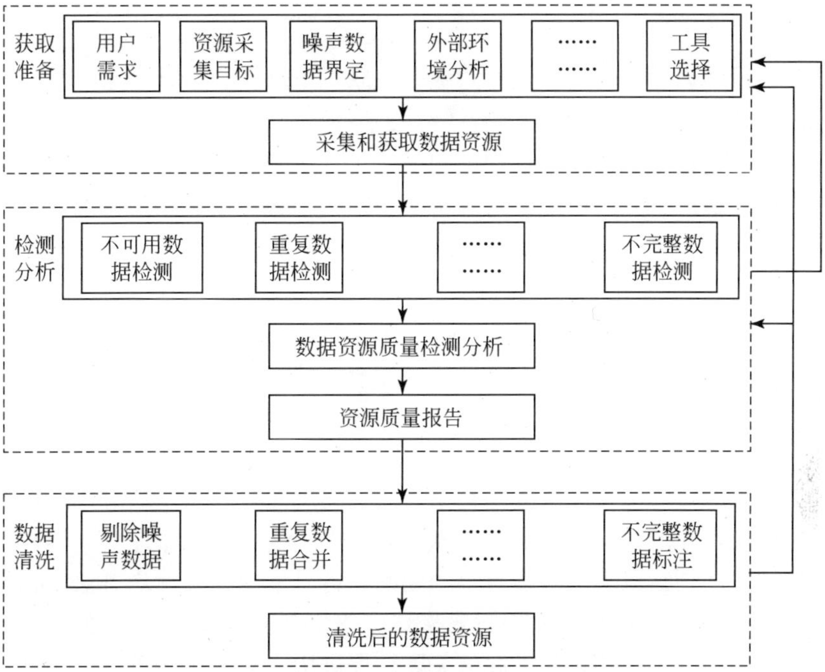

图 5-4 资源获取与清洗总体框架示意图

数据清洗层根据检测分析层提供的资源质量报告，选择适当的数据清洗策略对数据进行清洗。主要任务包括筛选数据、去除含有噪声的数据、合并重复数据、补充完善缺失数据。

5.3.3 知识、资源与用户需求的映射

经过采集、清洗、整理后的资源尚不能达到知识服务的各类要求，需要根据用户需求进行资源的知识标注，以实现资源与知识间的关联与映射。首先通过对信息资源和用户需求进行理解、获取和规范化表示，通过知识点分类、标引等方法和知识关联工具，分层次梳理资源，借助知识组织方法和工具构建知识和资源之间的映射，为知识推理提供铺垫。

1）资源规范化表示

资源规范化表示的主要目的是方便资源共享和利用。借助符号系统对资源进行统一规范化的表示，建立符号系统与资源的映射。在统一性、表达性、易用性等原则下，对不同层次、不同领域以及不同粒度大小的资源，按照统一的符号系统展现，并经过实践应用后形成资源规范化表示的符号系统。例如，将文献资源通过词语、句子、段落以及文献等不同层次依次规范化表示，如，借助中图分类法和叙词表表示文献资源按其标准进行学科分类和主题标引；再如，采用资源描述框架（RDF）对网页信息的标题、作者、修改日期、内容以及版权信息进行描述。

2）知识表示

为了全面表示知识，方便资源进行对应和关联，不仅要通过符号系统表示知识的显示特征，还要借助处理规则表现知识的隐性特征，体现人的智力行为。知识表示是对知识的一种描述，主要包括符号系统和处理规则两部分，其中处理规则的描述是知识表示的难点和重点。常用的知识表示方法有产生式表示法、结构化表示法、语义网络、框架表示法以及面向对象表示法等。例如，产生式表示法是在条件、因果等类型的判断中所采用的一种对知识进行表示的方法，在表示“如果病人体温高于38℃且咳嗽，则他很有可能是感冒了”这类因果类知识时，可利用 if“体温高于38℃ and 咳嗽”，then“感冒”，其中 if 部分表示条件部，then 部分表示结论部，就形成了一条规则知识。

3）用户需求规范化表示

提供高效知识服务的前提和基础是对用户需求的规范化表示。通过用户需求规范化表示可以精准地获取用户的需求和问题，以提高服务的满意度。在用户需求规范化过程中，对于较复杂的用户问题，或无法直接解答的问题，可以采用分而治之方法，借助规范化表示方法和技术，将问题分解为若干子问题来规划求解过程。对不同层次问题的规范化表示，有助于寻找用户问题与知识和资源的关联，促进用户问题逐步解答。因此，合理的问题表示和规范有助于提高问题解决效率。

4）映射的构建

在知识、资源以及用户需求规范化表示的基础上，建立三者之间的相互关联，形成资源、知识和用户需求的映射，如图 5-5 所示。在资源与知识之间形成资源–知识映射，这些映射是静态映射，不仅包含从资源到知识的映射，还包括从知识到资源的映射。资源–知识映射的主要任务是抽取和标识知识点，建立资源与知识点的关联。本书以后的章节中有详细阐述。例如，对于信息资源“一个人的体温为39℃，并伴有头晕、鼻塞等症状”，其映射的知识是“感冒”，在看病过程中，医生在“体温39℃，并伴有头晕、鼻塞等症状”资源中标记“感冒”，形成资源到知识的映射。再如，要搜集知识组织方法相关知识，可以通过“知识组织”关键词搜索文献资源，也可以通过学科分类直接通过情报学的学科代码 G350 查找对应的信息资源，实现从知识到资源的映射。

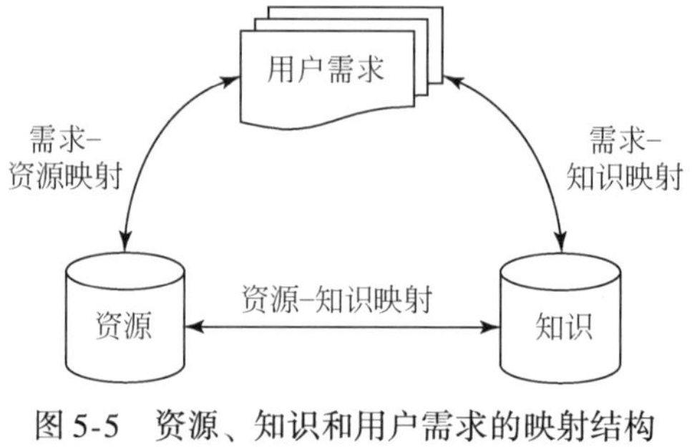

图 5-5　资源、知识和用户需求的映射结构

针对用户不同的需求，需要动态构建需求-资源和需求-知识的映射。首先要根据用户的问题分别映射到资源和知识，为问题解决提供资源和知识支撑。例如，用户提出搜集“基于粒度原理设计知识组织体系”的需求，首先通过分析得出用户需求涉及物理学和图书情报两个学科，主要包括粒度和知识组织体系两方面的主题，然后通过这些主题知识在相关的资源上查找粒度和知识组织相关文献资料，分别建立需求-资源和需求-知识的映射关系。

知识和资源与用户需求的映射主要目的是解决用户的实际问题。在问题解决过程中，将需求-资源和需求-知识的映射看成粗粒度映射，随着问题的解决，需要对映射不断细化和分解，形成不同层次的不同粒度的映射，如图 5-6 所示的资源、知识和用户需求映射分解框架。

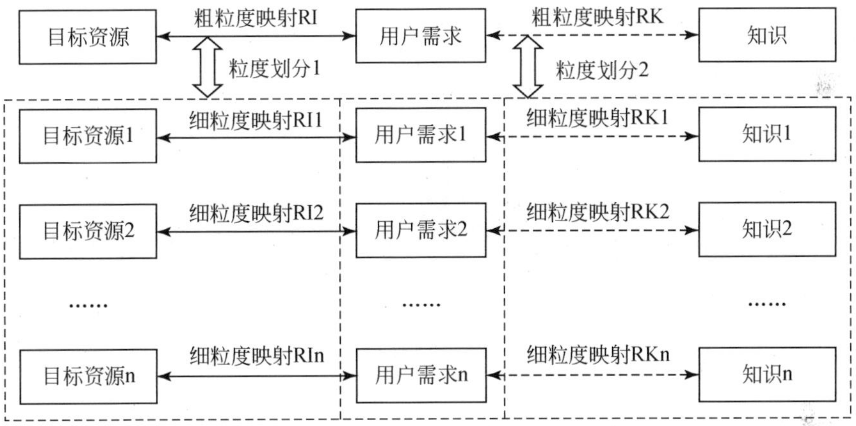

图 5-6　资源、知识和用户需求映射分解框架

用户需求映射到目标资源和知识是一种抽象的初步映射，主要是将需求与资源的集合相映射。将用户需求与目标资源之间的映射记作粗粒度映射 RI，用户需求与知识之间的映射记作粗粒度映射 RK。仅通过这些粗粒度映射无法为用户提供有效的解答，需要结合用户需求的实际，借助粒度划分将粗粒度映射细化。通过粒度划分 1 将粗粒度映射 RI 划分为细粒度映射 RI1、细粒度映射 RI2，直到细粒度映射 RIn。将知识粗粒度映射也进行细化，通过粒度划分 2 将粗粒度映射 RK 划分为细粒度映射 RK1、细粒度映射 RK2，直到细粒度映射 RKn。对应的目标资源、用户需求以及知识也进行粒度划分，将目标资源、用户需求、知识分别划分为 1 ~ n。通过这些划分逐步解决用户的问题，直到满足用户的需求。同时形成目标资源、知识与用户需求之间不同粒度的映射，建立不同层次用户需求、知识、资源的多层次关联，为知识挖掘与推理提供灵活的知识来源，促进知识有序化。

5.3.4　知识组织结构设计

为了提高知识服务质量，提升知识服务系统的效能，需要从总体上设计知识组织的结构，从宏观上把握数据知识化、知识有序化这一目标。为了解决传统信息组织存在问题和不足，首先，根据服务对象、涉及领域、可能的用户需求架构资源与知识组织框架，确保知识服务系统在理想的资源框架下开展服务；其次，设计灵活的知识粒度转化机制，以满足不同层次、不同粗细粒度问题的知识需求；再次，加强知识间、信息间的语义关联，满足用户日益复杂和动态的需求。因此，知识服务系统需要以用户为导向、以服务为目的来设计知识组织的结构，并充分考虑用户需求的不确定性，只有这样才可能为用户提供高效的知识服务。

知识组织结构设计需以服务用户为目的。面对不同用户不同问题的解答，有的可能只需要粗粒度知识，有的可能需要经过多种知识关联、交融、推理得到的复合型知识，还有的可能需要以积累的实验证据为基础而构成的细粒度知识。因此，一个统一粒度分类的、固化的知识组织结构难以满足用户的各类需求。为了有效解决知识组织各阶段需要不同粒度大小知识的问题，需要借助粒度原理构建知识组织粒度结构模型（图 5-7）。

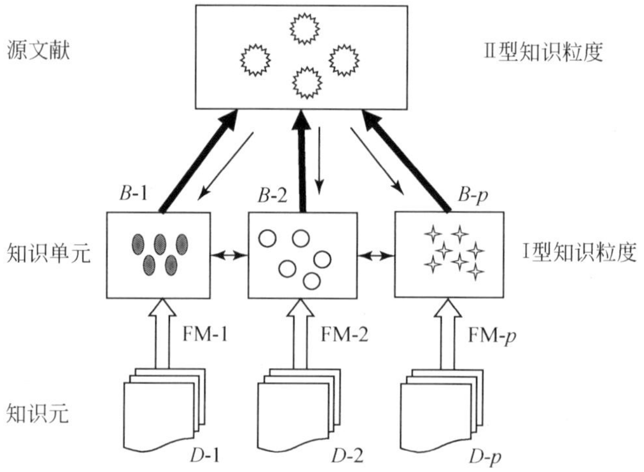

图 5-7　知识组织粒度结构模型示意图

如图 5-7 所示，知识组织粒度结构模型，将不同粒度知识分为知识元、知识单元以及源文献三层次粒度知识。最低一层是知识粒度最细的知识元层，主要将资源与知识的映射分成粒度群 D-1、D-2……D-p。每个粒度群涵盖用户知识需求、情景、基本概念、公式以及事件等，该层次只能解决比较单一的问题。

为了解决稍微复杂的问题需要对各个粒度群进行聚类形成知识粒度较粗的知识单元层。根据用户知识需求不同，通过阈值 α 来进行聚类运算，粒度群 D-1、D-2、……D-p 分别经过 FM-1、FM-2、……FM-p 聚类后形成各类知识对应的知识单元 B-1、B-2、……B-p，包括显性知识和隐性知识。通过归纳、选择、整理和排序形成各个知识单元 B-i 之间的横向关联，从而形成索引、文摘、题录等形式的知识。该过程是一个优化组合的过程，知识元之间的关联并未改变，没有产生新的知识。知识单元层上的知识粒度称为 I 型知识粒度。

随着用户知识需求日益复杂化，通过知识单元无法有效地解决用户问题，需要对大量知识单元进行分类、推理、挖掘、语义关联等过程形成粒度更大的知识，该过程改变了知识单元原有的显性联系，产生了新的知识，形成综述、百科全书、主题库、年鉴等形式的知识，即源文献。同时源文献也可以向知识单元反馈各个知识单元的使用情况，以便为调节知识的颗粒度阈值提供依据，优化知识粒度模型，该层称为 II 型知识粒度。

在知识组织过程中，通过知识粒度模型，针对用户的要求，选择适当的层次和粒度知识进行挖掘和推理，产生再生知识，最终形成用户问题的最优解，有助于知识组织实现数据知识化、知识有序化以及知识服务化的目标。

5.3.5　再生知识的产生

再生知识的产生相当于知识组织过程中的“大脑”，即借助知识单元、信息资源、数据间的关联，通过推理、融合、演绎、归纳，形成新的知识的过程。再生知识的产生过程往往来自于对用户问题的解答。即针对用户的需求，在目标资源、知识和资源映射基础上，按照知识组织结构组织目标资源，并通过分析和挖掘工具形成支撑用户问题的解答。在解答过程中，产生的有效、新颖、潜在有用的规律，即新的知识、新的理念，这些再生知识为知识服务提供新的知识来源。

再生知识产生过程中遵循有效性、新颖性、潜在有用性以及最终可理解性原则（Wang et al.，2005）。有效性是指发现的模式对于新的数据仍保持有一定的可信度。新颖性要求发现的模式是新的。潜在有用性是指发现的知识有实际效用，如用于决策支持系统中可提高经济或社会效益。总之，再生知识为解决用户问题提供了有力支撑。

再生知识的产生主要通过知识挖掘和推理实现。针对用户需求、资源和知识表示，融合用户的需求和情景，以解决用户问题为主线展开知识挖掘和推理。在求解用户问题时，可从不同角度认识和分解问题，通过知识与资源映射，利用粒度分类、聚类、引用和关联等操作，寻求隐含知识中的潜在模式或规律，为问题求解提供可能的资源和知识。如果已经获取问题相关的资源和知识，可通过自适应调节机制在均匀、统一粒度下进行粒度知识聚类，针对用户的问题和情景，结合目标资源和知识实际的数据特征选择不同的挖掘和推理方法，通过粒度知识之间的关联和引用分析，形成一个动态优化学习过程。该过程从解决问题出发，对知识、资源以及用户问题进行关联、分析、挖掘和推理，并对产生的新知识进行检测和修正，最终形成针对用户问题解答的再生知识。再生知识产生过程如图 5-8 所示。

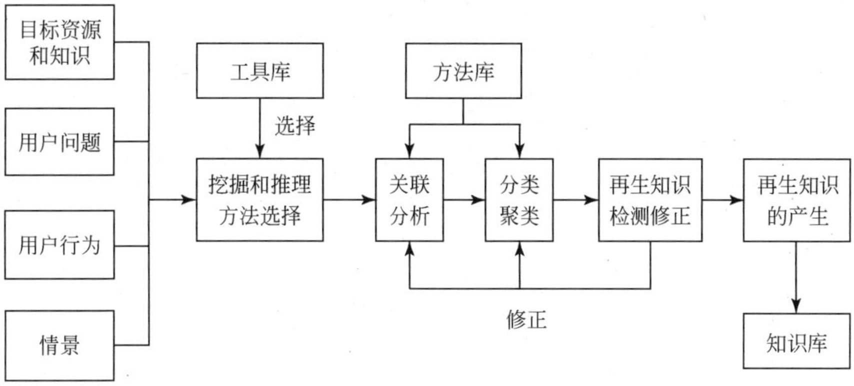

图 5-8　再生知识产生过程示意图

1）挖掘和推理方法选择

挖掘和推理方法的选择主要是针对用户的问题和目标资源的特征进行选择。常用的挖掘和推理方法有决策树法、分类算法、神经网络法、粗糙集、近邻推导、规则推导等多种方法，而每种方法都各有不同的应用范围和优势。因此，在解决各类子问题时，应结合问题和目标资源特征，选择最适合的挖掘和推理方法。例如，对于用户的问题，根据决策树法将整个问题逐级分解为较小的问题，分类过程可以按照非均匀粒度标准进行，问题域为 Q，则可以分为 $\{Q_1, Q_2, \cdots\cdots, Q_n\}$ 等 n 个子问题。这 n 个子问题可以根据需要再进行细分，上一级是下一级的抽象，下一级是上一级的细化，自底向上逐级综合得到用户问题的解。对于每个子问题都可以根据子问题的实际情况来选择挖掘和推理方法。

2）关联分析

为了从资源、知识以及用户需求中发现未知的关联信息，挖掘隐藏在资源间的相互关系。关联分析是根据信息间已有的关联关系，通过设定关联规则，构建新的关联信息网，并根据用户问题，在用户问题和资源之间建立宏观的联系。例如，在购物篮分析中，尿布和啤酒两种商品看似没有购物上的关联，但通过对购买商品过程中的购物关联分析，得到尿布和啤酒的经常性的购买关联。这种关联关系的呈现，为重新组织货架提供了现实依据。所以，关联分析的目的是为了更有效地组织知识。常用的关联分析方法有简单关联、时序关联以及因果关联等。

3）分类聚类

分类是描述不同资源或知识之间区别的特征，按照统一标准进行区分，一般通过规则和决策树模式表示。聚类是对粒度较小的资源和知识按照一定的规划，将主题相近或存在某种关联的知识聚集在一起的过程。常用的聚类方法有统计分析、机器学习和神经网络等。

在聚类过程中通过知识聚合度来描述知识之间关联程度。假定对知识 M_1 使用的活动（activity）数目为 A（M_1），同时使用知识 M_1 和知识 M_2 的活动数目记为 A（M_1，M_1），则 M_1 和 M_2 的聚合度为 I（M_1，M_1）；如果存在多个知识 M_1，M_2，……，M_i 的聚合，则聚合度为 I（M_1，M_1，……，M_i）。其中

$$I(M_1,\ M_2)=\frac{A(M_1,\ M_2)}{\dfrac{1}{A(M_1)}+\dfrac{1}{A(M_2)}}$$

多个知识的聚合度表示如下

$$I(M_1,\ M_2,\ \cdots,\ M_1)=\frac{A(M_1,\ M_2\cdots,\ M_1)}{\sum\dfrac{1}{A(M_1)}}$$

知识聚合度表明出知识之间的相关程度。聚合度越高相关程度也就越大，由此可以设计聚合度阈值来筛选密切关联的知识，并借助分类和聚类方法在这些知识中进行深度挖掘。如果挖掘的结果不能满足要求，则可以调整聚合度阈值，重新筛选和挖掘，反复测

试，直到达到满意的结果。分类和聚类的同时也形成新的知识，产生的新知识需要进行再生知识的检测和修正处理。

4）再生知识检测和修正

在再生知识形成过程中，利用偏差检测等手段检测出分类和聚类中的反常实例、不满足规则的特例等情况，结合用户实际使用情况的反馈完善再生知识，并通过调整分类和聚类来修正再生知识，最后将修正后的再生知识直接放入知识库，作为知识组织的知识来源。

5.3.6　知识组织的实现

知识组织的目标是满足用户的知识需求，提供对用户问题的满意解答。知识服务崇尚的可视化展现来自于知识组织的优良结构，信息的关联、数据的多维联系、知识的语义标注为知识的可视化以及知识服务奠定了基础。由于知识服务面向的是不同文化程度和不同工作特征的用户，并为他们提供所需要的特定知识和服务。所以，以用户为中心的知识组织应具备以下特点。

1）面向用户的需求和问题

用户的需求是多方位的，需求的深度是多层次的。为满足多方位的需求不仅仅需要广泛地采集资源，还要对已有资源进行开发性组织，使资源再生新的资源，知识繁殖新的知识。这就需要充分地关联数据、信息和知识，使现有资源的组织能够满足用户的多方位需求。满足多层次的知识需求，不仅仅要求所存储的知识按不同层次的需求划分知识粒度，更需要在细粒度知识和粗粒度知识之间或之中建立语义关系，并将这种关系建立在数据组织之中，使之能够经过推理、演绎来满足深度知识需求。

2）适应个性化和专业化服务

知识服务系统要求知识组织能够适应个性化、专业化服务的要求。个性化服务要求知识组织系统能存储个人用户行为信息，这些行为信息的存储要能够满足规律呈现和智能推送的要求，确保能够将个人行为特征和有经验使用者的行为服务于用户。专业化服务要求知识组织具有鲜明的学科特征和聚类特征，能够满足专业化服务的要求，并能为实现专业领域的高端服务提供知识组织保障。

3）实现知识的增生

良好的知识服务系统应不仅具备已存储的知识，更应该能够提供尚未存储于数据库或隐藏于知识库中的知识。这就要求知识组织能够为辨识、推理、演绎、归纳、综合的运算提供数据基础，为知识关联、语义网络和各类知识网络的构建提供条件。通过上述运算、知识关联以及知识重构，实现知识的再生，这就是知识组织的知识再生性。

为了提高知识服务的准确性、完整性和灵活性，知识组织的实现采用面向服务的架构

(service-oriented architecture，SOA)。SOA 的核心思想是面向服务，将知识服务分解为细小简单的任务单元，即微服务。这些微服务遵循独立自治、松散耦合以及复用率高的特征。知识组织实现过程就是组配这些微服务实现最终的知识服务。与知识组织体系相对应，知识组织的实现过程也分成相应三层：信息资源、知识组织、微服务平台，图 5-9 给出了知识组织实现的基本过程。

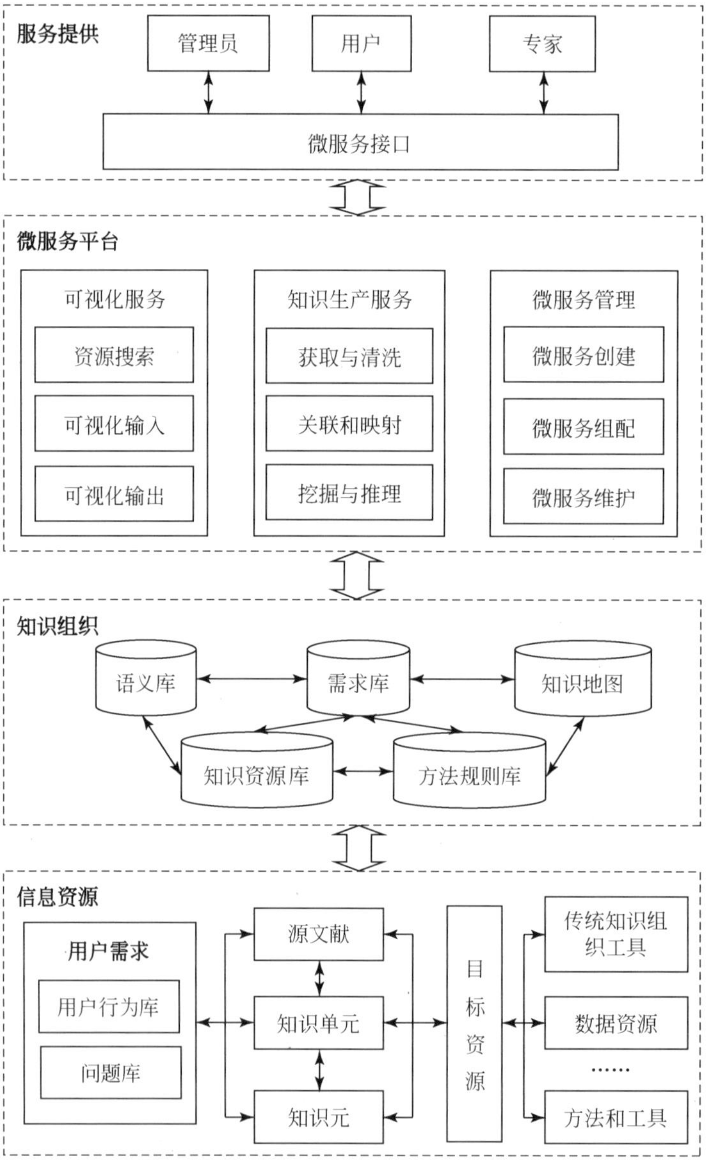

图 5-9 知识组织实现的基本过程

信息资源是知识组织的给养平台。在信息资源中将用户的需求和目标资源按照知识元、知识单元以及源文献的结构方式组织和存放。其中，用户需求库主要包括用户的行为和问题，目标资源不仅包括检索和标引用的主题词表、术语表和分类法等传统知识组织工具，还包括文献数据、事实数据、专业领域数据等数据资源。

知识组织是实现知识服务的基础和核心。通过构建各类知识库存放知识、资源、用户需求及其映射，对传统知识组织体系保持原有的逻辑结构和术语表现形式，通过映射和关联形成知识资源库、语义库、知识地图、规则库以及方法库等，这些库内以及库之间相互关联形成静态知识网络，为知识服务提供有力支撑。

微服务平台是实现知识服务的有力保证，它结合 SOA 思想将解答用户问题的过程分解为若干个相对独立的微服务，通过组配提供个性化和专业化的知识服务。这些微服务分为可视化服务、知识生产服务以及微服务管理三类。可视化服务中由可视化输入服务接收用户的问题，将问题推送给知识生产服务进行解答，将结果以可视化形式输出。知识生产服务主要针对用户提交的问题，通过对目标资源进行获取和清洗、关联和映射、挖掘和推理等处理过程，在解决用户问题的同时产生再生知识。微服务管理主要根据用户需求进行微服务创建，在问题解答过程中集成和组配各类微服务确保用户问题的解决，为了保障微服务高效地完成任务，还需要对微服务进行设置和更新维护。

服务提供是通过微服务接口与各类用户进行交互。用户类型主要包括一般用户、专家和管理员三类。其中，一般用户主要是提出问题，并对问题解答进行反馈；专家主要是熟悉一些领域或行业的各类专家，为知识组织提供远程支持；管理员负责对整个知识组织过程进行管理和维护，提供对知识库新增、删除、更新和管理等功能。

总之，面向知识服务的知识组织框架是在知识服务目标和用户需求的驱动下，从宏观视角对知识组织目标、原则、要素、知识组织准备以及知识组织过程进行顶层架构，借助粒度原理描述知识的粒度，通过欲组织资源的分析，构建知识、资源与用户需求之间的映射，并在此基础上总体设计知识组织的结构，将知识通过分类和聚类形成知识元、知识单元、文献源三种知识粒度结构模型，结合用户的问题和需求，通过选择适当的挖掘技术和推理方法形成再生知识，最后利用可视化技术实现知识的组织，为用户提供满意的问题解答，最终达到实现数据知识化、知识有序化和知识服务化目标。

第 6 章　主题词表与分类表的知识组织

信息的主题赋予与分类标识是传统的知识表示方法，主要采用主题词表、分类法、分类主题一体化词表等手段对信息进行主题标引和分类标引，目的是为了使信息融入主题词表或分类法的知识体系。传统的主题词与分类号的知识标注，是以人的思维对照信息（文献）与词表，给出信息或文献的主题或分类标识的过程，从而确保信息或文献能够处在主题知识体系或分类法体系的架构下并成为其分子。信息爆炸使传统的知识标注手段已不能适应相应问题的解决，产生了通过机器标注主题词或分类号的知识标注的需求。为解决机器标注问题，首先要解决主题词表或分类词表的机内存储结构问题；其次要找出能够充分体现词表体系的知识架构特征，确保机器标注系统能够将所处理的信息完全置于主题知识体系或分类知识体系架构之中。

6.1　主题词表的组织

传统的主题词表是书本式的，主要用于文献编目。电子化的主题词表是基于计算机机器结构存储的，是信息自动标引和检索的重要辅助工具。网络环境下，面向知识服务的机内主题词表，应该能够体现一种知识体系，简洁地表达词汇之间的各类关系。这些关系和知识体系是机器可理解的，能用于支持智能检索、知识挖掘、跨主题集成知识等知识服务的具体要求。本节主要讨论主题词表的结构及其在知识组织与利用过程中的应用。

6.1.1　主题词表与机器组织结构

无论是主题词表，还是分类表，都有其各自的知识组织体系。在传统的知识组织体系中，这些词表的作用往往仅用于简单的标引和检索，其中的语义关系较少在运用中体现，也不能将标引对象融入到词表所具有的知识体系中，即检索不能根据词表进行智能检索，也不能将文献根据词汇间的语义关系（属分关系、同义关系、用代关系等）建立关联。即使在计算机系统中使用词表，也仅仅被当作简单的词汇汇集用于标引和检索，失去了词表的内在知识组织价值。根据词表的知识表示能力、结构、复杂性和功能的差异，可以将其划分为三个层次（Hill et al.，2002），以此来反映词表在不同层次的知识组织应用中所发挥的作用。图 6-1 给出了词表在自由词级（关键词）、规范词级（主题词、分类号）、语义级（反映词间的语义关系）的知识组织中的结构强弱情况。

根据图 6-1 可以看出，以单纯的词典类方式作为知识的组织工具，对资源的知识体现较弱。词典的组织结构较简单，是一种弱关系结构。用主题词表等工具组织知识，能够将资源融入这些工具的知识体系中，但还不能挖掘内在知识。主题词表等知识组织工具含有

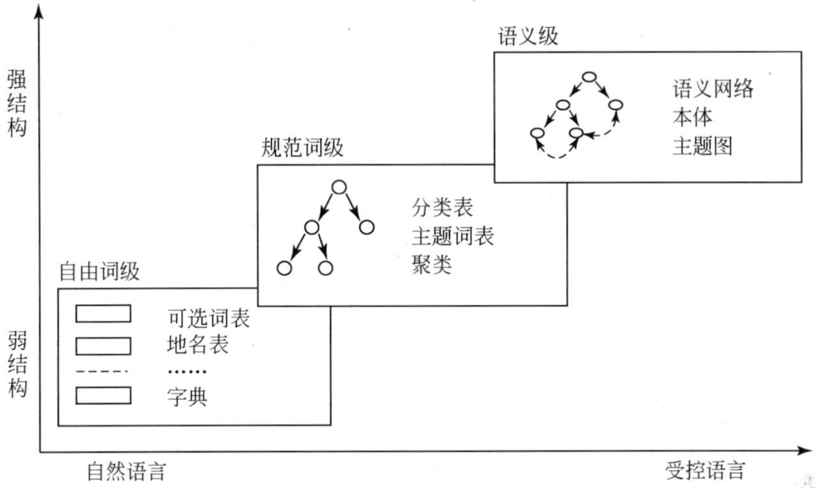

图 6-1　词表在知识组织中的结构强弱示意图

一定的语义关系，其结构属于中强关系结构。如果按照语义网络以及主题图等方式组织资源，则能将资源中知识之间的关系充分展现出来。其结构也较为复杂，属于强关系结构模式。本章主要探讨主题词表与分类表这类中强关系结构的知识组织模式，语义网等强关系结构的知识组织模式将在后面的章节中讨论。

主题词表，又称检索词表或词库，主要用于文献类资源的主题标引和检索。它是一些规范化的、有组织的、体现主题内容的、已定义的名词术语的集合体。主题词表由主表、类目表、族性表、轮排表、多种语言对照表、主题词字顺表等部分组成。严格意义来说，主题词表和叙词表的定义应有所区别，国外的叙词表通常是指同义词词表，而主题词表中的指代关系包含有等级、同义和相关关系，因此国内常将主题词表与叙词表两者概念等同，本章统一称为主题词表。表 6-1 列举了国内最大的主题词表——《汉语主题词表》的主表款目结构。该实例中，用主表作为标引、检索和组织目录的主要工具。其中，主题词款目全部按照汉语拼音字顺排序，以《汉语主题词表》中每个主题词所规范描述的款目信息为参照项，通过在主题款目中设置参照项以反映主题词间的语义关系，作为选词和扩大检索的依据。

表 6-1　《汉语主题词表》主表款目结构表示例

主题词名称：情报中心 *		范畴索引号：07K	作用
英文译名：information centers			
注释：* 表示本词是词簇索引的族首词			
参照项			
Y（用）——用代关系	指引对应的正式主题词		区分规范和非规范检索词
D（代）——用代关系	指引相应的非正式主题词	D 文献中心	
F（分）——属分关系	指引所含的下位主题词	F 地区情报中心	揭示词间等级关系，可帮助用户扩检或缩检
S（属）——属分关系	指引所从属的上位主题词	S 机构	
Z（族）——属分关系	指引所从属的族首词		
C（参）——相关关系	指引有相关关系的主题词	C 国家图书馆	揭示词间相关关系，可帮助用户获得当前检索主题的相关信息

在计算机环境下，主题词表的用户不再局限于人类，还包括计算机。与印刷本主题词表相比，机读主题词表在组成部分上没有大的差异。但它是由计算机辅助生成的系统，因此在词表的生成和运作方面有所不同。机读主题词表的生成和实现，包括机内词表生成子系统、词表排版输出子系统和词表管理子系统，每个子系统中还有不同功能的模块来支持网络主题词表的运作。例如，为了生成机内词表要建立数据录入模块、数据批处理模块、机内词表建立模块和款目词排序表。词表排版输出子系统用于排版输出分类表、字顺表、轮排表、英汉对照表等。词表管理子系统主要用于词表的日常维护工作和查询检索。这三个子系统相互协调配合才能支持网络主题词表的各项功能。

随着信息环境向网络平台的迁移，对网络信息资源进行组织的语义工具得到了应用与推广。作为网络环境下的知识组织工具——主题词表，不但应具有共享性、交互性和操作性，更需要能够体现语义关系，以帮助用户有效地操纵数字资源。因此，在设计主题词表的机器存储结构时，不仅要考虑机器可读性，也要考虑机器的语义可理解性，使得词表的存储结构支持语义描述的框架和规范模型。目前，国际上已经制定了一系列的关于描述语言和框架规范的标准，这些标准对主题词表的结构设计和语义关系的建立具有一定指导意义。

Z39.50 标准：2006 年由美国国家标准化组织发布。这是一个用于构建检索词表的抽象模型，指明如何将 Z39.50 协议用于该模型的实现。这一协议标准对于主题词表的网络应用具有重要指导作用。

SKOS（简单知识组织系统）推荐标准：由 W3C 于 2004 年发布。这是一个基于语义网技术来表示受控词表以及其他知识组织工具的概念框架，具有通用、简洁和易扩展等特点，并与传统图书情报领域联系紧密，对于促进受控词表在网络环境下的使用具有非常重要的意义。

topic maps（主题图）相关标准：最初是由 W3C 提出的，并由国际标准化组织 SGML（standard generalized markup language）委员会第三工作小组的研究人员开发。它定义了用于主题图交换的 XML 词汇，用来实现索引和辞典构建过程的形式化。

同时，一些组织和机构开始采用语义方式对传统词表进行描述。例如，联合国粮食和农业组织（FAO）采用 OWL 语言，对多语言农业词表 AGROVOC 进行描述；深圳大学的曾新红等人采用 OWL 语言对《中国分类主题词表》进行描述；2005 年，W3C 发布了基于 RDFS/OWL 建模的 SKOS，即简单知识组织系统描述语言。

表 6-2 给出了《汉语主题词表》的 SKOS 语言格式描述（欧石燕，2013）。在词条的 SKOS 描述中，每一个主题词均以一个 Concept 标识表示，字段 prefLabel 表示首选词，字段 broader 指代上位类，字段 altLabel 用于说明拼音或英文等可选词注释。其他字段则用于说明概念框架。例如，用字段 skos：ConceptScheme 声明类表是一个概念框架、字段 skos：inScheme 声明了概念框架中的概念（类目）、字段 skos：hasTopConcept 声明了在概念框架中的概念链的基本大类。

表 6-2 《汉语主题词表》与 SKOS 部分映射关系

属性	对应 SKOS 属性	说明
中图类号	Skos：broadMatch	在《中国图书馆分类法》中所属的类号
范畴	Skos：broadMatch	在来源词表（如《汉语主题词表》）中所属的范畴号
汉语拼音	Skos：altLabel xml：lang=” zh-Latn”	主题词的拼音表示
用项	Skos：altLabel xml：lang=” zh”	该属性只能用于非主题词，指代与非主题词同义的主题词
代项	Skos：altLabel xml：lang=” zh”	该属性只能用于主题词，指代与主题词同义的非主题词
属项	Skos：broader	上位概念
分项	Skos：narrower	下位概念
参项	Skos：related	相关概念
族项	Ex：topBroader	族首词，即词频中最上位的概念
注释	Skos：note	注释属性

用 SKOS 语义标准来描述的主题词表，一方面将《中国图书馆分类法》中丰富的类目注释功能融入主题词表中，以形成词汇间的语义关系；另一方面，用 SKOS 语义标准来描述的主题词表，实现了基于《汉语主题词表》的机器标引，也可以为自然语言理解标引文本概念提供支持。最后，通过将文献被标引的主题词与已用《汉语主题词表》自动标引的知识库匹配，可以有机地将《汉语主题词表》嵌入知识服务系统中。

然而，SKOS 等语义化描述转化仅能实现初级网络检索和简单推理。例如，虽然可通过 SKOS 规范中的字段 skos：definition 表示复分类，但对交替类目、参照类目等关系的注释则没有直接对应的 SKOS 属性。同时，基于基础概念描述的主题词表，若完全转化为 SKOS 形式进行存储，则会存在一定程度的语义损失问题。因此，在主题词表的机器存储中，在描述了词条间传统关系（属分、同义、用代）的基础上，采用 SKOS 的思想在词条上适度地加上语义描述作为辅助，能够更好地实现知识服务。

6.1.2 主题词表组织结构

ISO 2788-1986 给叙词表下的定义是“the vocabulary of a controlled indexing language, formally organized so that the a priori relationships between concepts (for example as ‘broader’ and ‘narrower’) are made explicit.”，意指叙词表是一个“形式化地”受控的标引语言词表，便于概念之间推理关系（“上位”和“下位”）的明确化。设计基于知识服务的词表的机器组织结构，希望在不放弃传统印刷型主题词表功用的同时，也能够支持词表语义描述的相关规范。

在主题词表的知识组织中，如何设计机器结构来更好地描述词条间的关系，是十分重要的问题。属分关系、等同关系和相关关系是主题词表的三大关系，独立于被标引的文献主题，记录了词条对应概念之间的本身固有的关系。根据表 6-1 中记录的词条“情报中心”以及与其他词条间的关系，可以绘制出图 6-2，展示“情报中心”及与其关联的词条所形成的关系网络。

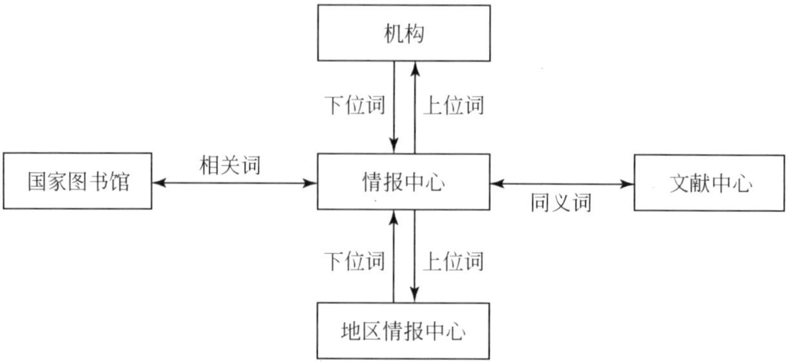

图 6-2 “情报中心”及关联词条关系示意图

从图6-2中可以看出，属分关系是一种单向关系，有“上位词”和“下位词”两个方向。图中箭头由下位词指向上位词，例如“情报中心”指向其上位关系词“机构”，反过来，“机构”的下位词包含有“情报中心”；而“情报中心”与“地区情报中心”也是一种上下位词的关系。这种上下位词间的关系是一种不对称的双向关系，即一个词的上位词只有一个，但下位词可能有若干。“相关关系”是一种对称关系，只需使用一个相关词来担当“国家图书馆”与“情报中心”的相关关系即可。同理，等同关系与相关关系的类型相似，也是双向关系。在传统的主题词表方式下，某个词条往往会根据其词义去寻找能够表示其同等意义的规范化或标准化词汇，如“文献中心”的更规范表达的词汇是“情报中心”。

为了更深入地理解主题词表中词汇间的各类关系，以《汉语主题词表》中的“书目”为主题，用表6-3列出其相关词条的款目信息。从表中可以看出，“图书目录”的下位类目较多，其下位词有“补充目录”“参考书目录”“分类目录”等十多项。因此，若完全参照书本式主题词表组织方式进行词条的机器组织，则需要用关系对“上位词—下位词”来存储两个词条之间的等级关系。对“图书目录”款目来说，需要用多达数十条的物理记录来实现其与下位词之间的关系描述，一方面会造成记录存储的冗余，另一方面也为词条检索与标引带来诸多不便。同样的情况也发生在词条“目录组织”中，该词条有三条以上的相关关系词汇，通过这些词汇再进行相关关系的二次词条分析，会得到关于该词汇的呈网状的主题相关关系结构。因此，完全依照书本式词表的组织结构进行计算机的词表组织架构，不仅会耗费大量的存储空间，还会使语义推理算法变得复杂且效率低下。

表 6-3 《汉语主题词表》中“书目索引”主题词汇集

词条	Y（用）	D（代）	F（分）	S（属）	C（参）
书名目录				图书目录	目录组织
书名索引				索引	
书目	图书目录				
书目索引				索引	
分类目录				图书目录	目录组织
篇名目录				图书目录	

续表

词条	Y（用）	D（代）	F（分）	S（属）	C（参）
图书目录（*）		书目	补充目录；参考书目录；读者目录；分类目录；公务目录；卡片式目录；联合目录；篇名目录；期刊目录；书本式目录；书名目录；推荐目录；新书目录；专题目录；主题目录；著者目录；字顺目录		目录使用 目录学 目录组织
目录组织					分类目录 目录使用 书名目录 图书目录 著者目录
著者目录				图书目录	目录组织
索引（*）		通检 引得	单元词索引；分类索引；关键词检索；累积索引；轮排索引；书名索引；书目索引；题录索引；文献索引；文摘索引；引文索引；主题索引；著者索引		索引方法
篇名索引	题录索引				
单元词（检索）	单元词索引			检索词	关键词
单元词索引				索引	
文献索引	情报检索				
索引方法					索引

* 表示该词是族首词

因此，在设计主题词表的机器组织方式时，需要保证词条在每一个记录中只有一个唯一的精确含义，才能够最有效地描述词条隐含的知识组织结构。所以，在针对书本式的主题词表各关系的计算机存储时，需要利用关系数据库的物理存储特点，对词条间关系一致性进行分解与处理。例如，根据词条的内在知识组织结构，将双向关系变为单向关系。图 6-3 展示了“书目索引”主题核心词汇间主要关系的描述。

由图 6-3 中可以看出，“书目索引”主要涉及的词汇包括书目和索引两类，分别用“书目”词条和“索引”词条按照 Y（用）、D（代）、F（分）、S（属）、C（参）五类关系组织其结构。属分关系探讨的是比某概念具有更宽或更窄概念的主题词概念，虽然在逻

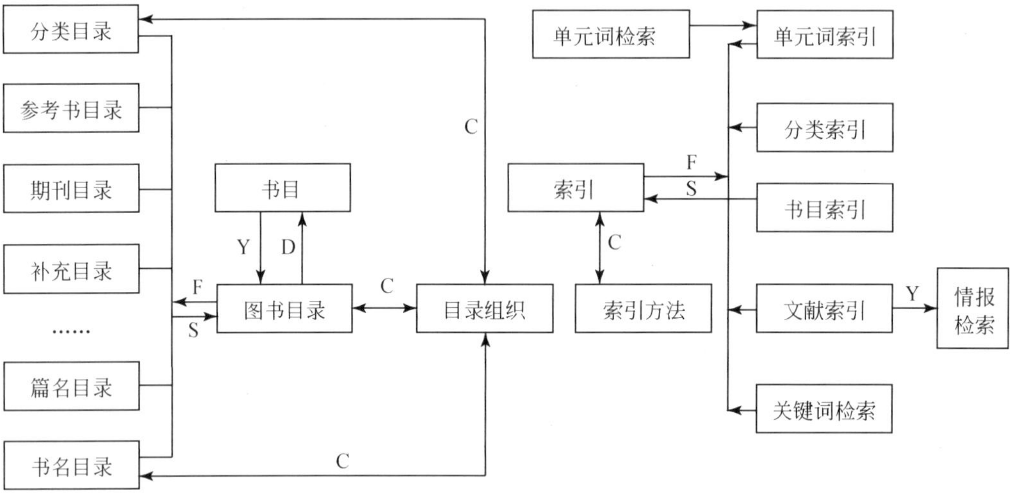

图 6-3 “书目索引”主题核心词汇间关系示意图

辑上需要用上位关系和下位关系两类关系来分别指代概念范围的大小。但从图中可以发现，单一词条的上位概念有且仅有一个。因此，用数据库格式存储该关系时，只需设计字段将某词条指向其上位概念即可，而下位概念完全可以借助计算机设计算法反向得到。例如，“补充目录”“参考书目录”“分类目录”等均为“图书目录”的下位概念，设计字段“属项”存储其上位概念“图书目录”。当需要分析“图书目录”词条的上下位关系时，可通过查找“属项”字段值为“图书目录”的数据库记录，得到图书目录的下位关系词条“参考书目录”和“分类目录”等。同时可通过读取“图书目录”词条的“属项”字段，得到该词条的上位概念，使得词表的单向对应关系在数据库中仅存储一次，却可以实现双向查找与分析。

同样的道理也可以用于“用代”关系的组织上。在分析存储主题词表的等同关系方面，等同关系的设计初衷是推送给用户与该词条相对应的规范词的记录。例如，与词条“书目”在《汉语主题词表》中具有等同关系的词为“图书目录”，说明这两个词在概念上十分接近，都是与图书相关的重要概念。该关系在概念表示上，需要用“图书目录”D（代）“书目”和“书目”Y（同）“图书目录”双向关系来表示。再如某词条可能有多个指代关系（D）描述其正式主题词，却有且仅有一个规范该词条的正式主题词，即任一词条的等同关系（Y）是唯一的。因此，设计字段“用项”来存储主题词表的上述关系。利用该字段指向某词条相应的正式主题词的特性，可实现的主题词表的知识分析与挖掘。当用户需要分析词条“图书目录”的等同概念时，只需在数据库中分析字段“用项”为“图书目录”的记录，即可得到“书目”一词。相关关系在词表中表示，除了属分关系和等同关系以外的同族概念关系，且在词表中描述参照关系的概念必定成对出现、相互对应。例如表 6-3 中记录第一行“书名目录 C 目录组织”与第八行记录“目录组织 C 书名目录”两行记录来描述“目录组织”与“书名目录”之间的相关关系。为了实现在数据库中用单存储字段表示这种双向关系，可以利用数据库中关系的双向传递性，例如，设计“参项”字段来描述参照关系。“目录组织”词条在主题词表逻辑结构中，虽包括“分类目录”“著者目录”等多个词汇，但在数据库中仅需在“分类目录”的“参项”字段指向“目录组织”的记录标识，即可得到与表 6-3 第一行和第八行两条记录等价描述的词条关系。当需要分析词条“目录组织”的相关关系时，查找记录中“参项”字段值存储为“目录组织”的记录，则可得到和该词条存在相关关系的词条集合。

通过对《汉语主题词表》中 Y（用）、D（代）、F（分）、S（属）、Z（族）、C（参）六种关系的一致性分析可得，属分关系、用代关系和参见关系在关系数据库中可仅给予单向描述，但能够通过技术实现对双向关系的支持。例如，可以仅利用属项、用项两种关系来建立词表中属分、用代四种关系。同样的思路也使得词表中互为参见关系的主题词在机读词表中只记录一次。这种单向的关系描述不仅节省了存储空间，更重要的是使词汇间的关系推理算法变得简单高效，适合于计算机操作。表 6-4 列出了基于上述思想设计得出的用于表现主题词表内在知识结构的词条机器组织方式，并给出了词条在数据库中存储的字段名和对应含义说明。

表 6-4　主题词表机器组织结构

字段名	字段类型	索引标识	字段描述
词条标识	字符型	索引	语词的唯一标识符
时间	日期型		语词创建的日期
属项	字符型	索引	指向当前词的上位概念
参项	字符型	索引	指向有相关关系的概念
用项	字符型	索引	指向相应的正式主题词
范畴号	字符型	索引	词条在来源词表中所属的学科分类号
族项	字符型	索引	指向族首词，即词频中最上位的概念
汉语拼音	字符型		主题词的拼音表示
自定义关系	字符型	索引	skos 等语义关系的拓展描述

由表 6-4 可以看出，在主题词表的机器组织结构中，已没有分项和代项，但分项和代项可以由属项和用项反推得到。在表 6-4 中为这两项建立了索引。也就是说，通过属项索引可以得到有关词汇的所用下位词，通过用项索引可以获得所有与该主题词相关的关键词。而参项关系的推理，需要从词条标识和参项两个字段查比确定。为了支持计算机辅助标引和检索工作，主题词表还设计了词族索引和范畴索引，它们是通过改变组织方式，从不同途径查找主题词的工具。词族索引将主表中具有属分关系的正式主题词按照词族加以集中显示，每个词族中的词按等级高低排列，等级次序用“·”表示，一个圆点表示族首词的直接下位词，两个圆点表示二级下位词，其余类推。词族索引的作用是揭示主题词之间的族系关系，便于在标引和检索中从词族角度查词或选词。范畴索引则辅以字母标记，按照学科分类，提供从分类角度来查找与某一范畴有关的主题词。因此，当将词表存储于机器中，也需要设计字段体现这两种辅助工具描述的关系。图 6-4 给出了《汉语主题词表》中“索引”与相关主题“图书目录”的词族索引与范畴索引格式描述。

从图 6-4 中可以看出，词簇索引的知识组织方式与词汇间属分关系类似，也具有单项的层次组织关系。因此，可采用与描述属分关系类似的手段来实现机器组织描述。通过在

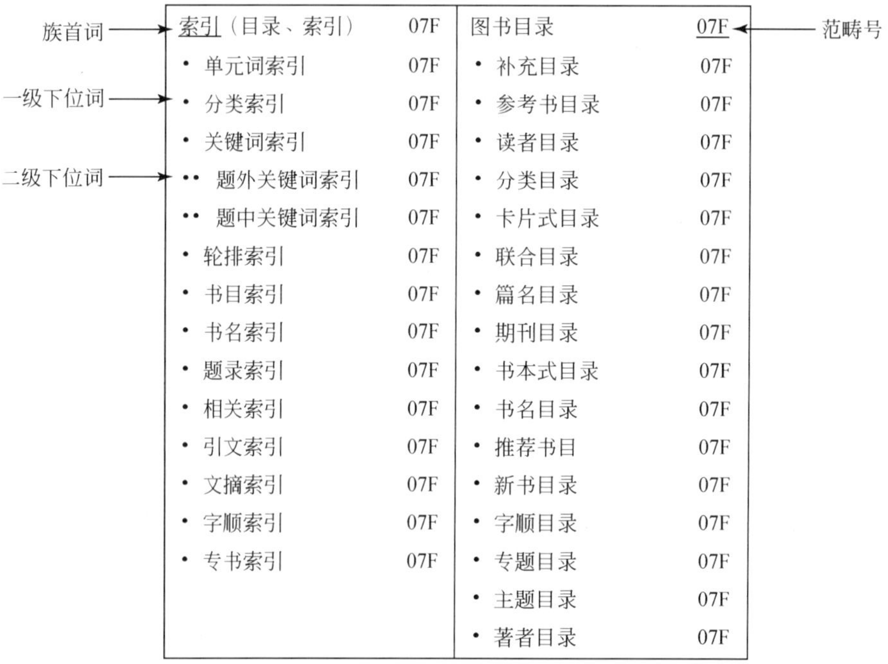

图 6-4　款目主题词组织片段

记录中定义“族项”字段，将记录通过该字段指向对应的族首词。范畴索引仅需在数据库中设计字段存储词条的学科分类号即可，通过分析记录的“范畴号”字段，同一字母标记集合下的词条为对应同一个学科分类下的主题词集合。

传统主题词表提供的“用、代、属、分、参、族”等简单语义关系，较难将主题之间的关系描述得更广泛、深入、细致和全面。SKOS 等语义规范可对词汇间的复杂关系进行语义描述和补充。因此，在机器组织中设计“自定义关系”字段来支持词条间其他关系的描述。例如，本体构建的词汇关系提供了丰富的语义结构，可将本体表述的词汇关系存储在该字段中，为传统叙词表的语义转换提供便利。表 6-5 给出了主题词表机器结构存储和描述的《汉语主题词表》“书目索引”的存储片段。

表 6-5　“书目索引”在主题词表机器结构存储的存储片段

记录编号	款目词	属项（S）	参项（C）	用项（Y）	范畴号	族项
记录 1	图书目录	书目	NULL	NULL	07F	NULL
记录 2	目录组织	NULL	图书目录	NULL	07F	
记录 3	书名目录	图书目录	目录组织	NULL	07F	图书目录
记录 4	分类目录	图书目录	目录组织	NULL	07F	图书目录
记录 5	索引方法	图书目录	索引	NULL	07F	索引
记录 6	篇名索引	NULL	NULL	题录索引	07F	索引
记录 7	单元词（检索）	NULL	关键词	单元词索引	07F	NULL
记录 8	单元词索引	索引	NULL	NULL	07F	NULL

由于相关关系存在双向传递性，表6-3中词条“目录组织”和“图书目录”等记录均与多个词汇具有对应关系，在物理数据库中将带来数据存储冗余问题。根据概念数据模型，设计时应该遵守的第三范式原则，将增加字段、降低冗余的设计工作等应放到物理数据模型设计时考虑。参考相关研究（张雪英和侯汉清，2000），利用数据库物理地址中的唯一性，将记录对应的词表关系符号限定在值｛Y，F，C，NULL｝取值范围内，其中前三个符号的含义参照《汉语主题词表》的用（Y）、分（F）、参（C）关系，NULL表示词语间无关系。当两个词汇在主题词表结构中没有关系时，数据库可以根据缺省关系NULL自动进行处理，有效地控制了词表的容量。

以这种思路设计的词表机器组织结构，依然保持了传统书目方式的词表关系，同时也支持主题词表特殊类型属性的机器存储。该组织结构通过界定词与词之间的关系，揭示一个语词的含义，可提供丰富的概念、词汇及清晰的语义结构，为传统主题词表的机器格式存储与转换应用提供了新的实现途径。

需要说明的是，多等级结构的主题词表中，可能有的词具有多个上位类。但可以通过区分学科或领域标注每词汇，确保在同一领域或学科下，每一个词的上位类是唯一的，所以上述的主题词表的数据结构组织思想依然适用。

6.1.3 主题词表应用

在上节所设计的主题词表的机器组织结构的基础上，本节重点阐述如何利用主题词表进行文献数据库标引和检索的应用。即如何利用词表体系所提供的规范词，更好地分析研究知识服务背景下文献信息的知识呈现与应用问题。主要讨论如何利用词表体系所提供的规范词来提高标引结果的一致性等应用问题。

词表是一个开放系统，它所反映的知识结构为标引和检索提供高效的检索手段，其语义和词汇的扩展能力，可以全面有效地揭示文献主题。例如，题名为《面向用户的图书馆网络信息资源组织》的文献，可以用四个确定的词汇“图书馆”“信息管理”“网络信息资源”和“信息组织”来进行标引。这四个词汇可视为是依赖文献的组合关系。另一方面，这四个语汇所表达的概念与另一些主题具有一定的引申关系。图6-5给出了这四个词汇的关系，这些关系也可以看作词汇间的聚合关系，这种聚合关系几乎在所有语境中都是有效的。

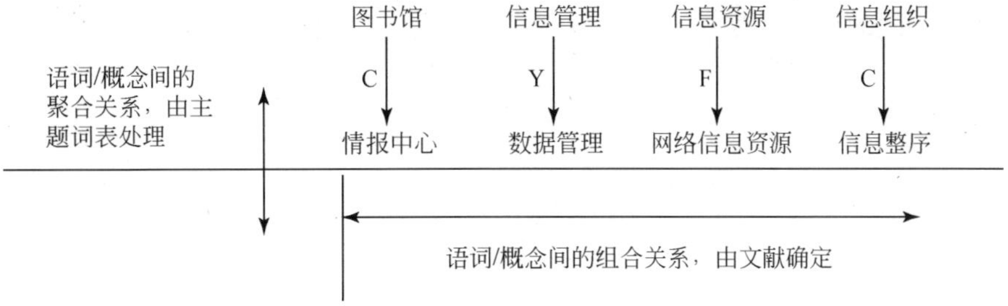

图6-5 词汇组合关系与聚合关系的区别示意图

独立于被标引的文献主题，“图书馆”与“情报中心”具有相关关系，“信息管理”与“数据管理”为用代关系、“信息组织”与“信息整序”互为参照，“网络信息资源”是“信息资源”的下位概念。这些独立于文献的词汇关系，虽然无法通过文献的内容特征反映出来，但主题词表等受控词表中的知识体系结构将它们组织为一体。从而确保了文献主题能够处在词表知识体系的框架之中。因此，若增加这几个词汇的标引，将为检索带来极大的灵活性和可扩展性，既可以提升该文献被命中的机会，也可以便利地获取“信息整序”“情报中心”或者“数据管理”等相关主题的文献。针对上述思想，可以提出基于主题词表的知识服务应用框架，并从文献标引和文献检索两个角度阐释主题词表在知识服务中的应用。

1）利用主题词表标引

利用主题词表进行计算机自动标引，应当充分利用词汇间的映射关系，保证标引的规范性和一致性，有效地加强标引的泛指性和专指性，为提高检索的查准率和查全率奠定基础。表 6-6 给出了几篇文章的标引示例。

表 6-6　文献标引词与词表修正示例

文献标题	关键词标引	主题词表组织关系	修正后的关键词标引
评《书目情报需求与服务组织》	书目情报；现代目录学；图书评价	图书评价 Y 书评	书目情报；现代目录学；书评；
多 Agent 系统理论和应用研究	系统理论；Agent；意识状态；协作；分布式专家系统	系统理论 F 人工智能	系统理论；Agent；意识状态；协作；分布式专家系统；人工智能
谈统计学中的相关与回归分析	相关关系；相关分析；回归分析	相关分析 S 统计分析	相关关系；相关分析；回归分析；统计分析

根据主题词表中描述的词汇“图书评价”与词汇“书评”之间的用代关系，在标引中利用《汉语主题词表》，由“图书评价”得到规范的标引词“书评”，更正标引词序列为“书目情报；现代目录学；书评”。同理，在文献《多 Agent 系统理论和应用研究》的标引词基础上，考虑到“人工智能”词汇是“系统理论”的下位词，将该词汇补充加入到标引词列表中，从而更准确地描述该文献的主题。《谈统计学中的相关与回归分析》一文讨论了统计分析研究中相关分析技术的应用情况，根据主题词表中“相关分析”和“统计分析”之间的属分关系，补充“统计分析”标引该文献，更加全面地描述了该文献的主题。

2）利用主题词表检索

借助词表的检索过程，也是利用词表中词汇间的语义关系进行检索的过程。当用户对检索反馈不满意时，就希望改善检索策略。主题词表中词汇间的属分、用代、同义等关系，为检索词的扩展提供了有效途径。例如，用户希望获取“系统理论”在“决策支持系统”中应用的相关文献，开始时通过对“系统理论”与“决策支持系统”两个词汇的与运算检索，仅得如图 6-6 所示的 9 条文献。

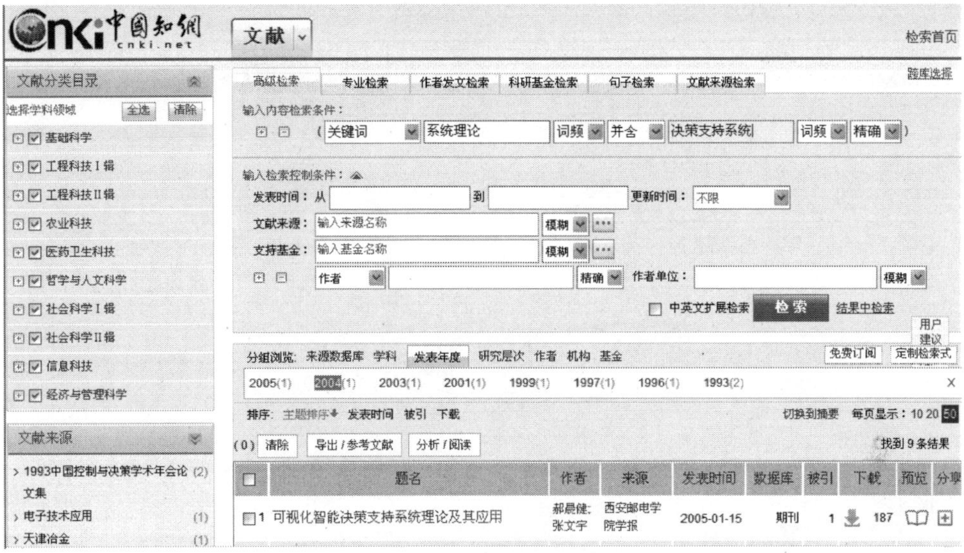

图 6-6　“系统理论”与“决策支持系统”检索结果界面

然而，该语词是用户最开始输入的检索，也可能是用户最开始想到的。用户当然希望能够改变或扩充检索词汇，使检索达到满意的结果。但是，当用户缺乏对“系统理论”相关知识背景的了解时，欲生成查全率和查准率较高的检索式较为困难。主题词表可以为用户的词汇选择提供有力支持。主题词表建立的词汇关系就是为了引导用户或智能代理选择最适合的语词来表达既定概念。因此，通过查找《汉语主题词表》可得，“系统理论”一词有下位词“系统科学”，可以用来界定研究范围。

表 6-7　《汉语主题词表》中“系统理论”相关词条片段

词条	Y	D	F	S	C
系统理论			灰色系统理论；人工智能；人机系统；系统科学		控制论；模式识别；信息论
系统科学			极大极小理论	系统理论	联机系统；人工智能；人机系统；系统工程
决策支持					

用户可以根据需求从表 6-7 中遴选词汇，扩充检索。例如，可以在原有检索式基础上，根据“系统理论”与“系统科学”两个词汇的属分等关系增加检索词，并用于关系扩充检索式，得到自动补充后检索式为：“系统理论+决策支持系统”OR“系统科学+决策支持系统”。

图 6-7 返回了经过主题词表自动查询扩检后的文献集合。可以看到，与该主题相关的文献数量已增加到 29 篇，既降低了用户对主题词汇选择的难度，也提高了用户对检索结果的满意度。上述示例表明，利用主题词表概念之间的关系可有效扩大和缩小检索范围，帮助检

索者选用恰当检索词。因此，主题词表可成为检索系统与检索者知识融合的有效工具。

图 6-7　基于主题词表的查询扩展检索结果界面

上述两例为手工选词的应用实例。在实际检索系统中，词汇的扩充过程可以通过计算机自动完成，或者结合人工辅助完成。但无论如何，实现计算机自动或辅助扩充标引与检索，都必须具备科学有效的词表组织结构。

6.2　分类法的知识组织

张琪玉（1993）认为："分类体系具有物以类聚、触类旁通的作用，可以把内容庞杂、种类繁多的文献资源有系统地组织起来，用户能很方便和有效地系统掌握与利用一个学科或专业范围或主题领域的知识与信息。"网络资源的激增，推动了网络资源分类组织的研究与实践。许多网络资源采取分类目录的方式组织文献。这些分类方式在很大程度上从用户的使用角度考虑，缺乏对专业资料和学术资源的完整描述。图书馆在长期的图书组织过程中建立起来的文献分类法，具有鸟瞰学科全貌、触类旁通的作用，越来越受到网络资源建设者的重视。世界上已经有许多组织和机构所借助图书分类法建立起网络资源分类体系。表 6-8 为部分网站所采取的分类体系举例。

表 6-8　典型综合分类信息系统

典型分类网络系统	编制机构	分类工具
Canadian Information by Subject	加拿大图书馆	杜威十进分类法（DDC）
NISSinformation Gateway	英国图书馆	国际十进分类法（UDC）
Cyberstacks	美国国会图书馆	美国国会图书馆分类法（LCC）
万方数据知识服务平台	北京万方数据股份有限公司	中国图书馆分类法（CLC）

目前，中国编制并使用的综合性分类法主要有：《中国人民大学图书馆图书分类法》《中国科学院图书馆图书分类法》《中国图书馆分类法》《中国图书馆资料分类法》和《中国档案分类法》这五部分类法。其中，《中国图书馆分类法》（简称《中图法》），是中国编制出版的具有代表性的大型综合性分类工具，可供各种类型图书馆及信息服务机构使用，是国内使用最广的分类法。如何将分类法应用于网络资源的分类组织和检索，分类表的机器内部存储与组织是十分重要的。

6.2.1　分类表与组织结构

分类法规定了分类的依据和原则，制定了分类的体系，从而将事物（文献）按照体系分门别类地组织起来。分类表是分类法分类体系的体现，它用符号或数字表示类别，并辅以类名、类目注释等说明。例如，表6-9给出了《中图法》中分类表的结构片段。

表6-9　《中国图书馆分类法》结构片段

分类号	类名
G35	情报学、情报工作
G354	情报检索
G354.2	情报检索方法和工具
G354.45	全文情报检索系统
G354.47	多媒体情报检索系统；超文本系统入此

在分类表的组织下，类目之间严密的逻辑关系揭示了知识间的内在联系和等级结构，使人们能够对学科领域全面了解，分类法的系统化结构、事物间的相互关系都得到全面的揭示，这是目前搜索引擎所不能达到的。分类法的上下位类的知识逻辑关系和类号之间的层次隶属关系或平行关系，为分类检索中扩大或缩小检索范围提供了非常有效的途径。然而，要将《中图法》运用于网络资源，仍有大量的工作要做。也就是说，需要将《中图法》体系融入网络资源的组织，让计算机借助分类法自动实现网络资源的分类。

仅仅将分类法（《中图法》）植入计算机分类系统中，尚不足以实现计算机分类，还需要借助词汇与分类的联系，并以词汇作为分类法和文献的“中介”。因此，《中图法》编委会又编辑出版了《中国分类主题词表》（简称《中分表》）。该表是一个分类主题一体化的词表，为计算机实现文献的《中图法》自动分类奠定了基础。表6-10是《中分表》中“分类号—主题词对照表”，其中左栏是《中图法》的分类号、类名、类目注释，右栏首先是《汉语主题词表的》与《中图法》类目本身对应的主题词串，其次是类目所包含且无专指类目对应的主题词，各主题词串间用“;”隔开。该表不包括非主题词，每个对应款目都依据《中图法》的类号等级排列形成主表。

其中，方括号“[ ]”在左栏代表交替类号，例如表6-9中类目“[G354.22] 主题目录与主题法”，这一类目在注释中指出“宜入G254有关各类”，当根据文献标引词进行分类时，就应分到“G254”类目下。如果图书馆决定使用“G354.22”这一类目时，则应将[ ]去掉，并在“G254”类目下注宜入G354.22的文字，即将“G254”作为交替类目。有些主题词可能与两个以上的类目对应，一般根据其学科属性选择一个主要类目，而其对应在非主要类目下的主题词则加上“[ ]”表示，目的在于为多途径查词提供方便。例如，“[主题检索语言]”根据交叉分类标准，可同时对应“G354.22”和“G254”两个类目。反斜杠“\”指代并集关系，例如“字顺目录\目录组织\方法”两个词组合成词串与分类表中类目“G254.331”对应。

表 6-10 分类号—主题词对照表

分类号与对应分类名	主题词及主题词串
G25 图书馆学、图书馆事业	图书馆事业；图书馆学 图书馆工作；图书情报事业；现代图书馆
G254 文献标引与编目	文献编目；文献标引 编目；标识；标引；标引深度；分析款目；附加款目；组配
G254.33 各种目录组织法	目录组织\方法 {参考书目录}；读者目录；公务目录；{国家书目}；卡片式目录；目录组织；{期刊目录}；书本式目录；{图书目录}
G254.331 字顺目录 (字典式目录)	字顺目录\目录组织\方法 篇名目录；字顺目录
G254.332 书名目录	书名目录\目录组织\方法 书名目录
G254.333 著者目录	著者目录\目录组织\方法 著者目录
G254.334 主题目录	主题目录\目录组织\方法 主题目录
G254.335 分类目录	分类目录\目录组织\方法 分类目录
[G354.22] 主题目录与主题法 宜入 G254 有关各类	[主题法]；[主题目录] [后控词表]；[主题检索语言]

Svenonius（2000）认为使用“知识表示体现分类结构”是可行的，“按照某种规则推理出来的相关术语的相关关系比从主观的或漫无目的途径建立起来的在检索时更富有成效。”知识服务下的分类表组织与存储，需要提供一种机制来支持相关关系的建立，尤其是对词汇间的关系的建立。表 6-10 的结构并不能满足计算机自动分类的要求，必须要重新组织《中分表》及《中图法》的机内组织结构，使之便于计算机自动分类。机内分类表的组织中，需要关注三个方面：①建立主题词与分类号之间的关系，与分类号相关的主题词，称之为类主题词。②建立复分用词与复分号之间的关系。③建立类主题词与关键词的对应关系。这样三个关系建立以后，就为通过文献的关键词获取相应的分类号提供了途径。因此，通过这三个关系可以将《中分表》内容划分成三个机内表：类主题词表，复分类表，关键词（不包含在《中分表》中的词汇或文献标引词）与类主题词（《中分表》中

的主题词）连接表，三张表的结构分别参见表 6-11 ~ 表 6-13。

表 6-11　类主题词表结构

字段名	类型	长度	索引字段	说明
类主题词	字符型	4 字节	建立索引	索引词可重复
分类号	字符型	4 字节		类主题词所对应的分类号
权值	数值型	3 字节		1 位整数，一位小数点，一个小数位

表 6-12　复分主题词与复分号关系表结构

字段名	类型	长度	索引字段	说明
复分类主题词	字符型	4 字节	建立索引	索引词可重复
复分分类号	字符型	4 字节		复分类主题词所对应的复分类号
复分类别	数值型	1 字节		地区、时间等复分，取 1 ~ 9 分别代表不同的复分

表 6-13　关键词与类主题词关系表结构

字段名	类型	长度	索引字段	说明
关键词或主题词	字符型	4 字节	建立索引	索引词不可重复，该字段可存放类主题词
类主题词	字符型	4 字节	建立索引	必须为类主题词，当关键词为类主题词时，两词相同

上述三表中，“权值”字段用于表达主题词与类号之间相关性的大小，主题词与类号越相关，权值越大，其权值取 0 ~ 1。一般而言，类名词给予最高的权值，交叉于不同类的主题词赋予较小的权值，《中分表》中的其他主题词拥有中等的权值。复分类主题词与复分类号的关系同表 6-12，但用“复分类别”（取值范围 1 ~ 9）取代了权值，“复分类别”可具体情况斟酌使用。例如，可规定用到三级类目或在主表部分类目下重点使用，或具有本复分表中两种以上形式特征的文献，只可选择其中主要的一种加以复分。表 6-13 建立了标引词或关键词与类主题词的联系，确保每一个标引词或关键词能够通过类主题词得到分类号和相应权值。

6.2.2　分类表应用

计算机分类需要在文献中已经具有标引词的基础上进行，即以标引词为入口，去检索关键词与类主题词关系表（表 6-13），并通过一定的链接转换和计算获得分类号。具体的分类算法与过程描述如下：

（1）以标引词检索“关键词与类主题词关系表”中的关键词索引，由命中的关键词或标引词得到类主题词。

（2）由得到的类主题词在“类主题词表”中匹配该表的类主题词字段值，并由此获取类号与权值，并记于所选分类号暂存区。

(3) 将所有标引词依 (1)、(2) 步骤处理完后，对暂存区内的分类号合并，并累加权值，同时将分类号按权值大小排序。

(4) 确定类号，根据权值大小，选取权值最大的分类号，也可根据需要选取多个备选分类号。

(5) 如果需要添加复分号，可将获得的复分号附加在已选择的分类号之后。

至此，利用《中分表》表的分类流程完毕。

例如，某文献已有标引词“目录组织”“主题目录”和“图书目录”，通过这三个关键词得到的类主题词分别为：“目录组织”“主题目录”“目录组织”，其中后一个“目录组织”是关键词“图书目录”对应的类主题词。

由表 6-10 可得这两个类主题词分别对应的类号有：目录组织为 G254.331、G254.332、G254.333、G254.334、G254.335；主题目录为 G254.334、G354.22、G254。假设，“目录组织”对应的几个分类号的权重均为 0.5，因为这个词不能唯一定类，但又和这几个类较为吻合，所以只能赋予中等权重；同理，对主题目录对应的分类号也分配 0.5 的权重。这样，通过合并类号并计算权重，得到每个分类号的权重分别为：G254.331 (1)、G254.332 (1)、G254.333 (1)、G254.334 (1.5)、G254.335 (1)、G354.22 (0.5) 和 G254 (0.5)，(注，由于该文献的类主题词“目录组织”通过两个词得到，因此通过该词得到的类号其权值需计算两次，主题目录对应的类号只计算一次)。由于分类号 G254.334 对应了该文献三个标引词，权值累积为最大 (1.5)，所以该文献的分类号可确定为 G254.334。计算流程可参见图 6-8。

当然，为了清楚地说明利用分类表进行计算机自动分类的流程，权重是假设的，计算过程是手动操作的，但这一过程用计算机来实现应该更为有效。

根据本章的相关讨论可以发现，主题词表更多注重信息内容检索和主题关联，分类表则更多地用于按照学科对知识进行体系的架构。本章设计的词表知识组织结构，除了可用于传统编目以外，更适合于知识发现等知识服务应用中。本章提出的框架，可以将词表的结构作用于信息组织本身，用该方法构建的词表在一定程度上克服了通过统计方法识别出的词汇语义描述粗糙问题，减轻了编表负担，促进词表更新，还可用于 Web 信息检索和自动分类等知识服务的应用场景。从对编目标引要求很高的印本主题词控制检索模式，转向通过主题词表和分类表建立主题规范文档实现书目检索。未来的词表（无论是主题词表还是分类表）应该是一个开放的，提供任何系统利用的公共服务平台。

另一方面，知识集合服务也是目前知识组织体系研究热点之一。如何使得词表的组织结构可以同时支持国内外主要叙词表的描述格式，从而实现利用知识组织工具建立一个兼容体系，是未来需要研究的问题。实现支持知识集合服务的词表组织结构，需要构建包括联盟主题词表仓库、主题词表关联数据库等的主题词表封装结构，并实现基于主题词表的数据挖掘，这些都是构建面向知识服务的词表机器组织需要进一步研究的研究课题。

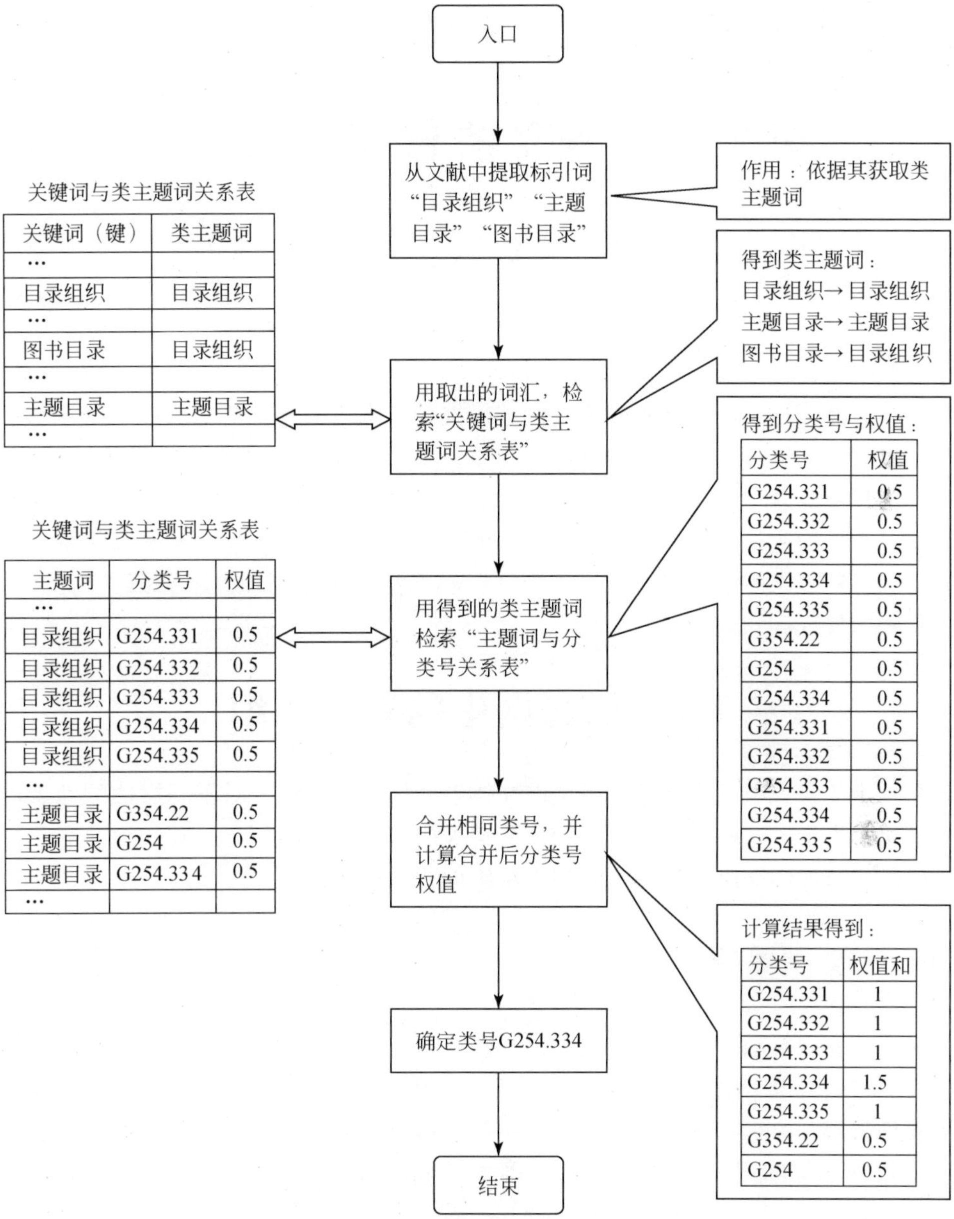
入口
从文献中提取标引词“目录组织”“主题目录”“图书目录”
作用：依据其获取类主题词
关键词与类主题词关系表
关键词（键） 类主题词
…
目录组织 目录组织
…
图书目录 目录组织
…
主题目录 主题目录
…
用取出的词汇，检索“关键词与类主题词关系表”
得到类主题词：
目录组织→目录组织
主题目录→主题目录
图书目录→目录组织
关键词与类主题词关系表
主题词 分类号 权值
…
目录组织 G254.331 0.5
目录组织 G254.332 0.5
目录组织 G254.333 0.5
目录组织 G254.334 0.5
目录组织 G254.335 0.5
…
主题目录 G354.22 0.5
主题目录 G254 0.5
主题目录 G254.334 0.5
…
用得到的类主题词检索“主题词与分类号关系表”
得到分类号与权值：
分类号 权值
G254.331 0.5
G254.332 0.5
G254.333 0.5
G254.334 0.5
G254.335 0.5
G354.22 0.5
G254 0.5
G254.334 0.5
G254.331 0.5
G254.332 0.5
G254.333 0.5
G254.334 0.5
G254.335 0.5
合并相同类号，并计算合并后分类号权值
计算结果得到：
分类号 权值和
G254.331 1
G254.332 1
G254.333 1
G254.334 1.5
G254.335 1
G354.22 0.5
G254 0.5
确定类号G254.334
结束

图6-8　分类流程示例

第7章　语义信息的知识组织

语义（semantic）是对数据的一种解释，没有语义解释的数据几乎没有任何意义。数据间的语义关系将数据的信息价值提升到知识价值层面。将语义技术运用于知识组织领域，使知识服务有了可靠的技术保障。典型的语义信息组织方法有语义网技术和本体组织。语义网（Berners-Lee et al.，2001）技术是在万维网技术之上发展而来的新一代网络应用技术，它将万维网应用技术和传统的逻辑推理技术相结合，努力营造一个能够被人和机器共同理解的网络环境，使得计算机能够自动地对网络上的语义信息进行解读和推理。本体原本为哲学概念，计算机领域给予了它新的解释（Gruber，1993）：信息技术中的本体可以定义为，构成相关领域词汇的基本术语和关系，以及利用这些术语和关系构成这些词汇外延的规则。本体是一种知识组织形式，被广泛应用于知识共享和语义信息的描述，它促进了知识发现和知识创新。

7.1　语义网中的知识组织

语义网中的知识组织方式包括语义网在体系结构上的划分，对不同层次的知识进行分类和规范化的表示。这种组织方式使知识能够被机器理解和识别，达到知识共享和知识发现的目的。本节详细介绍语义网中的知识组织形式和规范。

7.1.1　语义网概述

语义网的发展是和万维网密切相关的。现代社会中，万维网对人类的信息交流方式产生了巨大的影响，也带来了许多新的急需研究的问题。万维网存在两个明显的不足：①计算机不能理解网页内容的语义；②网上有用信息难找，即使借助功能强大的搜索引擎，查准率也比较低，帮助用户得到成批相关网页的同时，也夹杂了许多用户不需要的信息垃圾。

存在这些问题的原因在于万维网现在采用的超文本标记语言（hyper text markup language，HTML）。网页上的内容设计为专供人类浏览的，而不是计算机可以理解和处理的，因此不具备自动处理网上数据的功能。此外，万维网是按“网页的地址”，而非“内容的语义”来定位信息资源的，网上所有信息都是由不同的网站发布，相同主题的信息分散在全球众多不同的服务器上，又缺少有效工具将不同来源的相关信息综合起来，因此容易形成一个个信息孤岛，查找所需信息就像大海捞针一样困难。

为了使用户能够按内容的语义表达需求，迅速准确地从成千上万的网页中过滤出自己感兴趣的信息，同时使计算机能够理解网页内容，帮助用户处理许多烦琐的日常事务，

1998 年，在发明万维网十年之后，Tim Berners-Lee 提出了下一代万维网，“语义网”的理念。

语义网是按照能表达网页内容的“词语”链接起来的全球信息网，是用机器可以理解和处理的方式链接起来的全球数据库。语义网是现有的万维网的变革和延伸，它将使“理解网上信息的含义”不再是只有人类才能做到的事情，计算机在一定程度上也同样可以做到，从而有助于信息与智能的共享，并使网络有能力提供动态与主动的服务，从而更利于人机之间的对话和协同工作。

语义网的优点是计算机具有对网络空间所储存的数据进行智能评估的能力。这样，计算机就可以像人脑一样“理解”信息的含义，完成“智能代理”的功能。使用语义网搜索引擎搜索的结果也将比万维网更为精确。此外，由于大部分科技创新和突破都来源于对已有知识的重新组合和更新，因此语义网也为科技创新提供了丰富的资源，它可以在很短的时间内，完成一个人需要几十年甚至一生才能做出的组合结果。为实现计算机自动识别和处理网上信息，语义网需要在文档内容中加入供计算机可识别的“标记”，以便给使用者提供自定义功能，这被称为“可扩展标记语言”。例如，人们看到网页上的天气预报，自然就会知道其中的含义，但计算机并不知道在那么多的数字中，哪一个数字代表温度，哪一个数字代表湿度。语义网的作用在于，可以在隐藏的编码中指明哪个数字代表温度，哪个数字代表湿度，并且说明“温度”和“湿度”的含义。

7.1.2　语义网的层次结构

语义网是对万维网基于语义上的扩展，其结构也与现有的万维网存在着很大的区别。语义网体系结构的最底层是由统一资源标识符（uniform refource identifier，URI）和统一字符编码（Unicode）组成，它们为 Web 上定位资源和字符提供了标准。它的上层包括：合法的 XML 文档定义语法结构的 XML，以及允许合成不同词汇的 XML 命名空间（name space，NS），这些是语义网上的资源表示的语法基础。

语义网的组成结构如图 7-1 所示。语义网的目标是利用一种统一的、形式化的元数据表示语言，描述网上的资源的含义，使计算机能理解语义网上的资源。因此，W3C 提出了一种新的语言：资源描述框架（resource description framework，RDF）。RDF 采用三元组（资源属性值）这种简单的数据模型，表示网上资源的属性的值。该语言还定义了描述所需使用的词汇，即 RDF 的词汇描述语言（RDF schema，RDFS）。RDFS 在 RDF 的基础上引进类、类之间的包含关系、属性之间的包含关系，以及属性的定义域和值域等。RDF 和 RDFS 一起构成了语义网的数据层。

数据层的上层是本体层，它借鉴了人工智能领域对知识表示的研究，特别是描述逻辑（Baader et al.，2003），引入了更加丰富的表达能力。例如，属性取值约束、基数约束、属性的对称性和传递性等。这个网络本体语言的标准是 OWL（web ontology language），OWL 定义了 RDF 描述中使用的词汇的语义，是计算机理解网上资源的基础，是语义网的核心。

本体层的上方是逻辑层，它存在的目的是用更丰富的逻辑语言表达网上的资源，其中

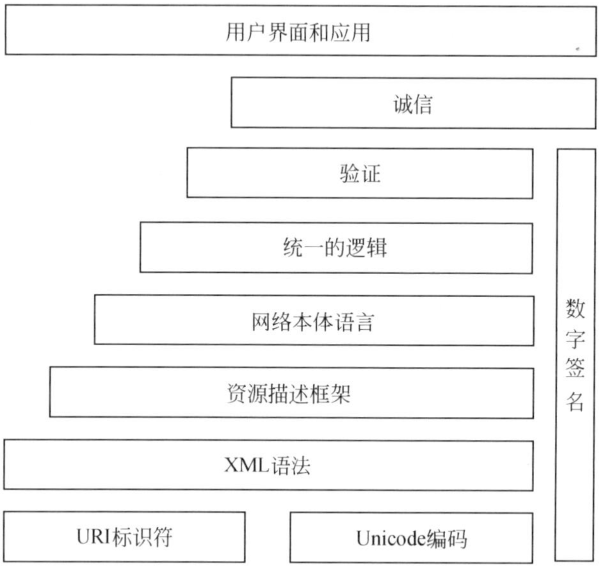

图 7-1　语义网组成结构示意图

规则语言是最常用的。其上层是证明层，目的是为了让用户看到语义网上数据处理的过程。从数据层以上，对资源的描述和推理都需要一种通过数字签名实现的信任机制，以保证数据的真实性。下面对语义网的分层的相关技术做详细分析。

第一层：Unicode 编码和 URI 标识符。该层用于解决语义网上的资源定位和跨地区字符编码标准格式的问题，该层是整个语义网的基础。其中，Unicode 是一个字符集，这个字符集中所有字符都用两个字节表示，可以表示 65 536 个字符，基本上包括了世界上所有语言的字符，Unicode 负责处理资源的编码。数据格式采用 Unicode 的好处就是它支持世界上所有主要语言的混合，并且可以同时进行检索。采用 Unicode 可以保证信息资源的统一编码。Unicode 统一资源标识符能对语义网的资源以及对象进行标识，承担资源标识任务的是 URI。

第二层：XML 语法。该层负责从语法上表示数据的内容和结构，通过使用标准的语言将网络信息的表现形式、数据结构和内容分离。其中，XML 是一个精简的 SGML，它综合了 SGML 的丰富功能与 HTML 的易用性，它允许用户在文档中加入任意的结构，而无需说明这些结构的含义。具有 XML 规范的文档非常适合在万维网上交互和传播。NS，name space 即命名空间，由 URI 索引确定，目的是为了避免不同的应用使用同样的字符描述不同的事物。XML Schema 是 DTD，即 Document DataType 的替代品，它本身采用 XML 语法，但比 DTD 更加灵活，提供更多的数据类型，能更好地为有效的 XML 文档服务并提供数据校验机制。正是由于 XML 灵活的结构性、由 URI 索引的 NS 带来的数据可确定性以及 XML Schema 所提供的多种数据类型及检验机制，使其成为语义网体系结构的重要组成部分。

第三层：资源描述框架。该层提供一种语义模型，用于描述万维网上的资源及其类型，为网上资源描述提供了一种通用表示框架，实现数据集成的元数据解决方案。RDF 可提供一种描述元数据的环境，这些描述包含需要计算机理解的数据。万维网上的数据是机器可读取的，但不一定是机器可理解的。如果网上的数据遵循一种标准的描述或标记方法，那么计算机对于它们处理的资源会理解得更多，所以 RDF 标准为语义网奠定了基础。RDF 模式引入一个面向对象、可扩展类型 type 系统到 RDF 中，提供方法定义合适的定义域和值域，以及类和子类层次。RDF 本身并不依赖于 XML，但是它可以把 XML 作为其语法基础。RDFS 使用一种机器可以理解的体系来定义描述资源的词汇，目的是提供词汇嵌入的机制或框架，在该框架下多种词汇可以集成在一起实现对 Web 资源的描述。RDFS 是以 RDF 为基础的，通过提供 RDF 数据表示模型的基础术语来使 Web 对象和资源组成有序的层次结构。

第四层：网络本体语言（ontology vocabulary）。本体这一概念起源于哲学领域，它的哲学解释是：对世界上客观存在物的系统的描述，即存在论，是客观存在的一个系统的解释或说明，关心的是客观现实的抽象本质。该层是在 RDF 基础之上定义的概念及其关系的抽象描述，用于描述应用领域的知识，描述各类资源之间的关系，实现对词汇表的扩展。在这一层，用户不仅可以定义概念而且可以定义概念之间丰富的关系，也可用 OWL 来表示和描述不同资源相互之间的关联。OWL 以 RDF 和 RDFS 为基础，同样使用基于 XML 的 RDF 语法。

第五至七层：统一的逻辑层、验证层、诚信层。这三层位于语义网体系结构的顶部，是语义表达的高级要求。

统一的逻辑层负责提供公理和推理规则。逻辑层一旦建立，便可以通过逻辑推理对资源、资源之间的关系以及推理结果进行验证，证明其有效性。逻辑层是本体论语言逻辑上自然的推进和扩展，增强了本体语言的表达能力，使其具备表达应用领域动态变化知识的能力。

验证层通过运用规则进行逻辑推理和求证，用来在逻辑层之上进行更为复杂的证明和推理。证明层涉及运用知识进行推理，还包含推理过程的表示和推理的验证方法。

位于最顶层的网络诚信层通过数字签名、证书、基于 Agent 社区成员间相互推荐等机制和方法来实现网络环境中的信任管理。本层是至关重要的环节，网络是否能够发挥出最大潜取决于用户是否能够信任网络提供的服务和信息。

在语义网的层次模型和技术支持中可以看出，语义网是当前网络的延伸，继承了万维网的诸多优点。语义网的研究涉及的领域非常广泛，并且各领域间是相互交叉的。一些层次和模块尚未充分研究，例如验证层、诚信层和逻辑层等。

7.1.3 语义网主要知识组织规范及应用

在过去的几年里，一些基于 XML 的本体语言得到了开发。有些直接基于 XML 语法，例如基于 XML 的本体交换语言（XML-based ontology exchange language，XOL）、简单的 HTML 本体扩展（simple HTML ontology extension，SHOE）和本体标记语言（ontology markup language，OML），另外的几种语言建立于 RDF 和 RDFS 的并集之上，以便改善 RDF（S）的特征。如，本体交互语言（ontology interchange language，OIL）、DAML（DARPA agent markup language)、+OIL 和 OWL 等。

RDF 以 XML 语法为基础，提供了描述网络资源，以及资源之间关系的模型与语法格式。采用 RDF 格式定义的信息是机器可理解的，这样就可以支持网络资源的自动处理，也能在此之上实现 Internet 上的互操作。RDF 通常是三元组的结构，每个三元组由像句子中的主语、动词和宾语 SVO（subject，verb，and object）一般的三个部分组成（也有一种说法是主谓宾，subject，predicate and object）。

DARPA 的 Agent 标记语言+本体推理层（DAML +OIL）是美国国防部的 DARPA 基金联合 W3C 组织资助的项目，致力于 DAML（www. daml. org）的开发，以便帮助军事上的指令和控制领域，并应用于军事智能领域。美国和欧盟的联合研究委员会在 DAML 的基础上共同开发了 DAML+OIL，这个语言也基于资源描述架构（RDF，resource description framework）（www. w3. org/rdf）。DAML 是在 XML 中允许语义互用性的 DARPA 项目，因此 DAML+OIL 与 OIL 共享同样的目标。DAML + OIL 取代了最初开发的称为 DAML-ONT 的规范，尽管此规范也是基于 OIL 语言。

OWL 由 W3C 于 2004 年 2 月正式推出，它总结了 RDFS、DAML-ONT、DAML+OIL 等本体描述语言的开发经验，既保证强大的语义表达能力，又保证描述逻辑的可判断推理。为了满足不同需要，OWL 有三个子集：OWL FULL、OWL DL 和 OWL Lite。OWL FULL 保持对 RDF 的向上兼容性，将 RDF（S）扩展为一个完备的本体语言，但由于消除了基数限制中对可传递性质的约束，不能保证可判定推理。OWL DL 忽略对 RDFS 的兼容性，它主要针对概念、性质、个体之间关系的描述，保证了可判定性和较强的表达能力。OWL Lite 是更简洁的本体语言，是 OWL DL 的子集，它降低了 OWL DL 中的公理约束，保证一个迅速高效的推理过程。

OWL 对于知识的描述主要从概念和属性两个方面进行。OWL 中的概念由类（class）来表示，它可以是名字（如 URI）或表达式，而且提供大量的构造子来建立表达式。OWL 强大的表达能力正是由它所支持的概念构造子、性质构造子以及各种公理（axioms）所决定的。具体地说，OWL 通过 subClassOf，subPropertyOf 形成概念及其关系的分类化、层次化结构；通过 equivalentClass，sameAs，inverseOf 等形成概念间的同义和反义等语义关系；通过 intersectionOf，unionOf，complementOf，oneOf 等构建概念间的逻辑组合关系；通过 domain，range，equivalentProperty，hasValue，cardinality，maxCardinality，minCardinality 等对关系约束进行描述；通过 disjointWith，uniqueProperty，transitiveProperty 等实现对概念及其关系的公理定义。

利用 OWL 语言定义的本体进行知识表示属于半形式化的方式，但在进行语义理解和推理时，需要完全形式化的表示。描述逻辑是一阶谓词的可判定子集，由 Brachman 于 1977 年首次提出（Brachman，1977），它的研究动机就是为知识表示提供形式化基础，其基本组成部分是概念（concept）、角色（role）和个体（individuals）。它适合于表达结构化和半结构化数据之间具有层次、多重继承、聚合及其组合的情况。OWL2 是 2009 年 10 月 W3C 发布的最新 OWL 版本，它对 OWL 做了一些扩充。OWL2 也将自己分为三个子语言，分别是 OWL2 EL，OWL2 QL 和 OWL2 RL。OWL2 EL 对于那些包含大量属性或类的本体的应用来说非常有用。OWL2 QL 适合于那些大量使用实例数据的应用中，或者说该应用最重要的推理任务就是解答查询。OWL2 RL 则适合那些既需要可扩展的推理又不能牺牲太多表达能力的应用。与此同时，由于 OWL2 向下兼容，所以 OWL Lite 和 OWLDL 也可以看作 OWL2 的子语言。

7.1.4　语义网搜索引擎中的知识组织

语义网特有的知识组织结构，为搜索引擎检索和利用提供了丰富的语义信息。目前较为著名的语义网信息检索引擎有 Swoogle（Ding et al.，2004）和 Falcon（Cheng et al.，2011）等。其中，Swoogle 在语义网上得到了广泛使用。本节以 Swoogle 为例阐述语义网中的知识组织形式。

和传统的互联网上的搜索引擎不同，Swoogle 在语义网上的搜索目标不是普通的 HTML 格式的文件，而是用语义网描述规范 RDF 和 OWL 等来描述的语义网文档（semantic web document，SWD）。Swoogle 把 SWD 定义为用语义网规范进行描述的，并且通过互联网可以在线访问的文档。这些 SWD 是语义网上做信息交换和获取的基本单位，它们又可以分为语义网本体（semantic web ontology，SWO）和语义网数据（semantic web database，SWDB）两类。SWO 和 SWDB 可以分别对应描述逻辑中的 T-box 和 A-box。由于同一个文件可能同时包含 T-box 和 A-box，因此对于一个 SWD，如果文件的大部分是用来定义新的概念和新的属性，则认为它是一个 SWO；而如果一个 SWD 主要是描述个体实例，则它是一个 SWDB。

Swoogle 包含四个部分：交互界面（interface）、SWD 发现模块（SWD discovery）、元数据产生模块（metadata creation）和数据分析模块（data analysis）。其中，交互界面负责提供数据服务；SWD 发现模块用于对互联网上的 SWD 文件进行发现和更新；元数据产生模块抽取 SWD 文件中的元数据并对 SWD 文件进行缓存；数据分析模块对缓存的 SWD 文件进行数据分析、索引和排序。从图 7-2 中可以看出，整个 Swoogle 的结构是围绕 SWD 数据进行设计和扩展的，每个功能模块既互相独立又可以通过数据库进行数据交换。

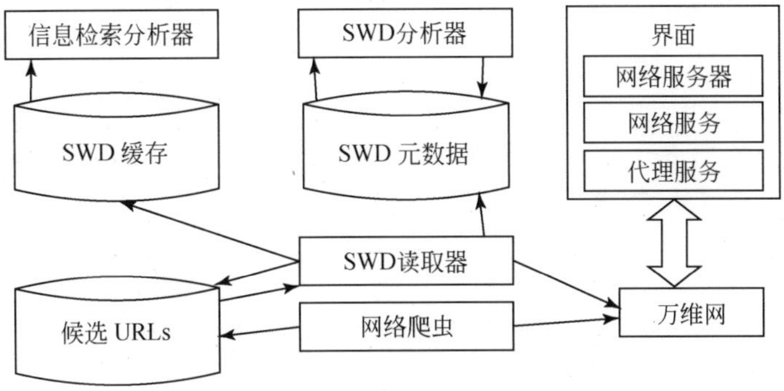

图 7-2　Swoogle 的组织结构示意图

对于 SWD 文件中的元数据，Swoogle 把它们主要分为三个部分：基本元数据、关系元数据和元数据分析结果。这三种数据中前两种属于客观元数据，第三种数据属于主观分析数据。

基本元数据包括语言编码数据、RDF 统计数据和本体标注数据。语言编码数据包括编码（ecoding），如 N3，RDF/XML 等；语言（language），如 RDF，OWL 等；以及本体种类（ontology），如 OWL-DL，OWL2-EL 等。RDF 统计数据是指在一个 SWD 文档形成的 RDF 图中各个节点的属性分布，重点关注 SWD 中定义的类（class）、属性（property）和个体（individual）。本体标注数据主要指那些将 SWD 文档描述为本体的元数据，包括 lable，comment，versionInfo。

SWD 文档中的关系元数据主要包括描述各种语义关系的元数据，其分类如表 7-1 所示。其中 IM 表示引入关系，EX 表示扩展关系，PV 表示前一版本，CPV 表示前一版本并和现在的版本兼容，IPV 表示前一版本并和现在版本的不兼容。

表 7-1　SWD 文档中的关系元数据

类型	类和属性
IM	owl：imports，daml：imports
EX	rdfs：subClassOf，rdfs：subPropertyOf，owl：disjointWith，owl：equivalentClass，owl：equivalentProperty，owl：complementOf，owl：inverseof，owl：intersectionOf，owl：unionOf，daml：sameClassAs，daml：samePropertyAs，daml：inverseOf，daml：disjoinWith，damel：complementOf，daml：unionOf，daml：disjointUnionOf，daml：intersectionOf
PV	owl：priorVersion
CPV	owl：DeprecatedProperty，owl：DeprecatedClass，owl：backwardCompatibleWith
IPV	owl：incompatibleWith

SWD 文档中的元数据分析结果是为了对 SWD 文档进行索引和排序，是应用不同的分析方法（如 PageRank 等）对 SWD 文档中的元数据进行分析得到的相关结果。和传统的 PageRank 算法相比，语义网上的链接指向其他的 SWD 的概率是不统一的。因此，Swoogle 对 SWD 文档中的关系元数据在语义网链接中所起的作用做了分析，得出四种情况：对于两个 SWD 文件 A 和 B，①import（A，B），A 对 B 中所有的内容进行引用；②uses-term（A，B），A 引用了 B 中的部分术语；③extends（A，B），A 扩展了 B 中的术语定义；④asserts（A，B），A 对 B 中定义的个体进行了断言。通过应用 SWD 中丰富的元数据和组织结构进行分析，Swoogle 实现了对语义网上本体、本体实例、及各种语义网文档的准确定位和查找。

7.2　本体知识组织方式

作为规范化的共享知识组织形式，本体知识组织被广泛地应用于知识的描述、组织、共享等各个方面，在信息组织的各个领域发挥着重要的作用。

7.2.1 本体的定义

本体这个术语来自于哲学。根据韦氏词典的解释，本体是形而上学的一个分支，是研究自然和存在的关系，以及存在的本质的专门理论。本体论分析最普遍最抽象的概念或差别，这些差别成为对世界上各种现象（比如时间、空间、物质、过程、原因和结果、系统等）进行具体描述的根基。

随着信息时代的来临，本体在人工智能领域中得以应用，被认为是构建世界模型的积木。本体经常被视作一个高层次的描述方法，这个描述方法由一些概念组成，而这些概念被认为组成了知识库的上层结构。

现在接受最为广泛的、对本体在人工智能中的定义是 Gruber 在 1993 年提出的：本体是关于概念化的显式的清楚详细的说明。概念化是指某一概念系统所蕴含的语义结构，它是对某一事实结构的一组非正式的约束规则。该定义强调了显式描述的可能性。William 和 Austin 在 1999 年提出本体论是关于词汇或概念的理论，该理论是构建人工智能系统的基础，在这个理论中他们对本体做了新的定义，这一定义得到了知识工程师团体的推荐，即本体论是用来定义某一领域的知识主体。该本体定义有别于前面的定义，它把本体论看作知识的内主体，而不是描述知识的途径。

7.2.2 本体的逻辑组织基础

作为知识和概念的一种正式、清晰的组织和共享方式，本体有着完备的逻辑理论基础，以便在语义推理中获得明确有效的推理结果。早期的本体尝试用框逻辑（frame logic）（Metzing，1980），作为本体正式的逻辑表示。随着本体技术的逐步完善和发展，描述逻辑（description logic）逐渐被用来作为大多数本体的逻辑解释。其中 ALC 逻辑作为描述逻辑的子集，既满足逻辑完备性又满足可计算性，能够在计算机可确定的时间之内推导出完备的结果，因此成为本体逻辑中广为应用的一种本体逻辑表示基础。OWL 作为 W3C 推荐的本体语言，以描述逻辑为基础。在 OWL 的三种子语言中，OWL Lite 的逻辑解释最为简单；OWL DL 满足描述逻辑的完备性和可计算性；OWL Full 描述能力最强，但是不满足可计算性。下面以 OWL Lite 为例，分析本体的逻辑组织。

1）OWL Lite 概述

OWL Lite 是面向语义网的本体语言，它使用 URI 命名机制，以 RDF 和 XML 作为语法，采用 RDF 数据类型和 XMLSchema 数据类型作为数据类型。OWL Lite 可以通过使用本体属性来说明本体的版本，并导入已经构造好的本体。这样就可以利用过去的工作成果，在新建的本体中说明新建本体中的术语和导入本体中的术语间的关系。

2）OWL Lite 中的语义推理

OWL Lite 所考虑的类、数据类型、对象属性、数据类型属性、个体、数据值、本体属性和注释属性是相互严格区分的。表7-2和表7-3是对OWL Lite中的描述和公理所对应的描述逻辑形式给出的对照。

定义7.1 在OWL Lite中，设集合E = {所有类的集合，所有数据类型的集合，所有对象属性的集合，所有数据类型属性的集合，所有个体的集合，所有数据值的集合，所有本体属性的集合，所有注释属性的集合}，则$A, B \in E$且$A \neq B$，有$A \cap B$ =null。

表7-2 OWL Lite中的描述与所对应的描述逻辑形式

OWL Lite句法	DL句法	语义
A (URL reference)	A	$A^I \subseteq \Delta^I$
OWL: Thing	T	$T^I = \Delta^I$
OWL: Nothing	$\perp$	$\perp^I$ = null
intersectionOf (C_1, C_2, …, C_n)	$C_1 \cap C_2 \cap \cdots \cap C_n$	$(C_1 \cap C_2 \cap \cdots \cap C_n)^I = C_1^I \cap C_2^I \cap \cdots \cap C_n^I$
restriction (R someValuesFrom (C))	$\exists R.C$	$(\exists R.C)^I = \{a \mid \exists b, (a, b) \in R^I \wedge b \in C^I\}$
restriction (R allValuesFrom (C))	$\forall R.C$	$(\forall R.C)^I = \{a \mid \forall b, (a, b) \in R^I \rightarrow b \in C^I\}$
restriction (R minCardinality (n))	$\geqslant nR$	$(\geqslant nR)^I = \{a \mid \#(\{b \mid (a, b) \in R^I\}) \geqslant n\}$
restriction (R maxCardinality (n))	$\leqslant nR$	$(\leqslant nR)^I = \{a \mid \#(\{b \mid (a, b) \in R^I\}) \leqslant n\}$
restriction (R cardinality (n))	$\geqslant nR \cap \leqslant nR$	$(\geqslant nR \cap \leqslant nR)^I = (\geqslant nR)^I \cap (\leqslant nR)^I$
restriction : n is 0 or 1		"#" is cardinality of set
restriction (T someValuesFrom (D))	$\exists T.D$	$(\exists T.D)^I = \{a \mid \exists b, (a, b) \in T^I \wedge b \in D^I\}$
restriction (T allValuesFrom (D))	$\forall T.D$	$(\forall T.D)^I = \{a \mid \forall b, (a, b) \in T^I \rightarrow b \in D^I\}$
restriction (T minCardinality (n))	$\geqslant nT$	$(\geqslant nT)^I = \{a \mid \#(\{b \mid (a, b) \in T^I\}) \geqslant n\}$
restriction (T maxCardinality (n))	$\leqslant n\ T$	$(\leqslant nT)^I = \{a \mid \#(\{b \mid (a, b) \in T^I\}) \leqslant n\}$
restriction (T cardinality (n))	$\geqslant nT \cap \leqslant nT$	$(\geqslant nT \cap \leqslant nT)^I = (\geqslant nT)^I \cap (\leqslant nT)^I$
restriction : n is 0 or 1		"#" is cardinality of set
D (URI reference)	D	$D^I \subseteq \Delta_D^I$
R (URI reference)	R	$R^I \subseteq \Delta^I \times \Delta^I$
.	R^-	$(R^-)^I = (R^I)^-$
T (URI reference)	T	$T^I \subseteq \Delta^I \times \Delta_D^I$
o (URI reference)	o	$o^I \in \Delta^I$
v (URI reference)	v	$v^I \in \Delta_D^I$

OWL Lite所考虑的类、数据类型、对象属性、数据类型属性、个体和数据值可以分别对应描述逻辑所考虑的概念、具体数据类型、抽象角色、具体角色、个体和值。描述逻辑中所考虑的这六种基本元素也是严格相互区分的。

在OWL Lite中，本体属性描述本体的版本和兼容性等，注释属性可以提供一些注释信息，但两者都不对领域本体进行描述，所以本书也不将这两个特殊的属性对应到描述逻辑中去。设A表示一个原子概念，C表示一个概念描述，原子概念和概念描述都是概念；D表示一个具体数据类型；R表示一个原子抽象角色；T表示一个原子具体角色；o表示一个个体。本文给出描述逻辑中解释的如定义7.2。

表7-3 OWL Lite 的公理和事实与所对应的描述逻辑形式

OWL Lite 句法	DL 句法	语义
Class (A partial $C_1 \cdots C_n$)	$A \subseteq C_1 \cap \cdots \cap C_n$	$A^I \subseteq C_1^I \cap \cdots \cap C_n^I$
Class (A complete $C_1 \cdots C_n$)	$A \equiv C_1 \cap \cdots \cap C_n$	$A^I = C_1^I \cap \cdots \cap C_n^I$
subClassOf (C_1 C_2)	$C_1 \subseteq C_2$	$C_1^I \subseteq C_2^I$
equivalentClasses ($C_1 \cdots C_n$)	$C_1 \equiv \cdots \equiv C_n$	$C_1^I = \cdots = C_n^I$
DatatypeProperty (T super (T_1) ···super (T_n)	$\top \subseteq T_i$	$T^I \subseteq T_i^I$
domain (C_1) ···domain (C_m)	$\geqslant 1\ T \subseteq C_i$	$T^I \subseteq C_i^I \times \Delta_D^I$
range (D_1) ···range (D_l)	$\top \subseteq \forall T.D_i$	$T^I \subseteq \Delta^I \times D_i^I$
[Functional]	$\top \subseteq \leqslant IT$	T^I is Functional
subPropertyOf (T_1 T_2)	$T_1 \subseteq T_2$	$T_1^I \subseteq T_2^I$
equivalentProperties ($T_1 \cdots T_n$)	$T_1 \equiv \cdots \equiv T_n$	$T_1^I = \cdots = T_n^I$
Individual (o type (C_1) ···type (C_m))	$C_i(o)$	$o^I \in C_i^I$
value (R_1 o_1) ···value (R_n o_n)	$R_i(o, o_i)$	$\langle o^I, o_i^I \rangle \in R_i^I$
value (T_1 v_1) ···value (T_l v_l)	$T_i(o, v_i)$	$\langle o^I, v_i^I \rangle \in T_i^I$
sameIndividuals ($o_1 \cdots o_n$)	$o_1 = \cdots = o_n$	$o_i^I = o_j^I$
different Individuals ($o_1 \cdots o_n$)	$o_i \neq o_j,\ i \neq j$	$o_i^I \neq o_j^I,\ i \neq j$

定义7.2 在描述逻辑中，解释 $i = \{\Delta^i, \Delta_d^i, .^i\}$，$\Delta^i$是一个非空集合；$\Delta_d^i$是一个非空集合，且 $\Delta^i \cap \Delta_d^i =$ null；$.^i$是一个解释函数，它将每个原子概念 a 解释成一个集合 a^i（$a^i \subseteq \Delta^i$）；每个具体数据类型 d 解释成一个集合 d^i（$d^i \subseteq \Delta_d^I$）；每个原子抽象角色 r 解释成一个二元关系 r^i（$r^i \subseteq \Delta^i \times \Delta^i$）；每个原子具体角色 t 解释成一个二元关系 t^i（$t^i \subseteq \Delta^i \times \Delta_d^i$）；每个个体 o 解释成一个元素 o^I（$o^I \in \Delta^i$）；每个值 v 解释成一个元素 v^i（$v^i \in \Delta_d^i$）。

3）OWL Lite 实例

具体的 OWL Lite 文档可见图7-3。OWL Lite 文档是一种 XML 语法定义的文档，故其文件开头定义了所用的 XML 语法的版本。同时还依据 XML 文件的格式定义了文档的 DTD 格式。通过<owl：versionInfo>标签定义了该本体文档相关的版本信息"univ-bench-ontology-owl, ver April 1, 2004"。由图7-3可知，RDF 和 OWL 标签可同时存在于同一个本体文件中，互相兼容，互为补充。通过定义 OWL Lite 文档，可以实现对语义网上的语义信息进行检索和推理。

7.2.3 本体知识组织应用实例

本节我们以武汉大学董慧教授（2006）的研究团队研发的二十四史本体为例说明本体知识组织应用的形式和方法。

```
<?xml version="1.0" encoding="UTF-8"?>
<!DOCTYPE rdf:RDF [
  <!ENTITY                                                          lubm_owllog
"http://www.mindswap.org/~edna/swoopRules/examples/lubm_owllog.owl#">
  <!ENTITY                                                          lubm_owllog.owl
"http://www.mindswap.org/~edna/swoopRules/examples/lubm_owllog.owl">
  <!ENTITY owl "http://www.w3.org/2002/07/owl#">
  <!ENTITY rdf "http://www.w3.org/1999/02/22-rdf-syntax-ns#">
  <!ENTITY rdfs "http://www.w3.org/2000/01/rdf-schema#">
  <!ENTITY xsd "http://www.w3.org/2001/XMLSchema#">
]>
<rdf:RDF xml:base="&lubm_owllog.owl;" xmlns:lubm_owllog="&lubm_owllog;"
  xmlns:owl="&owl;" xmlns:rdf="&rdf;" xmlns:rdfs="&rdfs;">
<!-- Ontology Information -->
  <owl:Ontology rdf:about="" rdfs:label="Univ-bench Ontology">
    <rdfs:comment>An university ontology for benchmark tests</rdfs:comment>
    <owl:versionInfo>univ-bench-ontology-owl, ver April 1, 2004</owl:versionInfo>
  </owl:Ontology>
  <!-- Classes -->
  <owl:Class rdf:about="#AdministrativeStaff" rdfs:label="administrative staff worker">
    <rdfs:subClassOf rdf:resource="#Employee"/>
  </owl:Class>
  <owl:Class rdf:about="#AssistantProfessor" rdfs:label="assistant professor">
    <rdfs:subClassOf rdf:resource="#Professor"/>
      </owl:Class>
```

图 7-3　本体实例

1）二十四史本体的构建

二十四史本体是在中华书局已有的信息化基础之上，由武汉大学信息资源研究中心的董慧教授领导的团队构建的一个大型的领域知识本体。该本体将历史史实和相关领域知识有机地结合起来，集领域知识和历史史实的查询、浏览、导航、编撰于一体，将知识性和功能性结合起来，可以有效地满足用户对于历史史实各方面的信息需求和知识发现。

其参考资料主要有以下内容：《二十四史》《中国历史地名大辞典》《二十四史纪传人名索引》《二十五史人名大辞典》《中国古今地名对照表》《中国史历日与中西历日对照表》《中国历史地图集共八册》《中国历史纪年表》。其中，转化地名的数据共 75 577 条记录；纪传人物共 25 540 条记录。

在二十四史本体中，数据规模达到数据库记录 268 491 条；其中纪传人物表 33 071 条记录，时间表 126 493 条记录，地点表 108 927 条记录，地图标注地点共 12 736 个。为了对历史史实中的各种实体和语义关系进行准确的标注，二十四史本体应用了语义标注工具，可以辅助专家进行语义标注。

图 7-4 是二十四史本体中的一个语义标注实例。对于一段历史史实，可以对其中的实体，如人物、事件、亲属关系、出生年月等进行语义标注，形成有语义关系的本体组织结构。为了实现复杂的应用需求，系统设计了相关的本体应用逻辑结构（图 7-5）。

如图 7-5 所示，二十四史本体可以支持系统导航、人物分析、系统检索、系统推理和图形处理的功能，为用户提供信息导航、知识发现和推理、语义分析等多方位的信息知识服务。

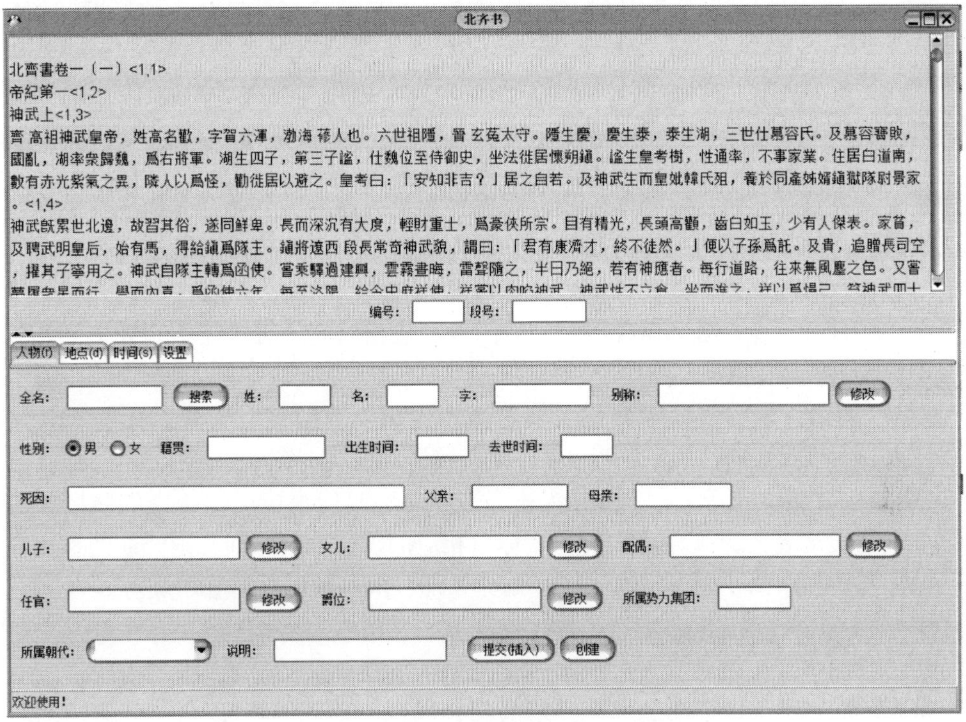

图 7-4　二十四史本体语义标注实例

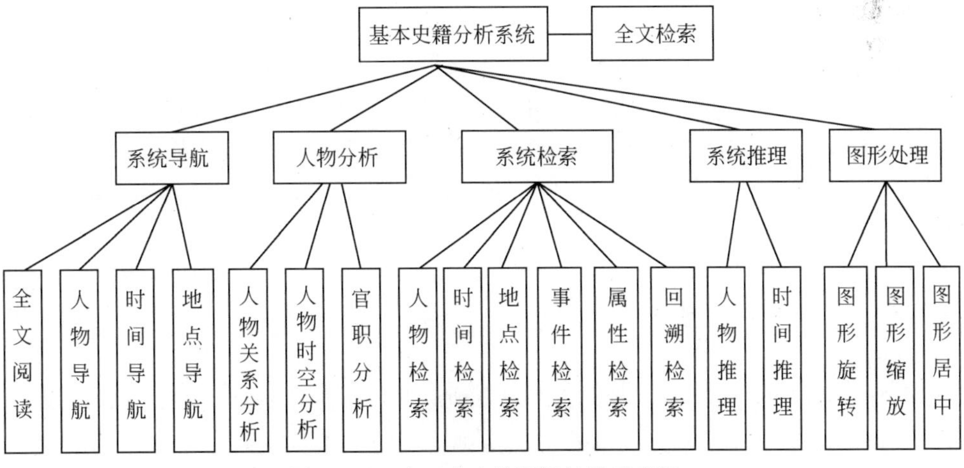

图 7-5　二十四史本体逻辑结构示意图

2）二十四史本体的知识组织结构

二十四史本体采用核心扩展法（middle-out），确定核心概念，然后在核心概念的基础上进行扩展，建立完整的概念模型。其中主要的三个核心概念是“人物”“时间”和“地点”。

“人物”概念的划分主要是对二十四史本体中所有的人物都进行了明确的归类。“人物”的具体划分依据为《二十四史人名索引》和《二十四史纪传人名索引》。首先按史籍对人物进行划分，史籍下按拼音字母对历史人物的姓氏进行编排，这种分类方式符合读者的检索习惯，便于实现导航检索。

“时间”的划分主要涉及多种时间表示方法，主要有年号、年数、月份、干支、春夏秋冬，是岁、是月、是日、明年等。划分时以各朝代为第一级分类，各朝代下的皇帝在位时段为第二级分类，其下再以年号具体细分。模糊的时间表达通过人工干预换算出具体时间。同时，为了后续的推理需要和读者浏览检索的方便。时间下附有按照公元纪年进行划分的分类，并且可以通过时间属性将两种时间表示法相对应。对时间的划分主要参照中华书局《中国历代年号表》。

“地点”的划分主要依据谭其骧主编的《中国历史地图集》中各断代的地名索引资料。将地点这一类划分为一级政区（郡、国、州、道、省等）、二级政区（郡、县、府等）、三极政区（县、邑等），以及自然地形等。动乱时代视情况作相应的微调。各个地点以《中国历史地名大辞典》为主要依据标出相应的现代地名。如三国时期的地点的一级政区下包含州子类，州子类下可以进一步划分为郡、国、属国、尹等子类等。

3）二十四史本体的属性结构

根据应用的需求，每个概念都需要定义两种属性，即数值属性（datatype）和对象属性（object）。数值属性主要用于描述概念的自身信息和结构，如人物的姓、名、字、号、性别等。而对象属性是各个概念之间联系的纽带，也是推理和分析的基础。

“人物”的相关属性为对该人物进行全息分析提供了详尽的信息。如“出生时间”和“去世时间”属性建立了“人物”和“时间”之间的联系，将这两个属性设置为对象属性主要是为了更全面地描述时间概念。“籍贯”属性建立了“人物”和“地点”之间的联系，如果两个或多个人物的“籍贯”属性值相同，则可推理出这些人属于同乡关系。“父亲”“母亲”“儿子”“女儿”和“配偶”属性建立了“人物”和“人物”之间的联系，这五个关系属性是推理亲缘关系的基础，通过“父亲”“母亲”“儿子”“女儿”“配偶”和“出生日期”这六个对象属性和“性别”数据类型属性，可以推理出更加复杂的几十种家族关系。“任职”属性建立了“人物”和“官职”之间的联系，反映了人物曾担任过的主要职务。

“地点”主要有五个属性：“地名”“现今地名”“存在时期”“异称”“说明”。其中“地名”数据属性主要描述官方认可的正式名称。“现今地名”为古今地名的对照，如长安对应现陕西省西安市。“存在时期”反映地名存在的朝代或时期。“异称”为不同史籍中的别名。“说明”补充前举属性的未尽事宜。

“时间”对象的相关属性主要是“公元纪年时间”，反映了古代纪年方式与公元纪年方式的转换。

二十四史本体一共包括 122 个本体类、32 个对象属性、28 个数据属性，15 个推理属性和 179 503 个实例，其中事件本体实例 225 个，人物本体实例 54 036 个，时间本体实例 5490 个，地点本体实例 115 985 个，行政区域实例 3767 个。

4）二十四史本体的应用

系统分为前台和后台两部分。后台的基本功能包括：系统维护、资源建设和维护、本体库建设和维护等，开发了资源录入工具包、地图标注软件、底本转换与索引工具包、关系模式转换语义模式工具包等。前台的基本功能包括：全文阅读、史籍检索、知识检索、时空分析。

人物脸谱是当前研究的热点之一，二十四史本体选择传记人物为主，根据二十四史和相关史书资料构建历史人物一生的踪迹。二十四史本体用人物、时间、地点、事件构成一个立体空间，描述一个人的一生。在时空分析功能中，人物检索显示用户所要查找的历史人物所在时期的地图，和该人物一生行为的轨迹，起始地点为人物籍贯所记载的出生地，以红圈表示，终点为人物死亡地。不同地点叙述了该人物在不同时间所发生的事。系统从人物、时间、地点和事件多方位地展示了传记人物的全貌。

为了满足查询需求，二十四史本体应用前台系统有四个功能模块：推理模块、查询模块、网络服务模块和语义关联模块。

推理模块中运用推理规则对已有的历史史实进行语义推理，发现语义关系。（图 7-6）知识库的一致性检测推理使用 pellet 和 racer 在 protégé 中使用插件 DIG。使用时，系统自定义规则库，混合前向与后向推理，推理效率优化。

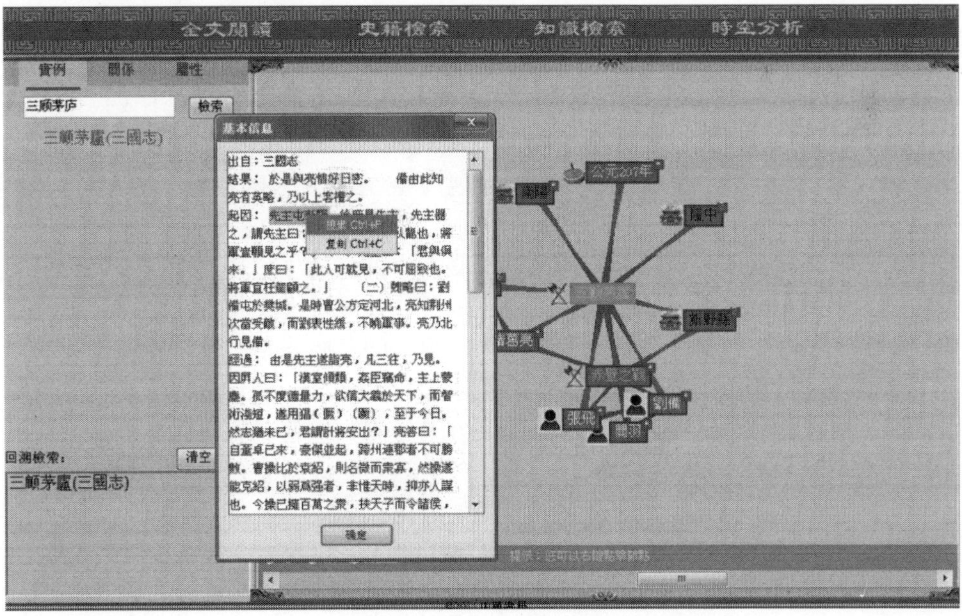

图 7-6　历史史实语义关联

查询模块对 SPARQL 进行查询优化主要应用了 AG 的索引策略，代价估计与启发式，模式约简与动态规划算法，简化查询步骤，提高了效率。

网络服务模块使用 RESTful 术语服务，并使用 NoSQL 图形数据库将本体 A/T-box 以 RESTful 的形式发布。

语义关联模块可以将不同的对象、实例和属性互相关联，形成有机整体。图 7-6 中的实例是三国时代的史实“三顾茅庐”。语义关联模块通过分析发掘出了这个历史史实中的各个历史人物及其之间的关系。同时，还将历史年代，历史地点以及同一时期重要的历史史实和“三顾茅庐”联系到一起，使用户能够更方便快捷地进行信息获取和知识发现。

7.3 关联数据的知识组织

关联数据作为 W3C 推荐的一种最佳的语义网实现方式，受到工业界和研究领域的广泛关注和采纳，关联数据以 RDF 和 URI 为基础，建立在 HTTP 协议上，为实现网络数据的互联和知识发现提供了重要的实现途径。

7.3.1 关联数据的提出

关联数据（linked data）最早是在 2007 年 5 月，由 Chris Bizer 和 Richard Cyganiak 向 W3C SWEO 提交的一个项目申请 Linked OpenData Project 中提出来的。关联数据简单地说就是一些 RDF 格式的数据，也是用三元组（主体，谓词，客体）来表示资源。所以研究关联数据，知道数据的 RDF 格式是必不可少的。关联数据和 RDF 数据最主要的区别在于关联数据是要发布到网上并供人搜索的，所以描述资源的三元组的不再是统一资源标志符（URI），而是 URI 和 HTTP 协议的组合，可称为统一资源定位符（URL），这样资源才能发布到网上。

关联数据提出的目的是构建一张计算机能理解的语义数据网络，而不仅仅是人能读懂的文档网络，即把文档的网络变成数据的网络（web of data），以便于在此之上构建更智能的应用。关联数据真正被人们熟悉和快速发展应该是在万维网发明者 Berners-Lee 爵士 2009 年 2 月在 TED 大会上关于关联数据的演讲。他讲到关联数据是和万维网发明一样的巨大变革，万维网正从文件互联网走向数据互联网。Berners-Lee 号召政府部门和个人开发自己的数据，并发布到网上，这样其他人就可以关联并使用这些数据。2009 年被称作是关联数据之年，关联数据还是一门新兴的技术，有很大的发展空间。

与关联数据密切相关的就是关联开发数据项目（Linked Open Data Project）（Heath & Bizer，2011）。Linked Open Data Project 的宗旨在于号召人们将现有数据发布成 linked data，并将不同数据源互联起来。在过去的几年中，越来越多的数据提供者和互联网应用开发者将他们各自的数据发布到互联网上，并且与其他数据源关联在一起，形成一个巨大的数据 Web。现在互联网上已经有各种各样令人感兴趣的开放关联数据。只有当开发数据的数据转化为结构化的 RDF 数据时才可能是关联数据，例如关联数据集 DBpedia 就是把维基百科的数据自动或半自动地转换为 RDF 机构化数据。所以维基百科是开放的数据，DBpedia 的数据是关联的数据。

7.3.2 关联数据的实现技术

关联数据并不是简单地用超链接把万维网上的数据联系起来，而是通过 RDF 和 URI

来对网上的信息进行具体的描述和定位，把整个信息世界联系起来。关联数据的发明人 Berners-Lee 在 2006 年为关联数据总结了四个原则，概括了关联数据的诸多特性：

1）使用 URI 作为任何事物的标识名称。

2）使用 HTTP URI，使任何人都可以参引这一全局唯一的名称。

3）当有人访问 URI 时，以规范（RDF 或 SPARQL）形式提供有用的信息。

4）提供链接指向其他的 URI，以使人们发现更多的相关信息。

URI 和 HTTP 是关联数据的技术基础。URI 能够在万维网中唯一的确定信息的位置和名称。URI 和 HTTP 结合，人们就可以在世界的任何位置通过 HTTP 协议访问到关联数据。RDF 为万维网上的信息提供了一个具有通用性的、图形化的数据模型，对信息进行描述和结构化。当参引的 URI 标识的是信息资源时，服务器将成功响应，返回给客户端的 HTTP 代码，即 HTTP 200。当非信息资源被参引时，服务器根据内容协商机制从数据源返回给客户端 HTTP 303 代码，即重定向到描述该非信息资源的信息资源地址。客户端再次请求，得到一个描述非信息资源的信息资源。除了内容协商和重定向之外，非信息资源的 URI 由相关信息资源和片断标识符（如#）组成，也能够实现参引。

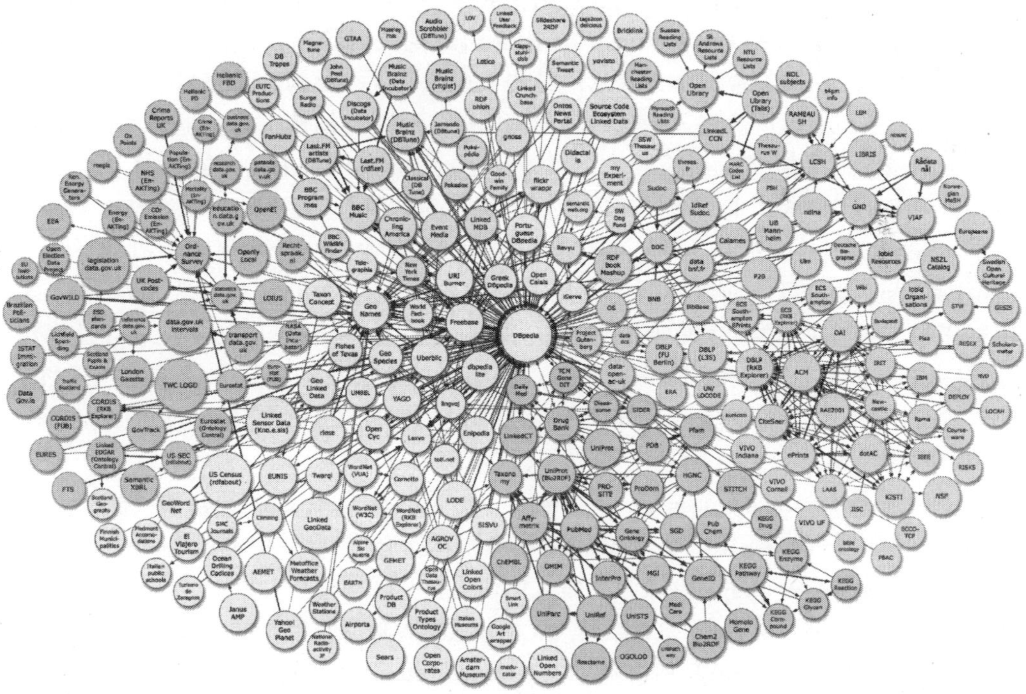

图 7-7　关联数据网络示意

图 7-7 是 2009 年开发关联数据（LOD）之间的语义链接图。从中可以看出网络上互相关联的数据形成了一个庞大的“数据网”（web of data），使用户可以方便快捷地用浏览器访问和处理网上的任意数据。自 2006 年以来，关联数据得到了广泛的认同和快速的发展。2007 年 5 月，互联网上构建并发布的关联数据约有 5 亿个 RDF 三元组（triples）。2008 年，已有超过 20 亿的 RDF 三元组。至 2009 年 5 月，已有超过 100 个数据集

(datasets), RDF 三元组也超过 47 亿个。

发布到网上的不同的数据集之间如何相互连接, DBpedia 给出了很好的说明。DBpedia 通过 RDF links 把不同的数据集关联起来的, RDF links 也是一个三元组。三元组分为主语、谓语、宾语。资源都是用 HTTP URI 表示的, 除了宾语是文字的资源。在 RDF links 中三元组的主语、谓语、宾语中其中的至少有两个元组要属于不同的数据集, 这样才能把不同的数据集关联起来。RDF links 的数量越多, 被连接的数据资源就越丰富, 可以提供的有效的数据关联就越多, 用户就能够更加方便地对网络上的数据进行查询和关联。

7.3.3 书目数据的关联组织

传统的书目数据是以 MARC 格式存放的一维线性组织数据, 有着结构化程度高、机读速度快等优点, 至今仍被图书馆大量采用。然而, MARC 数据格式也存在由于缺乏语义信息, 由于缺乏对象层次, 既无法在互联网上和其他的数据资源之间形成有效的语义链接, 又难以适应互联网环境下对信息共享和语义知识发现的需求的局限性。本节通过将书目数据转换成关联数据格式, 来讨论如何实现书目数据的关联组织结构问题。

为了把 MARC 格式的书目数据转换成 RDF 格式的关联数据, 首先需要将这些书目数据对应的元数据的格式转换成本体表示的结构, 也就是说需要构造和 MARC 格式相应的本体模式来描述书目数据中的语义信息。目前国内外已有一些描述书目数据的本体, 如欧盟 DERI (Digital Enterprise Research Institute) 创建的 MarcOnt Ontology, 包含 34 个大类和 43 个属性, 用于不同格式的书目描述间的转换; D' Arcus 和 Giasson 等人开发的基于 RDF 的书目本体 Bibiliographic Ontology Specification, 包含 69 个类, 52 个对象属性和 54 个数据属性, 可以作为其他书目数据源交换的通用词汇基础; NSTL 书目本体 (白海燕和乔晓东, 2010) 作为将数据库中的书目数据转换成关联数据的本体参照, 共包含 18 个类和 410 个属性; Kvision 本体 (王军和程煜华, 2009) 利用书目数据自动构建本体辅助对网络信息资源进行组织和利用。这些本体和知识组织都部分的实现了 MARC 格式向 RDF 数据及本体模式之间的转换。

MODS (metadata object description schema) 由美国国会图书馆 2002 年制定, 它基于 XML 的文献描述 schema, 用于融合 MARC 和都柏林核心 (DC) 中的元数据描述。MDOS 能够与现有的数据资源描述高度兼容, 而且更加适应互联网环境。SIMILE 项目是由 W3C、麻省理工大学图书馆和麻省理工大学科学和人工智能实验室联合研制开发的, 主要关注数字资料的互操作性。在 SIMILE 项目中, 由 Stefano Mazzocchi 开发研制的本体 RDF Ontology for MODS V3. 1 将 MODS V3. 1 中的要素 (element) 描述成本体中的类和属性, 以便对相关的数字资源进行转换和交换。

考虑到 MODS 承启了 MARC 格式的中元数据的描述, 与其他的 LIS 领域中的受控词表互为补充, 并在图书情报领域有较强的权威性, 我们在书目数据的转换中采用了 RDF Ontology for MODS V3. 1 作为书目数据转换的参照本体, 用于描述书目数据的元数据属性。RDF Ontology for MODS V3. 1 共定义了 40 个类, 和 62 个属性; 其中不包含子类的有 11 个类, 包含子类的有 4 个类。属性则分为六大类, 分别是: general properties、item properties、name properties、item relationships、record properties、roles。

RDF Ontology for MODS V3.1 各个类的名称和包含子类个数如表 7-4。

表 7-4 RDF Ontology for MODS V3.1 分类表

类名	所属类别	包含子类个数
Record	Classes	0
Date	Classes	0
Classification	Classes	0
Audience	Classes	0
Genre	Classes	0
Language	Classes	0
Description	Classes	0
Form	Classes	0
Publisher	Classes	0
Conference	Classes	0
Corporation	Classes	0
Title	Title type	4
Name	Name type	3
Item	Item type	12
Subject	Subject type	6

RDF Ontology for MODS V3.1 的 subject type 中类和子类间继承关系如图 7-8 所示。

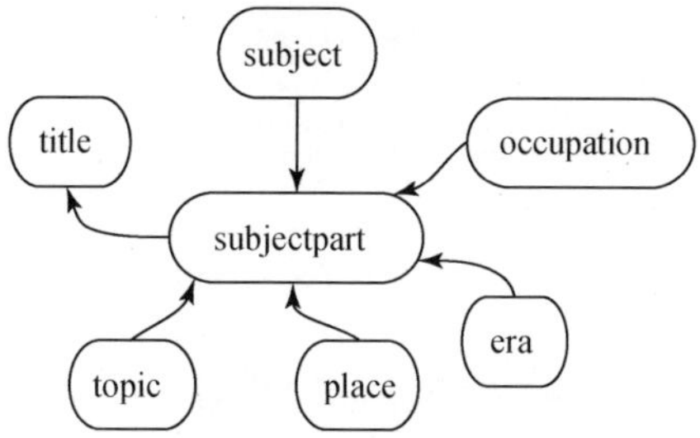

图 7-8 subject type 中类和子类间继承关系

通过参照 RDF Ontology for MODS V3.1，可以将书目数据转换成 RDF 的描述格式。我们从 Project Gutenberg Australia（PGA）项目中下载 1281 条 MARC 格式的书目数据。Project Gutenberg Australia 网站是 Colin Choat 在 2001 年创立的对澳大利亚的知识产权已经到期的电子书和电子文档进行免费共享的一个组织。为了对多种书目数据进行关联，我们从 code4rda（software for the resource description and access（RDA）library standard）项目中下载了 155M 的美国国家图书馆发布的 NT 格式的 RDA 数据。RDA 格式是图书馆资源描述的新方式，和传统的 FRBR 方式相比，它更适合对网络上的互联数据进行描述，并非常适合由关联数据的格式进行表达。NT 格式是 RDF 数据格式的一种，无需做数据转换即可和其他的网上数据资源进行关联匹配。对从 PGA 中下载的 MARC 格式数据如图 7-9 所示。

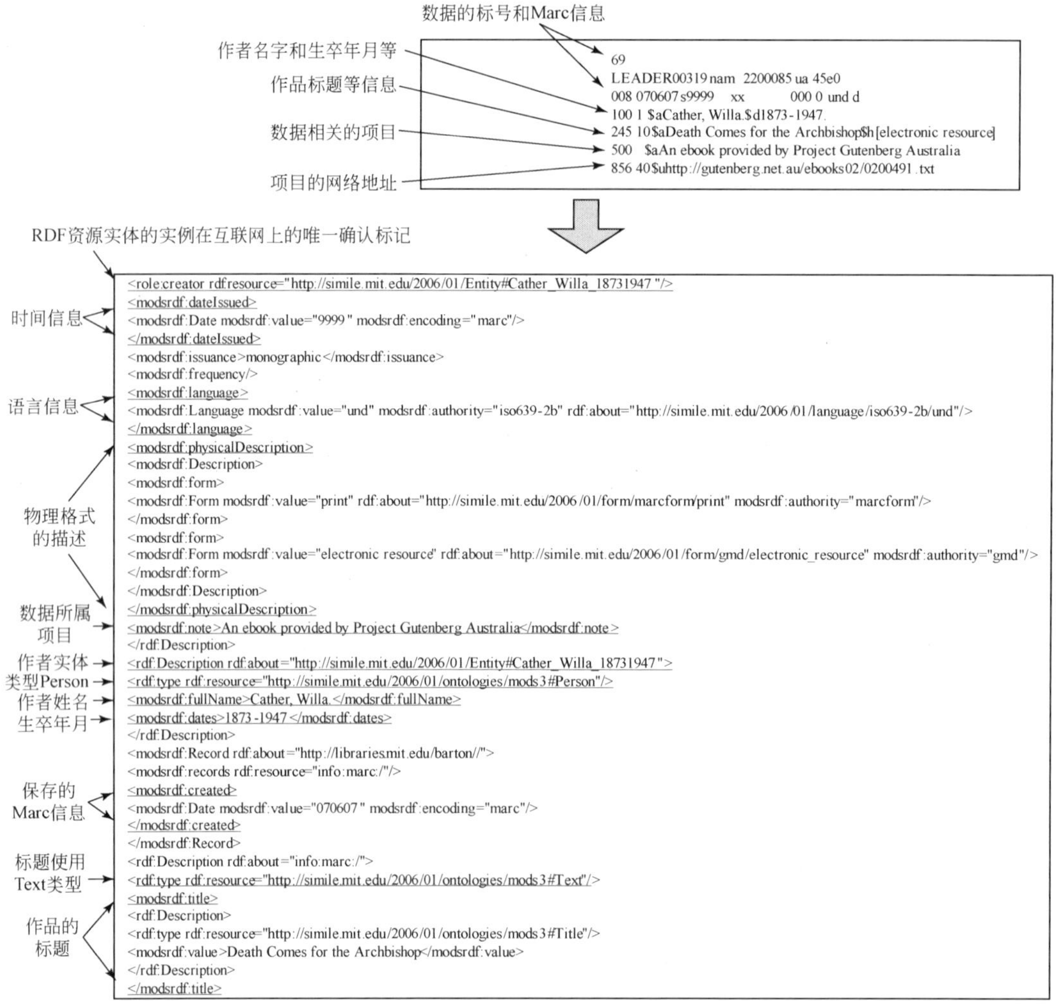

图 7-9　书目数据转换

图 7-9 的上半部分是一段由 MARC 格式标记的书目数据，包含了相关的元数据信息和具体的书目信息。经过转换后生成的 RDF 文件保存了 MARC 数据中所应有的元数据信息，同时把相关的书目数据实例转换成了一个 RDF 资源实体的实例（<role: creator rdf: resource = " http: //simile. mit. edu/2006/01/Entity#Cather_ Willa_ 18731947" />）。这个实例由 URI 标签唯一指定，发布后可以在浏览器中直接浏览。对于书目数据中的作者数据，转换后的 RDF 数据把作者作为一个实体（entity）的实例（<rdf: Description rdf: about = " http: //simile. mit. edu/2006/01/ Entity#Cather_ Willa_ 18731947" >），并通过本体中定义的 person 类型对作者实例进行数据类型的约束（<rdf: type rdf: resource = " http: //simile. mit. edu/2006/01/ontologies/mods3 # Person" />）。作者的生卒年月（<modsrdf: dates>1873-1947</modsrdf: dates>）和全名（<modsrdf: fullName>Cather, Willa. </modsrdf: fullName>）是作者实例的属性。和作者相关的作品被定义成本体中的文本类

型（<rdf：type rdf：resource=“http：//simile. mit. edu/2006/01/ ontologies/mods3#Text”/>），作品的标题（<modsrdf：value>Death Comes for the Archbishop </modsrdf：value>）标记为 title 标签（<modsrdf：title>）。为了方便在互联网上进行信息共享，转换后的 RDF 数据采用了 RDF/XML 格式，方便被其他的网络应用程序处理和访问。

为了最大化的防止信息丢失，在 MARC 数据向 RDF 本体实例转换中保存了大部分的 MARC 数据物理格式和语言信息，分别由标签“modsrdf：dateIssued”“modsrdf：language”“modsrdf：physicalDescription”等进行描述。而和原始 MARC 数据相关的项目信息也被保留在生成的 RDF 本体实例数据中，由标签“modsrdf：note”进行标志。

通过对比 RDF 本体实例数据和原始的 MARC 格式的书目数据，可以看出 RDF 本体实例数据对语义关系和实体属性的描述更加的精确，依照本体定义的实体属性关系对数据进行层次化的定义和描述，而不仅仅是平面化的简单的数据描述。本体实例的方式对书目数据中的各个不同的部分进行描述可以灵活地对这些数据进行有机的组织和阐释，既符合语义网的命名规范和关联数据原则（Bizer et al.，2009），也更适用于现在广为接受的网络信息传播方式。

本章探讨语义信息的知识组织，从语义网和本体的角度对知识组织的结构和方法进行了研究。语义网以现有的万维网为基础，在 XML 语法和 URL+Unicode 的基础上通过资源描述框架（RDF）和网络本体语言（OWL）构建了一个可进行语义推理和知识发现的数据网络。在方便用户更加快捷有效地进行信息获取和知识发现的同时，通过机器可识别标志语言为计算机分析和理解语义提供条件。在语义网中，本体作为一种知识组织的结构和共享词集，能更有效地为语义分析和知识共享服务。本体的知识组织方式，以描述逻辑为基础，通过 OWL 和 RDF 等作为网络应用的描述方式，能为语义网、自然语言处理、知识库构建等提供有效的应用服务。为了更好地实践语义网的数据语义分析和互联功能，关联数据被作为实现数据网络的有效途径为人们所采纳。关联数据通过 URI 和 HTTP 技术提供数据之间的链接，方便了用户通过浏览器对数据进行快捷的访问和处理，为应用程序和用户提供了语义推理和知识发现的有效实现方式和资源。

第 8 章　关键词语义知识的深层组织实践

学术论文标注的关键词反映了论文的主题，对关键词进行考察已成为分析科学研究规律的一条新途径。但简单的关键词统计与排列这种浅层的组织和分析，难以呈现盘根交错的学科特征与学科间规律。语义网络技术为探索关键词间隐含的知识联系和科学规律提供了非常有效的手段。通过把论文关键词以及关键词 h 指数结合起来，考察引用论文间的深层关键词关联性，对探索文献间、学者间、学科间、科学研究领域间的语义关系提供了又一有效途径。本章将在语义网络和关键词 h 指数的基础上，从多角度探讨关键词深层语义的学术作用。

8.1　关键词复杂网络和 h 指数的研究概况

语义知识的深层组织（董振东和董强，2001）主要指在词汇、关键词、术语和短语等语义承载单位上，进行上下位、同义、反义、对义、部件–整体、引用、关联等语义知识的多角度、多层次的组织。本章对关键词语义知识深层组织的探讨主要集中在部件-整体、引用和关联这三个语义方面（部强，2011）。

词汇级复杂网络的研究目前主要集中在自然语言中的词汇层面，而针对关键词进行语义网络的探究还停留在初级层面上。复杂网络的诸多研究起源于 Erdős 和 Rényi（1960：P17-61）构建的随机图理论，Guare（1990）在此基础上提出了著名的六度分隔理论。通过类比小世界现象，具有较高聚集性质和较小连通距离的网络被称为小世界网络（Watts & Strogatz，1998）。在上述复杂网络理论模型的基础上，针对词汇级的语义知识构建了不同种类的语义知识网络。Cancho 和 Solé（2001）在复杂网络的基础上，将共现的距离控制在 2 以内，构建了英语的共现词网络，该网络表现出明显的无尺度特性和小世界效应。在 WordNet、Roge、Free Association Norms 词典的基础上，Steyvers 和 Tenenbaum（2005）构建了三种不同的语义网络，三种网络均呈现出真实网络的特征，具有小世界现象。面向英语、法语、德语、孟加拉语、爱沙尼亚语、印地语、泰米尔语七种语言构建词共现网络，Choudhury 等（2010）通过整体拓扑特征进行深入比较，揭示了七种语言网络的共同特征。

在汉语分词语料上，刘知远和孙茂松（2007）构建了汉语的词共现网络，从最短距离和聚类系数这两个指标上，揭示了汉语在词共现网络上的小世界效应。通过构建不同语义知识元之间的复杂网络，Tang 等（2005）构建了汉语的语义知识网络，证明该网络属于典型的小世界网络。信息计量学中，针对文本中的词汇，相关研究者构建了一定的词汇网络。Hung 和 Wang（2010）基于 RFID 专利数据验证了专利引用网络中的小世界现象。Amancio 等（2012）发现将论文以文本形式构建成复杂网络时，引文列表中并不包含与原论文相似的文献。Guan 和 Gao（2009）通过分析专利文献中的 h 指数，给出了 20 家世界顶尖企业中的专利分布情况。Banks（2006）在物理学关键词的基础上，结合 h 指数，探讨了如何发掘物理学这一学科的研究主题。本章在上述研究的基础上，以每一篇文章所在的关键词为语义知识单位，通过构建关键词语义知识网络，发现关键词语义知识下所蕴含的关联语义知识，并结合关键词的 h 指数，进一步探讨关键词语义知识之间的关联性。本章的关键词语义知识组织的整体研究框架和流程如图 8-1 所示。

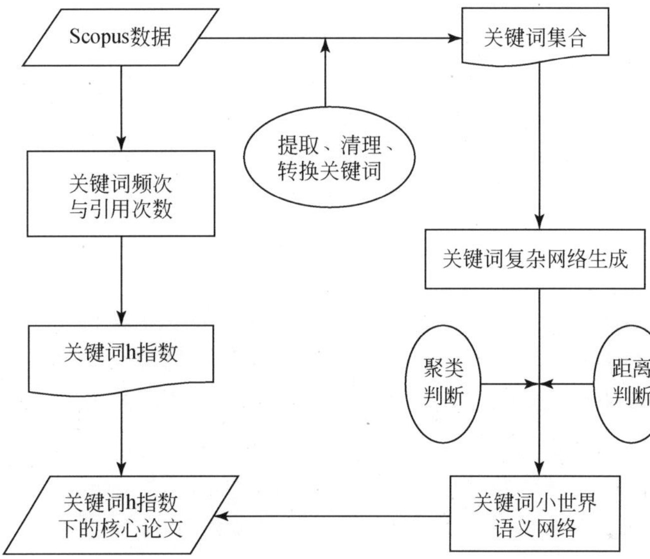

图 8-1 关键词语义网络知识组织的研究流程图

8.2 关键词语义知识深层组织的数据清洗

基于复杂网络和 h 指数探究关键词语义网络的知识组织过程，主要以 Scopus 数据库为数据来源。Scopus 是全世界最大的摘要和引文数据库，涵盖了 15 000 种科学、技术及医学方面的期刊，不仅为用户提供了其收录文章的引文信息，还直接通过简单明了的界面整合了网络和专利检索。为了更好地计算、分析和观察关键词所形成的网络，对所提取的关键词数据，进行了一定的数据清洗操作，数据清洗规则见表 8-1。

表 8-1 数据清洗规则与实例

序号	数据清理操作	原数据	清洗后数据
1	大小写转换	Web mining	web mining
2	去掉简称	support vector machines（SVMs）	support vector machine
3	删除括号“()”	(almost) cyclostationary processes	almost cyclostationary processe
4	删除逗号“,”	(k, n) threshold	k n threshold
5	删除短横“-”	dempster-shafer theory	dempster shafer theory

续表

序号	数据清理操作	原数据	清洗后数据
6	将序数词转换为数字	(second) preimages	2 preimage
7	删除星号“*”	3*-connected	3 connected
8	复数转单数	abstracts	abstract
9	删除其他符号	H<inf>â^ž</inf> decentralized	decentralized
10	恢复全称	SVM	support vector machine
11	删去斜杠“/”	3D/stereo scene analysis	3d stereo scene analysis

在Scopus数据库中分别提取图书情报领域和人工智能领域的文献，通过对表示学科分类号的字段“ASJC-CODE”进行提取，两个学科领域的ASJC-CODE分别为3309和1702。从提取的文献中，获得图书情报领域2008年所有文献的关键词共111 444个，人工智能领域关键词共128 732个（2007～2011年）。鉴于关键词本身分布的不规范性，为了充分挖掘关键词之间存在的语义关系，按照表8-1的清洗规则完成了对两个学科的关键词数据清洗，主要进行了名词单复数转换、不必要的符号的删除、恢复全称这三种类型的清洗。最终得到图书情报领域关键词91 225个，人工智能领域关键词92 928个。下文将针对清洗后的关键词进行讨论。

为了说明关键词构建网络及关键词h指数计算过程中所使用的关键词所在的文献及其引用文献的具体数量，对2007～2011年人工智能领域和2008年图书情报领域的年总发文量和引用文献量进行了统计（表8-2）。

表8-2　2007～2011年人工智能领域和图书情报领域发文和引文统计

学科名称	年份	总发文量	论文总引用量
人工智能	2007	1 946 361	15 918 647
	2008	2 024 637	13 336 502
	2009	2 116 205	10 310 966
	2010	2 225 410	6 533 997
	2011	2 349 638	2 730 755
图书情报	2008	1 840 321	14 875 371

在判定关键词的语义网络是否呈现小世界现象的过程中，根据六度分割理论（Guare，1990）可知，如果小规模的论文关键词呈现小世界现象，那么在更大规模的关键词上也是呈现的。所以在构建图书情报关键词语义网络的过程中，只选用了2008年的数据。在计算关键词的h指数过程中，本章选取了人工智能领域五年的数据，是因为一方面关键词的h指数计算需要一定的时间跨度，另一方面计算出的数据需要与定期召开的学科会议主题进行核实。人工智能领域国际会议较为活跃和稳定，便于研究者进行核实。

8.3 关键词语义网络中的小世界现象

从知识组织的序列化角度出发，分析关键词构成的词汇分布情况以及关键词的共现状况可知，关键词间存在一定的连通性，因此一定规模的关键词会构成一个有效的网络，即关键词网络。根据上述的描述，本章对图书情报领域的关键词进行了网络的构建。由于整个网络规模较大，难以全部展示，图 8-2 给出了以关键词“citation analysis”为核心的，最短连通路径小于等于 2 的部分关键词网络示例。

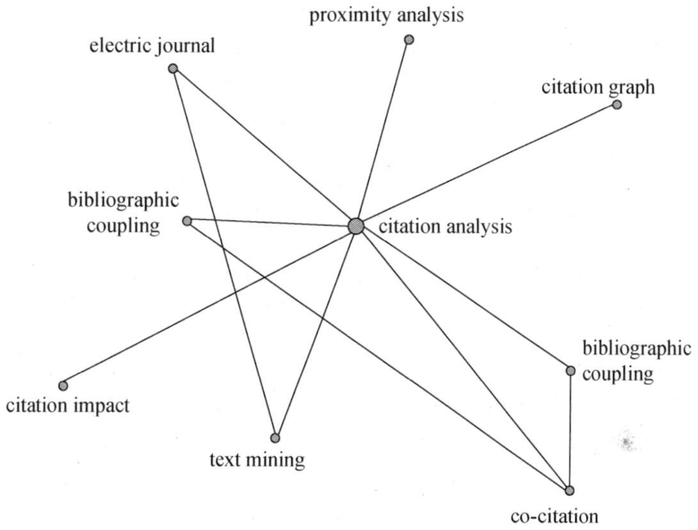

图 8-2　图书情报领域关键词网络示例

8.3.1 关键词语义网络的小世界效应

经典模型的随机网络模型（stochastic network model）是由 Erdős 和 Rényi 提出的 ER 随机网络模型。真实的关键词网络模型并不是 ER 模型，但在关键词网络研究中，为了界定关键词网络的特性、突出关键词网络的特征，在关键词网络整体特征统计分析时，往往与 ER 随机网络进行比较。小世界现象是真实网络的一个重要特征，判断真实网络与 ER 随机网络的一个重要指标是聚集系数。该参数是用来判断一个网络是否是小世界网络的关键特征。在复杂网络中，节点（node）i 与 j 的距离 $\langle d\rangle$ 就是连接节点 i 和节点 j 所需的最短路径长度。相比随机网络，关键词网络中的 $\langle d\rangle$ 相对较小。在关键词网络中，$\langle d\rangle$ 表示从一个关键词节点到另一个关键词节点所需要的平均最短路径长度，它是判断小世界网络的重要参数之一。关键词的随机网络模型和真实关键词网络的相关指标值见表 8-3。

表 8-3 图书情报领域关键词网络的主要属性

名称	数据清洗前			数据清洗后		
	Watts-Strogatz 聚集系数	网络聚集系数	平均最短路径	Watts-Strogatz 聚集系数	网络聚集系数	平均最短路径
真实网络	0.875 57	0.342 09	4.297 91	0.873 27	0.171 45	4.910 90
随机网络	0.000 47	0.000 46	5.606 32	0.000 38	0.000 38	7.819 49

1）关键词语义网络平均最短路径

在复杂网络中，节点 i 与 j 的距离是连接节点 i 和节点 j 所需的最短路径长度，整个网络的平均路径长度可以用公式（8-1）计算。

$$\langle d \rangle = \frac{1}{N(N+1)} \sum_{i \neq j} d_{ij} \tag{8-1}$$

式中，N 是网络中节点的数量；i 和 j 分别为网络中的节点；$\langle d \rangle$ 表示整个网络的平均路径长度。大部分真实网络都具有较小的 $\langle d \rangle$。在关键词网络中，$\langle d \rangle$ 表示从一个关键词节点到另一个关键词节点所需要的平均路径长度。表 8-3 显示，真实关键词网络的平均最短路径为 4.9，而随机关键词网络的平均最短路径为 5.6。根据对网络呈现小世界现象的判断，从关键词网络的平均最短路径上看，关键词网络呈现了小世界的效应。

2）关键词语义网络的聚集系数

在图论中，聚集系数（clustering coefficients）是对图中的点倾向于集聚在一起的程度的一种度量。对于关键词网络，是指在与一个关键词相连的其他关键词间相互直接连接的概率。网络聚集系数可分为基于全局的和局部的。通常情况下，聚集系数是指全局的平均聚集系数。

假设复杂网络中的一个节点 i 有 k_i 条边将它和其他节点相连接，这 k_i 个节点就是节点 i 的邻居。显然，在这 k_i 个节点中最多可能有 k_i（k_{i-1}）/2 条边。而这 k_i 个节点之间实际存在的边数 E_1（i）和总的可能存在的边数 k_i（k_{i-1}）/2 之比就定义为节点 i 的聚集系数 CC_1（i），即

$$CC_1(i) = \frac{2E_1(i)}{k_i(k_i - 1)} \tag{8-2}$$

整个复杂网络的聚集系数 CC_1 就是所有节点 i 的聚集系数的平均值。即

$$CC_1 = \frac{\sum_{i=1}^{n} CC_1(i)}{N} \tag{8-3}$$

式中，N 为整个复杂网络的节点数。很明显 $CC_1 \leqslant 1$。$CC_1 = 1$ 时，当且仅当网络全局耦合，即网络中任意两个节点都直接相连。从表 8-3 可以看出，相比于对应的随机网络，真实原始关键词网络和数据清洗后的关键词网络的聚集系数，无论是在 Watts-Strogatz 聚集系数上

还是在网络聚集系数上都是非常高的。根据网络呈现小世界现象的聚集系数特征，由关键词构建的网络呈现出严格的小世界现象。

当一个网络满足较高的聚集系数和较短的平均最短路径条件时，便可以称为小世界网络。从上述关于对关键词网络的平均最短路径和聚集系数的分析可以看出，关键词语义网络呈现出极为明显的小世界效应。

8.3.2 关键词语义网络的应用举例

基于 Scopus 中关键词构成的网络，通过相应的统计和计算，揭示了关键词网络呈现小世界现象。关键词网络的一个主要功能是提供学术研究领域主要关注点，即通过关键词网络的节点，发现相应的知识点。而该知识点主要是通过关键词网络的中介度（betweenness centrality）获取的。

中介度的概念源于社会网络中个体重要性的分析，由 Freeman（1979）提出。他认为，如果一个节点处于多对点之间，该节点的中介度可能会较低。但这个中介度较低的点可能会起到重要的中介作用，是网络中重要的节点。它衡量了一个节点位于其他节点之间的程度，表示的是其他节点对其的依赖程度。对于网络中的给定节点 v_i，它的中介度 $c\ (v_i)$是 v_i的中介性与网络中最大中介性的比值，是一个百分比。对于一个由 $v_1 \cdots v_n$组成的点集，最大中介度为 C_{max}的网络，其中介中心性测度为$\sum\ (C_{max}-c\ (v_i))$ 除以最大可能值 $c\ (v_i)$，可用公式（8-4）计算。

$$C_B(i) = \sum_{j<k} g_{jk}(i)/g_{jk} \tag{8-4}$$

式中，$C_B\ (v_i)$ 是节点 v_i的中介度，g_{ik}为连接节点 j 和节点 k 的路径数量。归一化表示如公式（8-5）。

$$C_B^n(i) = C_B(i)/[(n-1)(n-2)/2] \tag{8-5}$$

式中，$(n-1)\ (n-2)\ /2$ 表示出了节点本身的节点对数。因此，整个网络的中介中心性可用公式（8-6）计算。

$$\text{Centralization} = \sum (C* - Ci) / \max \sum (C* - Ci) \tag{8-6}$$

中介度（C_B）刻画了节点在网络中的重要程度，反映了节点在网络中可能承载的网络流量。C_B 测量的是一个点在多大程度上位于网络中其他点“中间”。一个度数相对比较低的点可能起到重要的中介作用，可能处于网络中心。一个点的中介度测量是该点对应的行动者在多大程度上能够成为“掮客”或者“中间人”，以及能在多大程度上控制其他节点。一个节点的 C_B 越大，就显得越重要。因为大量的关键词将通过该节点，所以这个节点在相应学科的研究中也应该成为主要知识点。

基于已经构建的关键词网络，按照中介度降序筛选出了前 20 的中介度关键词。与常用的关键词频次方法相比，基于关键词网络的方法提供了一种新的确定学科知识热点的视角。表 8-4 给出了前 20 个按照中介度和频次降序排列的关键词。

表 8-4　图书情报领域内中介度和频次最高的 20 个关键词

中介度排序	关键词（中介度）	对应频次排序	频次排序	关键词（频次）	对应中介度排序
1	internet	2	1	library	4
2	IS	7	2	internet	1
3	digital library	4	3	academic library	7
4	library	1	4	digital library	3
5	information retrieval	5	5	information retrieval	5
6	database	47	6	information literacy	9
7	Academic library	3	7	IS	2
8	data mining	34	8	KM	10
9	Information literacy	6	9	communication technology	29
10	KM	8	10	world wide web	71
11	complexity	97	11	librarian	13
12	collaboration	15	12	user study	16
13	librarian	11	13	Web 2. 0	18
14	evaluation	24	14	public library	38
15	feedback	167	15	collaboration	12
16	user study	12	16	collection management	37
17	entropy	93	17	United States of American	130
18	web 2. 0	13	18	reference service	64
19	search engine	21	19	information service	52
20	video	143	20	learning	36

由表 8-4 可以看出，与基于频次排序的方法一样，基于中介度排序的方法可以给出学科研究热点。在两种方法中，排名前 10 的关键词基本一致。在排名前 20 的关键词中，基于中介度的方法可以将一些频次相对较低的关键词凸显出来。比较两种方法遴选出的 20 个词汇，从反映研究热点准确程度分析，中介度方法也许略胜一筹。

8.4　基于 h 指数的关键词语义知识深层组织探究

在预测学科研究热点、探究学科知识点、确定学科核心知识点的过程中，学科关键词，尤其是经过筛选后的高频关键词的语义知识有着很大作用。但这种通过频次统计出的学科关键词，主要反映的是关键词在学科内某一段时间的热度，而不能反映关键词在学科中的影响力和地位，更不能反映关键词的部分-整体及关联性的深层语义关系。从学科关键词整体语义知识点的呈现角度考虑，本节借鉴 Hirsch（2005）提出的计算公式，通过人工智能学科 2007~2011 年的 Scopus 数据，在整个关键词语义知识点分布的前提下，通过下述方法计算了每一个关键词的 h 指数：当且仅当某关键词所在的 N_k 篇论文中，有 h 篇论文每篇至少获得了 h 次的引用数，其余的 N_k-h 篇论文中各篇论文的引文次数都小于或等于 h 时，此 h 值就是该关键词的 h 指数。通过计算关键词的 h 指数确定的关键词语义知识，即兼顾了关键词的频次和被引次数，克服了传统指标的“质”与“量”的偏颇，也更全面地反映学科的内涵和外延，并且能在一定程度上从历时的角度反映学科发展的状况。基于关键词 h 指数获取的核心学术论文，可以在一定程度上实现知识的有针对性的推送服务。

8.4.1 关键词 h 指数的计算结果及分析

针对从 Scopus 中提取的人工智能关键词，基于对关键词 h 指数的界定与相关计算方法，本章完成了对 92 928 个关键词的计算，并对 h 指数高的关键词进行了分析。表 8-5 给出了人工智能领域 h 指数高的前 25 个关键词，并以关键词 h 指数数值降序排列。

表 8-5 人工智能领域以 h 指数排序居前 25 的关键词

关键词	关键词 h 指数	关键词频次	关键词被引次数
face recognition	25	426	2660
classification	20	811	2289
neural network	19	1657	2714
clustering	19	652	2329
support vector machine	19	329	1835
genetic algorithm	19	728	1835
data mining	19	720	2170
pattern recognition	18	682	1699
feature selection	17	376	1723
fuzzy control	17	410	1323
machine learning	17	573	1474
feature extraction	16	474	1371
linear matrix inequality	16	91	664
rough set	16	177	1160
fuzzy set	16	418	1242
kernel method	15	120	1041
biometrics	15	136	668
stability	15	339	871
object recognition	14	303	1330
image segmentation	14	340	1188
learning	14	437	946
fuzzy system	14	204	815
adaptive control	14	266	770
dimensionality reduction	14	121	599
principal component analysis	14	217	777

作为文章组成部分的关键词，通过关键词 h 指数可以有效地发掘出某一关键词在文献中真实分布的情况。从表 8-5 可以看出，通过 h 指数获取的关键词比基于频次或被引频次获取的关键词更具合理性和科学性，能有效地兼顾频次与被引这两个指标。例如关键词 “clustering” “fuzzy set”，如果从出现频次考虑排名次序较低，从被引频次分析其排名次序较靠前。通过表 8-5 中关键词 h 指数的分布情况，可以发现关键词 h 指数下的关键词具有语义群（危辉，2008）分布的特点，比如 h 指数为 16 的关键词语义群为 “feature extraction、linear matrix inequality、rough set、fuzzy set”。关键词语义群的分布在某种程度上比单个的关键词更有助于学科热点和主题的挖掘。

8.4.2 基于 h 指数关键词语义分布的核心论文确定

如果确定了所研究的人工智能领域的主题，即关键词，通过关键词的 h 指数可以确定相应关键词的核心论文。通过关键词的具体 h 指数值所确定的论文称之为 h 核心论文。h 核心论文充分体现了关键词语义的关联性，即关键词与论文之间所对应的部分-整体语义关系。同时，通过关键词 h 指数值确定的论文不仅兼顾到论文的量，也考虑到了论文的被引频次，在一定程度上反映出所确定的某一主题下论文的有效性和影响性。表 8-6 和表 8-7 中给出了人工智能领域中涉及 “data mining” 和 “biometrics” 这两个关键词的核心论文。

表 8-6 人工智能领域中 “data mining” 的核心论文

编号	关键词	被引次数	发表年份	论文标题	期刊/会议
1	data mining	41	2002	An efficient k- means clustering algorithms: Analysis and implementation	IEEE Transactions on Pattern Analysis and Machine Intelligence
2	data mining	40	2002	Learning Bayesian networks from data: An information- theory based approach	Artificial Intelligence
3	data mining	36	2004	Fuzzy rule selection by multi- objective genetic local search algorithms and rule evaluation measures in data mining	Fuzzy Sets and Systems
4	data mining	32	2002	Unsupervised feature selection using feature similarity	IEEE Transactions on Pattern Analysis and Machine Intelligence
5	data mining	31	2003	Mining stockprice using fuzzy rough set system	Expert Systems with Applications
6	data mining	30	2006	A GA- based feature selection and parameters optimizationfor support vector machines	Expert Systems with Applications
7	data mining	30	2002	Web mining in soft computing framework: Relevance, state of the art and future directions	IEEE Transactions on Neural Net-works
8	data mining	29	2005	Rule weightspecification in fuzzy rule- based classification systems	IEEE Transactions on Fuzzy Sys-tems
9	data mining	26	2003	A complete fuzzydecision tree technique	Fuzzy Sets and Systems

续表

编号	关键词	被引次数	发表年份	论文标题	期刊/会议
10	data mining	25	2005	Predicting breast cancer survivability: A comparison of three data mining methods	Artificial Intelligence in Medicine
11	data mining	24	2003	Fuzzy associationrules: General model and applications	IEEE Transactions on Fuzzy Systems
12	data mining	23	2002	The growing hierarchical self-organizing map: Exploratory analysis of high-dimensional data	IEEE Transactions on Neural Networks
13	data mining	23	2004	Empirical and theoretical comparisons of selected criterionfunctions for document clustering	Machine Learning
14	data mining	21	2002	How to make large self-organizing maps fornonvectorial data	Neural Networks
15	data mining	21	2001	Trade-off between computation time and number of rules forfuzzy mining from quantitative data	International Journal of Uncertainty, Fuzziness and Knowlege-Based Systems
16	data mining	20	2008	Genetic fuzzy systems: Taxonomy, current research trends and prospects	Evolutionary Intelligence
17	data mining	20	2003	Evolutionary computing for knowledge discovery in medical diagnosis	Artificial Intelligence in Medicine
18	data mining	19	2005	Clustering of time series data - A survey	Pattern Recognition
19	data mining	19	2001	Mining associationrules procedure to support on-line recommendation by customers and products fragmentation	Expert Systems with Applications

表 8-7　人工智能领域中“biometrics”的核心论文

编号	关键词	被引次数	发表年份	论文标题	期刊/会议
1	biometrics	45	2003	Information fusion in biometrics	Pattern Recognition Letters
2	biometrics	36	2005	Score normalization in multimodal biometric systems	Pattern Recognition
3	biometrics	26	2005	ThehumanID gait challenge problem: Data sets, performance, and analysis	IEEE Transactions on Pattern Analysis and Machine Intelligence
4	biometrics	26	2003	Online palmprint identification	IEEE Transactions on Pattern Analysis and Machine Intelligence

续表

编号	关键词	被引次数	发表年份	论文标题	期刊/会议
5	biometrics	26	2003	Personal Identification Based on Iris Texture Analysis	IEEE Transactions on Pattern Analysis and Machine Intelligence
6	biometrics	26	2003	Silhouette Analysis-Based Gait Recognition for Human Identification	IEEE Transactions on Pattern Analysis and Machine Intelligence
7	biometrics	25	2005	An evaluation of multimodal 2D + 3D face biometrics	IEEE Transactions on Pattern Analysis and Machine Intelligence
8	biometrics	22	2002	Decision-level fusion in fingerprint verification	Pattern Recognition
9	biometrics	20	2004	Biohashing: Two factor authentication featuring fingerprint data and tokenised random number	Pattern Recognition
10	biometrics	20	2003	Comparison and combination of ear and face images in appearance-based biometrics	IEEE Transactions on Pattern Analysis and Machine Intelligence
11	biometrics	19	2007	Globally maximizing, locally minimizing: Unsupervised discriminant projection with applications to face and palm biometrics	IEEE Transactions on Pattern Analysis and Machine Intelligence
12	biometrics	17	2005	Identity authentication using improved online signature verification method	Pattern Recognition Letters
13	biometrics	16	2004	Fingerprint classification based on extraction and analysis of singularities and pseudo ridges	Pattern Recognition
14	biometrics	15	2002	Palmprint identification by Fourier transform	International Journal of Pattern Recognition and Artificial Intelligence
15	biometrics	15	2005	A biometric identification system based on eigenpalm and eigenfinger features	IEEE Transactions on Pattern Analysis and Machine Intelligence

表 8-6 和表 8-7 分别选取了人工智能领域中 “data mining” 和 “biometrics” 两个关键词的 h 指数分别为 19 和 15 的核心论文。所选取的这 19 篇和 15 篇论文，从引用数量上和质量上，很大程度涵盖了涉及 “data mining” 和 “biometrics” 这两个关键词的主要研究论文。

本章从关键词语义网络和关键词频次与引文频次的 h 指数角度入手，针对关键词的语义知识进行了深层次的组织实践。一方面，基于复杂网络的相关知识，结合 Scopus 中 2008 年图书情报领域的关键词共现构成的网络，根据小世界网络的平均度和聚集系数这两个主要特征，通过统计和计算，发现和解释了关键词语义网络呈现小世界的现象。并在对关键词网络的特征进行分析的基础上，通过与基于频次的学科知识点发现进行比较，认为基于关键词网络的中介度获取的学科知识点在一定程度上更具合理性和真实性。另一方面，基于 Hirsch 对于 h 指数的界定及关键词 h 指数的计算方法，针对 Scopus 的 2007 ~ 2011 年的人工智能学科的数据，通过计算得出每一个关键词的 h 指数，并基于关键词 h 指数给出了相关核心论文。

第9章 知识地图的组织与展示

知识地图（knowledge map）是知识管理的有力工具，它以一种可视化的方式展示知识的分布及知识之间的关系，使得知识的获取变得更加容易。知识地图能有效地整合分散在组织内的各类知识，并使之有序化和便于管理。它实际上把一个组织中的知识资源进行汇集、整合、关联，形成了组织的知识集合和知识流。运用知识地图，可以按图索骥，得到寻找知识的途径，有效地缩短获取知识的时间，加速知识循环。知识地图不仅能够展示显性知识，还能有效地引导获取隐性知识。例如，通过知识地图的指引，可以迅速定位和提供隐性知识的专家。因此，知识地图是提供知识服务的有力工具，通过知识地图对知识的组织和展示，能够促进知识共享并为用户获取知识提供极大的便利。

9.1 知识地图概述

在地理学中，地图就是按照一定比例，运用各种符号、颜色、标注等描绘地球表面的自然地理、交通旅游、行政区域等信息的图形。依据地图的指引，人们可以顺利达到自己的目的地。知识地图源于地理上的地图，美国捷运公司最早的知识地图是一张充满知识资源的美国地理地图，它是带有索引号和表示层次关系的表格和文件以及信息资源管理表和信息资源分布图，它就是知识地图的雏形（Vail，1999）。杨谱春（1999）认为知识地图的概念最早是由布鲁克斯在他的经典著作《情报学基础》中提出的，他在该书中指出情报学的真正任务应该是组织、加工和整理客观知识并构建以各个单元为节点的知识地图。关于知识地图，目前尚未形成统一的定义，不同的学者表述不尽相同。司莉和陈欢欢（2008）将其分别概括为：知识指南目录说、知识管理工具说、知识导航系统说、知识分布图说和关系说。尽管上述各类定义侧重点各有不同，但它们都具有以下共同点：①知识地图并未直接表达知识内容，而是展示知识所在的位置。②知识地图揭示了知识之间的关系。③知识地图以可视化方式展现知识间的关系。因此，知识地图可以描述性地定义为：知识地图是以一种可视化的方式展现知识的分布及知识之间关系的知识导航和管理工具。

与知识地图相关的概念还包括知识图谱和主题图等，明晰它们之间的概念区别对于界定知识地图的研究内容和研究方法具有极其重要的意义。这些概念之间既有区别又有联系。大连理工大学的陈悦和刘则渊（2005）将知识图谱（mapping knowledge domain）定义为：可视化地描述人类随时间拥有的知识资源及其载体，绘制、挖掘、分析和显示科学技术知识以及它们之间的相互联系，并在组织内创造知识共享的环境以促进科学技术研究的合作和深化。知识图谱多用于揭示学科或领域研究热点和演进趋势，揭示科学研究的社会网络关系和学科研究的交叉领域，而知识地图则以知识导航、方便使用者获取和实现知识共享与重用为主要目的，它们之间应用的侧重点不同。主题图（topic map）是一种用于描述信息资源的知识结构的元数据格式，它可以定位某一知识概念所在的资源位置，也可以表示知识概念间的互相联系（艾丹祥和张玉峰，2003）。从概念可以看出，主题图作为一种知识组织技术，以元数据的形式展示知识和知识之间的联系，具有和知识地图相同的功能，因此可以作为构建知识地图的方法。然而，知识地图类型广泛，主题图并不能够支持所有类型的知识地图构建。

9.1.1 知识地图的作用

知识经济时代，知识管理是各类组织深入挖掘自身潜力、提高核心竞争力的关键所在。知识地图作为知识管理的有力工具，在组织的知识管理中占有重要的地位。知识地图通过有关技术或方法将组织、人和知识这三个要素有效地集成在一起，在组织的知识共享、知识发现、知识服务、人力资源管理、资产管理等方面都有巨大的推进作用。

1）缩短知识获取的时间，加速知识循环

知识地图是用于帮助人们了解在何处能够找到知识抑或得到相关知识的工具，它的主要作用在于帮助人们在短时间内找到所需的知识资源。知识的使用者在寻找知识过程中往往处于一种盲目的状态，不知道在哪里能够获取所需知识。知识地图正是一种指引使用者高效获取知识的工具。知识地图在组织知识获取与交流方面的作用包括：节省作业时间（寻找资料、研究方法的使用、撰写报告、避免不必要的重复工作等）；有效整合分散于各系统间的相关知识，提供系统浏览分类搜寻的能力；通过知识资源中的新闻公告等内容，人们可即时获取工作上所需的知识；通过有关知识社群的运作，协助创造知识分享环境，加速组织学习。

2）有助于揭示组织内的隐性知识

组织的核心竞争力取决于其所拥有的隐性知识。因此如何充分利用组织内的隐性知识是组织提升竞争力的关键所在。知识地图能够实现组织的知识共享，显性知识的共享相对比较容易，而隐性知识由于其自身的特点，当用文字来表述它们的时候，往往使隐性知识变得死板僵硬，失去本身的精华内容，也就难以发挥作用。所以不应强求把隐性知识显性化，而应利用知识地图的知识导航功能指向拥有隐性知识的专家，提供专家的联系方式，让有需求的人主动联系专家进行交流，有效地利用和发挥好组织中宝贵的隐性知识财富。

3）促进无形资产的评价与管理

所谓无形资产，是指有关组织所拥有的不具有实物形态，但对组织存在和发展具有重要意义的有关资源的统称，如专利权、企业形象、特许经营权等。无形资产可以分为四类：市场资产、知识产权资产、人才资产和基础结构资产。对于财务和物质资源的评价和管理，有关组织可以通过财务系统汇总、管理信息系统统计等方式进行。而对于无形资产，则很难进行有效的统计和管理，一方面组织难以确定内部无形资产的种类，另一方面也难以确定各类无形资产的数量和等级。而知识地图可以促进组织无形资产的评价与管理。

通过知识地图的知识分类表，很容易区分组织中无形资产的种类。知识地图的变化则可以体现相关无形资产的成长性、流动性、创新程度、利用率和稳定性。从知识地图中，可以详细分析无形资产的各项主要指标，例如，针对市场方面的监测指标就包括：市场分布、市场占有率、满意指数等。

4）协助人力资源管理

知识地图另一个重要功能是可以协助组织进行人力资源管理。知识地图能够记录组织内每位成员的知识存储和技术特长，根据这些知识存储可以判断成员在组织中的重要程度，防止重要人才的流失。知识地图可以通过角色说明和工作任务导航，来辅助新成员或者是更换工作任务的老成员的培训，组织内每位成员都可以借助知识地图来明确自己的职责，清楚自身定位，并可以在更大范围上理解组织的运作，找到可供自己使用的资源。知识地图可以记录成员对于知识管理的参与程度，评价成员学习的能力并依此进行评价与奖惩。知识地图可以协助成员学习，统计成员的知识背景和项目需求等，发现有关成员缺乏的知识并督促成员自我学习。知识地图的统计可以发现组织知识哪里欠缺，并为组织引进人才提供科学参考。

5）丰富了知识服务的内容

文献服务系统可以提供用户所需要的文献，信息服务系统可以提供包括文献在内的各种类型的信息，知识服务系统以提供知识为主要目的。但无论是知识点的知识提供，还是语义推理的知识服务，抑或数据仓库给出的决策支持信息，都只能视为显性知识的知识服务。知识地图构造的知识资源，不仅具有显性知识，更重要的是将组织内的隐性知识也给予关联，使之能够为用户指示隐性知识的所在，实现隐性知识的知识服务，从而丰富了知识服务的知识提供内容。

9.1.2 知识地图的分类

知识地图按照不同的分类标准可以分为多种不同的类型，例如，根据知识的表现形式可分为显性知识地图和隐性知识地图；按照知识的形态可分为静态知识地图和动态知识地图；按照表现对象和表现范围可划分为内部知识地图和外部知识地图等。目前，较为有影响的分类有如下几种。

Eppler（2001）按照知识地图的功能将知识地图分为知识资源地图、知识资产地图、知识结构地图、知识应用地图和知识开发地图。知识资源地图用于描述“在哪里能找到拥有我需要的知识的人或能为我的问题提供解决办法的人”。知识资产地图用于描述“我们拥有多少知识资产”。知识结构地图用于描述“运作一个项目需要什么样的技能，技能之间的关系怎样，通过什么过程才能获得每种技能”。知识应用地图表明在企业价值链的某一阶段或某一具体商业环境中应用到哪些知识。知识开发地图描述了开发某种能力所必需的阶段，用作可视化的学习或开发的导引图，为组织学习提供共同目标。

弗伦奇·考德威尔按照知识的构成将知识地图分为概念型知识地图、流程型知识地图和职称型知识地图。概念型知识地图只包含叙述性知识，依据主题或概念组织而成。流程型知识地图包含了叙述性知识与程序性知识，依据有次序的活动流程组织而成。职称型知识地图也称为能力型知识地图，包含叙述性知识与程序性知识，根据人员与知识间的关系组织而成。

国内学者陈强等（2006）从应用的角度将知识地图分为企业知识地图、学习知识地图和资源知识地图。企业知识地图是企业知识资产的指南，协助企业知识使用者快速且正确地找到所欲寻找的知识。学习知识地图以概念图与基模设计的知识库的表示，它能够将学生所学的概念和将要学习的概念之间关系表达出来，学生可以以既有的概念为基础，构建新的知识结构。资源知识地图是领域显性知识和隐性知识的索引。

除此以外，按照不同的需求还可以建立知识进化循环图、组织知识范围图、知识转移过程图、个人知识进化图等多种知识地图。事实上，在具体的实际应用中，组织所使用的知识地图往往是以上多种类型知识地图的组合。甚至有时从组织的需求出发，需要在这些分类的基础上添加新的知识地图类型，以全面且准确地表达一个组织对于知识地图的需求。

9.1.3 知识地图的表现形式

知识地图在学习培训、知识检索、知识获取和资源导航等方面有着广泛的应用，不同的应用中，基于知识的关系，知识地图有多种表现形式。

在某些应用中，知识之间具有上级与下级、管理与被管理或者包含与被包含的层次性质的关系。展示这类知识关系的知识地图的表现形式是等级图和概念图等。等级图用来描述范畴与亚类关系、类继承关系或者组织结构等。组织结构图是最常见的等级图，各类组织一般都会有自己的组织结构图。这种组织结构图勾画了从最高层的管理机构到下级部门甚至项目小组的组织结构和相互关系。使用组织结构图，可以按部门级别查看相关知识。在面向对象的程序设计中，父类和子类之间具有继承关系，它们之间的关系图也是一种等级图。概念图是某个主题的概念及其相互关系的图形化表示，是组织和表述知识的工具。它通常将某一主题的有关概念置于圆圈或方框之中，然后用连线将相关的概念和命题连接，连线上表明两个概念之间的意义关系。图 9-1 是概念图的一个例子。

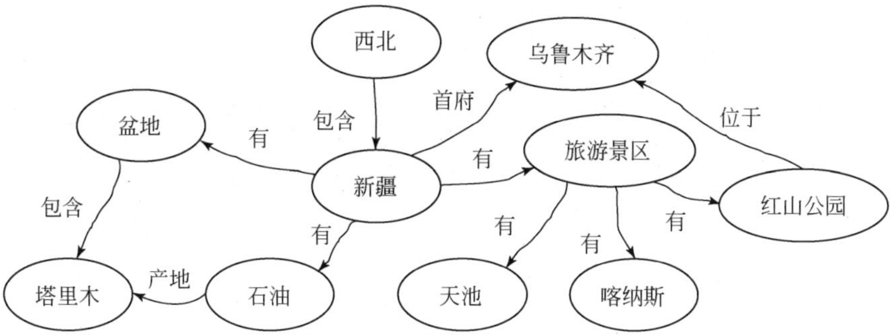

图 9-1 概念图示例

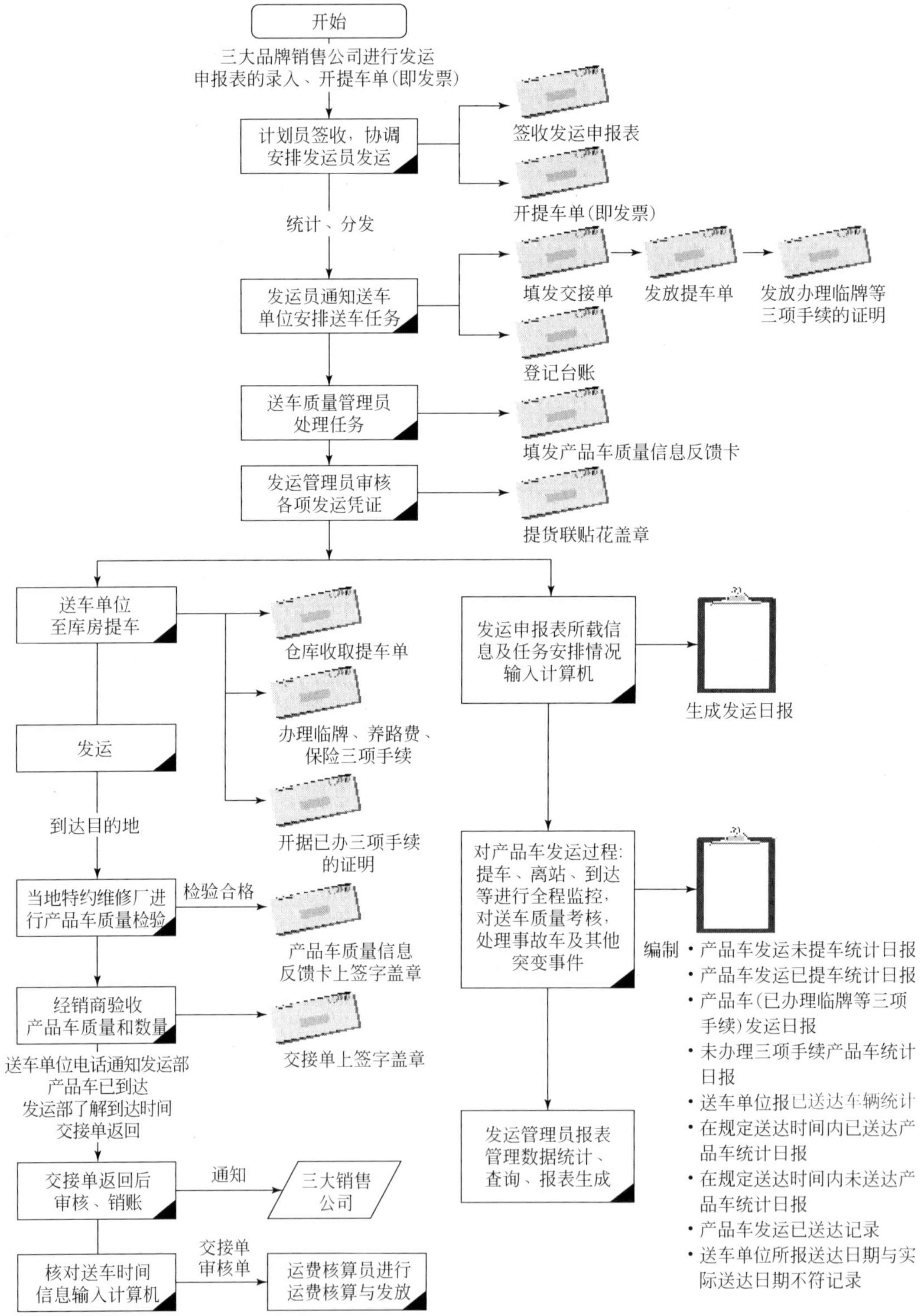

图 9-2 某公司发运流程图

该图引自苏新宁等编著，由科学出版社 2004 年出版的《企业知识管理系统》，图 7-7

有些知识点之间存在明显的上下位关系，比如时间上的先后关系，逻辑上的因果关系等。展示这类知识关系的知识地图的表现形式是流程图和因果图等。流程图反映的是工作流程的顺序衔接关系或者是解决问题的先后步骤。常见的流程图主要有业务流程图、数据流程图、程序流程图等。图 9-2 为某公司的发运流程图。

一个问题的特性（结果）总是会受到一些因素（原因）的影响，将这些因素（原因）加以整理，形成的有相互关系且系统化的图形称为因果图。换言之，因果图就是以结果为特性，以原因为因素，特性和因素之间用箭头联系形成的图形化表示，用以表示因果关系。因果图绘制出来，形如鱼骨分布，又称鱼骨图。通常头部是目标函数，在尾部是其影响因素，而支线是一些影响目标函数的可控制变量和不可控制变量，图 9-3 是一个因果图的例子。

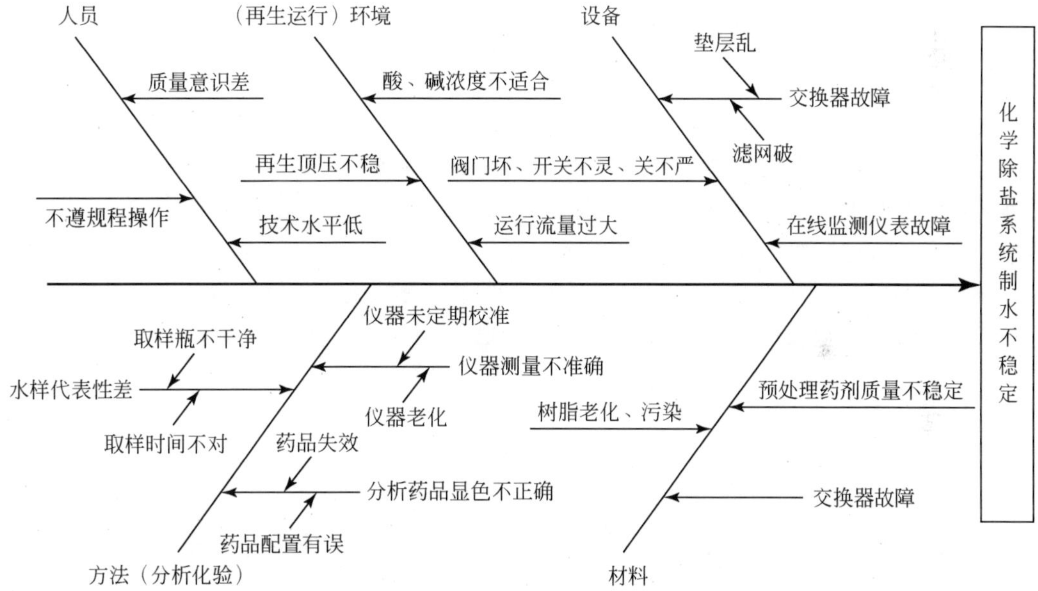

图 9-3　化学除盐系统因果图

该图引自苏新宁等编著，科学出版社 2004 年出版的《企业知识管理系统》，图 7-11

其他知识地图的表现形式还包括比较矩阵和维恩图等。比较矩阵是对事物进行对比的常用方法，它将不同事物的属性排列成矩阵，从而使事物的差异一目了然。比如：一个软件公司针对员工的开发能力构建的比较矩阵，在组建新的项目组时就可以根据比较矩阵选择合适的人员，以高效完成目标任务。维恩图由一系列简单的闭曲线将平面划分为许多区间，用来描述对比不同对象的区别与联系。在知识地图中使用维恩图可以用来表示不同组织、个人之间以及它们与外界之间的关系。

9.2　知识地图的构建

知识地图的构建是利用知识地图进行知识管理、提供知识服务的具体实现环节。它是深入挖掘组织内的显性知识和隐性知识，采用适合的方式表示知识并建立知识之间及知识与知识源之间的链接，以可视化的方式进行展示的过程。知识地图的构建过程实质上是知识的组织过程，涉及知识收集、抽取、关联和展示等多个方面。虽然知识地图的应用领域不尽相同，且涉及相关领域的不同知识内容，但在知识地图的构建过程中，需要遵守一些基本的原则，要按照一定的方法和步骤来实现知识地图的构建。

9.2.1 知识地图的构建原则

在构建知识地图时，一般要遵守以下基本原则：

（1）以需求为导向。知识地图包含的节点数量和关系的建立，应以用户的使用需求为出发点，要简单实用、使用方便，而不是一味地追求大而全。这是对面向知识服务的知识地图的基本要求。

（2）目标明确，围绕主题构建。明确所构建的知识地图用于什么目的、要实现什么目标。根据目标，围绕所确定的主题来建立知识地图中的知识关联，这样可以使得知识地图的表达更为清晰。

（3）充分考虑知识地图的动态性和扩展性。知识地图在使用的过程中应不断更新，以保持其时效性和准确性。因此，在构建知识地图之初就要充分考虑知识地图的动态性和扩展性，使之能够适应组织知识发展变化的具体需要。

（4）遵从统一的标准规范。组织内的知识地图要遵从统一的标准规范。因此，在知识地图的构建中，要形成统一的概念标准和关系规则。

9.2.2 知识地图的构建步骤

Gartner Group 公司认为：知识地图的构建主要涉及知识审计、知识匹配、建立知识资产索引，以及描述知识轮廓与个人化四个主要阶段。其中，知识审计要确定所需的知识及其来源，包括专业术语的使用、某个关键工作的相关知识、哪些知识难以获得，以及涉及哪些专家等。知识匹配本质上是对知识资产进行分类，根据社会和业务背景将知识分门别类地归入不同的领域，并标示它们之间的关系。到此阶段，知识地图的雏形已经形成，能够引导使用者有效地找到所需知识。知识资产的索引源不仅包括信息内容这些显性知识，还包括人员、程序等隐性知识的载体。通过建立知识资产的索引机制，可以记录何时、何地、何人使用了哪些知识，从而获取知识存取过程中的相关信息。知识轮廓与个人化主要是分别从组织和个人的角度来描述使用者与其他事物的关系。例如：使用者与其他人员的关系、使用者与知识资产之间的关系等。也可以说，此阶段定义了哪些人被允许读取与使用哪些信息。

知识地图的构建应该区分为两类：一类是显性知识地图的构建，一类是隐性知识地图的构建。其中，显性知识地图由于显性知识易于表示，其构建过程较为明确，主要分为五个步骤来完成，如图 9-4 所示。

（1）知识收集。使用形式化的方法，按照概念、概念的属性、概念之间的关系对知识进行识别收集，审查知识资产及其来源，确定关键知识。

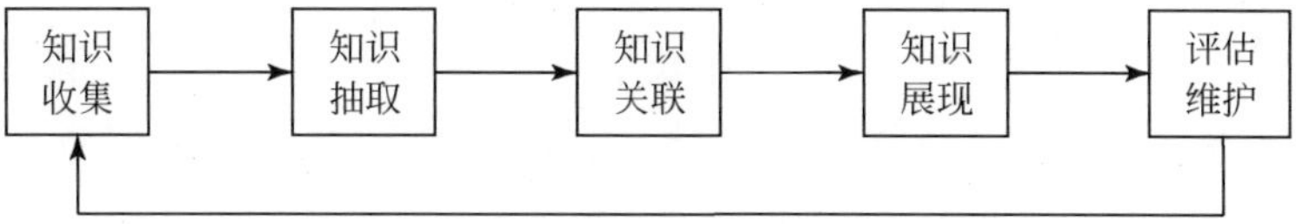

图 9-4　显性知识地图构建流程示意图

(2) 知识抽取。将收集的知识按照知识的语义关系（即主题）进行分类处理，为其添加存储位置、内容简要描述、使用方式等相关信息；同时提取知识元，包括把复杂的知识分解为简单的知识元，对各知识元进行标记、分类和存储。

(3) 知识关联。根据知识元之间的关系建立它们之间的联系，用连接线表示，并使用不同的谓词表示其含义。

(4) 知识展现。利用可视化技术把已形成的知识单元及它们之间的关系展现出来，表现形式可以选择目录等级层次结构、也可以采用树形结构或者网状结构等。

(5) 评估维护。知识地图的构建应该是一个动态循环过程。知识地图构建好后，需要对其进行评估，看其是否满足组织的需要以及是否有一些关键的知识没有纳入进来，并根据需要进行相应的调整。由于知识具有时效性，某些知识会随着时间的流逝而过时，新的知识也会不断产生，这就需要持续地对知识地图进行更新与维护。因此，知识地图的评估与维护是知识地图构建的重要组成部分。

隐性知识地图的构建相对比较困难，这是因为个人技能、技巧和经验等隐性知识难于表达和获取。

一种隐性知识地图的构建方法是：先对隐性知识进行显性化标引，然后按照显性知识的构建方法建立隐性知识之间的关联。其中，关键的隐性知识显性化标引的方法主要有三种：

(1) 个人填写。由隐性知识所有者客观地把自己的教育背景、工作经历、项目经历和专业技能等如实地填写出来，并随着个人技能经验的增加，不断的添加到个人标签中。

(2) 他人评价。有些工作能力方面的信息员工自身很难公正地予以评价，需要借由他人进行综合评价。主要是通过主管人员的评价来获取，有些信息也可以通过员工的相互评分来获取。

(3) 系统发现。组织成员在平时交流过程中，尤其是在网络社区等交流场所，会不经意地显露出其具有的一些知识，如在网上回答他人问题时就可能显示出该成员对某些问题的解决能力。网络平台等应能捕捉这种信息，提炼成员体现出来的知识点，添加到成员的知识标签中。

另外一种隐性知识地图的构建方法是直接建立隐性知识载体或者隐性知识所有者之间的关联。隐性知识显性化的过程通常需要隐性知识主体的参与。隐性知识主体由于隐性知识就是其自身价值所在，往往主观上并不愿表示出来。另一方面，客观上隐性知识在显性化过程中会造成损耗和丢失。所以通过隐性知识显性化构建知识地图，实现知识的共享与创新的效果并不是很好。实践证明，在知识传递过程中，“隐性—隐性”（知识使用者与知识所有者的面对面交流）能够实现知识的 80% 的传递，比“隐性—显性—隐性”传递模式的 9% 效果好很多（Lee，2001）。专家知识地图的构建就是此方法的典型应用。在构建专家知识地图时，不仅要收集专家基本信息（如姓名、性别、出生年月、职称、工作单位和部门、联系方式和家庭住址等）和专长信息（如专家的研究方向和课题等）知识，还要收集专家学术关系网络（包括专家之间、专家与组织之间的关系网络）知识，建立隐性知识主体之间的关联。

9.2.3 知识地图的构建举例

按照前文所述的构建步骤，基于 CNKI 期刊全文数据库知识地图主题的文献数据，构建一个简单的知识地图。通过知识地图可以直观反映知识地图主题近五年的研究热点和发展变化情况。

（1）知识收集。以主题作为检索项，以“知识地图”为检索词，时间范围为 2008 ~ 2012 年，共检索得到 437 篇文献。

（2）知识抽取。关键词是反映文献内容的重要词汇，从文献中抽取关键词作为知识单元。437 篇文献共有关键词 871 个，出现频次为 1765 次。其中出现 3 次以下的关键词为 817 个，占据了绝大多数。“知识地图”一词出现 211 次。加以“个人知识地图”“专家知识地图”“知识地图集”等形式出现的，知识地图关键词达到了 236，超过了半数以上。本例选取出现次数大于等于 10 的关键词作为知识地图的知识节点，如表 9-1 所示。

表 9-1　知识节点及关联度表

关键词	出现频次	共现频次	关联度
知识地图	236	—	—
知识管理	223	84	0.774
图书馆	72	28	0.331
隐性知识	40	21	0.277
本体	34	26	0.330
知识共享	27	20	0.302
构建	21	11	0.219
知识服务	17	4	0.121
知识组织	13	5	0.154
知识转移	11	5	0.169
知识库	10	9	0.300

（3）知识关联。基于关键词频次和关键词之间的共现频次建立知识元间的关联关系。这里仅考虑“知识地图”与其他关键词之间的共现关系，以此来发现“知识地图”这个主题下的热点子主题。由于数据源皆为“知识地图”主题的文献，在计算关联度的时候既要考虑其他关键词出现的频次，又要考虑其他关键词与“知识地图”共现的频次，因此将关联度定义为

$r_d = \alpha *$（关键词出现频次/“知识地图”出现频次）$+\beta *$（关键词与“知识地图”共现频次/关键词出现频次）

式中，α，β 为权重系数，反映关键词出现频次和关键词与“知识地图”共现频次的重要

程度。这里设定 $\alpha=0.7$，$\beta=0.3$，关联度的值如表 9-1 所示。

（4）知识展现。基于以上抽取的知识元和建立的知识关联绘制知识地图，如图 9-5 所示。

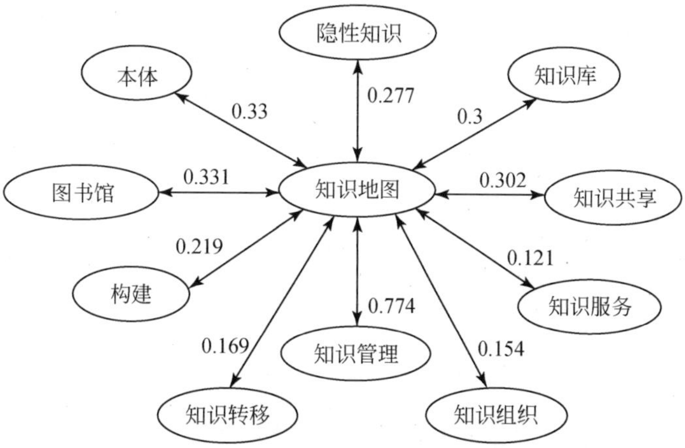

图 9-5　“知识地图”研究主题的知识地图

9.3　知识地图的组织

从前文构建的简单知识地图可以看出，知识地图的研究呈现以下几个特点：

（1）将语义网的本体技术引入到知识地图的构建中，以期通过本体的语义描述能力建立知识单元之间的语义关联，进而形成知识地图网络。

（2）知识地图的构建已从早期的概念型知识地图、流程型知识地图、职称型知识地图等显性知识地图向以基于社会关系网络的隐性知识地图发展。这是因为隐性知识才是组织的核心价值所在，隐性知识的社会化对于促进知识创新具有更为重要的意义。

（3）知识地图的应用研究开始向知识服务领域扩展。这一方面是信息服务机构等科研支撑部门对于提升知识服务的迫切需要，另一方面也反映出知识地图的知识导航能力和方便知识获取的优点受到广泛认可和关注。

语义网技术的引入、隐性知识地图的构建和知识地图应用的不断扩展，为基于知识地图的知识服务提供了技术准备和应用基础。

9.3.1　知识地图组织的概念模型

知识组织的本质是知识序化，便于知识的查找、使用和共享，以实现知识服务的最终目的。虽然分类法、元数据、主题词表等知识组织工具具有很多优势，但依然无法满足人们对于隐性知识的需求。知识地图的组织需全面考虑组织内各种类型的资源以及与组织内资源有重要联系的外部资源，以确保知识地图的信息资源的完备性和全面性。知识地图的组织需要从各类资源中抽取知识元，经过处理，采用适合的方法进行知识表示，建立知识元之间的关联关系，采用可视化技术展现知识节点及其之间的关联关系，形成知识地图。图 9-6 给出了知识地图组织的概念模型。

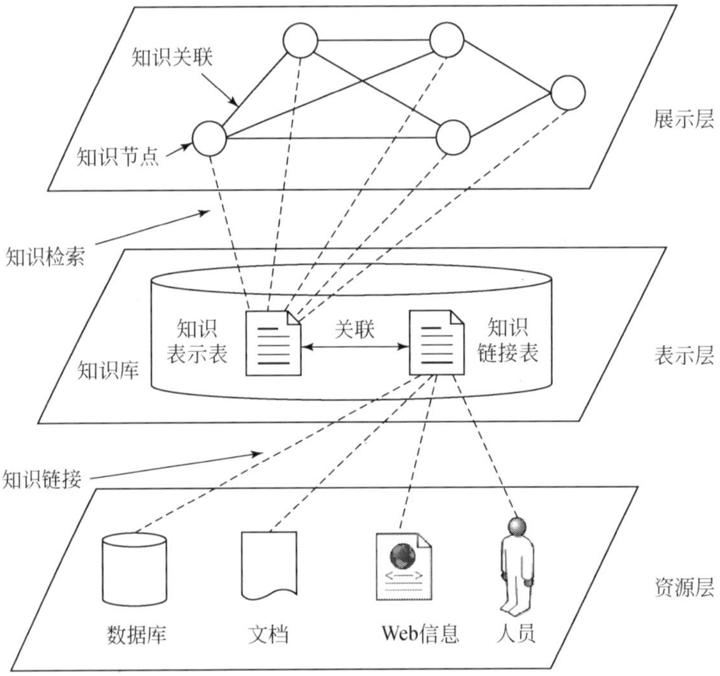

图 9-6　知识地图组织的概念模型

资源层是知识地图组织的基础，也是知识地图构成的基本来源。知识地图一个重要特点是不直接表达知识内容，而是展示知识所在的位置。资源层所包含的内容就是知识的具体的存储位置。资源层是知识收集的结果，它包含了组织内所有结构化和半结构化的数据，也包括了隐性知识的载体人。

表示层是资源层和地图展示层的中介，也是实现基于知识地图组织的关键所在。表示层实现了对资源层中所蕴含知识的抽取，以知识元形式表示，定义它们之间的语义关系，并通过量化来描述它们之间的关联度。知识库中的知识表示表存储了知识地图中的所有知识表示，知识链接表存储了知识元所指向的具体资源。知识表示表与知识链接表通过知识元 ID 主键关联。知识表示层和资源层通过知识链接实现知识元与其具体存储位置的信息资源之间的关联。

展示层是根据具体应用基于表示层所形成的视图，它是知识地图组织的外在呈现。展示层根据具体的应用需求通过检索知识表示表中的相关知识元，根据它们之间的语义关系绘制出知识地图。展示层由知识节点和知识关联组成，这里的知识节点可以是知识元本身，也可以是知识元进一步概括和抽象所形成的知识对象。

例如：马费成教授是作为知识对象的一个实例，我们称之为学者知识元。在建立马费成个人学术研究主题知识地图或者马费成研究团队成员之间合作关系知识地图时使用的是知识元本身。通过对知名学者和其研究团队建立知识地图可以帮助年轻学者把握学术研究前沿，为学习深造选择导师提供参考，起到了知识导向的作用。当在建立学术研究团队之间或者学术机构之间的学术关联知识地图时，就需要对知识元进行进一步的概括和抽象。以马费成教授的研究团队和武汉大学老师作为知识节点，通过建立学术研究团队或者机构之间的学术关联知识地图可以了解团队或者机构之间学术合作的情况，探讨合作研究的可能性和合作研究的互补性。知识关联用于反映知识节点之间的语义关联关系及关系度。关系度的计算根据不同应用的需要采用不同的算法。知识地图展示层通过知识检索获取表示层存储的关于知识节点和知识关联的知识表示。

9.3.2 知识地图的数据库表达形式

数据库系统本质上是一个计算机存储数据的系统，它是一种结构化的数据存储方式。现存的数据中大约有 77.3% 被存储在关系数据库中（Kalfoglou & Schorlemmer，2003）。知识地图的数据库表达研究如何将复杂的知识地图存储在关系数据库中，以及怎样易于对知识地图进行重构甚至动态的扩展。关系数据库分为关系模式及元组两部分。其中，关系模式定义关系的描述，它可以形式化地表示为：R（A，D，dom，F）。其中 R 为关系名；A 为组成该关系的属性集合；D 为属性组中属性所来自的域；dom 为属性向域的映像集合；F 为属性间数据的依赖关系集合，包括主键、外键以及各种完整性约束（郭朝敏等，2012）。关系数据库的模型主要是由一系列的关系模式以及关系模式间的引用关系组成的。如果把关系模式中的元组看作知识地图中的节点，把关系模式间的引用关系看作知识地图中的关联关系，就可以通过关系数据库实现对知识地图的存储。

不同类型的知识地图的数据库表达形式并不完全相同，需要基于知识地图的具体类型进行分析。为说明方便，以图 9-1 为例来描述知识地图的数据库表达形式。图 9-1 是展现新疆的地理、资源、旅游景区等各方面知识及其关联的知识地图，它可以被看作是全国知识地图的一部分。从中抽取知识对象使用关系模式进行描述，例如抽取省份、地区、省会、景区、地貌和资源六个对象，定义六个表对其基本信息进行存储，表里的元组即为知识地图的知识节点。表之间的引用关系作为知识对象实例之间的关联关系。所定义的六个关系模式分别为：

Province（<u>ProoID</u>，CoID，RegoID，PhyoID，ProName，Area）

Capital（<u>CoID</u>，CapName，Location，Prename）

Region（<u>RegoID</u>，RegName）

BeautySpot（<u>BoID</u>，ProoID，BeaName，Rank，Address）

Resource（<u>ResoID</u>，PhyoID，ResName，Type，Amount）

Physiognomy（<u>PhyoID</u>，PhyName，Height，Longitude，Latitude）

其中，加下划线的字段为关系模式的主键。知识对象间通过外键之间的引用关系建立关联，如省份与省会城市之间通过 CoID 建立关联。上述六个关系模式的知识地图数据库表达形式如图 9-7 所示，图中每一张表代表数据库中一个关系模式，用于存储一个数据对象。为了方便起见只是给出了主键以及外键，而没有给出所有的属性描述。

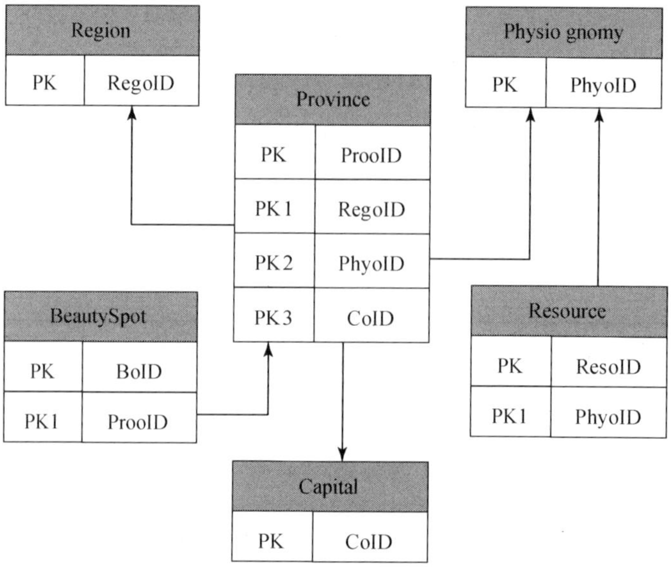

图 9-7 知识地图的数据库存储形式

9.3.3 知识地图的组织——以 CSSCI 为例

中文社会科学引文索引（Chinese social science citation index，CSSCI）收录了约五百种期刊上 1998 年以来所发表的文献。这些数据基本反映了当前中国人文社科领域的研究进展和研究成果。通过对 CSSCI 学术资源构建知识地图，可以从多角度分析 CSSCI 学术资源所蕴藏的知识，用于帮助和指导科学研究和科研规划与管理。例如：通过基于主题之间的关联关系进行的组织，能够发现当前和潜在的研究热点；通过基于学科之间关联关系的组织，能够发现学科交叉研究的情况；通过对作者之间关联关系的组织，能够发现作者之间研究的相似性，用于探索合作研究的可能性等。

虽然 CSSCI 数据源单一，但它根据数据的特点、数据的关联性和数据类型等因素，将数据存放于多个关系数据库中（苏新宁，2000）。因此，抽取数据时必须将各数据库中记录间的关系记录下来。通过分析 CSSCI 各数据库的字段，抽取主题、作者、机构、期刊、学科和基金六个属性作为研究对象，图 9-7 给出了它们之间的关联关系。

针对所构成的知识关联图，分析各属性的知识表示、知识存储与知识展示的特点和关系，可以形成一个基于引文索引的综合知识地图。例如，CSSCI 的知识表示本质上是建立资源层的文献到知识表示层知识的映射，实现文献到知识的转化。从文献中抽取的知识对象分为两类：一类可以从数据库中直接提取，包括作者、机构、期刊、学科和基金；另一类是主题对象，主题本身并不包括在 CSSCI 的关系数据库中，需要对相关学科文献关进行统计分析结合领域专家知识对关键词进行归并获得。

知识对象之间建立的关联关系也分为两类：

（1）同类知识对象之间的关联。其中包括：作者间的关联、主题间的关联、机构间的

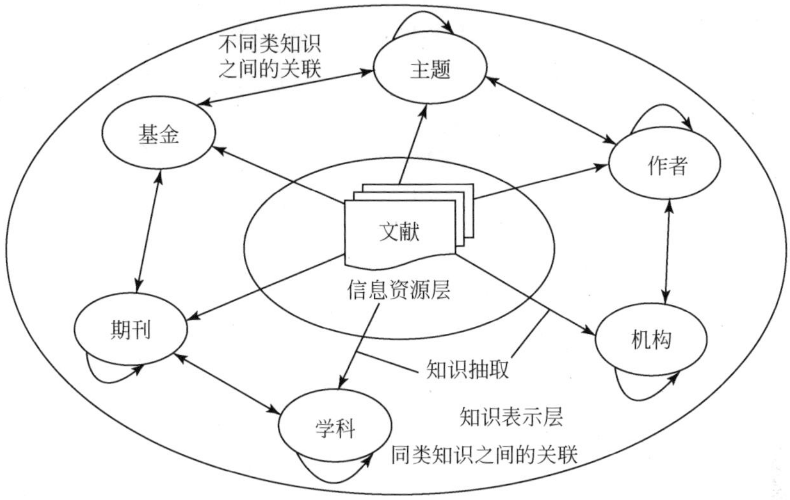

图 9-8 CSSCI 知识映射及知识关联图

关联、学科间的关联、期刊间的关联。通过研究作者之间的主题共现、合作、互引、同被引、机构合作来建立作者之间的关联关系，发现作者之间的依赖关系和处于核心节点的作者，并探索作者间合作的可能，促进学术的交流和发展。文献的关键词能够反映它的主要内容和研究主题，通过对关键词共现次数的统计分析，建立主题间的关联，以此来发现当前和潜在的研究热点。同样，通过对机构、学科和期刊之间的关联研究，可以发现机构之间的合作情况、学科之间的交叉研究情况和期刊之间紧密关系。

（2）不同类知识对象之间的关联。其中包括：作者与主题的关联、作者与机构之间的关联、基金与主题的关联、基金与期刊的关联、期刊与主题的关联、期刊与学科之间的关联、主题与学科的关联（为了图示的清晰直观，部分不同类知识对象之间的关联并未在图 9-8 中显示）。通过建立以上不同类知识对象之间的关联关系，可以获得一些有价值的结论。例如，通过主题和作者的关联关系，可以发现各专家所研究的主要领域，从而明确学科的研究前沿。同样，建立期刊与学科之间的关联，可以发现期刊（特别是综合性期刊）相对关注哪些研究领域或哪些学科，并用于指导投稿。机构与学科以及其他不同类之间的关联并无太多的实际意义，如有特别的研究需要，也可建立它们之间的关系。

设 G 为知识元集合，它是所有知识对象实例的集合，例如：马费成作者、知识地图主题、大学图书馆学报等都是它的元素。定义三元组 $k=\langle g1, g2, d\rangle$ 作为 CSSCI 知识表示方式，其中，$g1$，$g2 \in G$，d 为 $g1$ 与 $g2$ 的关联度，它通过统计计算得到，用于衡量 $g1$ 和 $g2$ 之间的紧密关系。根据知识对象关联的不同情况，分别计算出所有知识对象知识元间的关联度，以作者间的关联度计算为例：作者间的关联关系，主要通过合作、主题共现、互引和共被引来体现。假设：作者间合作的权值为 0.4，非合作主题共现权值为 0.3，互引权值为 0.2，同被引权值为 0.1，则 d=0.4×合作的文章数+0.3×主题共现次数+0.2×互引次数+0.1×共被引次数。

基于主题、作者、机构、期刊、学科和基金六个研究对象同类和不同类的关联关系可以构建 CSSCI 学术资源综合知识地图，以揭示 CSSCI 学术资源所蕴含的隐性知识。通过该知识地图的知识导引功能提供知识服务，帮助和指导科研规划与管理。

CSSCI学术资源综合知识地图采用分类层次结构实现，分为主题、作者、机构、期刊、学科和基金六大类，每类分别有其子项。用户通过勾选类别或者子项产生相应的知识地图。图9-9给出了以“知识地图”主题和作者及期刊之间的关联关系构建的CSSCI学术资源综合知识地图的局部内容。图中主题与作者之间的关联关系以CSSCI中作者发表该主题的论文数量作为计量指标，假设第一作者和独立作者权值为1，第二作者权值为0.5，第三作者权值为0.2，其他为0.1。主题与期刊之间的关联关系以CSSCI中期刊发表该主题的论文数量占该主题论文总数量的比值作为度量指标。

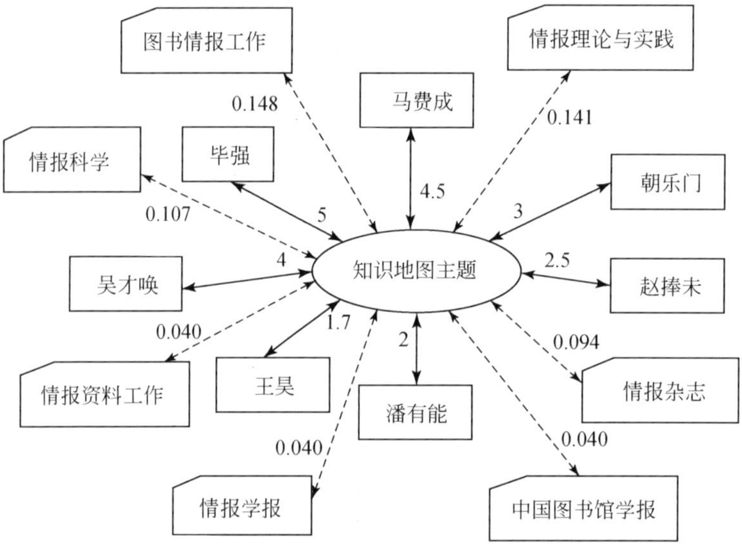

图9-9 “知识地图”主题与作者和期刊间的知识地图

从图9-9中，用户可以直观获取哪些作者在从事“知识地图”的研究、哪些作者是该主题的核心作者，他们可能就是该主题的专家学者。通过跟踪专家学者的学术研究成果可以了解该主题的前沿研究情况。同时用户也可以清楚地发现哪些期刊比较青睐“知识地图”主题的学术论文，可以指导该主题作者的投稿。在此基础上，基于“知识地图”主题与机构、学科和基金项目之间的关联关系可以建立一个完整的“知识地图”主题的知识地图。

定义知识表示表，将每一个知识对象间的关联关系存储到一个知识表示表中，共计12个知识表示表。以作者与主题关联的知识表示表为例，Def {三元组ID（字符型），作者知识元ID（字符型），主题知识元ID（字符型），关联度（数值型）}，其中ID为主键，用于唯一定位该三元组的表示，作者知识元ID和主题知识元ID作为外键分别链接相应的知识链接表。为每一个知识对象建立一个知识链接表，共计6张表。以作者知识链接表为例，Def {作者知识元ID（字符型），作者知识元名称（字符型），知识所属文献ID（字符型）}。CSSCI数据库文献信息表中一个文献作为一条记录，Article_ ID是其主键。作者主题知识表示表与作者、主题知识链接表及作者、主题知识链接表与文献信息表的引用关系如图9-10所示。

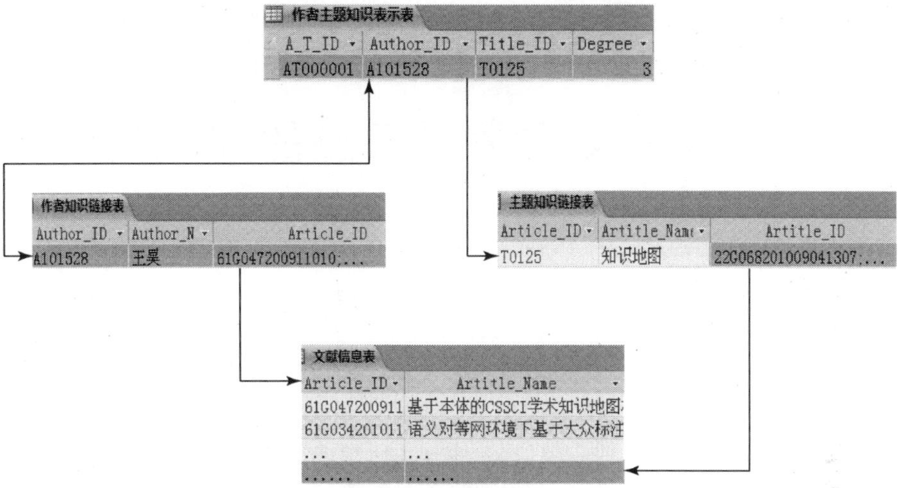

图 9-10　知识存储及知识链接示意图

知识表示表和知识链接表位于知识表示层的知识库中，文献信息表位于资源层的数据库中。知识表示表用于存储知识对象间的关联关系，地图展示层通过检索动态检索知识表示表动态地生成知识地图。为提高动态生成的效率，也可以将之前生成的知识地图进行保存以供重复使用。知识链接表用于将抽取的知识与文献信息源相关联，以实现通过知识地图获取具体资源信息的目的。

知识服务本质上是准确、全面地提供用户所需的知识。知识组织的目的就是确保知识易于获取。能够进行可视化展示的知识地图无疑是最佳展示方式之一。本章从面向知识服务的视角对基于知识地图的知识组织与展示进行了研究。知识地图一直是知识管理领域的研究热点，随着研究的不断深入和语义网本体技术的引入，隐性知识地图和知识地图应用领域的扩展等已成为知识地图研究的重点，这为基于知识地图的知识服务提供了技术准备和应用基础。本章设计了知识地图组织的概念模型，探讨了知识表示表存储知识元的结构，通过知识链接表建立了知识与原始数据源的关联，实现知识地图的导航和索引功能，使知识地图成为知识服务有力工具。

第 10 章　文本中知识点的知识组织

阅读是一个增长知识的过程，但在这一过程中常常会遇到一些尚不了解的知识或专有名词（下文称为知识点）。如果用户在阅读的文章中遇到大量不能理解的知识点，定会影响其对文本内容的理解和把握。传统的阅读环境下，为了了解这些知识点所表达的含义，用户会借助其他工具（如百科知识和辞典等）去寻求帮助。这种做法虽然可以解决用户阅读中的知识学习问题，但一定程度上增加了用户阅读负担，也会影响用户阅读兴趣。网络技术环境尤其是 Web 技术的出现，使这种知识点知识的获取变得简捷且方便，但这需要在数据的组织和知识的链接上进行必要的处理。

10.1　启发与思路

如何析出文本中的知识点？如何展现知识点知识？它们是文本阅读过程中必须要解决的问题，而解决这些问题的基础在于知识点知识的组织。传统的文献阅读过程和超文本链接思想提供了许多启示。是否可以将文本中的知识点与知识库动态地关联起来，并施以超文本阅读技术即时调用相关联的知识？回答是肯定的。但实现这一过程的基础是知识库体系架构和知识点知识库的组织。

10.1.1　问题与启示

数字化资源的出现不仅大大便利了人们对信息的获取，其组织方式也更加灵活。信息的存放顺序已变得不重要，新型的数据组织技术及相关技术的进步，使人类获取知识的方式发生了革命性的变化，这些变化从根本上改变了用户获取信息的习惯。但在数字化信息资源的使用过程中，依然还有一个问题影响着用户获取信息的效率和质量。与传统文献一样，用户在阅读数字化文本信息时也存在着相同的问题，对于文本中的新知识或者自己还没有掌握的知识，需要有一个学习和吸收的过程。数字化时代，虽然用户可以不必去查找传统的印刷型字典和词典等工具书，但仍然需要借助其他的辅助工具（如搜索引擎、问答系统、百科知识库等）去检索相关知识。

虽然搜索引擎等工具可以帮助读者解决阅读过程中的部分知识获取问题，但这需要读者反复地在搜索引擎与阅读页面之间转换和跳跃，这种跳跃可能会使读者在阅读中迷失，而且对于所能获得的知识点知识，也可能存在不完全性或缺乏针对性的问题。这就对知识服务提出了新的要求，也就是能否在阅读的文本与知识库间建立知识点的链接？回答是肯定的。可以借鉴传统的知识获取手段和现今的网页链接技术，将它们有机结合起来，实现网上阅读的知识点动态生成与知识点的即时知识服务。

正如本书第 1 章和第 4 章所述，在传统的知识服务中，词典和百科全书等工具发挥了很大作用。在网络环境下，新型的知识提供工具同样也发挥着很大作用，如百度百科、维基百科等网络百科知识库的崛起，启示我们可以针对服务内容构建相关知识库。如果能将用户感兴趣的知识点存放进知识库，并将知识点的描述和其他属性也添加进知识库中，那么在用户阅读的过程中，即时把这些知识点描述等信息提供给用户，用户就不必再从网络中“淘”取知识点的相关信息，这将大大便利用户对文本的阅读。

在海量的 Web 资源中，超链接技术将全世界的网页连成一体，并将网络上信息资源有机地组织在一起。在包含超链接的网页中，用户可以根据需求点击不同的网页查看具体的内容。受到网页链接的启示，设想在网页的正文内容中捕获知识点，并且在知识点出现的位置插入一个知识点的链接（即对该知识点解释的文本或图形），当用户有对知识点有知识需求时可以通过知识点链接获取相关解释信息。

通常情况下，在网页链接中，不同网页之间的链接关系是一种固定结构。例如，假设有页面 A 和页面 B，一旦页面 A 建立了页面 B 的链接网址，那么页面 B 的链接在页面 A 中就是长期固定存在的。但在文本中如果利用人工预先对所有知识点建立固定的链接，则工作量巨大。另一方面，一个知识点可能在当前受到了用户的关注，但一段时间后，大部分用户可能都已经理解了该知识，这个知识点的链接也将变得多余。因此，文本中的知识点除具有知识的一般属性特征，而且还具有动态性。如果仅采用静态方法建立知识点链接，会忽视知识点的动态性。所以文本中的知识点链接需要动态地产生。

10. 1. 2　思路与构想

知识库提供了文本知识点的知识资源，链接技术提供了将文本中知识点与知识库知识联系的技术手段。但如何将二者链接起来并即时将知识点知识展现给用户则需要认真思考。如果在文本生成之前就将知识点链接建立好，显然是不现实的。因为：①知识库中知识的建立会滞后于新知识点的出现，为事先建立新知识点的知识链接带来了困难。何况新知识点的知识需求对用户来说更加迫切。②网上每时每刻都有大量的信息涌现，事先建立链接不但耗费大量的人力物力，更重要的是，事先建立的知识点链接根本就无法赶上信息的产生速度。因此，作为知识点知识的提供必须是动态即时的，这才符合现代知识服务的理念，且能满足用户的需求。

因此，实现文本中知识点链接的动态生成与知识展现，需要构建知识点的知识库，还要设计算法搜索出文本中需要建立链接的知识点词汇，然后在这些词汇上建立知识点链接。具体思路如下。

首先，构建词汇或专有名词知识库。该知识库的要求不仅是收录词汇（知识点）和有关知识点的描述信息，还需要具有及时更新知识库中的知识点记录的机制。也就是说，当一个知识点不再受到用户的关注，可以在知识库中对其添加停用标记；当新的概念和新的词汇出现时，能够及时地将新概念和新词汇的描述添加到知识库中。知识库的维护要重点关注新的领域，密切注视新领域知识点的变化，确保知识库中所收概念和词汇的新颖性和及时性。

其次，建立知识点与知识库的链接。建立两者之间的链接首先要捕获文本内容中的知识点，将这些知识点替换为知识点链接（与知识库中相对应词汇的知识链接），当所有的知识点都被替换为知识点链接后，网页文本内容可以按照已有的方式进行输出，这些输出的文本已将知识点与知识库建立了知识链接。

再次，知识点的动态生成。如上所述，考虑到事先静态构建知识点链接的不现实性，需要根据知识库中的最新状态来动态地对文本中知识点生成链接。也就是构造一定算法，将输出文本与知识库匹配，即时遴选出建立链接的知识点，并建立链接。这样，在用户每次访问时，都可以根据知识库最新的知识点状态来生成文本知识点链接。

根据以上构想，针对文本中知识点进行组织的思路如图 10-1。

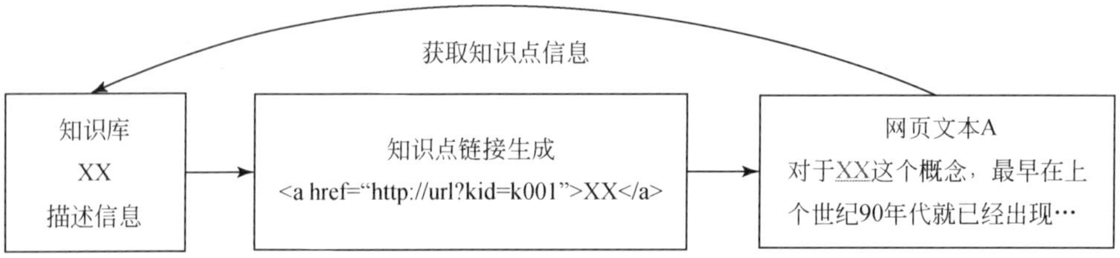

图 10-1　文本知识点组织的思路示意图

在图 10-1 中，“XX”表示文本中的一个知识点，该知识点在知识库中具有描述信息，并可以与多个网页建立链接。在图中，网页 A 包含了“XX”这个知识点，为了在网页 A 中将知识点替换为知识点链接，首先需要在欲输出文本中分割出“XX”这个知识点，再根据知识库中的词汇索引检索相关的记录信息，通过检索到的记录信息，提取与其对应的链接标志。如：<a href=” http：//url？ kid=k001” >XX</a>。其中，“url”表示提供知识点解释信息的网址，“kid”表示可以接收知识点的参数变量，“k001”表示知识点“XX”的 ID。一旦某个网页中包含了知识点“XX”，便可以将文本中的知识点“XX”替换为带有链接的知识点，知识点“XX”和网页之间便产生了关联。在用户阅读网页 A 时，通过激活知识点链接“XX”，便可以直接获取知识库中关于知识点“XX”的描述信息。图 10-1 中仅展示了一个知识点“XX”，和网页间所产生的关系也比较简单。随着知识点和网页数量的增加，知识点和网页之间将会形成丰富的链接关系。

综上所述，传统的阅读习惯和超文本链接技术，启发了在文本中建立知识点链接的思路。为减轻人力标注知识点的繁重劳动并及时提供科学及社会发展中最新的概念，本章将提出动态建立文本中知识点链接的思想，构造一个面向文本中知识点的知识组织系统模型。该模型不仅可以简化用户获取知识点的过程，提高用户阅读文本的效率，而且能提供更准确可靠的知识点解释信息。模型的提出有助于提升知识服务水平。

10.2　文本中知识点的知识组织架构

为文本中知识点提供知识服务的知识组织是一个静态组织和动态生成的联合体。即它不仅关于静态知识库组织，还涉及完成文本中动态生成知识点链接（与知识库链接）的知识点映射库，以及为了解知识库的链接和服务情况所构建的知识点应用分析知识库。除此以外，文本知识点知识组织架构还包括生成文本链接的算法软件和知识库即时更新工具。

10.2.1　总体流程设计

文本中知识点知识提供的目标是为了满足用户在阅读中产生的知识需求。满足这样的知识需求，涉及知识库的构建与维护、链接的生成与激活等多个方面。为了清晰地表达这一活动流程，图 10-2 给出了文本中知识点知识组织系统的流程。

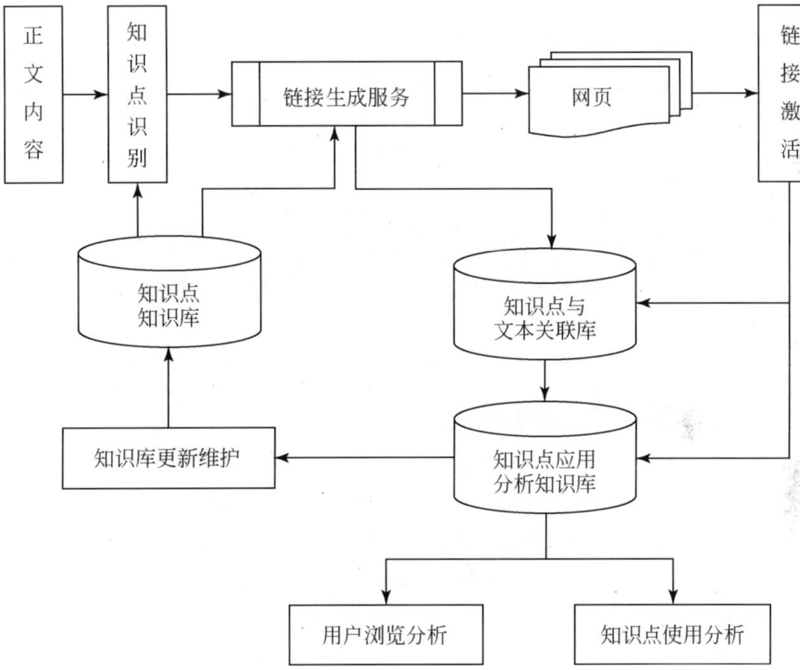

图 10-2　文本中知识点知识组织系统流程

图 10-2 描述了知识点知识组织系统的流程。根据流程图所示，文本知识点组织可以细化为三个部分，分别是：根据文本内容以及知识点知识库生成知识点链接、建立知识点和文本之间的关联关系库、根据用户对链接的激活操作构建知识点的应用分析知识库三个子任务。三个部分是相辅相成的，它们组成了一个有序的环形结构，前一个部分可以为后一个部分提供数据来源，每个部分在整个知识组织流程中都有着重要作用。

在知识点链接生成部分，系统首先对需要添加链接标记的网页文本内容进行知识点识别。在知识点识别任务中，可能会涉及一些领域专业词汇的处理。从链接的目的考虑，系统主要将知识库中的专用词汇作为网页文本中知识点识别的依据。遍历网页文本中的词汇和知识库词汇，一旦发现文本中的词汇属于知识库中相关词汇，系统将文本中的知识点词汇替换为链接标记。直至文本中所有的知识点词汇都被遍历、替换为知识点链接，最后按照流程生成网页。

知识点与文本关联库的主要任务是将知识库中词汇和网页文本之间的映射关系保存进

关系数据库，以便于后续对知识点应用情况的分析。在知识点链接生成环节，每生成一个链接节点的同时，系统还将网页文本知识点和知识库词汇之间的映射关系存放进知识点与文本关联库。该库不仅可以保存知识库中词汇与网页文本中知识点之间的链接和映射关系，还可以用来揭示用户的阅读兴趣和所关心的知识点。

知识点应用分析知识库的主要功能是统计网页文本知识点与知识库词汇的关联信息和用户对知识点的响应操作数据。系统根据这些记录可以开展有关知识点应用情况的分析。在阅读标记了知识点的文本过程中，遇到尚不熟知且标记了知识点链接的知识时，用户便可以通过鼠标点击等操作激活链接知识点，系统从而异步去获取知识库中关于该知识点的描述信息并将其呈现于用户浏览器中。在这一过程中，系统同时将用户对知识点的操作进行记录并存放到应用分析知识库中。应用分析知识库不仅记录用户的行为，还可以据此分析用户行为，以达到完善知识点知识库内容的目的。例如，基于知识点的应用分析知识库，可以开展知识点使用趋势分析、用户浏览的统计分析等知识服务研究。此外，系统还可以根据知识点应用分析知识库中的记录，对知识点知识库进行及时的更新和维护。

上述三个部分是文本中知识点组织系统的重要组成模块。这三个部分中，知识点知识库是知识点与文本关联库及知识点应用分析知识库的基础，也是影响知识组织系统的重要因素，而后续两个部分主要用来存放知识点和网页之间的映射关系以及知识点的使用记录。

10.2.2 知识点知识库结构设计

知识点知识库是即时提供文本知识阅读系统中的知识组织中的一个非常重要的组成部分，也是在文本中添加知识点链接的重要依据，它为整个系统提供知识点来源。此外，知识库的质量和规模也是文本组织系统知识服务水平的重要影响因素。根据知识点的属性，设计出知识点知识库的基本结构信息表，具体如表 10-1 所示。

表 10-1 知识点知识库基本结构信息表

知识点 ID	知识点规范词汇	知识点描述	领域	当前状态级别	被点击次数	入库时间	最近被点击时间
k001	影响因子	影响因子是美国 ISI（科学信息研究所）的 JCR（期刊引证报告）中的一项数据。即某期刊前两年发表的论文在统计当年的被引用总次数除以该期刊在前两年内发表的论文总数。这是一个国际上通行的期刊评价指标	图书情报学	默认值为 0	516	2011-1-1	2013-8-18
k002	引用半衰期	引用半衰期：指该期刊引用的全部参考文献中，较新一半是在多长一段时间内发表的。通过这个指标可以反映出作者利用文献的新颖度	图书情报学	默认值为 0	220	2011-1-10	2013-8-22

表 10-1 中仅包含了知识点的一些基本属性。其中知识点 ID 是每个知识点的唯一标识，这个标识可能对应同一知识的不同词汇，但在该表中是唯一的，仅对应该知识点的一

个规范词汇或标准词汇。如表 10-1 中的 k001（影响因子），在表 10-2 中就对应多个意义相同却表示有异的词汇（影响因子、IF、impact factor），前者用于显示知识点知识，后者用于在文本中动态建立与该知识点的链接。

知识点描述展示的是一个词汇的详细解释信息，面向终端用户显示。当用户点击了所浏览文本中的对应链接点，即打开新的窗口将该描述显示其中。为了了解该知识点的其他相关信息，还特别设计了领域字段（没有明确领域划分的知识点属性值为空）和入库时间字段，以通过这两个字段了解知识库中的各领域知识收录状况和近期的更新情况。

为了便于进一步展开知识点应用的挖掘和分析，知识点知识库中还添加了知识点的当前状态级别和被点击的次数属性。知识点的当前状态级别属性表示一个知识点的活跃状态。知识点活跃状态值的确定主要取决于该知识被点击次数与被链接次数之比，可以从知识点使用过程中即时产生。被点击次数是指读者在浏览文本时点击该知识点的次数，也就是阅读该知识点知识的次数。系统可以通过被点击次数和活跃状态值综合评估每个知识点，对于这两个数值都非常低的知识点，可以从知识点知识库中剔除，以保证知识库中的词汇都是用户非常关注和需要学习的知识。最近被点击时间主要用来观察该词汇所描述的知识点最近一次被点击的时间。

一个知识点可能会有多个词汇的表达形式，为了避免知识点知识库信息表的冗余和复杂度，也为了方便动态产生文本知识点的链接，需要专门设计用于在文本中截取知识点词汇，并基于此生成链接的信息表。表 10-2 以“影响因子”这一知识点为例，给出了相关词汇的有关信息及链接标识。

表 10-2 文本知识点词汇链接信息表

知识点 ID	词汇	知识点链接标记	被链接次数	入库时间
k001	影响因子	<ahref=http：//url？ kid=0001>影响因子</a>	550	2011-1-1
k001	IF	<ahref=http：//url？ kid=0001>IF</a>	212	2011-4-1
k001	impact factor	<ahref=http：//url？ kid=0001> Impact Factor </a>	161	2011-2-10

表 10-2 给出了知识点“影响因子”在链接信息表中的案例。该知识有三个词汇表达，这三个词汇都链接向同一个知识点。词汇是从文本中获取知识点的重要依据。知识库中的知识点词汇是一个标准概念。在实际的文本内容中，可能会有多个词汇表述这个概念。被链接次数可以反映出这个词汇在用户所阅读的文本中的热度，如果再从这些词汇被点击的次数综合分析，则可以得到用户迫切希望了解和掌握的知识。

10.2.3 知识点与文本关联及应用分析库结构设计

在文本知识点组织过程中，如果知识库中知识点的相关词汇被包含在网页文本中，那么这个知识点和网页文本之间便建立了关联。一个知识点可以关联到多个网页地址，一个网页也可以关联多个知识点，所以知识点和网页之间的关联关系是多对多的。知识库中知识词汇与网页间的关联关系就需要通过链接来实现。这种关联关系主要通过相应数据库存储起来。为了获取知识点和文本之间的关联，分别设计了知识点与文本关联信息表和用户点击信息记录表来存储知识点和文本之间的关联信息和知识点受点击的信息。表 10-3 给出了文本与知识点关联信息表的结构。

表 10-3　知识点与文本关联信息表

知识点 ID	初次关联时间	最近关联时间	当前月关联文本数量	关联文本总数量	更新时间
k001	2011-10-1	2013-8-19	80	923	2013-8-31
k002	2012-1-12	2013-8-22	105	526	2013-8-31

知识点与文本关联信息表主要用来记录知识点和网页之间的关联关系。在该表中，初次关联时间和最近关联时间用来统计一个知识点与所有页面关联的初次时间和最近时间。当前月关联文本数量用来记录当前月份某一个知识点关联的网页文本数量。关联文本总数量用来记录自系统运行以来知识点关联的所有网页文本的数量，该指标表示一个知识点的关联广度。更新时间用来存放相对应的知识描述记录的最近更新时间。该表为通过知识点的关联来分析用户关注的问题以及变化趋势提供了非常有价值的信息。

在添加了知识点链接标记的文本中，知识点链接是否频繁被用户点击访问？用户阅读知识点的变化趋势如何？这些都是一个知识服务系统非常关心的问题。用户阅读行为的分析不仅可以改善知识库的组织，还可以帮助了解目前用户关注哪些知识点，希望补充哪些知识点，哪些知识点过去经常被点击但目前已经被用户熟知了。通过统计分析用户对知识点的操作行为信息，还可以捕获用户所关心的热点和事件。表 10-4 给出了用户点击知识点的信息例子。

表 10-4　用户点击知识点的信息表

知识点 ID	初次点击时间	最近点击时间	当前月点击次数	点击总次数	更新时间
k001	2011-12-1	2013-8-18	22	516	2013-8-31
k002	2012-1-12	2013-8-22	53	220	2013-8-31

表 10-4 不仅记录了每个知识点被点击的总次数，还记录了当前月被点击的次数。通过记录初次点击时间和最近点击时间的信息，可以观察用户对这一知识点的关注程度。如果自初次点击以后，一直被频繁点击，说明用户非常需要补充这类知识。如果一个知识点早期被频繁点击，近期已不再被访问，说明该知识点可能已被公众所熟知，抑或用户访问的文本中与该知识点关联较少了。

此外，如果将表 10-3 与表 10-4 关联起来分析，可以对知识点进行等级划分，即经常被关联但极少被点击的知识点，可视为非活跃知识点，在必要时可从知识库中剔除。总体来说，知识点应用分析库主要有两个作用：一是根据应用情况维护知识点知识库；二是通过用户行为分析了解用户所关心的问题和希望补充的知识。

10.3　知识点的链接生成与应用服务

文本知识点的知识组织系统不仅为用户提供知识点的描述信息服务，还可以根据文本和知识点的关联信息，以及用户阅读知识点知识的行为，来进一步提高知识服务水平。在应用服务方面，我们将从文本中知识点链接的生成、知识点与文本间的关联分析，以及用户对知识点的点击行为来探讨知识库的更新和维护。

10.3.1　知识点链接生成及算法设计

知识点链接生成的主要目的是根据知识点知识库，为文本中的知识点添加知识点链接。链接生成是知识点知识提供的一项基础任务，同时也是整个系统的重要任务。链接节点的生成算法直接影响用户的阅读体验。尤其是对于动态网页，用户在访问文本信息时，系统需要即时在文本中插入知识点的链接信息，所以链接生成的速度直接影响着文本的输出。在知识点链接添加之前，首先需要对文本中的知识点进行识别。由于知识点组织系统是对文本中的知识点添加链接，所以系统并不需要对文本进行分词，该阶段的主要任务实际上是对文本内容和知识库进行扫描匹配。知识点链接生成算法如下。

（1）以标点符号（包括“，”“。”“：”“‘”“、”和“……”等）为划分标记对即将输出的网页正文进行句子片段抽取，并将所有的句子片段放入字符串数组 A。

（2）顺序读取字符串数组中的句子片段，将一个句子中的所有字按照先后顺序存依次放入字符数组 C。

（3）在 C 中，从第一个字符开始，逐步和位于其后的字符按照顺序进行组合，如果与下一个字符组配出的词和知识库中的知识点词汇匹配成功，则继续和下一个字符组配，直到与某一个字符组配后，和知识库中知识点词汇无法匹配，则取最临近的匹配成功的结果。

（4）匹配成功词汇即为知识点。根据知识库中该知识点的属性信息，将知识点替换为知识点链接，同时将知识库中对应知识点与文本的关联关系写入相关数据库。

（5）如果字符数组 C 扫描完毕，则跳至步骤（2）。否则，将字符数组中匹配成功的字符移除，跳至步骤（3）。

（6）整个文本匹配结束，将带有知识点链接标记的文本输出到客户端，同时将网页的相关信息写入链接数据库，退出整个程序。

在上述算法流程中，为了确保知识点扫描的质量以及生成链接的效率，还需要在以下两个方面进行优化。

1）对于知识点嵌套的处理

在实际情况下，长知识点嵌套短知识点是一种常见的现象。例如，在图书情报领域，“关键词轮排索引”是一个知识点，“轮排索引”也是一个知识点，即便是在目前的分词系统中，切分往往只能得到其中一个知识点。对于这种情况，在正向最大匹配时，系统将所有和知识库匹配成功的知识点进行记录，这样既能抽取最长的知识点，也能抽取出嵌套的知识点。例如，“关键词”“轮排索引”和“关键词轮排索引”都是系统需要标注的知识点。对于这种情况，知识点链接标记生成，可以采用下拉列表的方式，根据知识点的嵌套关系，最长的放在首位，根据长度依次排列。用户通过触发不同的知识点，来异步获取不同的知识点的解析或描述。

2）定期维护知识库确保知识点检索的效率和知识点质量

随着知识点数量的不断增长，知识库中存放的知识点在不断增多，知识库的规模会日益庞大。而在文本知识点组织中，系统的响应速度是影响用户体验的直接因素。为了提高知识点检索和匹配的效率，系统需要对知识库建立索引，这一做法可以加快检索的速度。此外，如果一个数据表超过了设定的记录数上限，还可以重新创建新表。

经过以上两个方面的优化，在阅读网页正文时，用户所看到的网页内容将会是带有链接标记的文本。通过醒目的链接标记，提示用户可以点击查看知识点的描述信息。对于已生成的知识点链接，用户可以通过鼠标点击来激活相关的链接标记。链接知识点在没有用户点击时，并不需要从知识库读取信息，只有当用户触发该链接节点后，系统才会采用异步传输技术去调用相关的数据记录。这种方法不仅可以解决数据传输问题，还可以改善用户使用的感受。

10.3.2 文本与知识点关联分析

通常情况下，一个领域或一个学科的热点关键词或热点研究主题是由领域内专家根据经验来归纳总结的，或者是学者通过对学术论文的关键词统计分析而得到的。在目前的信息化社会中，拥有海量信息的网页文本资源已经是用户获取信息的主要渠道之一。在这种情况下，十分有必要了解在网页文本中知识点受到用户关注的情况。

从知识点应用角度分析，可以细分为两类：一类是知识点被网页文本关联的状况，反映了用户阅读的文本和哪些知识点关联密切，对这些关联角度的分析，可以了解知识点的使用状况。另一类是知识点被用户点击的状况。经常被用户点击的知识点，说明用户急需补充这方面知识，也就是说在理解某些问题和了解事物本质时需要掌握这些知识。综合两种分析，可以根据对用户阅读兴趣的推测，以及对知识的渴求，预测出用户所关注的热点问题。

1）知识点与网页文本关联分析

通过对知识点与网页文本的关联分析，可以了解一个知识点在用户当前关注的领域或主题中否处在活跃状态，是否是热门知识点。例如，“图书馆自动化”这一知识点在计算机技术刚刚被引入到图书馆领域时，受到图书馆学、情报学以及相关学科的极大重视。随着信息化的逐步推进，新的技术开始取代这一技术，该知识点受到学界的关注也日趋减弱。当“数字图书馆”作为一个新的概念被引入图书馆学领域，这一知识点的受关注度会远高于“图书馆自动化”一词。这种现象为通过知识点与文本的关联度分析用户关注的领域提供了新的途径。通过一个知识点词汇与网页文本关联发生变化，可以分析出用户的阅读倾向或关注的问题。假设一个知识点在过去与文本的关联度处在较低的状态，而最近突然出现了高关联度情况，这样的现象意味着该知识点涉及的领域近期可能已成为人们关注的热点。

2）知识点的用户使用及反馈

当在浏览的文本中出现链接标记的知识点的情况下，对于用户来说，主要有两种情况：一种是看到了知识点，并通过点击获取更加详细的解释信息；另一种是可能已经了解这一知识，没有去点击相应的知识点链接。两种情况的背后包含了用户的不同使用行为，用户的不同行为在一定程度上揭示了知识点受用户的关注趋势。与学术论文等数字资源相比，用户在阅读加入知识点组织功能的网页文本时，通过点击知识点的链接，用户和知识点之间实际上是建立了一个动态交互的过程。当很多用户均对某一个知识点表示了关注，表明该知识点可能是一个相对较新的知识概念，正处在扩散传播阶段。通常情况下，一个新的知识点会随着时间的推移最终被大部分用户理解、消化并吸收。如果绘制一个新出现知识点的受用户关注情况趋势图，那么一般情况下，在开始阶段关注度比较低，之后是一个关注度逐渐上升的过程，当达到顶峰的时候，表明此知识点是用户普遍希望了解的知识。而后，随着被用户的逐渐认识和理解，点击数会逐渐下降，直至最后趋向于一个稳定的状态。当一个知识点已经被用户所理解和掌握，也就是成为大部分人所掌握的知识时，虽然在网页文本中对其添加了知识点链接，但用户点击的次数会比较低，甚至没有点击。

面向文本的知识点服务为用户的知识获取提供了更加便利的途径，尤其是对于新概念新知识点的获取。知识点知识组织系统可以有效地避免用户在采用搜索引擎对知识点进行搜索导致的“迷途”现象和诸多的不便问题。通过应用分析知识库的设计，还可以利用知识点和网页文本的关联关系以及用户对知识点的点击状况来挖掘知识点的隐含信息。此外，系统还可以进一步拓展功能以获取用户的信息，为每个用户建立个人知识库。对于用户曾经关注的知识点，可以存放进个人知识库，系统可以根据用户的行为进行统计分析，从而提供更有价值的个性化知识服务。

10. 3. 3　知识点知识库的更新维护

不管是什么类型、什么用途的知识库，其更新的速度永远赶不上人类知识增长的速度。一方面，知识点知识库的主要功能是将已有的知识点进行汇总入库，并不是去创造新的知识点。另一方面，由于人工方法以及其他手段的滞后性，一个新的知识点从出现到引起人们注意，总是需要一定的时间。虽然知识库尽量做到及时更新，但难免会存在一定的滞后性。所以，在用户阅读文本网页的过程中，仍然会碰到一些没有添加链接标记的知识点。对于这样的情况，用户还可以选中这些词汇然后执行右键操作提交至系统的预选知识库中。知识点知识库的维护团队可以根据该词汇的受关注程度和实际价值进行判断。对于具有潜在应用需求的知识点，可以及时完善并加入到知识点知识库中。

知识库的构建并不是一劳永逸的，知识的发展和演化是一个动态的过程，与社会的发展息息相关。一方面，系统要不停地往知识库中添加新的知识点，还要完善已有的知识点以提供更好的知识服务；另一方面，系统还需要对已有的知识点进行评价，为用户提供更有价值的知识服务。知识点评价的方法主要有两种，分别是从知识点和网页关联的角度与知识点被用户点击的角度展开评价，具体如下。

对于很少被网页关联的知识点，虽然被系统加入到知识库中，但鲜有网页关联该知识点。可能的原因是该知识点已经不再受到人们的关注。例如，“单机检索”一词，虽然曾经是数字图书馆发展历程中的一个重要阶段，但在目前，该知识点并不是当前人们广泛涉及的知识范围。此类知识点应加入较低的等级中。

对于被广泛应用于网页文本中，但用户点击数量很少的知识点。这类知识点通常是人们所常用的表达。被频繁应用于网页文本中，表明该词汇仍然是常用知识点。虽然系统为该知识点添加了链接标记，但如果用户的点击次数还非常低，可以推断该知识点可能已经被相关用户所掌握。也就是说，它并不是一个新出现的概念，而是已经被大部分的用户所了解的概念。

对于以上两种情况，系统可对这些知识点添加不同的处理标记，或者根据其不活跃程度进行分级。对于文本和用户几乎不再关注的知识点可以存入一个知识点暂时停用库，这样可以确保整个知识库的检索效率以及文本中知识点的服务质量。通过知识库的不断完善，系统可以为不同用户提供更好的知识组织解决方案和更高的知识服务水平。面向知识点的知识组织还可以应用于学术文献的信息组织，可以尝试将此功能加入学术论文阅读器中。目前学术文献的信息组织还停留在以篇章为单位的阶段，如果从学术文献中的知识点着手，那么人类获取知识的方式将会发生很大改变。

在数字化环境下，如何尽快掌握新出现的知识是当前人类知识获取过程中的一个挑战，面向文本中知识点的知识组织正是在这一需求下开展的探索研究。本章基于超文本链接思想设计的文本知识点组织模型不仅可以方便用户获取知识的过程、提高用户获取知识的效率，而且还可以根据用户的使用记录来深入挖掘知识点背后的隐含信息。本章的工作为知识点的即时获取提供了非常有价值的帮助，对文本中知识点的组织具有一定的实际指导意义。

第 11 章　用户行为知识的组织

用户行为是指用户在使用信息系统过程中，为得到解决问题的知识（信息）所采用的信息获取方法、信息查询步骤、选用的检索词以及对检索结果进行选择等行为。用户行为知识则是指对用户在上述行为中体现出的经验、方法、手段以及规律的总结。在云计算和大数据理论发展的趋势下，信息服务或知识服务逐渐从分散的单机平台、封闭的网络系统向集中、开放的网络平台转移，为大规模用户行为信息的收集和分析提供了可能。人们期待着在海量用户的行为信息中发现有价值的信息和知识，并能够提供知识服务。实现以用户行为知识的知识服务涉及对用户行为的分析、用户行为知识的组织以及用户行为知识的析出与利用。

11.1　用户行为信息概述

用户行为分析以计算机系统中所记录的用户行为信息为基础，以知识服务为目的，为行为知识获取提供手段，为行为知识组织提供依据。有效地分析用户行为，需要了解行为的主体——用户，鉴别用户行为信息的类型和来源，把握用户行为信息的特点和模式，为用户的行为信息转化为可借鉴的行为知识打下基础，为实现用户知识服务提供知识保障。

11.1.1　用户行为信息的主体

不同类型的用户对信息获取的手段、方法以及对知识的需求是不相同的。也就是说，他们产生的行为信息有各自的规律和知识特性。用户行为信息的主体是提供信息、使用信息的个体或群体，例如信息的创造者、使用者、管理者以及从事信息服务的个人或机构。在用户行为信息知识服务中，用户行为信息主体具有两重性，他们既是信息的提供者，又是知识服务的受益者。

用户信息行为的主体还可以依据行业、学历、年龄进行细分，本书第 3 章对知识服务的各类用户做了系统的阐述。应该注意到不同类型的用户主体所创造的信息和信息需求有所不同。以某学术文献搜索引擎为例，从群体的角度，行为主体可以分为高校用户、科研院所用户和社会用户；从个体的角度，可以分为匿名用户和实名用户；实名用户根据其学术成果，还可以进一步分类。在进行知识服务时，对于不同类型的用户，要分析其信息需求特点，以提供特有的知识服务模式。另一方面，也可以对用户提供的信息进行甄别和过滤，提高信息的有效性。

11.1.2 用户行为信息的类型

用户行为信息是指用户在检索、浏览、标注、下载网络信息资源时所产生的信息。传统的网络用户行为信息的主要来源是系统日志文件（log files），但随着 Web2.0 框架的广泛应用，在用户使用网络的过程中可以记录的用户行为信息不断增多。广义上说，用户行为信息包括用户登录信息、用户检索信息、用户访问信息和用户反馈信息等。用户行为信息多以用户日志的形式存储在服务器端，根据这些数据所属的类型，可以分为以下几类。

1）访问数据

访问数据记录了当前访问的用户信息、IP 地址、访问时间、请求类型、访问的网址、访问状态码、传输字节数、访问的前一页面、用户环境信息等。访问日志的标准格式一般为 Apache 的 ECLF 或 IIS 的日志格式。

2）检索数据

用户在使用信息检索系统时，系统会记录用户的查询信息以及返回的相关文档和点击信息，这些信息被称为检索数据。检索数据主要包括检索时间、用户 IP 地址、查询词、该 URL 在返回结果中的排名、用户点击的顺序号、用户点击的 URL 等数据。其中，有些日志还提供用户 ID 信息，用户 ID 是根据用户使用浏览器访问搜索引擎时的 Cookie 信息自动赋值的，即同一次使用浏览器输入的不同查询对应同一个用户 ID。

3）浏览下载数据

用户在使用网站时，系统会将选择浏览或点击下载的信息写入日志，包括用户访问或下载信息的题名、来源数据库、次数、时间等信息。从行为理论的角度来说，访问和下载行为意味着用户认为资源符合信息需求或具有价值，其中浏览时间和下载次数等数据与用户需求和资源价值具有一定的相关性。例如，在文献检索系统中，文献的下载次数可以作为文献阅读价值的一个评价指标（尹盼盼和崔荣一，2012）。

4）推荐评分数据

在 Web2.0 下，用户对自己感兴趣的信息资源会进行推荐或评价。推荐评分数据记录了用户在浏览过程中对网络资源所做出的标记，包括分类、推荐和评分数据。这些数据对于记录和分析用户的兴趣、网络资源的排名推荐和价值评估具有一定的意义。

5）社会化标签数据

近年来社会化标签数据也是知识管理研究的热点。目前，国内外对社会化标签还没有统一的定义，但学者们普遍认为社会化标签是由用户产生的，对网络内容进行组织和共享的自下而上的组织分类体系（翟爽和宋文，2010）。以前对资源进行分类和标引主要是依靠领域专家完成，这种方法虽然比较科学且具权威性，但是不能很好地表达用户的个人想法和观点，也无法满足时效性的需求。在汇总大众分类数据的基础上，可以自动的对网络资源进行分类，帮助用户快速地检索资源或进行推荐。

11.1.3　用户行为信息的价值

相对于其他信息资源，用户行为信息详尽记录了用户的真实网络行为，具有真实性、时效性、个性化、个体性、群体性、社会性、互动性等诸多特点。用户行为信息的这些特点既为从多维角度分析利用用户行为信息提供了基础，也赋予了用户行为信息某些特有的价值，主要反映在以下几个方面。

(1) 真实客观。用户行为数据所记录的是用户使用网络的实际行为，具有真实客观的特点，反映了用户行为的真实客观规律。这些用户行为规律对于了解用户行为特点，进而提高知识服务质量非常有帮助。例如，在一项研究中发现，约 85% 的用户只翻看搜索引擎返回的前 10 个结果，即返回结果页面的第一页（王建勇等，2001）。根据这一规律，如果提高首页检索结果的相关性和响应速度，对于用户而言具有更重要的服务价值。

(2) 实时迅速。相对于其他信息分析数据（例如引文和知识链接等），用户行为数据更为突出的优势是实时性。引文数据虽然更精确地反映了知识单元之间的联系，但是当用户发现知识关联后，还需要经过长期的研究、文献撰写、审稿发表的过程才能在引文中体现。如果发现知识关联过于滞后，不能及时体现出最新的知识发展趋势并为前沿的研究者所使用，则知识发现的价值将大为降低。特别是在当前知识创新速度不断加快的时代，知识系统是否能实时快速地提供知识服务尤为重要。相对而言，用户行为数据所反映的是实时的用户行为。例如，可以从用户浏览和下载文献的信息中挖掘文献被利用情况，从而进一步发现知识关联。

(3) 蕴藏"用户知识"。用户行为信息中还隐含了不易表达的隐性知识。在经济学领域中，哈耶克提出，如果能够有效地传递和汇聚用户分散的决策信息，就能够自动指导生产的进行，实现总体经济的最优。将这种思想引入知识服务领域，一个比较著名的例子是 Google 的 PageRank 算法，这一算法是根据每个网页的链接数（相当于用户的投票）来计算网页的相关性和排名。从知识组织的角度来看，面对无限庞大的互联网，Google 公司本身无法具备所有领域的知识，它实际上是利用和汇聚了所有网站建设者的知识，从而实现对网页进行相关性分析和排序的。因此，如果能够有效地分析所有用户的网络行为，就可以自动发现最有价值的网络资源。

(4) 反映信息主体联系。用户行为信息还具有社会性的特点。例如，某些核心用户或者权威用户所浏览或转发的网络资源具有更高的阅读价值，这些文献的使用展现出某些传播学的特点。当前在情报学领域中应用社会网络分析的方法，已经进行了合著网络研究和引文网络研究（朱庆华和李亮，2008）。如果能够获取所需的用户行为信息，可以对其运用中心性分析、凝聚子群分析和边缘-中心结构分析等方法，分析用户交互网络，进行用户兴趣建模、个性化信息服务等研究。这些研究可以帮助揭示在更广阔的领域中信息主体的关系和行为。

11.2　用户行为信息的知识组织和知识服务

本书第 2 章系统地介绍了知识组织的相关理论和方法，基于用户行为信息的知识组织也遵循着这些基本的原理和方法。本节主要讨论各种知识组织方法在用户行为信息分析中的应用。与知识组织不同，知识服务的概念是在近些年才提出的。知识服务的定义，目前尚没有确切统一的认识，学者们从不同角度提出了自己的观点。综合看来，知识服务主要有以下一些特点：面向内容、以用户需求为驱动、基于个性化和专业化需求、基于综合集成。基于用户行为信息的知识服务也体现了这些特点。

11.2.1　用户行为知识组织方法

知识组织是关于知识结构的组织、知识的整序和编排的过程，目的是便于揭示知识单元，方便知识发现，能为用户提供有效的知识服务。目前，知识的组织方式主要有知识关联组织法、知识聚类组织法、知识语义组织法等。本节主要讨论这些组织方法在用户行为知识组织中的应用。

1）关联组织方法

知识关联就是建立知识之间存在的联系（链接），着重强调揭示知识间的关系性质或类别。知识关联组织是将知识及相互联系的关系有效地存储于数据库中。以知识关联为基础的知识组织可以从相关领域中提取大量知识因子，并对其进行分析与综合，形成新的知识关联，从而产生出更高层次上的综合的知识产品。由于改变了知识因子间的原有联系，所以其结果可以提供新知识，也可以提供关于原知识的评价性或解释性知识。

使用知识关联的组织方法能够发现资源文献之间的潜在的联系信息。例如，在学术文献系统中，用户在同一个会话中访问的几篇文献可能存在相关性，与文献显著关联的检索词可以作为文献的扩展关键词等。

2）聚类组织方法

聚类组织法就是根据一定的规则将文献、信息或知识按类聚集起来，形成分类有序的数据组织。这种知识组织方法主要利用标题词法、关键词法、叙词法等方法，在此基础上编制目录、索引、文摘，以及采用自动检索、标引、引用网络等技术对资源文献进行加工、关联和组织，这种组织方法在图书情报领域有较为广泛的应用。

大量的用户网络行为都是面向文献资源的检索、浏览和标注的，这些信息被记录在系统日志或用户数据库中。对这些信息的分析挖掘主要可以获得两方面的知识：①文献资源的实际使用数据。通过这些数据可以了解文献资源的利用情况，进而从用户利用的角度建立索引。②可以获取知识单元数据或知识文摘。以在线知识问答系统为例，针对某个主题或问题，许多用户都可以提供知识单元方案。系统可以通过分析用户显性的评价或者隐性的点击投票，自动识别该主题的最佳知识单元方案，进而可以将该知识单元提炼出来，加入到知识库中，让更多的用户可以直接利用。

3）语义组织方法

语义组织就是将信息及信息间的语义关系存储起来，构成具有语义关系的数据库。在检索和分析时，通过建立的语义关系，进行语义推理实现知识服务。这类知识组织方式的应用是本体知识系统，与现有的其他各种知识系统比较，最突出的特征就是具有联想、判断、比较、推理、分析和学习等新兴的知识处理与组织功能。

实现基于本体的用户行为分析的基础是本体术语。本体术语的构建方法有两种：一种是直接使用现有的本体知识。例如，符合元数据（metadata）规范的网络资源或数字图书馆都具有较好的领域本体构建基础。另一种方法是对用户日志进行数据挖掘，找出具有代表性的检索关键字或者用户标签作为待选的本体术语，这样可以自动扩展本体知识库（王昊等，2013）。

对用户行为知识实现本体组织的关键是建立行为信息和领域本体之间的映射关系。例如，在万方文献检索平台中，某个用户的访问路径为 url1、url2、…、urln，通过领域本体，可以将其用户的访问路径映射为（文献 1、文献 2、…、文献 n）。如果这些文献都属于同一个类别（例如情报学），就可以推论出用户对情报学的研究有兴趣。另一方面，用户行为信息也可以优化领域本体。例如，通过数据挖掘发现文献 1 和文献 2 在大量的用户会话中都存在共现关系，则可以认为这两个文献属于同一类别或具有强相关关系，如果现有的领域本体中这两个文献不属于一类，则可以优化领域本体。

11.2.2　用户行为知识组织技术

知识组织技术多种多样。根据知识的不同存在形态，可分为显性知识的组织方法和隐性知识的组织方法；根据知识的内部结构特征，可分为知识因子的组织方法和知识关联的组织方法；根据组织的语言学原理，可分为语法组织方法、语义组织方法和语用组织方法。在用户行为信息分析中，知识组织的技术主要有以下四种。

1）数据仓库技术

数据仓库的概念最早由比尔·恩门提出，它是一个面向主题的、集成的、相对稳定的、反映历史变化的数据集合，用于支持管理决策。数据仓库最主要的特征是面向主题。数据仓库不仅要求按照数据库范式存储基础数据，还要求存储数据之间的逻辑关系，在针对不同的模式分析模型时从基础数据中析取有关数据。可以说，数据仓库不只是一个数据库实例，还是一种综合解决问题的方案，是对原始的操作数据进行处理并转换成为有用的知识信息的过程。

在用户行为分析系统中，数据仓库主要用于存放各个维度的用户使用统计和分布的快照。数据仓库的主要相关技术有：元数据管理技术，包括数据抽取技术、元数据持续存储技术等；多维分析技术，包括数据分布计算、多维观察和在线分析处理（OLAP）技术；数据挖掘技术，包括统计分析和数据分析技术；以及知识发现技术、数据可视化技术、地理信息系统、图形分析技术等。通过这些技术的应用，可以提供给用户查询、比较、预测等知识服务，用于决策支持。

2）面向对象技术

面向对象技术是一种软件开发系统方法，是建立在“对象”概念基础上的方法学。在知识组织中，通过对需要解决的问题领域进行自然分解，利用面向对象分析方法得以尽可能直接、真实地把握现实世界的内在规律，全面正确地组织系统中所有的知识信息。在用户行为信息的知识组织中，可以使用面向对象技术的方法建模，以把学术机构、文献、作者等抽象为对象，这些对象具有检索次数、浏览次数、评价值等属性，对象之间则有共现、顺序浏览等联系。

3）知识发现技术

知识发现技术是指从数据库中发现有用知识的整个过程。它采用有效的算法，从大量现有或历史数据集合中发现最初未知、但最终可以理解的有用知识，并用简明的方式显示出来，从而帮助人们更好地了解数据库中所包含的知识信息。知识发现表现了从低层数据抽象到高层知识的整个过程。通过数据库中的知识发现，可以从数据库中数据的相关集合中抽取有用的知识、发现数据规律和高层次的信息。

知识发现技术是“数据挖掘”的更广义的一种说法。对用户行为进行信息分析的重要性不言而喻。用户行为信息来源于用户网络行为的自动化日志记录，数据规模巨大。有用的知识隐藏在浩如烟海的用户行为记录中，只有通过各类知识发现技术才能找出其中的规律。在用户行为分析中主要使用的知识发现技术包括：人工神经网络技术、决策树方法、规则归纳法、各种分类聚类技术等。主要的知识形式为：数据间依赖性知识、分类规则、关联规则、聚类规则、描述性知识、概要性知识和变化与偏差知识等。

4）社会网络分析技术

“社会网络”指的是社会行动者（actor）及其间的关系的集合。也可以说，一个社会网络是由多个点（社会行动者）和各点之间的连线（行动者之间的关系）组成的集合。社会网络分析（social network analysis，SNA）就是要对社会网络中行动者之间的关系进行量化研究，是社会网络理论中的一个具体工具。

社会网络分析的主要方法有中心性分析、凝聚子群分析、边缘-中心结构分析。对用户行为信息进行社会网络分析，可以发现核心用户或权威用户，构建用户兴趣图谱。基于共同访问文献发现用户或用户群之间的联系，基于共同用户群发现文献之间的联系。与引文分析和链接分析相比较，基于用户访问的信息分析更具有前瞻性，能够发现最新的共同兴趣联系。

11.2.3 基于用户行为信息的知识服务

对分析和利用用户行为信息来实现知识服务的研究已经有十多年的历史。Cooley 等

(1997) 将基于数据挖掘的网络知识发现分为网络内容挖掘、网络结构挖掘和网络使用挖掘。网络使用挖掘指分析用户行为信息，这些信息产生于用户和网络交互的过程中，分析者可以从用户与网络交互的海量信息中发现行为规则和模式。总的说来，网络使用挖掘及应用可以分为两个层次：首先是分析层，在离线情况下利用数据挖掘算法对用户行为信息进行综合分析，发现其中的用户行为模式；其次是应用层，当新的用户使用时，系统可以在线分析用户的行为特征，并实时地将用户潜在需求的信息提供给用户。

2000 年以后，国内外关于 Web 使用挖掘的研究逐渐增多，主要集中于应用 Web 使用挖掘的方法解决各类具体问题。比较典型的应用是个性化推荐、排序学习、趋势分析、推荐排名等。

个性化推荐是网站根据用户的兴趣特点和购买行为，向用户推荐其可能感兴趣的信息和商品。网站上的信息与商品数量和种类在快速增长，用户需要花费大量时间寻找自己需要的信息和商品，在查询词不准确的情况下，还可能遗漏掉重要的信息和商品，这就迫切需要个性化推荐系统提供服务。目前最成功的应用用户行为信息进行个性化推荐的方法是主动协同过滤（Breese et al., 1998），这一方法的基本思想是推荐系统根据目标用户与其他用户之间的相关性进行推荐，当系统发现一个或一组用户与目标用户的消费偏好相似时，系统就根据这些用户的消费行为来预测目标用户的消费行为（Goldberg et al., 1992）。

近年来，另一类广泛应用用户行为信息的系统是排序学习系统。现有的排序学习方法可以分为三类：点方式（point-wise）、对方式（pair-wise）和列表方式（list-wise）。在这三种方法中，对方式是目前取得较好应用效果的一种方式。Joachims（2002）较早提出了基于用户点击数据的顺序对自主学习排序，用于优化搜索引擎。在文献检索中，Tie-Yan Liu 提出排序学习方法的应用是将“查询-文档对”表示为特征向量，以现有的相关性数据作为训练集，自动构建文档排序模型，并用于新的查询。当然，排序学习在算法优化、新旧数据适用性等方面还需要进一步研究。

趋势分析是另外一类可以从用户行为信息中获取的知识，比较著名的网络应用是 Google 趋势。Google 趋势分析的主要指标是搜索量指数。搜索量指数是一个关于网络搜索量的相对指标，是经过规格化处理的。所谓规格化，是指将几组数据除以某个常规变量，通过消除此变量对数据的影响，得以比较数据集的基础特征（梁志峰，2010）。例如，美国研究人员利用 Google 趋势分析公众检索感冒相关词语的地域和频率来判断某地区发生流感的可能和趋势。经过多次把测试结果与美国疾病控制和预防中心的报告做比对，证实两者的结论存在很大相关性。

在 Web2.0 的框架下，越来越多的网站允许用户对网络资源进行评价。在用户浏览或者检索的时候，网络资源的排名根据用户评价提升或者下降，从而将更优质的资源推荐给用户。以 Reddit 网站为例，它的口号是“提前于新闻发生，来自互联网的声音”，基于大量用户的浏览和评价，最受关注的新闻能够迅速排在首页。常见的基于用户投票的排名算法有线性排名、重力指数、牛顿冷却定律、贝叶斯平均等，这些算法有各自的优势和局限性，新的排名算法也根据网络资源的自身特点和用户需求逐步改进。

还有一些对网络用户行为知识的研究则偏重于对用户检索或浏览行为的总体分析，分析了用户检索词的长度、频率、构成以及用户的检索习惯等。这些分析结论对于改进英文或中文搜索引擎的检索算法、获得更准确的评测检索效果都具有指导意义。

表 11-1 根据基于用户行为信息分析的应用研究列出了目前可实现的知识服务需求。但目前基于用户行为的知识组织和知识服务研究还比较零散，往往针对某一特定的样本和领域，数据来源和技术方法不尽相同。虽然可以针对某个网站的日志数据分析得到较好的结果，但难以用于指导应用者快速构建知识组织模型、开发用户行为信息分析系统实现基于用户行为的知识服务。

表 11-1　基于用户行为信息的知识服务需求

用户需求	详细说明	所需数据	应用示例
热点资源推荐	了解目前最新最热的网络资源	用户访问数据	Reddit 网站
热点检索词推荐	了解目前最新最热的用户检索词	用户检索数据	Google 趋势、新浪微博
检索词自动补全	自动补全检索词	用户检索数据	Google、Baidu 检索
趋势分析	了解某知识点的用户关注趋势	用户检索数据、访问数据	Google 趋势
信息推送	自动推送与用户兴趣相关的网络资源	用户检索数据	Baidu 广告
个性化推荐	在用户检索浏览的同时推荐用户可能感兴趣的网络资源	用户分类数据、访问数据	豆瓣电影
个性化排序	根据用户的兴趣模型返回个性化排序结果	用户检索数据、点击数据	百度文库
自动分类	根据用户的浏览或反馈对网络资源进行分类	用户浏览数据、分类数据	豆瓣电影
资源价值评价	通过用户的浏览次数、浏览时间、评价等信息评价网络资源的价值	用户检索数据、点击数据、评价数据	百度文库

11.3　用户行为信息的知识组织系统

为了实现基于用户行为信息的知识组织和知识服务，首先需要构建一个较为通用的用户行为信息知识组织系统模型。知识组织系统包括概念模型和系统设计。概念模型主要描述从信息到知识再到服务本体的演化过程。概念模型反映了实体信息之间的抽象关系，具有通用性，能够帮助我们更好地理解和设计信息结构。系统设计是对概念模型的具体实现，针对不同领域的用户行为信息知识系统，系统设计有所不同。本章所提出的系统设计以学术文献搜索引擎为例。

11.3.1　用户行为信息知识组织系统概念模型

欲将从用户行为信息中发现的知识有效地组织起来，首先需要应用知识关联组织的方法，将知识存放到用户行为知识库中，如数据仓库、知识地图等。数据仓库技术可以将散落在多个数据库中的信息有机地关联起来，形成多维度联系。知识地图则以知识单元（人、文献、概念、知识）为节点，通过存在关系实现知识链接。知识聚类组织法可以将原本分散的信息或知识按主题特征等聚合在一起，使聚合在一起的信息或知识具有某种共同特征或关联。

无论提供何种应用或服务的网站，都提供了一个或多个领域的信息。例如amazon.com提供图书、音乐、电器等多个领域的商品信息，而豆瓣电影只提供电影领域的信息。首先，定义一个概念——用户网络行为信息域（information domain），它包含用户在使用网络过程中所涉及的各类信息。具体包括：用户在一段时间内登录网站完成特定检索浏览任务的会话（session）信息；用户检索和浏览的目标个体——文档（document）信息；用户注册的账户（account）信息；用户在检索、浏览资源项目时所使用检索词（query）以及用户在查询和使用这些资源项目时对其有用性的排序（rank）。以上的用户网络行为信息域是进行用户行为信息知识组织的基础，网站设计者应通过客户端数据、服务器日志或数据库等方式记录这些用户行为信息，作为用户行为分析的基础。每个信息项的概念定义如下：

会话（session）：是一个客户与服务器之间的不中断的请求响应序列。对客户的每个请求，服务器能够识别出请求来自于同一个客户。当一个未知的客户向Web应用程序发送第一个请求时就开始了一个会话。当客户明确结束会话或服务器在一个预定义的时限内未从客户接受任何请求时，会话就结束了。

文档（document）：指网站所提供的网页或信息单元，是信息的载体，并可以分类和索引。每个文档应当有一个唯一的URL地址，为了更好地实现用户行为信息分析，网站应该首先建立好文档数据库，确保文档的唯一性，并维护好文档的属性信息。

账户（account）：用于认证用户以便于用户使用系统资源。用户账户信息不仅包括用户标识名，还包括用户的性别、年龄、教育背景等用户属性信息。

检索词（query）：是表达用户信息需求和检索课题内容的基本单元。检索词可能是叙词，也可能是用户自述的关键词和单元词，表达了用户的信息需求。

排序（rank）：用户在查询和使用资源项目时对其有用性可能有一定的排序。这可能是显性的评分，也可能是隐性的关注、下载、保存等行为。

综合而言，用户行为信息的概念化形式可以表示为I〈S，A，D，Q，R〉，用户行为知识则可以通过分析挖掘这五类信息项中两项或多项之间的关联关系得到。表11-2列出了部分信息项与用户行为知识的关系。

表11-2　用户行为知识及应用列表

信息项	用户行为知识模型	应用
D，S	文档关注度	热点推荐、趋势分析
D，R	文档评价	资源推荐
D，S，Q	协同过滤知识	个性化推荐
A，S，Q	用户兴趣度知识	用户兴趣建模、信息推送
……	……	……

以用户协同过滤知识挖掘为例，首先从用户行为标准信息库中取出会话及其对应的文档和检索词信息项I〈D，S，Q〉，通过对其进行关联规则挖掘，可以获取到具有相关性的

文献之间的知识 K〈D，D〉，这种知识就可以通过一定的知识组织方式存入知识库，以用于知识服务，以上的过程用公示表示可以为：

I〈D，A，S，Q，R〉-〉I〈D，S〉-〉K〈D，D〉

11.3.2 用户行为知识系统设计

根据上一节所述的用户行为信息概念模型，基于用户行为信息的知识系统结构可以分为三个模块：数据预处理模块、模式分析与知识组织模块、知识服务模块。三个模块之间的次序及数据关系如下（图 11-1）。

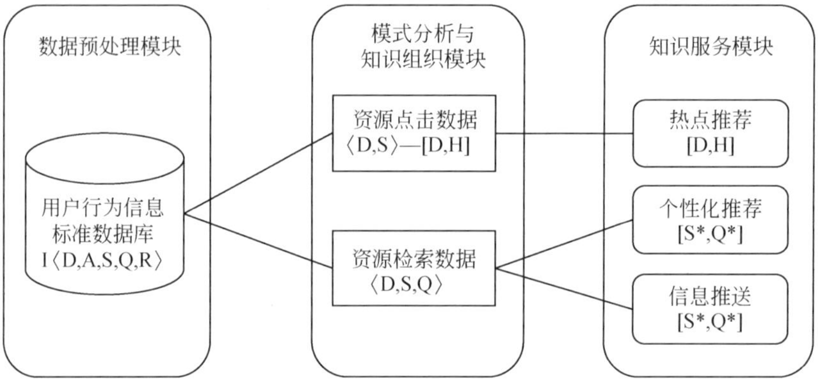

图 11-1　用户行为信息知识系统结构

知识组织的第一步是日志数据的预处理，将多格式的、非结构化的、含冗余数据的日志整理到日志标准数据库中。经过处理后的日志数据如表 11-3 所示。每一个信息项可以是一维数值，也可以是多维数值，如 Session 信息中不仅有 session 编号，还有 IP 地址、开始时间、结束时间等。Document 信息除了名称外，还可能包括分类号、标引、关键词等。Rank 评分数据也可以是多维的，表达用户对相关性、有用性的多方面评价。此外，由于网站功能和应用的差异，有些数据可以为空（N/A）。例如一个分类浏览的网站，可能就没有检索词的信息，搜索引擎日志则大多没有用户评分的信息。

表 11-3　清洗处理后的标准格式日志数据库示例

LogID	session	account	document	query	rank
1	S1	U1	D1	Q1	R1
2	S2	U1	D2	Q2	R2
3	S2	U1	D3	Q2	R1
4	S3	U2	D1	Q1	N/A
5	S3	U2	D4	Q3	R2
6	S3	U2	D5	Q3	R1

知识组织的第二步是对清洗后的数据进行模式分析和知识组织。由于使用的用户行为

理论、应用和数据挖掘的算法不同，用户行为分析的模式也是多样化的。可以根据知识服务的需要，结合领域内用户行为信息的构成和特点，选择合适的用户行为理论和算法定义一个模式。模式定义完成后，首先从日志数据库中抽取出需要的基础信息表，应用数据挖掘算法，得到模式分析结果。

知识组织的最后一步是知识服务和应用。基于文档的知识库，可以为用户提供文档检索或阅读过程中的知识服务。知识服务的方式可以分为显性和隐性两种方式。显性方式是为用户提供知识的查询和导航，如用户可直接查看当前的热门文档，文档或关键词的访问趋势，用户可以通过文档的分类快速找到和定位自己需要的文档信息。隐性方式是知识组织服务系统为用户提供的检索辅助、检索优化、推荐和推送等知识服务，如利用文档索引信息为用户提供检索词补全和更正。

根据分析用户行为信息知识组织系统框架（图 11-2），本节将以某个学术文献搜索引擎为例，构建一个面向知识服务的用户行为信息知识组织系统。在这一系统中，知识组织可分为三个模块，数据预处理模块、模式挖掘模块和知识服务模块，下文将详细介绍用户行为知识组织系统的各个模块。

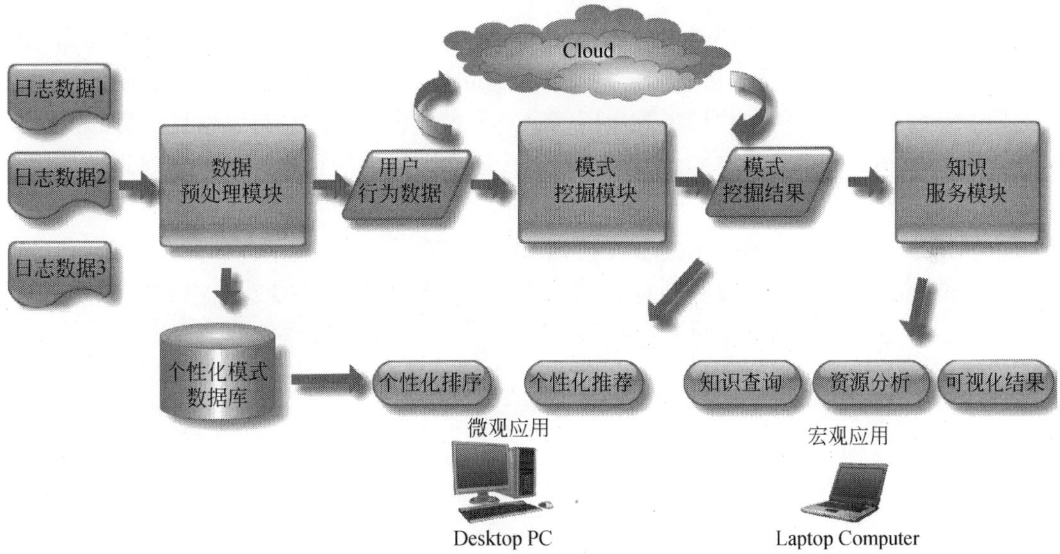

图 11-2　用户行为信息知识组织系统框架

11.4　用户行为信息数据准备

用户行为信息数据准备的目的是为用户行为分析提供可用、规范、相对完整并可高效存储访问的日志数据。数据准备在用户行为分析中起着很重要的作用，直接影响了数据挖掘的质量和结果。通过数据准备工作，原始的用户日志数据文件转化为结构良好的标准化日志数据库，并根据整体数据的规模和后期利用方式存储，便于数据挖掘和访问利用。广义的数据准备工作包括日志数据的采集、预处理以及存储等几个部分。

11.4.1 用户行为信息的数据采集

用户行为信息采集的方式可以分为服务器端采集和客户端采集两种方式。服务器端采集是指通过分析服务器日志获取用户行为信息。服务器端采集的数据的缺点是准确性和完整度较低。如果用户是通过代理服务器访问网站，从日志上很难进行用户识别。而用户在浏览过程中使用“前进”“后退”等按钮，也不会被服务器日志记录。对服务器端日志进行数据清洗和用户识别需要大量的时间和计算量，这也增加了系统的开销。客户端数据采集是通过 Java applet、JavaScript、Plugin 或使用定制浏览器来实现的。客户端数据采集到的用户使用信息更为全面，对浏览路径、浏览时间等的测量也更为准确。用户行为分析系统尽可能采用嵌入式的记录通过客户端采集用户行为信息，作为分析的基础数据。

1）服务器端数据采集

服务器端的日志可分为 Web 服务器日志和应用服务器日志。Web 服务器日志文件记录了用户对服务器中信息资源的每一次访问。每当 Web 站点上的页面被访问一次，Web 服务器将在日志中增加 1 条相应的记录。各种 Web 服务软件都提供日志格式，较为常见的是 Apache 服务器的组合日志格式（combined log format）。但 Web 服务器能记录的日志信息有限，且包含有太多的图片请求等无用信息，不太适合作为用户行为信息分析的数据。

应用服务器是指通过各种协议将商业逻辑传递给客户端的程序。客户端通过访问应用服务器，通过预先设定的商业逻辑处理用户请求，并返回用户希望获取的网页。应用服务器可以利用数据服务器上的应用程序（例如 CGI、JSP 等）来记录用户的个人信息和浏览信息，并按照自定义的格式记录到日志文件中。各个软件平台的开发公司根据网站需要，基于应用服务器的技术支持，也可以扩展日志格式，图 11-3 所示的即为万方学术搜索的日志格式。

万方日志格式

1313891，1331，fengwei，2012-09-13 13：42：59.373000000，? c=001001&q=%知识服务 &t=1，http：//www.infosoft.so/Result.aspx，IE7，1366 x 768，，Windows NT 6.1，168.160.99.191，zh-cn，www.infosoft.so，http：//www.infosoft.so/Result.aspx? c=001001&q=%知识管理 &t=1，

日志的格式为：日志 ID，用户 ID，用户名，时间，访问网页参数，访问网页，浏览器类型，分辨率，操作系统类型，IP 地址，字符代码，前一页面等信息。

图 11-3 万方学术搜索的日志格式

2）客户端数据采集

客户端的数据采集是指通过客户端准确地捕捉用户行为，并记录到特定的日志文件中。客户端的数据采集往往是通过 Java applet、JavaScript、Plugin、修改浏览器等技术来实现的。客户端数据采集到的用户使用信息更为全面，对浏览路径、浏览时间等的测量也更为准确。但需要用户的许可，也可能会侵犯用户的隐私。

客户端采集的数据还包括用户的注册信息和用户调查信息等数据，这些信息可以用于

用户的聚类、分类等分析。除此之外，用户在浏览网页时也会做出一些标记，例如推荐、评分等信息。这些信息也可以作为用户行为分析的一部分基础数据。此类数据一般情况下存放于数据库中，需要通过 SQL 语言或者数据库接口软件从后台数据库中获取。

11.4.2 用户行为信息的数据预处理

无论是从客户端还是服务器端采集到的数据，由于存在数据异构、数据缺失等问题，不能直接用于数据挖掘，需要进行数据的预处理，去除日志中的噪音数据（也称脏数据），提高数据挖掘的可信度和准确度。一般而言，数据预处理阶段包括数据净化、用户识别、会话识别等过程。

1）数据净化

数据净化的目地是解决数据日志中存在的“脏数据”问题，根据日志挖掘的需要选择规范的日志字段，去掉不是用户访问的或不能反映用户行为模式的日志记录，消除数据的不一致性，过滤掉请求错误或失败的记录，统一异构数据。

由于各个领域中数据日志的含义不同，所记录的数据也不一样。因此，数据净化的规则需要根据领域的具体情况进行设计。例如，在静态 Web 服务器日志中，GIF、JPEG、BMP 等图片格式的请求也被作为日志记录下来，但这些记录对于分析显然没有什么用处，那么可以删除包含 GIF、JPEG、BMP 等关键字的日志行。

数据净化还需要完成的工作是去除非人为访问的数据，例如搜索引擎会利用网络爬虫定期访问服务器，应用服务器上的一些管理程序也会访问网络资源并留下记录，这些非人为访问的日志会干扰用户行为分析的结果，需要在数据净化阶段予以删除。

数据净化可以通过配置规则的方式来实现。针对某个特定的网站日志，设定专用的规则库，利用规则库对日志进行清洗，规则库根据日志情况随时变更。

2）用户识别

用户是指访问一个或多个服务的个体。当利用服务器端的用户日志时，关键的难点是用户识别。本地缓存、代理服务器或动态分配 IP 地址等网络技术使得用户识别变得困难。服务器端数据类型不同，用户识别的规则也各异。如果用户端允许使用 Cookie，则可以通过 Cookie 来识别用户。如果没有 Cookie，目前最广泛使用的方法是通过设置 Session 的关闭时间来辨认用户。此外，还可以使用一些启发式规则帮助识别用户。或者利用网站的结构，通过推理的方法，重组用户访问路径，从而解决用户识别的问题。

启发式规则包括：不同的 IP 地址代表不同的用户；IP 地址相同，但日志中浏览器类型或操作系统发生变化，则代表属于不同的用户；如果 IP 地址、浏览器类型等均相同，但访问的地址没有关联，则认为属于不同的用户。

3）会话识别

用户在某一段时间的访问中可能有多个检索或浏览目标。与用户识别不同，会话识别更多的是以集中访问时间或关联页面为主要区分指标，同一个事务集中只包含密切相关的页面。会话识别中可用两种方法：时间窗口法，即定义一个时间长度，在该时间段内用户浏览的所有页面都归为一个会话；最大向前参考法，是从用户访问的首页开始到第一个回退动作为止定义为一个会话，接下来的第一个向前动作引发下一会话，直到下一个回退动作产生。周而复始，将用户访问页面序列划分为一个个会话。

以万方系统日志为例，经过数据预处理，可以得到如表 11-4 所示的用户行为信息标准数据库。

表 11-4　用户行为信息标准数据库

LogID	session	account	document	query
1	1	u1	a. html	指标体系
2	1	u1	b. html	指标体系
3	1	u1	c. html	信息服务
4	2	u1	a. html	指标体系
5	2	u1	b. html	科研评价
6	3	u2	d. html	科研评价
7	3	u2	b. html	知识管理
8	4	u3	a. html	指标体系
9	4	u3	b. html	科研评价
10	5	u1	b. html	科研评价
			……	

11.4.3　用户行为信息的存储方法

用户行为信息的存储分为关系数据库存储和文件数据库存储两种方式。所谓关系数据库，是建立在关系数据库模型基础上的数据库。在关系数据库中，基础数据符合数据库范式的要求，避免了数据冗余、数据异常、数据不一致等情况。关系数据库还可以通过视图存储数据之间的逻辑关系，在针对不同的模式分析模型时从基础数据中析取有关数据。

近年来大数据的出现对数据仓库提出了新的挑战。大数据指那些不能用传统方式分析和处理的数据。Doug Laney 从三个角度定义了数据增长的挑战与机遇，即目前被广泛引用的 3V 模式：数量、速度、和多样性。“数量”指数据的规模远远超过传统数据。“速度”强调大数据是在流动着的数据。必须在数据流动的过程中就开始分析和应用，而不可能等到一批数据流动结束后才开始分析。“多样性”指数据的来源和类型多样。分析大数据时必须能同时处理结构化和半结构化，甚至是原始格式的数据。大数据文件系统已经得到了广泛应用，例如 GFS（Google file system）是 Google 公司为了满足其需求而开发的基于 Linux 的专有分布式文件系统。GFS 的硬件系统是一个大规模中低端计算机集群，其中包括两类节点：一个主节点（也可以还存在一个影子备份节点）和许多数据节点。应用程序在访问数据时，首先通过主节点获得数据节点的信息和授权，然后访问数据节点。某个数据节点出现问题，并不会影响整体数据的使用。

一般来说，用户行为信息的数据量级要大于在线交易、文献索引等类型信息的数据量级。在用户行为分析模型中，需要逐渐考虑大数据的存储和处理，但同时也要看到数据仓库具有数据结构清晰、冗余度小、数据挖掘工具成熟等优势。在实际应用中，数据的清洗和存储可以分步进行，将数据仓库和文件数据库结合起来。文件数据库用于存储大规模的原始数据。原始数据虽然有一定的数据冗余或不满足数据库范式，但仍存在一定的数据结构，能够应用数据挖掘工具自动分析。数据挖掘的中间结果和模式分析结果可以存储于数据仓库，提供用户知识查询和知识服务。

11.5 模式分析与知识组织

用户行为信息分析的核心部分是模式分析和知识组织。现有的研究大多强调用户行为信息的模式分析过程，而忽视了对模式分析结果的知识组织。模式分析和知识组织之间存在相互联系、相辅相成的关系。模式分析提供了原有知识系统中所没有的新知识，而且模式分析过程有助于知识组织系统中知识的更新和演化；反之，只有对模式分析结果进行有效的知识组织，与现有的叙词、本体等知识系统有机整合起来，才能更好地理解模式分析的结果，并用于知识服务。

11.5.1 模式分析

从一批数据中寻找普遍关系的过程称为模式分析，它是知识发现的关键环节。模式分析模型因日志数据所记录的用户行为模式和数据挖掘算法的不同而异，并不存在适用于各类用户日志数据的统一模型和算法。根据数据挖掘算法的分类，在用户日志挖掘中较为常见的数据挖掘方法有描述性统计、关联规则、分类和聚类、异常检测等。

1）描述性统计

描述统计是将研究中所得的数据进行整理、归类、简化或绘制成图表，以此描述和归纳数据的特征及变量之间关系的一种最基本的统计方法。描述统计主要涉及数据的数量、比率、集中趋势、离散程度和相关强度。最常用的指标有计数、比率、平均数、标准差、相关系数等。

为了更为直观地表现出数据的特征和变化趋势，描述性统计所获取的知识可以用图表的方式来呈现，常见的图表类型有折线图、直方图、饼图等。

2）关联规则与顺序模式

关联规则是最基本的数据挖掘技术，也是迄今为止最常用的网页使用挖掘技术。应用于用户行为分析中，关联规则的目标是发现用户行为信息中常常共同出现的用户访问页面。典型的关联规则数据挖掘结果是这样一种形式：“A. html，B. html -> C. html”表示访问了 A 页面和 B 页面的用户也访问了 C 页面。

这种关联规则模式在访问日志中是一种常见现象，它实际上是一种序列分析方法，属于顺序模式。在用户网络行为信息挖掘中，序列分析的目标通常是找到在用户会话中频繁出现的顺序访问模式。典型的顺序访问模式可以用下面的形式来表达：顺序访问 A. html 和 B. html 的用户中有 70% 后来也访问了 C. html。

顺序访问模式与关联有些类似，但更强调时间的意义。A 页面、B 页面和 C 页面是严格按照时间顺序访问的，而在关联规则中不强调必须按照时间顺序访问。用于顺序访问模式数据挖掘的算法有两类：一类是基于关联规则的算法，但是增加了时间维度；另一类是基于树形结构和马尔可夫链来发现浏览模式。

3）分类和聚类

分类分析是确定对象属于哪个预定义的目标类。一般而言，对用户及用户行为进行信息分类是依据数据集建立分类模型的系统方法。根据训练集的数据估算出模型的各个参数。在用户行为分析领域，用户及用户行为分类的数据可作为为用户提供进一步个性化服务的基础。通过确定用户行为所属的分类，也可以缩小相关查询的范围，提高用户查询和推荐的效率。

聚类分析是将数据对象划分成有意义或者有用的组（簇）。聚类分析的目标是，在同一个簇中的对象之间具有较高的相似度，而不同簇中的对象差别较大。最常用的度量对象间差别的方式是对象之间的距离。聚类方法在用户行为分析中应用广泛，基于用户访问日志，既可以对用户及用户行为进行聚类，也可以对资源进行聚类。通过用户聚类可以将大量的用户分成几类用户群，寻找用户群之间的异同，或更有效地发现最近邻。用户行为聚类是指将用户相近的访问行为聚集的操作，这样便于向其他用户推荐使用知识。资源聚类则可以依据用户对网络资源的使用记录将杂乱无章的网络资源分成若干个类，便于用户理解和搜索查询结果。

4）异常检测

异常检测的目标是发现与其他对象不同的异常对象。异常对象也被称为离群点，指在数据库中与其他数据的一般行为或模式不一致的数据对象。在数据的散布图中，表现为远离其他数据点。有些数据挖掘方法将离群点看作干扰值而舍弃，但在诸如欺诈检测等应用中，罕见的事件或者模式可能会比正常的事件更令人感兴趣，这时离群点挖掘就是一种非常有效的技术。

异常检测的方法来自多个领域，在用户行为分析中经常使用的有：基于统计的异常检测、基于邻近度的异常检测、基于密度的异常检测和基于聚类的异常检测。以用户网上支付检测为例，可以利用基于邻近度的方法，检测支付金额和支付设备 IP 是否为离群点，如果是，可以及时向用户发出警报。

11.5.2 用户行为知识的组织

经过模式分析和知识挖掘，可以从用户日志中得出各类用户行为的模式分析结果。这些模式分析结果必须经过一定的知识组织方法才能转化为可重复利用的知识库，用于知识服务。

以用户检索词分析为例，根据万方检索平台某个月的用户访问日志数据，经过数据统计和数据挖掘，可以得到表 11-5 所示的初步检索统计数据和表 11-6 所示的检索词共现数据。

表 11-5 用户检索词统计数据

序号	检索词	检索次数	序号	检索词	检索次数
1	计算机	241	11	清华大学	45
2	乔晓东	212	12	科学技术	44
3	Web	120	13	纳米	44
4	吴广印	96	14	科技	44
5	水污染	94	15	贺德方	43
6	褐煤	80	16	科技部	40
7	数字图书馆	75	17	技术	40
8	北京大学	74	18	刘殿宇	40
9	李海霞	62	19	基于 AVR 单片机	38
10	电脑	53	20	云计算	37

表 11-6 用户共现检索词数据

学者	主题	共现次数	学者	主题	共现次数
贺德方	科学技术信息	1	吴雪昌	酿酒酵母	1
吴广印	科研评价	2	吴雪昌	原生质体	1
吴广印	信息服务	1	吴雪昌	发酵效率	1
吴广印	科研创新	2	吴雪昌	生物传感器	1
吴广印	指标体系	5	吴雪昌	DNA 标记	1
吴广印	科研产出	1	吴雪昌	RAPD	1

共现检索词指用户在一次检索时共同使用的检索词，共现次数每个用户只计算一次

通过分析这些数据可以发现，统计结果存在以下三个问题：①这些检索词的类型是不同的，只有将同类型的数据进行比较才有实际意义。例如“乔晓东”和“吴广印”是信息情报领域的专家学者，“水污染”“褐煤”“数字图书馆”是学术主题，“北京大学”“清华大学”“科技部”则是相关的科研院所和机构。②有些检索词是同义或隶属关系，例如“计算机”和“电脑”，RAPD 是随机扩增多态性 DNA 标记，是 DNA 标记的一种。对于这类数据可以通过语义关系进行归并。③有些检索词因为涵义太过广泛没有实际价值，例如“科技”和“技术”，这些检索词可以去除。

经过合并等处理后，再将领域内的本体知识和用户日志挖掘知识进行匹配，得到基于本体的知识列表。例如，表 11-7 所示的即为文献作者知识列表，可以用于提供最近热门

文献作者检索的知识服务。其中李海霞在现有的文献库中没有找到，可以作为待选的作者信息，等待领域专家确认后再补充到文献作者本体库中。

表 11-7　文献作者知识列表

序号	姓名	单位	检索次数
1	乔晓东	北京万方数据股份有限公司	212
2	吴广印	北京万方数据股份有限公司	96
3	贺德方	中国科学技术信息研究所	43
4	苏新宁	南京大学	33
5	吴雪昌	浙江大学	30
6	李海超	哈尔滨工程大学	29
7	李海霞	N/A	62

11.6　基于用户行为的知识服务模式

从目前网络服务的特点看，知识服务的形式和类型是多种多样的，实现知识服务的角度也存在着不同。基于用户行为信息分析所获取的知识库，可以构建多层次多类型的知识服务模式。本节主要介绍较为常见的基于用户行为信息分析的知识服务模式。

11.6.1　知识检索

知识检索是指根据用户的需求在知识库中自动搜索相关的规则、模式以及其他的知识。广义的知识检索可以分为分类导航和关键字查询两类方式。分类导航是由系统开发者根据用户潜在的检索需求而预先设定好的检索表达式。用户可以在系统的指引下逐步查找所需的信息。关键字查询是用户根据自身的检索需要，在系统的帮助下自主地构建检索表达式，进行信息查询（王昊和苏新宁，2011）。

知识检索功能主要针对具有明确知识需求的用户。例如，用户希望了解关于“数字图书馆”的用户行为知识，在检索端输入“数字图书馆”，系统可以展示最近关于“数字图书馆”的用户检索统计和发展趋势，还可以展示用户们检索“数字图书馆”的同时还检索和关注了哪些文档，这些知识有助于用户扩展知识阅读，获取用户所未曾想到的知识联系和文献资源。

在某些情况下，用户希望宏观地了解知识目标的总体分布情况和变化趋势，这就需要利用数据可视化技术来进行知识呈现。数据可视化是指将用户行为分析结果用直观的图表表现出来。例如在百度趋势中，针对某个用户输入的检索词，关注用户的地区分布用深浅色图来表示，用户学历和性别等用柱状图表示。

11.6.2　个性化排序

个性化排序方法将用户兴趣模型和搜索引擎算法相结合，针对用户的需求和特点返回检索结果。个性化排序的目标是解决目前的搜索引擎返回的结果千篇一律，不能满足用户个性化需求的问题，帮助用户在大量的相关性检索结果中快速找到自己需要的信息。个性化排序系统的关键模块是用户兴趣建模。用户兴趣的提取包括显式提取和隐式提取两种模式。显式提取需要用户的配合，这种方式在实际运用中有较大困难，即使用户在注册时愿意提交，但很难确保用户的兴趣能够及时更新。目前比较常见的方法是隐式提取，即根据用户的浏览行为信息分析用户的兴趣模型。用户的兴趣模型采用基于分类叙词的向量表示，保存在用户个性化模式数据库中。用户兴趣模型可定期更新，根据用户的长期兴趣和当期兴趣计算用户当前的兴趣模型，不同类型的网站算法可略有不同。例如，学术资源类的网站，历史长期兴趣所占的比重较大；而对于新闻性网站，当期兴趣所占的比重较大。

在用户兴趣模型的基础上，文档和检索的相关性算法是分别计算文档与用户兴趣相关性和文档与检索词的相关性，并对其进行加权平均。具体的公式如下

$$W_j = \alpha W_{qj} + \beta W_{ij}(\alpha + \beta = 1)$$

式中，W_{qj}表示文档j与检索词q之间的相关性得分；W_{ij}表示文档j与用户i之间的相关性得分；W_j表示文档j的个性化排序总得分；α和β分别是加权系数，α和β的值需要由经验的情况来确定，在网站运行的过程中，也可以根据用户点击的反馈动态调整。

11.6.3　在线推荐

在线推荐能够根据用户的兴趣和检索目的推荐能够帮助用户解决问题的信息资源，其主要任务是根据当前用户的会话实时地向用户产生推荐，将推荐界面返回给终端用户的浏览器。在线推荐系统的主要模块是推荐引擎，任务是为当前的用户会话计算出一个推荐集，适时地向用户生成推荐。具体方法是：推荐引擎分析用户的当前会话，获取当前用户访问页面的集合。然后利用特定推荐算法对这些带有时长的访问页面集合进行预测，得到推荐页面集，最后将相应的推荐页面集附加到网页服务器返回给用户的页面，一起发送给用户以进行页面集合推荐。

根据推荐算法的不同，基于用户行为信息的推荐方法主要有基于内容的推荐、协同过滤推荐和融合推荐三种。具体的技术还包括用户兴趣建模、用户相似度计算、数据降维以及用户聚类等。目前大部分的推荐算法和技术都只在某一方面有突出的优势，且对数据格式有比较严格的要求，其整体性能和普适性还有待提高。从实际应用的角度来看，多种数据和多种推荐技术的有效集成将会是一种更为有效的办法。

11.6.4　知识推送

知识推送是个性化服务的一种。在知识系统的使用过程中，不断有新知识加入系统，

这些新知识很可能是某用户所需要的，但该用户又无法及时了解该知识的存在。因此，系统必须提供及时有效的推送机制，使用户快速地关注到所需的新知识。在用户行为信息系统中，知识推送的类型可分为两种：基于新资源文档的知识推送和基于新知识关联的知识推送。

在基于新资源文档的知识推送中，知识推送代理将新产生的资源文档与用户模型进行匹配，将匹配的内容推荐给用户。目标文档与用户兴趣相关度的计算主要基于向量空间模型来完成。在基于新知识关联的知识推送中，知识推送代理依据新发现的知识联系，如关联规则和相似用户等，以及用户以前的检索和关注记录，自动发现对用户可能有价值的资源文档，推荐给用户。

11.6.5 科学评价服务

科学评价的主要目的是基于现有知识，结合现代信息分析技术，挖掘领域中的潜在和隐含信息，从而实现学术引导和科学评价。利用用户行为知识实现科学评价，主要将用户的行为信息从三个角度实现知识再造：①对使用资源进行学术资源间的关系分析，从多维尺度和聚类技术等角度进行分析，提供学术资源的分类探讨和联合重组服务。②针对用户使用的检索词，分析主题间关联以及学者和学科的主题关系，结合聚类方法，提供学者和学科的研究追踪服务，寻找学者间合作甚至学科间交叉的可能。③对用户使用的热词分析，结合时间元素，探测学科研究热点的发展轨迹，为研究人员提供研究方向选择、学术焦点确定以及学科发展决策等知识服务（王昊等，2013）。

总之，用户行为信息为知识组织和知识服务提供了极为有价值的数据宝藏，通过有效的数据挖掘手段，可以发现用户网络行为规律、知识单元链接、用户知识和用户社会关系。基于叙词、本体等知识组织方法，可以对用户行为信息进行有效的数据组织和数据挖掘，其结果既可以拓展叙词和本体的属性，从多维的角度进行检索和排序，又可以发现新的叙词和本体及其联系。最后，通过知识检索、个性化排序、在线推荐、知识推送、科学评价等方式为用户提供知识服务。

本章拓展了用户行为信息的类型，将用户保存下载记录、推荐评分记录和社会化标签数据等纳入用户行为信息，并提出了一个较为通用的用户行为信息的知识组织和知识服务模型。在实际应用中，用户行为信息的来源和格式多种多样，通过知识组织模型，首先将用户行为信息转化为标准的用户行为数据库，然后根据不同的数据挖掘需求，抽取一定的用户行为信息并进行组合，挖掘出用户行为模式。行为模式挖掘的结果既可以融合到现有本体知识组织系统中，用于实时知识服务，也可以进一步进行模式分析，通过可视化等手段展现知识发展趋势和知识关联。

第 12 章　引用关系的知识组织

引用活动是普遍存在的。例如，在日常交谈中，一个人会转述另一个人的原话或基本观点；在艺术创作中，作者会借鉴别人的艺术风格。科学研究更是如此。任何一项研究都不可能是空中楼阁，需要借鉴、引用他人的研究成果。科学研究中的引用已成为知识生产和知识创新的客观需要和科学保证。科学引用表明了知识间的关联，引用关系中蕴含着丰富的知识。对引用关系进行分析可以揭示知识的关联，为知识服务提供帮助。引用关系的最佳载体是引文索引。合理地架构引文索引，科学地设计索引组织，是提升引文索引知识服务效能的重要保证。

12.1　引证关系及其作用

学术引用体现了学术的继承性，反映了学术成果之间的关联性，引用中的细节信息对研究学科发展的态势，分析学科研究特点，了解学术共同体的研究习惯，把握不同领域学术资源分布和各学科重要学术资源都有着极大的帮助作用。因此，在构建引文数据的数据组织之前，应当深入分析学术引用中的各类信息，以更加科学地组织引文索引，使引文索引在知识服务中发挥更大的作用。

12.1.1　引用关系的分析

科学文献间的引用与被引用构成了一种引证关系。这种引证关系不仅体现了文献之间的联系，还蕴含着大量知识和规律。这些规律需要用数据来呈现，需要通过技术来挖掘，更需要通过科学的组织来反映。科学地组织数据并挖掘出其中隐含的知识，不是一句简单的话语就能完成的，而需要分析各类数据所反映出来的特征，探求这些特征所能呈现的规律。

1）被引文献类型分析

图书情报领域将文献类型划分为：图书、期刊论文、会议论文、学位论文、报告、报纸、专利、标准、参考工具、网络资源等。从学术角度来看，每一种类型的文献都有其鲜明的学术特征，例如，网络资源（如学术博客和学术论坛）具有时效性最佳的特征，但其资源的可靠性和真实性又受到一定的质疑；论文反映了学术热点和学术界关注的问题，相对图书而言，出版速度更快能更及时地反映学术研究前沿领域，尤其是会议论文（特别是各领域学界顶级会议论文）更是各学术领域的学术前沿和重要研究成果的代表；图书的学术性特征是其成果更加成熟；最具权威性的文献无疑应该是标准和政府报告；最具科技创新性的文献应属专利。如果将被引文献类型标注于引文索引之中，将会对分析各学科的发展特征和研究规律有极大的帮助作用。

另一方面，从被引文献类型分析也可以发现不同学科学者的阅读习惯和他们研究所倚仗的主要学术资源，深入分析还可以发现不同学科学者对研究资料获取手段的差异。如上段所述，图书的学术观点相对论文而言更加成熟，而论文较图书体现的是更新的研究成果。因此，可以通过一个学科或一个领域研究成果引用图书和论文的比例，考察学科的成长性、成熟度和活跃度。例如，较人文社会科学而言，自然科学整体上发展迅速，其引用的论文占所有引用文献的70%以上；而人文社会科学的引用文献中55%以上是图书（苏新宁，2012）。如果细致考察各种类型的被引文献比例，可以验证许多猜想并发现学科的更多特征。

通过被引文献的类型分析，可以从被引文献类型的信息中探究学科和有关研究领域的成熟度、发展趋势和研究特征，了解学者对学术资源的使用趋向和获取手段等，同时还能够从这类信息中挖掘出尚未被认识到的规律。同样也可以发现学术研究中的重要文献（如对学术研究有重要影响的学术著作或高被引论文等）。所以，在引用信息的数据组织上应当关注被引文献类型信息的标注和编码，促进引文索引在知识服务中发挥更大作用。

2）被引文献的语种分析

被引文献语种是指学者在研究中引用了哪些语种的文献。通过被引文献的语种可以了解各学科的学者对国际研究成果的关注程度，对国际文献的获取能力以及对外语文献的阅读能力。从学科角度来看，可以分析学科或领域研究是否与国外研究接轨，国际上的学术理念和研究方法是否被引入了研究领域。一般说来，国外文献引用较多的学科，该学科研究的发展较为迅速，与国外研究接轨的能力也较强，学科地域开放度越大。因此，如果将被引文献语种在引文索引系统中反映出来，势必将增加引文索引的效能，使之能够分析各学科研究的国际化程度。

外文文献语种众多，不仅要重视主流外语语种（如，英语、法语、德语、日语、俄语），也要关注其他斯拉夫语族、阿拉伯语等非主流但在某些研究领域有着重要作用的语种，因为这些语言的文献对学界研究历史、民族和宗教有很大帮助。一般而言，被引文献语言标注的越全面，其引用分析就能更全面地把握国外各类语种文献对中国各研究领域的影响。

另外，如果从横向进行学科比较，可以了解各学科学者对国外文献的获取能力、阅读能力、关注度的差异。从纵向角度分析，可以了解各学科多年来对国外文献利用的变化轨迹，从这一轨迹中也许可以发现某些学术领域非常有价值的信息。总之，在引用信息的组织上标注语种，并非只是简单地对被引文献进行语种统计，更重要的是可以从中挖掘隐藏于被引文献中的、具有很大学术指导作用的信息。因此，在引文索引的组织中，细致标注语种信息将能从某一角度提升引文索引的知识服务能力。

3）引用形式分析

在科学论文的撰写中，引用文献有多种形式：①文中注，指作者文章中直接标出引用文章的出处、内容和观点的引用。②脚注，指在文章每页的底部对文中某些内容所做的注释，一般是解释说明。③尾注，指在文后给出的引用，和脚注相似，但主要以参考文献形式给出。一般来说，三种引用形式各有偏重。文中注主要引用的是一句话或一段文字，引用较为直接，并且与所述内容联系较紧密。脚注更侧重于数据来源和资料引用。尾注多表现为参考文献。因此，对引用形式的分析，可以探索人们的引用习惯，发现学科之间的引用差异，对规范学术引用有一定的帮助。

从目前的学者引用来看，许多人混淆了这三种引用形式。例如，文章的脚注中既有资料来源又有参考文献，有的甚至在尾注中除了参考文献外，还有文字解释性注释，这些都属于行文规范性的缺失。虽然，目前少数文献的引用存在一定的不规范，但绝大多数引用都可用于分析和总结规律。例如，学科之间的引用形式差异，历史学、古文献领域较多使用文中注，自然科学领域主要使用参考文献形式（尾注），社会科学的许多领域是脚注和尾注均具。

因此，研究引文索引的引用形式的编码和组织，并通过分析其引用形式，可以探索学科之间的引用习惯和差异，发现学术引用中尚不规范的引用行为，从而促进学科之间的引用行为趋于规范和统一。当然，也可以根据引用形式的数据分析，了解各学科学者的研究习惯和引用行为，找到各学科学者的引用行为规律。更重要的是，引用形式的统计分析结果为学界提供了又一条知识服务的新路径。

4）引用关联分析

文献的引用行为虽然都是个体行为，但无数的个体引用行为在无形中却形成了一张庞大的引文网络。这个网络可以为探索文献间的关系，发现隐藏在引用中的科学研究规律和文献规律提供非常有价值的知识。在这个引文网络中，大量文献存在着关联，根据关联强度和形式，将其分为直接引用、引用耦合和同被引三种类型。不同的关联形式对应不同的分析方法，对知识服务也会起到不同的作用。

文献中的引用在不同程度上反映了文献间的关系，这些施引和被引用文献的联系形成了引用网络。通过引用网络可以得到与引用相关的统计、分析和评价数据，例如，文献被引量、作者被引量、期刊被引量统计等。文献的被引量在一定程度上反映了研究成果的科学价值和学术影响，可以根据被引量对学术成果进行评价。同样可以利用被引量对作者、机构、期刊以及国家和地区的科研状况、学术影响力等进行分析评价。另外，通过引用网络的引用链可以追踪一项研究的来龙去脉和发展轨迹。根据网络中被引量高的节点可以得到某一研究领域中重要或高影响力的文献。

引用网络中，多被引节点说明有多篇文献引用该节点所代表的文献，这种现象就被称为引用耦合。具有引用耦合关系的多篇文献，普遍认为存在一定的关联，耦合的强度通过文献之间共同引用的参考文献数量来测定（Kessler，1963）。文献之间的耦合强度越高，研究主题越接近，文献也越相似，这一思想对文献的聚类工作具有重要的指导意义（Morris et al.，2003）。将文献耦合的思想进一步推广，还可以进行作者耦合、机构耦合、期刊耦合分析等。

所谓同被引是指两篇或多篇论文同时被其他文献引用的现象，同被引强度一般通过同被引的次数来测度（Small，1973）。同文献耦合相似，同被引次数越高的文献们被认为在研究主题和研究内容上越接近，文献的相关度越高。与引用耦合相比，同被引分析更为客观，因为文献被引用完全是一种被动的行为，作者本人很难控制，此外引用耦合的强度是固定不变的，同被引强度则具有动态变化性，因此同被引分析常常用于学科前沿的探测研究。

以文献（作者、机构、期刊等）作为节点，以各种关联作为边，由此可以构成了庞大且复杂的引文网络。在此基础上，可以利用复杂网络的理论和方法对引文网络进行深入的分析。

值得一提的是，在引文网络的构建过程中，需注意数据匹配的粒度问题。由于参考文献是由各个作者自己标注的，不可避免地会存在信息误差。例如，书籍改版前后页码的不一致，多位作者合著文章被引时作者信息标注的差异问题等。如果采用细粒度的精确的字符匹配算法，则往往会造成数据分析的不准确。因此在对引用网络以及引用关联进行分析时，为得到更准确的数据，既要考虑数据的组织问题，也要考虑匹配算法问题，在信息主体一致的情况下，应根据客观需要，灵活设置数据匹配的粒度。

5）引用角色分析

根据作者写作需要和写作目的的不同，在引证过程中，引文充当的引用角色也各不相同，大体上引用角色可以分为以下四种：①综述性引用，也称罗列式引用，作者通过引文列举出目前的研究现状，但不表达自己的观点。②学术观点的引用，是继承式引用，指作者对该观点持有赞同意见并在文章中进行表述。③学术启发式引用，是一种发展式引用，作者不仅赞同此观点，而且该观点对作者新思想的形成具有启发意义。④批评性引用，也称为否定性引用，作者引用文献的目的是为了批评和否定，继而提出自己的观点。

同一文献中的引文常常具有不同的引用角色，同一篇引文在不同的文献中往往也会充当不同的被引用角色。通过文献引用角色的分析，同样可以发现引用关系中隐藏的知识。例如，一篇文献多次作为学术启发式引用，说明了该文献具有较高的研究价值，对之后的研究起到重要的启发作用；相反，一篇文献若被多位作者作为批评性引用，说明该文献可能真的存在一些问题。同理，对于学科分析也是如此，学术启发式引用多的学科思维更加活跃，发展迅速；批评性引用多的学科则思想对撞激烈，可能存在多个观点对立的学派。

引用角色为引文分析提供了新的分析视角，在引文索引中若能对每一篇参考文献标注其引用角色，则可以利用这些标注信息，分析学者不同的研究特点和研究习惯，分析各学科间的发展与对比，继而从更深层面发现研究领域内重要的学术文献，而不是仅仅从文献的被引次数来衡量。

12.1.2 引用主体分析

在引文分析过程中，不同的分析视角对应不同类型的元素。有些元素能够作为一个独立的分析对象，并在引用过程中起到主导作用，被称之为引用的主体。对引用主体的分析能够更深入地理解文献之间的引证关系，并挖掘出由此产生的多个主体间的关联。在引文索引中，对引用主体的科学组织是引用分析的基础，因此需要对引用主体的细节化特征以及这些特征所能表达的规律展开分析。

1）来源文献分析

根据文章的具体内容，可以将来源文献的类型分为研究型、评论型和综述型三种。进一步细分，研究型可分为理论研究和应用研究等类型；评论型又可分为学术评论、图书评论和学术批评等类型；综述型可分为会议综述和学术综述等类型。每种类型都具有鲜明的特点。从学科角度来看，可以通过对文章类型的统计看出某个学科的研究特征。例如，评论型文章较多，说明这一学科注重学术批评、学术思想活跃；综述型文章则可以帮助学界进行学术回顾和总结，这两类文章是促使学科健康发展的重要组成部分。另外，也可以从文章的类型看出研究者的专业特长，如发表论文多为应用型说明该学者在平时的科研工作中更注重实践。此外，从文章的类型还可以看出期刊的收录偏好，是偏重理论研究还是偏重于应用实践，能否接受不同意见。

从来源文献的引文数量中也能发现一些规律。例如，学术综述型文章的引文数量要普遍高于其他类型的文献。从学科角度分析，引文数量能够反映一个学科研究的整体学术规范程度、研究习惯、研究深度和学者的学风，学科整体引用文献多，表明该学科的学者具有良好的研究习惯和严谨的学术作风。

因此，在引文索引中需要考虑对来源文献的文章类型和引文的数量进行标注，通过文章类型的统计分析以及不同类型文章的引文数量的考察，可以帮助用户发现学科研究的主流成果和研究成果中尚不完备的方面。

2）作者分析

学科发展的根本动力在于学科的研究群体，在于每一位科研人员的努力。文献作者是引用行为的施动者，在引证过程中起着决定性的作用。从与作者相关的数据资料中，可以发现众多隐含的知识。例如，从学科发展的角度分析，发文作者的数量能反映一个学科的研究实力；作者的年龄分布反映了学科研究的人员结构与学科发展前景；通过作者的性别统计可以分析出不同学科研究中性别的差异性；分析作者的研究领域还可以发现学科研究的热点方向，主要有哪些学者正在研究；结合时间数据还可以考察学科研究热点的变化情况，这些都可以帮助年轻学者尽快找准研究方向，确定研究目标。

一篇文章可能有多个作者，同一作者也会发表多篇文章。一个作者通常需要引用多位作者的文章，自己的文章也可能会被其他人引用。因此，文献与作者、作者与作者之间形成了复杂的网状关联。目前在图书情报领域，针对作者合著和作者引用网络进行分析的文章非常多，但由于作者背景资料的缺乏，对作者以及作者之间关联的分析还不够全面和深入。

在传统的引文索引数据库中，仅存储了发文作者的姓名、地区和所在机构这几项简单的信息，如果能将作者的出生日期、性别、研究方向等详细的背景资料也在数据库中进行组织和存放，用户通过引文索引就可以获得更深层面的知识服务。例如，可以查看某领域年轻学者的研究方向，可以分析和对比不同年龄段学者的研究特点，可以比较哪些学科更适合女性学者的发展，甚至可以对学科的发展前景作出预测。

3）机构分析

经初步统计，文献的发文机构主要来自于教育科研机构、党政机关、军队系统以及以医院、图书馆、报社、出版社为代表的企事业单位，其中以教育科研机构（如高等院校、研究所）发文最为普遍。从发文的内容以及期刊名称上也能看出不同类型机构的发文具有鲜明的职业和专业特色。对发文机构的相关统计数据进行分析，从中能够发现一些隐藏的知识和规律。比如，从发文量和文章级别可以看出机构的科研人数、科研力量，以及该机构的研究特色；从发文数据可以分析各领域跨机构合作状况，对加强学者间的交流和学科的交叉发展具有重要的作用。

传统引文索引中，对于机构信息的标注往往存在一些不足和误区，具体分析如下：

（1）作者的区分问题。一般来说，发文作者都会标注机构信息，但因工作或学习需要，同一作者常常会标注多个机构。另外，由于机构名称标注的不规范，有人用全称有人用简称，以及机构合并或更名等因素，相同的机构会出现多个不同的名称。这些都给基本的数据处理和数据分析带来了困难，常常导致错误的分析结果。

（2）跨机构合作问题。所谓跨机构是指处于不同机构的不同学者之间的合作，同一个作者标注多个机构的情况不属于跨机构合作的范畴。在目前的引文索引数据库中，对于跨机构合作并没有进行很好的数据组织与标注，研究人员需要自己完成数据采集和处理工作，工作量大。并且各研究者在数据处理过程中也会因处理方式问题，造成分析结果的不准确。

（3）不同类型机构的表示问题。如何对机构进行分类并有效地表示是提供深层次知识服务的前提。例如，要“检索全国‘985’高校十年来的发文量和被引量”，在目前的引文索引中需要首先知道全国“985”高校是哪些学校，然后根据名单依次进行检索，最后还需将所有信息进行汇总，不仅效率低下，而且容易出现差错。解决的方法是对机构的类型进行科学的编码，依据编码信息可以快速获取数据进行分析处理，继而为用户提供所需的知识服务。

因此，面向知识服务的新型引文索引需要克服上述不足之处。在引文索引数据的组织过程中，要充分做好机构信息的编码和标引工作，要克服机构名称变化引起的问题。

12.1.3 引文索引中其他信息的分析

除上述引用主体外，在引文索引中还存在一些其他的信息，如期刊、地区、关键词、基金、发文时间等。这些信息在引文知识服务中同样起着重要的作用。

期刊选刊的标准问题，是引文索引建设的重要研究内容。对期刊学术级别的划分的优点在于，通过期刊的遴选帮助用户有目的的寻找到需要的信息，并能有效地控制期刊的质量，有利于学科的不断发展进步。通常将期刊分为核心和非核心两大类，而伴随着不同引文索引系统的诞生，也产生出了多种分级方法和评价指标，这些都为全面客观地反映学科发展全貌提供了良好的条件。此外，还需注意期刊名称变革的问题。通过考察期刊名称的历史沿革，用户不仅能够获取更全面的期刊数据，而且能对期刊的发展历程有更深入的了解。

通过发文的地区信息可以对比分析不同区域的科研实力，研究地区之间的合作情况以及科研人员的区域流动性等社会化问题。目前，在文献中对作者的地区标识问题，并没有形成统一的规定。大部分期刊采用了地名标注的方式，但地名标注同样存在很多问题。全称与简称混用，有的标注省和市甚至县区，而有的只标注市或从市到县区，此外还有地名变更等问题。因此在引文索引中，同样需要对地区信息设置编码，通过建立发文地区对照字典，将不同的地名按照地区进行合并和归类，避免数据分析时产生错误。

关键词是文献研究内容涉及主题的体现。结合文献引用关系的关键词统计，可以用来跟踪学科研究的热点和发展趋势，具体包括关键词的出现总频次与各年度频次变化两个方面。在一段时间内，出现频次高的关键词一般可以认为是该领域的研究热点；对于出现频次逐年上升的关键词，结合关键词最早出现的时间和学科半衰期数据可以判断该关键词所涉及的研究领域是否是学科新的发展方向。

从发文的基金标注中大致能够判断文章研究范畴和研究深度。整体而言，基金资助的文章质量要高于非基金资助的文章，国家级项目、重点项目文章的质量普遍要高于一般性项目文章。不同类型的基金在学科研究中的作用不尽相同，如“863”“973”等科研项目代表了国家重点资助的科技攻关方向；国家级的基金项目通常代表了领域内最新的研究方向和科研动态；专项基金一般为特殊地区、特殊行业或部门所设；此外还有各单位自己设置的各类基金项目。因各类基金项目种类繁多，在引文索引中需要对基金信息进行科学的分类组织和有效的编码标识。

时间是文献资料非常重要的属性，同时也是提供知识服务的必备属性。例如，从不同时间段的发文量和被引量数据中可以跟踪学科的发展路径；从被引文献的发文时间可以分析对比不同学科的特点；从时间刻度上跟踪关键词的变化可以对学科的研究热点进行全面的分析；此外，众多的分析评价指标也都与时间特征相关。

12.2　引文索引设计及其组织

信息技术的发展推动了引文数据的开发利用。20 世纪 60 年代开始，就研制出了以 SCI 为代表的一系列引文索引系统。当人们对引文索引有了新的认识，并对引文知识服务的需求不断提升时，引文索引已不再是简单的检索工具，人们希望能从中获取更多的知识。如何借助引文索引实现知识服务？如何从引文索引中发现科学研究规律和和潜在学术价值？这就需要对引文索引结构与组织进行深入探讨，使之充分体现引文索引价值，满足知识服务对引文索引的要求。

12.2.1　新型引文索引的设计思考

知识服务是一种以用户需求为目标驱动的服务，引文索引的构建也应当以科学研究的需要和学者的需求为目标。通过上文对引证关系及其作用的分析，可以看到文献之间的引用本质上是知识间的关联，这些关联知识也正是提供知识服务的前提与基础。要充分挖掘引用过程中各类信息的功用，不仅要利用其表层的含义，更需要站在更高层次的平台上深入分析其实质和内在的关联。这些都对引文索引及数据组织工作提出了新的要求。

引文索引是一种典型的关系类知识工具。在文献信息中，各类实体间的关联是广泛而复杂的。以某一作者为例，作者与其所著文献、引用文献、引用文献的作者、施引文献、施引文献的作者、发文期刊、所在机构、合著者、合著者所在机构、基金项目、文献研究主题、学科、文献标题、文献关键词等均存在联系。通过引用关系链，还能发现作者耦合、作者同被引等关系。如果在引文索引中能够将这些关系详尽地表示，并通过技术手段将其呈现，将会大大扩展引文索引的知识服务功能。

一个设计良好的引文索引应当能够全面展现文献信息的多种形态，帮助用户方便地发现知识间隐含的关联。科学且有效的数据组织是提供知识服务的有利保证。知识服务是数据组织的最终目的，因此必须精心设计引文索引的系统结构，科学有效地组织引用数据。为了更深刻地理解引文索引功效，发挥引文索引在知识服务中的重要作用，我们归纳了引文索引能提供的知识服务类型，见表 12-1。

表 12-1　引文索引知识服务类型及应用说明

序号	服务类型	引文索引的知识服务应用说明
1	检索统计型	检索某主题、某学者的相关文献，检索某期刊或作者的被引等
2	特征分析型	提供学科的研究特征服务，如学科成长性、学科国际化程度等分析
3	资源评价型	提供期刊、论文、图书、学者、机构、地区等学术影响力分析评价
4	知识发现型	某领域重要学术成果的发现，如根据各类引用网络探索发现重要成果
5	学术预测型	根据关键词分析以及引用网络的分析总结领域热点与发展趋势等

传统的引文索引以检索统计型服务为主，以文献作为信息传递单元。虽然大多索引都具有分类统计功能，也提供了较多的检索途径，但知识服务功能相对较弱。用户只能查看单篇文献的引用或被引情况，更宏观、更全面地分析、评价和预测的功能则少有涉及。

上述五种知识服务类型，可以按照知识需求的层次从低到高进行划分：检索统计型提供最低级的知识服务，其次是特征分析型和资源评价型服务，知识发现型和学术预测型是最高层次的知识服务类型。不同类型的知识服务对引文索引的设计要求也不同，层次高的知识服务类型需要有更大规模的数据和更先进的分析技术作为支撑，同时也需要基础的数据组织架构能够表达实体间更多的关联，为知识服务提供更好的数据基础。根据对不同类型知识服务的需求分析，对新型引文索引系统的设计目标总结如下：

(1) 全面准确地表达信息，为数据挖掘和知识发现打下基础。

(2) 科学组织数据，挖掘数据功用，增加检索途径。

(3) 实现数据代码化和知识化，为多角度地统计分析提供精准数据。

(4) 注重数据间的关联，为展现对象间的多重关联提供途径和实现手段。

(5) 易于系统新功能的扩展。

为达到上述系统设计目标，按照数据工作流程，将整个引文索引组织分为五大层次，依次为：基本业务层、基础数据层、数据模式层、知识服务层和用户层，如图 12-1 所示。

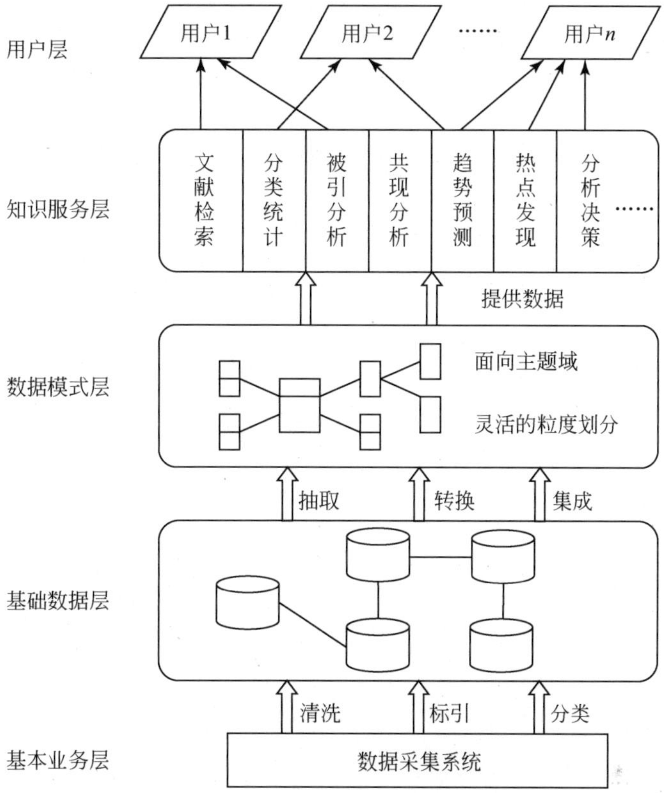

图 12-1 知识服务引文索引系统构建模型

基本业务层的主要工作是相关数据的采集。包括：资源的选定（如期刊引文索引中的来源期刊的选定），以及对采集的数据进行输入、整理、清洗、标引和分类工作等。采集数据的来源是根据一定的规则或相关指标设定的，如 CSSCI 针对中国人文社科类的中文期刊，并根据相关被引指标选定。

基础数据层是引文索引的实体部分，主要提供文献检索和一般性知识查询服务。这一层重点关注数据库的架构、细节化的库结构设计以及元数据的表达等，它是整个索引系统提供知识服务的基础数据来源，也是一般性统计分析的重要基础。

在数据模式层中，主要建立数据中的各类关联，为知识服务奠定基础。该层的数据组织主要依据用户需求，建立面向主题域的知识仓库。知识仓库的数据来自于基础数据库。数据关联根据用户需求和科研领域的需要，并要求充分体现对象间的多维关联。这一层数据组织可以独立于基础数据层，主要为统计分析和深层服务之用。

知识服务层是由完成知识服务功能的系统组成的，它根据用户需求，并对基础数据层和数据模式层提供的数据进行统计、分析、挖掘等工作，为用户提供知识服务。在这一层面。要求功能模块可以根据需要扩展，系统功能的开发可以完全独立于数据库的物理存储结构，能够提升系统的逻辑独立性。

用户层的作用是对用户的信息需求进行分析，将用户的需求分解对应到相关的知识服务功能模块，由知识服务层启动相关功能模块为用户提供知识服务。

通过上述分析可以看到，引文索引必须以满足用户的需求为目标，以更深入地分析和辅助决策功能为特色，以良好的数据组织和架构设计为基础，以信息知识化、方法科学化、分析智能化为核心动力，成为知识服务新型载体。

12.2.2 引文索引数据架构及数据库设计

如前文所述，在引文索引系统中，基础数据的组织与架构设计是进行知识服务的前提与基础。本小节将重点介绍引文索引的数据架构及各数据库的结构设计。

引文索引的基础数据架构可以分为九大组成部分，分别为：来源文献库、被引文献库、来源作者信息库、期刊目录库、期刊沿革库、机构信息库、机构变化库、关键词索引库、公共字典编码库。具体的数据组织架构如图 12-2 所示。

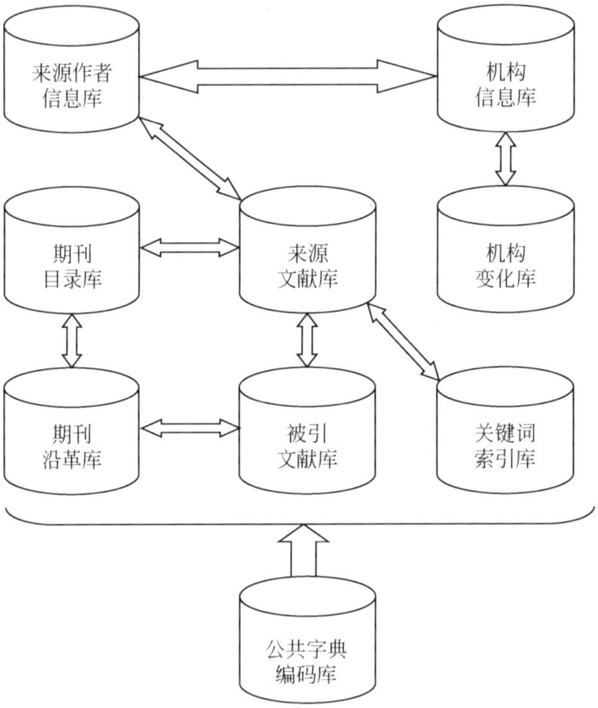

图 12-2　基础数据组织架构图

针对图 12-2 中基础数据组织架构中的九个数据库，分别描述其功用和主要的字段设计，及各数据库之间的关系，为增加对引文索引的理解和开发引文数据库提供启示。

(1) 来源文献库：用于记录引文索引所收录的每一篇文献的详细信息，是引文索引的核心数据库之一。引文索引中的主要数据库均与该数据库关联。每条文献记录拥有一个唯一的标识号（文献编号），其他数据库和该数据库相连均以这个标识号为链接。标识号应该具有多重信息含量，如期刊代码、文章发表年代、卷期、文章顺序等。其他字段还应包括：中文篇名、英文篇名、中文关键词、英文关键词、期刊代号、语种代码、发表年份、卷期、页码、各种分类号、文章类型、基金类型代码、基金内容、出版日期、参考文献数量等。设计英文篇名和英文关键词的目的是为了让该引文索引能够早日登上国际的科技舞台，早日被其他国家认可和接受。对于一些更为完善的引文索引，可能还会增加人工标引的主题词、中英文摘要等信息。

(2) 来源作者信息库：用于记录来源文献的每一位作者的基本信息，该库也是引文索引中的主要数据库之一。由于一篇文章可能是多个作者合作发表，如果将文章作者信息在来源文献库中记录，将会造成数据库字段的冗余，也不方便统计分析，因此需要专门建立作者信息库。来源作者信息库中每一条记录都通过文献编号与来源文献库中的相应记录相对应。该库的主要字段应有：文献号、作者序号、作者姓名、作者所在机构名称、机构类型编码、地区代码、通讯地址、备注等。设置作者序号，有利于进行“第一作者”检索，备注字段用于存储作者的个人情况，如性别、出生日期、研究方向等，这些信息都能够为深层次的知识服务提供分析用数据。

(3) 被引文献库：用于记录被引文献的基本信息，是引文索引中的又一重要数据库。其来源主要是来源文献库所收录文献的引用文献记录，该库中每一条记录均通过文献编号与来源文献库中的相应记录关联，通常情况下是多对一的关联，即多条被引文献记录对应一条来源文献记录。被引文献库的字段有文献号、引文序号、引文篇名、引文语种代码、引文类型代码、被引作者、引文期刊名称/出版社、出版年、卷期、起止页码、被引形式、被引角色、备注等。

(4) 期刊目录库：用于记录被收录期刊的基本信息，是引文索引中的辅助数据库，其作用主要体现在数据采集和数据处理中的专门需要上，也来自于来源期刊管理的需要。检索结果中来源文献的期刊相关信息也可来自于该库。该库与来源文献库相关联的关键字段是期刊代号，这种关联是一对多的，即一本期刊会对应于所刊载的许多论文。该库的主要字段有：期刊代号、期刊中文名称、期刊英文名称、ISSN 号、国内刊号、出版周期、出版单位、主办单位、期刊分类、创刊时间、邮发代号、通信地址、邮政编码、网址等。

(5) 期刊沿革库：用于记录期刊名称变化的情况，是引文索引的辅助数据库。该库记录期刊在创刊以后采用过的所有名称及相应年份，主要用于统计中的数据归并处理，也可用于期刊引用网络构建时的刊名统一化处理。因此，该库只有在对被引期刊进行统计和期刊网络构建时才可能使用到，即该库只与期刊目录库和被引文献库有一定关联。该库的主要字段有：期刊代号、期刊中文名称、之前名称、更名时间等。期刊沿革库的创建很好地解决了因期刊更名导致的一系列期刊统计问题。

(6) 机构信息库：用于记录发文作者所在机构的基本信息，是引文索引的辅助数据库。主要与来源作者信息库相关联，为来源文献进行机构分类统计或其他相关统计提供链接，为从不同角度统计分析机构的发文和被引数据提供途径。该库的主要字段包括：机构名称、机构英文名称、机构类型代码、国家代码、地区代码、通讯地址、邮政编码等。

(7) 机构变化库：用于记录机构名称的变化信息，是引文索引的辅助数据库。该库主要在进行机构被引统计或机构多年累积发文统计时使用。存在目的是为了机构名称变化后，依然保证变化前的机构名称的统计数据能够归属于现机构。与该库相关联的数据库主要有机构信息库。该库的主要字段包括：机构名称、机构类型代码、变化原因、之前名称、更名时间等。

（8）关键词索引库：用于存储所有收录文献的关键词，并建立倒排索引，主要目的用于检索和进行关键词统计。通过对关键词的统计，可以分析学科研究热点和发展趋势。该库的主要字段包括：关键词、关键词词频、来源文献号集合等。

（9）公共字典编码库：主要用于数据处理、数据转换、统计分析等，几乎与引文索引中的所有库都具有联系，是引文索引规范化、编码数据和不同分类体系转换的源泉。该库包括 7 张编码表，具体有：国家与地区编码表、国内地区编码表、机构类型编码表、基金类型编码表、语种类型编码表、分类体系对照表和引用类型公共编码表。除分类体系对照表外，每张表大体都分为编码和名称两个字段。分类体系对照表记录了各种分类体系，并且将各分类体系中的分类号相互对应，为实现文献新分类的再生提供了基础。公共字典编码库是整个基础数据架构的连接和纽带，同时其特有的编码设计也为知识服务提供了有力的保证。

在引文索引系统的开发中，数据库设计应遵循必要的数据库范式理论，以减少冗余、保证数据的完整性与正确性。本书设计的引文索引组织架构的特点在于：

（1）为用户提供更多检索途径。将来源文献与被引文献存放在不同库中，用户既可以从来源文献角度追踪被引文献，也可以从被引文献角度回溯来源文献，提高了服务的灵活性。

（2）减少数据的冗余。由于一篇论文往往有多个作者，一个作者又常常会标注多个机构，为了节约存储空间，减少数据冗余，在来源文献数据库中只描述文献信息，对作者及其机构信息单独建立作者信息库。

（3）将机构和期刊名称进行统一。改革开放以来，特别是近十几年来，中国高校的机构名称发生了很大变化。很多地区的高校进行了合并，一些原有机构不复存在，这对于以机构名称为单位的统计工作造成了很大影响。因此特别增加了机构变化库，详细记录各机构名称的变化情况。对于期刊的历史变迁，也专门建立了期刊沿革库，以记录期刊名称变化的情况。

（4）编码知识化。在设计过程中专门设置了公共字典编码库，用于存放类型的编码，如地区编码、机构类型编码、引文类型编码等。公共字典编码库作为代码化的知识工具对各数据库数据起到统一、规范和关联的作用。

（5）提供关键词方面的检索和分析。设计的关键词索引能够极大提高检索的效率，同时为基于关键词频的学科热点分析、关键词共现分析等提供了良好的数据基础。

12.3 引文索引中编码的设计

编码是对数据进行知识化和规范化的过程。编码本质上是对象的抽象表达，优秀的编码规则能够使系统发挥更大的效能（苏新宁，2012）。公共字典编码库中设置有 7 张编码表，使各项数据之间建立起知识化的关联。

12.3.1 国家与地区编码

国家与地区编码是对引文索引中涉及的发文作者所在国家和地区的统一规范化标识，

这一编码方便了从国家（地区）层面上对各国（各地区）的科技水平和科研实力进行分析比较。在国家与地区编码的设计中，优先采用了国家标准化管理委员会 2000 年发布，2001 年实施的《世界各国和地区名称代码》国家标准（GB/T 2659-2000）。该标准库包括的字段有：序号、中文简称、英文简称、两字符代码、三字符代码、数字代码、中文和英文全称这七个字段。为方便起见，直接将三位数字代码作为国家与地区的编码，此外对每一条记录还增加了所属洲信息。依据编码表就可以按照国别或洲际进行文献的检索和分析统计。表 12-2 列出了编码表中一些主要的国家与地区的编码信息。

表 12-2 国家与地区编码表部分内容

序号	中文简称	英文简称	两字符代码	三字符代码	数字代码	中文和英文全称	所属洲
44	中国	China	CN	CHN	156	中华人民共和国/People's Republic of China	亚洲
45	香港	Hong Kong	HK	HKG	344	香港特别行政区/Hong Kong Special Administrative Region	亚洲
46	澳门	Macau	MO	MAC	446	澳门特别行政区/Macau Special Administrative Region	亚洲
47	台湾	Taiwan, Province of China	TW	TWN	158	中国台湾/Taiwan, Province of China	亚洲
77	法国	France	FR	FRA	250	法兰西共和国/French Republic	欧洲
109	日本	Japan	JP	JPN	392	日本国/Japan	亚洲
223	英国	United Kingdom	GB	GBR	826	大不列颠及北爱尔兰联合王国/United Kingdom of Great Britain and Northern ireland	欧洲
224	美国	United States	US	USA	840	美利坚合众国/United States of America	北美洲

12.3.2 国内地区编码

地区编码主要针对中国作者所在机构的所在地区信息进行的编码。编码的目的是能够以省或市为单位对国内各地区进行成果的统计和分析，甚至可以进行同级别城市（如各省会城市）的科研成果的数量上的比较。通过地区编码，既可以很方便地以省为单位集中统计，也可以很方便地对各省内的城市进行统计分析。更重要的是，地区编码能够提升了地区统计的准确性和效率。

由于目前各期刊对作者所在地区标引没有统一的规定，文献中作者的地区数据显得非常凌乱。有的只标注省份，有的标注省和市，有的仅给出了城市名，有的甚至没有地区标注。此外，随着中国城镇化建设步伐的加快，地区名称也常常出现变更的情况。编码为解决这类地区名称变化带来的统计上的困难提供了有效解决途径。地区编码实际上起到了地区名称规范化、统一化的作用。地区编码需要注意地区间的从属关系以及地区信息表示的粒度问题，既要能突出表现将省内城市聚合成以省为单位的粗粒度，也要能够表现以省内所辖城市为单位的细粒度。以江苏省及其所辖市为例，既要能够通过编码从大量的文献中提取出江苏省作者发表的论文，也能够统计江苏省内各地级市作者发表的论文。编码设计要依据不同用户的需求，灵活地设置地区级别。此外，区县级的编码还要能够从细节上发现小区域的经济特色和优势产业，为科技服务产业提供良好的数据资源。

具体的地区编码策略为：采用6位数字编码方式，其中1~2位为省级行政区域编码（包括省、直辖市、自治区和特别行政区）；3~4位为市级编码，省会城市的编码统一为“01”，若是直辖市这两位固定为“00”；第5~6位为区县级编码，包括下属的县级市、区和县。例如，依据这样的编码规则，北京的编码为“010000”，江苏南京的编码为“160100”。

12.3.3 机构类型编码

发文机构数量庞大、类型众多，对机构编码的过程，实质上是对众多发文机构进行归类整序的过程，同时也是知识化的过程。经过机构编码，引文索引可以根据用户不同的知识需求，对编码进行组配查询，以达到特殊要求的统计分析结果。例如，欲分析对比全国“211”师范院校的科研实力，在没有编码时需要罗列这些学校，然后逐一检索获得相关数据。科学的编码，可使这类繁琐的工作变得简单高效。

从科学分析角度对科研机构进行分类，可以将所有机构划分：高等院校、科研院所、党政机关、文化团体、企业、军队系统、非高校教育单位和其他共八种类型，分别用数字1~7和9表示（在整个编码系统中，对于其他类别统一都用数字9表示）。对于每种类型再根据具体情况编制下级机构类型代码。

对于高校，可以将其划分为“985”工程院校、“211”院校、教育部直属院校、中央其他部门所属院校、地方本科院校、高职（专科）院校六种类别，分别用数字1~6表示；再下一级体现高校的专业特征，分为：综合性院校、师范类院校、医学类院校、工科类院校、体育类院校、艺术类院校、军事类院校、财经类院校和其他专业院校九种类别，用数字1~9表示。当然，也可以根据实际情况增加院校类别。有些高校可能会对应多个编码，本编码规定一律高靠，比如，南京大学可能对应的机构类型编码有“111”“121”和“131”三种，本编码系统只为南京大学取“111”作为编码，可在进行统计分析时，通过一定算法来区分。在对某一类学校进行统计对比时，借助编码就可以方便地进行统计分析。例如，对全国财经类院校进行统计分析时，可以利用代码“1x8”抽取相关数据完成统计，其中“x”可以为任何数字，也可以是指定某几个数字。

对于科研院所也可以划分为三级进行编码。首先分为：国家所属、省部所属、专业学会所属、其他等。然后再将其细分为：自然科学类、工程科学类、医药学类、社会科学类、其他等。例如，中国社会科学院为国家所属的社会科学院科研机构。再如，江苏省中医药研究院为江苏省所属的医药学类研究所。

其他类机构都可以按纵横两个方面再划分两级编码。纵向是指行政上的上下级或所属关系，如，国家级、省市级等。横向是指机构的类别或属性，如高校按学科划分等。所有机构类型编码均由三位数字组成。在实际的机构编码过程中，可以根据资源涉及的机构状况，根据实际需要来设置机构编码。

12.3.4 基金类型编码

基金类型编码用于为各类资助基金进行编码，以反映各类基金的科研成果状况，进而分析各类基金在科学研究中发挥的作用。目前，基金项目类型众多，从纵向看，有国家级、部委级、省市级以及各单位的资助项目；从横向看，有攻关计划、重大项目、重点项目、一般项目、青年项目、国际合作与交流项目等。所以基金项目类型编码同样采用分层编码的方式。如，纵向分别用1~3和9表示国家级、省部级、市级和其他；对国家级项目再划分：国家自然科学基金项目、国家社会科学基金项目、国家863和973项目、国家其他项目计划（如科技基础条件平台建设计划、政策引导类科技计划等），并分别用1~3和9表示；第三层再划分重大项目、重点项目、专项项目、一般项目、青年项目和其他等。

同样，部委级、省市级基金项目也可进一步划分为：自然科学基金项目、社会科学基金项目等；第三层再划分重大项目、重点项目、专项项目、一般项目、青年项目和其他等。通过分层编码，将众多繁杂的基金项目进行有序的归类和标引，为进一步的分析比较以及深度的知识服务做好数据基础。例如，通常情况下重大项目代表了各个研究领域的最前沿技术、最高的科研水准、国家或地区急需解决的科研问题。

通过对基金项目的编码，可以方便地查看有关基金项目的成果。例如，若想通过引文索引查找或统计所有国家级重大项目的科研成果，只需要利用基金类型编码“1x1”对引文索引中来源文献进行检索即可。

12.3.5 语种类型编码

语言是文化的有机组成部分，又是文化的载体，世界文明的多样性在很大程度上表现为世界语言的多样性。语种类型编码主要是对各语种进行编码，来反映文献的语种。全世界的语言十分复杂，专家估计大约有5000~7000种，利用不同语种撰写的文献也非常多。从理论上讲，语言种类划分得越细越有利于分析工作的开展，但从实际应用来看，在中国学术交流中使用较多的是汉语、英语、德语、法语、日语、俄语，很多小语种在国际科技舞台上都很少出现。因此，在语种编码表中应尽可能选择主流的语种。

具体的编码策略是：为每一种语种分配一个数字代码，对于使用极少的语种都归入其他语种类。当然，不同的引文索引其语种编码可以有所扩展。例如，人文类的学科，可以将斯拉夫语族、阿拉伯语等单列一个语种代码，以方便对宗教等领域研究成果的分析。在设计的引文索引数据库中，对来源文献和被引文献都要进行语种代码的标注，这样就可以很方便地进行语种检索，分析各语种间的交流和利用情况。

12.3.6 分类体系对照表

目前文献分类、学科分类和专业分类等都采用了不同的分类体系，不同的统计分析也需要根据不同的分类体系。如论文分类采取的是《中国图书分类法》，而学科分类采取的是国家技术监督局于1992年发布的《中华人民共和国学科分类与代码国家标准》，研究生学位学科分类又是另一套分类体系。如果每一篇文章都要进行三种分类标引，工作量将增加。三种分类体系对照表可完成三种分类号的转换，特别是目前文献分类普遍采用的是《中国图书分类法》，该分类体系比其他两种分类体系要细致复杂得多。从复杂到简单的转换是一个较为容易的过程，但需要建立从复杂到简单的分类对应，该表就实现了这样的对应。

12.3.7 引用类型编码

引用类型编码主要实现对论文类型编码、被引文献类型编码、引用形式编码和引用角色编码等。论文类型主要有：研究性论文、综述性论文、评论性论文等。对于综述性论文，又可分为学术综述、会议综述等。对于评论性论文，也可分为图书评论、学术评论等。因此，可以用两位数字编码分层次表示论文类型。被引文献类型编码同样需要两位数字。首位表示图书、论文、标准、报告、法律法规文件、网络信息、其他等大类。每一大类又可继续分出下级代码，如图书可分古籍、著作、汇编等。论文可分为期刊论文、学位论文、会议论文等。标准可分为国际标准、国家标准、地方标准、行业标准等。网络信息可分为网站、网页、博客等。其他可分为报纸文章、信件等。引用角色编码主要用于反映作者对引用文献的态度，如学术观点引用、学术继承引用、批评性引用、一般性引用等，这些引用都用编码给出区别。同样，引用形式编码，即文中注、脚注、尾注（参考文献），它们也需要进行必要的编码来识别。引用类型编码可以根据引文索引的特点适当编制，也可以根据实际情况增加或减少类别，这些编码并没有一个完全统一的标准。

总之，通过这些编码设计，将引用过程中涉及的各类数据进行了代码化，便于系统对数据的有效组织和科学的管理，更便于借助引文索引进行信息分析与科学评价。同时，对各项数据进行编码也是一个规范化和知识化的过程，使统计更加细致、方便、有效，加深了分析的深度和广度，为各项知识服务提供了基础条件。

任何知识的创新都是在前人研究基础上进一步努力的结果，没有继承就没有创新。文献间的引用满足了知识沿时间和空间的互补性需要。引文索引是对文献信息资源进行管理的有效工具之一。经过五十年的发展，引文索引对整个科学领域的研究产生了重要的影响。引文索引系统也逐步摆脱信息检索的单一形象，在对期刊和科研成果进行评价、对人才进行培养和促进学科发展过程中都起到了关键的导向作用。

通过对国内多个引文索引系统的使用分析可以看到，目前中国引文索引建设还存在着明显的不足：①功能简单，一般只提供检索与简单的统计分析功能。②数据来源不同，检索的结果差距较大，各索引系统因开发单位不同，存在重复劳动情况，没有能够形成类似于 WOS 的统一检索平台。③深层次的知识服务功能还非常稀缺，数据的统计分析都是以文献为单位，没有能够深入具体引用的内容部分，缺乏语义层面的分析。

有效的数据组织是进行知识服务的前提，引用关系是文献间最普遍最直接的联系，通过引用关系的知识组织不仅使得文献间的关联能显性化的表示出来，更能从引用中发现更多的隐性知识和规律，从而提供深层次的知识服务。数据的组织是知识服务的基础与关键，引文索引的研究不仅是个别人或个别单位的事情，而应该是全社会集思广益、不断深入的过程。引文索引也不能是一个固定僵化的系统，而要能够适应社会的发展和知识需求的变化。相信在不远的将来，随着信息抽取技术和标引技术的不断发展，基于引用关系的知识组织将会深入到文献内容层面，构成以词语、短语、句子和段落为分析单元的更加复杂的关联性网络。那时，有关引文分析的理论和方法都将发生彻底的变革。

第 13 章 知识库的结构与组织

知识库是针对某些领域问题求解的需要，将相关知识有机组织的知识集群。这一集群包括相关领域的理论知识、事实数据、经验描述、常识数据等，并通过制定必要的关联规则和语义关系将这些知识片段联系起来。使用时，借助知识库内建立的规则和语义关系，利用运算法则可以直接获取或通过推理得到相关知识。知识库是人工智能和数据库有机结合所产生的。为了帮助读者了解知识库、应用知识库，本章将从知识服务的角度架构知识库，研究知识库的内在逻辑结构与整体框架结构，以保证知识库结构能支撑起用户不同的知识需求，并使资源和服务有效整合，消除知识组织与知识利用之间的鸿沟。

13.1 系统科学理论与知识库简述

本书的第 2 章中系统介绍了系统科学理论等相关科学理论对知识组织的理论意义。针对知识库，这些理论对进一步深入开展关于知识库的研究和探讨也有着特定的指导意义。

首先，从系统论（system theory）的视角认识知识库，可以把知识服务系统中的知识资源看成一个整体，即知识库。由此，在系统论的视角下知识库中的数据或知识具有关联性，因此在构建知识库的过程中，必须寻找知识或数据间的联系，并把这些联系上升为语义关系，以保证经过关联的知识和数据的知识总量高于零散的知识资源内个体知识之和。

其次，可将控制论（control theory）的思想贯穿于知识库构建前的数据清洗环节的数据质量控制中，从而解决数据和知识生产流程中数据质量控制的一些难题。在进行知识库的架构时，需要针对系统的知识服务目标，借助控制论的系统分析方法，辨识数据或知识间的关系，使知识的关联达到最优化。在知识库的更新过程中，通过反馈机制，加强对数据或知识间关系的调节，确保知识的组织能够提供更为有效的知识服务。

再次，从信息论（information theory）出发，关注知识库构建中的知识表示。知识表示的方法决定了知识库的数据表和规则表结构，同时也决定了知识库能否提供用户所需的知识服务。如何表达知识是知识库构建的一个关键性环节。信息论的指导不仅有助于进行知识表示的架构，更为深层次知识处理、存储、利用等理论与实践的探究提供了可靠依据。借助信息论思想，可以有效地控制知识熵的增长，促进知识库内知识序化，从而进一步提升知识库的知识服务能力。

这些系统科学经典理论不仅能够为架构知识库提供理论指导，更为今后以知识库为基础提供高质量的知识服务奠定了理论基础。

13.2　知识组织、知识库与知识服务

知识组织目标是为了向用户提供更高效、更有针对性的知识，以实现知识服务。可以说知识组织是知识服务的支撑。因此，知识组织的设计来自于用户需求的驱动，需要遵循从宏观到微观的设计理念，确保知识组织能够实现知识服务、提升服务效率。针对“大数据”时代的信息泛滥、信息无序、信息过载等特点，迫切需要对信息进行科学处理、整序和关联，最终形成能够解决用户问题的知识。实现这样的目标需要将杂乱的信息蜕变、升华，使之有序、关联和可用，也就是说知识组织必须保证信息知识化、知识有序化、知识服务化，知识库是这项工作的落实载体之一。可见，知识库的工作与知识组织和知识服务是密不可分的。

13.2.1　三者的工作关联

1）知识组织与知识库

知识是对客观世界事物本质的认识，而对知识的加工、整理、揭示、控制等一系列有序化过程称之为知识组织（knowledge organization）（贺德方，2010b）。从知识到知识组织，保证了知识得到有效利用。知识库（knowledge base）是知识组织最有效的载体之一，它使某一领域的知识以及知识间的关系和规则集结在一起形成知识集群。从知识的获取和整序，再到知识间关系与规则的建立，最终才能形成知识库，知识库构建过程如图 13-1 所示。

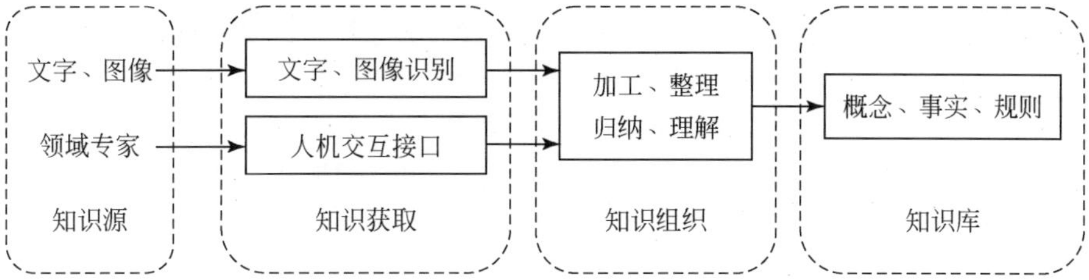

图 13-1　从知识源到知识库过程

知识库本质上是相关知识的集成。从逻辑结构看，知识库中除了包含概念、事实和规则外还包含了各种推理、归纳和演绎等对知识处理的方法；从知识使用的角度看，知识库能够将知识利用与智能信息处理结合为一体；而从知识库的功能上分析，知识库是具有针对性、领域性的面向用户的知识服务平台，或者说是面向知识服务（knowledge service）。知识库还是人工智能的最佳载体。

2）知识库与知识服务

能够实现知识服务，主要体现在服务系统所提供的信息和知识是否能够直接解决用户的问题。因此，知识的处理与组织均需要能够满足知识服务的要求，并以知识库作为提供知识服务的语义基础（丛凯等，2010）。基于此，加强知识的语义标注，获得领域内新的

实例作为原知识本体的丰富和扩充，将领域知识连接成一个关联的网络知识地图，以提供高质量的知识服务。知识服务从逻辑上可以划分为两个过程：服务的发布过程与服务的请求过程。知识服务的流程如图 13-2 所示。

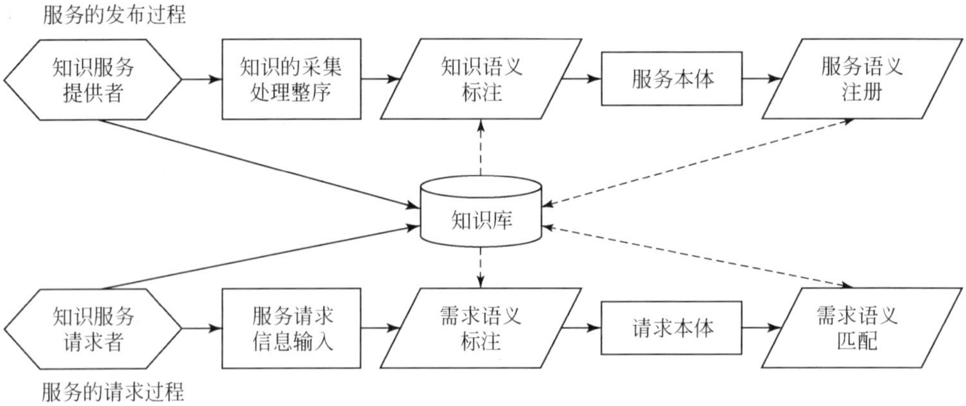

图 13-2　从知识库到知识服务的流程

具体来说，服务的发布过程是由知识服务提供者在知识库的支持下，实现从服务构建到服务注册的过程；而服务的请求过程是由知识请求者完成从服务请求到匹配结果的过程。总体而言，要通过语义推理实现知识服务。

13.2.2　三者的关系模型

可以看出，知识库与知识组织、知识服务在工作上是紧密关联的，反映出三者在逻辑上严密相关。从宏观上可以将三者抽象表达为图 13-3 所示关系模型，每一层都为其上一层服务，层层相扣。知识组织将知识源提供的各类信息，经过数据清洗和加工处理，提炼成可供知识库存储并管理的知识。知识库将针对某一领域问题求解的需要，采用适当的知识表示方式将知识在计算机中存储、组织、管理，将相互关联的知识片集合连成一体，使之在逻辑上可推理、集结，并凝练成能够支持复杂问题求解的知识集群；最终面向知识服务提供有针对性的高质量的知识。可以说知识的质量、知识间的语义关系决定知识的价值。

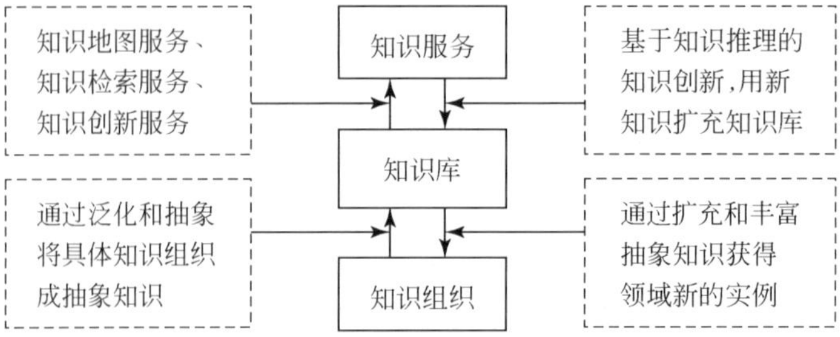

图 13-3　知识组织、知识库、知识服务三者关系模型

知识库在层次模型中处于中间层，面向知识服务又基于知识组织。为此，更需要从知识服务的角度去深刻地考察知识组织体系和构成。必须仔细地去研究哪些知识需求需要知识库反馈，这些知识需求对知识组织有哪些特殊的要求，根据这些要求该如何设计知识库结构。知识库的构建不是一次性完成的，随着知识服务要求不断提高，各类知识需求促使知识库更新和知识库结构的不断优化。

13.2.3 知识库结构的研究内容

知识库结构研究就是研究知识库的架构，研究如何建立知识元之间的语义关系，研究如何构造知识库内部结构，使之更便于问题求解和逻辑推理。因此，知识库能否快速且准确地响应用户的需求，知识库能否解决多领域、多学科的协同决策过程带来的复杂多源知识获取及融合的难题，知识库能否完成跨平台、跨系统进行的大规模知识共享、重用和管理等任务，这一系列面向知识服务的问题均对知识库的结构提出了更高的要求。本章主要考察面对上述不同的知识需求来架构知识库结构的一般规律，使之具备一定的通用性。应当从微观层面和宏观层面两个视角来研究知识库的结构。

1）微观层面的知识库逻辑结构

知识库逻辑结构是根据推理范畴的结构决定的。而范畴是由对象及彼此间的映射关系决定的。所以知识库的逻辑结构可以形象地描述为知识点之间存在的映射关系的集合。可以预见：一方面，知识库中知识节点数目是巨大的，且节点间映射关系的数目是知识节点的幂指数级别，数目更是庞大；另一方面，知识库中的很多新规则是新产生的且是暂时的，这些规则难以通过对既定的基础知识库的挖掘获得。

2）宏观层面的知识库框架

研究知识库框架结构需要突破基于数据库的知识获取的封闭系统，应当将数据库与知识库协同起来，由基础知识库制约并驱动数据库中的知识获取，从而挖掘新知识，并提升到在宏观背景下多个抽象级、多层递阶、综合集成结构和不同知识层面上的知识获取系统的一般性框架的研究。在数据库与知识库并存基础上挖掘新知识，能够将数据库的知识获取与知识库的知识获取有机融合，并统一在知识获取的全部运行过程中。

3）知识节点关联与库间协同

知识库内汇聚了所有的知识节点且形成了错综复杂的关联。知识源的多元化致使各知识节点表示的粒度不一致且所刻画的语义环境也不同。以知识表示为切入点研究知识节点适合的表示粒度，以勾勒出知识节点语义内涵及彼此间的语义关联，助力知识推理的实现。知识库的高效运行，需要数据库配合，如何使知识库与数据库实现无缝连接和协同工作，是知识库结构与组织研究的重要课题之一。

13.2.4 知识库结构研究的深层影响

知识库是面向应用的，多元化的应用需求不断促使着知识库结构的完善。知识库在其发展过程中，不仅促进了知识库结构日趋完善，更为重要的是，加强了知识库中知识片段或知识单元间的语义关系和紧密关联，促进了能有效解决问题的知识的形成。因此，对知识库结构及其知识组织模式的探讨，将更深层次地对知识服务、知识库、知识组织的三者的协同工作带来影响。

1）对知识服务的推动

从传统的文献信息服务提升到用于解决实际问题的知识服务。这一提升体现出知识库对知识服务的重要支撑作用。知识库结构决定了知识服务的角度和潜能，科学合理的知识库结构对知识服务能力的提升具有很大的助力作用。对知识库结构中所涉及的要素进行理论及实践上的探讨有助于优化知识库结构模型，解决从知识源到知识获取过程中的瓶颈问题，揭示数据库与知识库在知识获取过程中各自结构上的对应关系，构建双库（数据库与知识库）协同的内在联系“通道”，以最大限度地克服由数据增加引起的算法失效及知识库实时维护困难的问题。这一系统化的研究紧紧围绕知识库结构，凝练了知识组织的相关理论，凸显了知识库在知识服务中的基础和核心地位，为强化知识服务奠定了基础，为推动知识服务提供了保障。

2）勾勒出知识库丰富的理论内涵

知识存在知识库中，数据存在数据库中，两者“对接”将会促进知识库理论机理的发展。一方面，根据数据子类结构形式构成的数据库与基于属性间语义关系建构的知识库，需要在这两者之间建立对应关系。这一对应关系为数据库与知识库间的知识挖掘与知识提取奠定了理论基础。另一方面，通过数据库的子类结构和知识库的结点网络结构，可以构建两者之间的逻辑等价关系，这种关系打破了传统数据库知识获取的封闭系统，当其与知识库相结合，就可以从知识库的高度，更深层次地理解数据库的价值，拓展知识库的效能。相对于基础知识库，这种结构在功能上形成了一个开放、优化的可扩体，从而有助于实现知识推理和知识挖掘，并能拓展知识服务的空间，为领域内新知识的快速产生提供创新思路。

3）对知识组织创新模式的推动

知识库的构造过程不是一次性的，需要在使用中不断交互完善。在构造知识库的过程中，可能会出现这样或那样的问题，一个重要的问题就是如何保证知识存取过程以及知识间语义关系的协调性，避免知识库推导出矛盾的结论。这其中蕴含了几个关键问题：知识库中规则表示方法以及针对规则的评价方法；如何将数据库的数据作为知识库的知识源；知识源是否干净以及针对非清洁数据的清洗问题；数据库中数据的更新是否与知识库更新同步等问题。这些都影响着知识在使用过程中的有效性、一致性、完备性及共享性。这些问题都可以通过知识库结构的合理构造得到较好解决。完善知识库结构一方面体现了与传统数据库、文档库的不同，清晰呈现出知识库的特质；另一方面充分揭示出知识库的科学发展必然与数据库的运用有着密切联系，它们的关联与融合使知识服务系统能够发挥更大潜能。因此，完善知识库自身结构，使知识库与数据库在知识组织中成为一个协同的有机整体，这将是未来知识库组织的创新模式。

13.3　微观层面的知识库内在逻辑结构

知识库内在逻辑结构的研究，实际上可以归结为知识点间存在关系的研究。知识点及其相互关系希望能够通过一种简约的表示方法来描述，并支持知识的推理活动。衡量知识的简约表示效用需要考量其概念效率与计算效率两个维度，这两个维度的特点是“厚此薄彼”。知识表示的越细致、越充分，往往在知识推理中耗费的计算资源越大。这两个维度的权衡建立在知识的来源是否表示统一，以及是否表达准确的基础上。需要强调一点的是，底层的数据清洗是知识点关系建立、知识推理及计算效率的保证，也是核心问题。只有高质量的数据清洗，才会有高质量的知识库和高水平的知识服务。图 13-4 给出了知识库内在逻辑结构的构建思路。

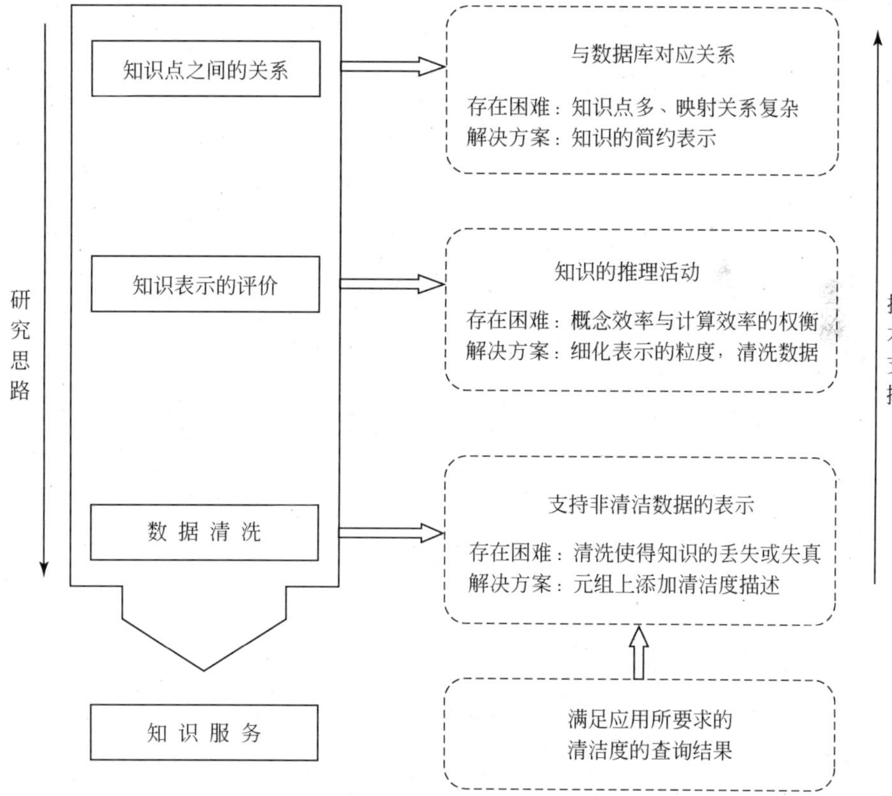

图 13-4　知识库内在逻辑结构的构建思路

13.3.1　知识点之间的关系

1）数据库与知识库的对应关系

建立数据库与知识库间的对应关系，也是一个知识发现的过程。知识发现（knowledge

discovery）是从大量的数据中挖掘潜在有用的、用户可能感兴趣的并能被其理解的知识的过程。知识发现是知识点及其相互间逻辑关系的原始积累过程。为此，揭示数据库与知识库在各自特定构造下的一一对应（双库的对应关系如图 13-5 所示），构建数据库与知识库的内在“通道”，并将数据库和知识库统一在一个知识发现系统中，这是构建知识库逻辑结构首先要关注的问题。

我们不能孤立地看待知识库结构，知识库结构和所关联的数据库是密切相关的。也就是说，随着数据库中数据的积累，对应的知识库结构也将随之发生变化，数据库与知识库间的对应关系决定了知识库中各知识点之间的逻辑关系。所以，构造知识库结构必须将相关数据库及其中的数据综合起来考虑。

在数据库中，根据数据子类结构形式构成的发掘数据库的可达范畴与基于属性间关系的挖掘知识库的推理范畴，建立两者之间的等价关系（栾尚敏和戴国忠，2008）。这一等价关系为数据库与知识库间定向的知识挖掘与知识搜索奠定了理论基础。进一步可认为，依据子类结构构建的数据库和根据知识点网络构建的知识库逻辑等价（图 13-5）。由此可以得出，知识库中的知识点与数据库中的数据子类结构之间存在一一对应关系。这一对应关系打破了传统数据库的知识发现的封闭系统，使数据挖掘从知识库的高度、从语义关联角度去发现更深层次的知识，也保证了知识发现成果用于知识服务。

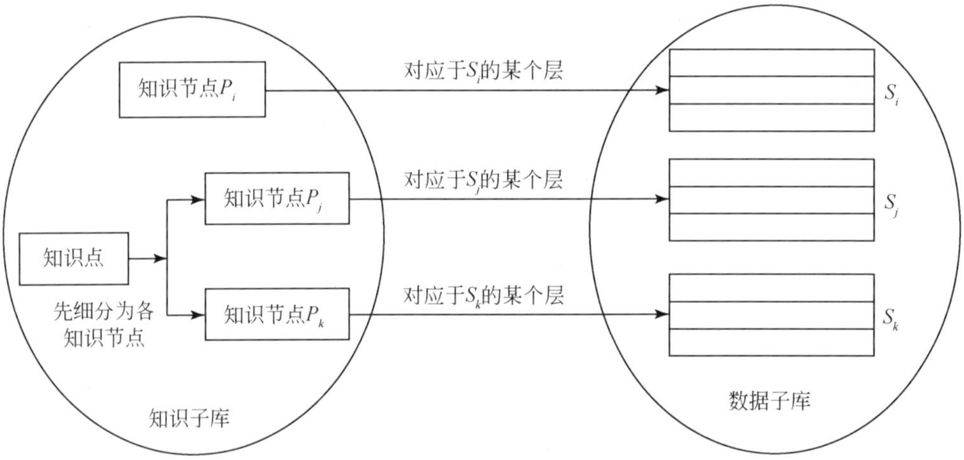

图 13-5　知识库中知识节点与数据子类结构中层之间的对应

2）知识库中知识点间的映射

知识库与数据库最本质的区别在于知识库中记录有大量规则，以保证能够对知识库进行更深层次的知识挖掘与提炼。这些规则通常通过能够反映各知识点之间关系的二维数组来表示。因此，从微观层面考虑知识库中存储结构的规则必须能支持二维数组的体现。

定义 1：规则 $r[s, d]=(s \to d)$ 中的知识节点 s 为规则 r 下的起始知识点，d 为规则 r 下的目标知识点。

这样最初考虑得出的一个简约知识库的结构如表 13-1 所示。

表 13-1　数组型简约知识库的结构

编码	1	2	3	……	n
1	r [1, 1]	r [1, 2]	r [1, 3]	……	r [1, n]
2	r [2, 1]	r [2, 2]	r [2, 3]	……	r [2, n]
3	r [3, 1]	r [3, 2]	r [3, 3]	……	r [3, n]
……	……	……	……	……	……
m	r [m, 1]	r [m, 2]	r [m, 3]	……	r [m, n]

从表 13-1 可以看出，每个规则对应一个固定的数组位置。每当挖掘出或增加一个新的基础知识时，对其进行简约分解后，即可确定其在数组中的位置。对相应位置规则的参数进行修正即可。显然，如果建立这样一个知识库，完成知识库的一致性校验是十分方便的。

知识库逻辑结构是根据推理范畴的结构决定的。而范畴由对象及彼此间的映射关系决定。所以知识库的逻辑结构可以由定义 1 形象地描述成（$s_i \to d_j$）的集合。符号“→”表示知识点之间存在的推理关系。可以预见：一方面，知识库中知识点数目是庞大的，且知识点间的推理关系的数目是关于知识点的幂指数级别；另一方面，知识库中的很多规则是新产生的且为暂时的，这些不能通过既定的基础知识库的挖掘获得。由此来看，定义 1 的描述方式显得比较朴素，且用这样的方式描述知识库的逻辑结构将会较为复杂，需要进一步优化。

表 13-1 也反映出，这样的知识库存储结构在软件上是很难实现的。首先，这将是一个庞大的数组。其中的 m 与 n 是全体属性程度词（语言变量值）的组合问题，有可能造成组合“爆炸”。其次，由于其中的很多规则是暂时的，是不能通过基础知识或由挖掘产生的知识分解产生的。因此在某种程度上可以将表 13-1 看成是一个稀疏矩阵，以数组的形式存储将浪费极大的空间。这样的数组型简约知识库的结构还不完美，但要考虑的知识库结构应相似于该结构，同时考虑三个因素：

（1）由用户根据自己的需求提出知识库的主题设计，不同的主题有一套相互映射的知识子库；

（2）根据知识的成熟程度，对各个主题下的知识库划分三个层次：基础知识库、派生知识库和临时知识库，其中：基础知识库存放用户感兴趣的某一主题下成熟的知识，这些知识来源于用户自己输入或经数据挖掘后由用户确认的知识；派生知识库同样存放为用户感兴趣的某一主题知识，而这些知识源为挖掘出的用户认为有一定价值，但不够成熟的知识。临时知识库存放那些未经过用户识别过的临时知识。

（3）针对一个主题设置知识点链接表，将起始知识点至目标知识点所涉及的内容及其相应的语义环境的关系记录下来，形成一幅完整的知识地图。

知识库划分为三个层次后，优化了知识库的结构，也缩小了用户的知识查询范围，使任意一个层次的知识库逻辑结构更加清晰。知识点链接表中各节点与分解后的规则保持一致，便于规则的存储。并且基础知识库与派生知识库的表示方式直接反映起始知识点与目标知识点的关系，这对具体实现时利用 SQL 语言进行推理非常便利。多层次知识库为基于知识库的知识发现提供了知识保证。

3）规则的表示形式

前文给出了知识点间通过映射形成关联，基于此构建了一个简约知识库的结构，而实现映射的关键是对应着各知识点的规则。规则的形式中不仅包含着知识点的信息，也包含着规则本身的信息，这些信息既明确了知识点间的映射，也对映射关系形成约束。以上节中规则 $r[s, d]=(s\rightarrow d)$ 为例，其存在形式如图 13-6 所示。

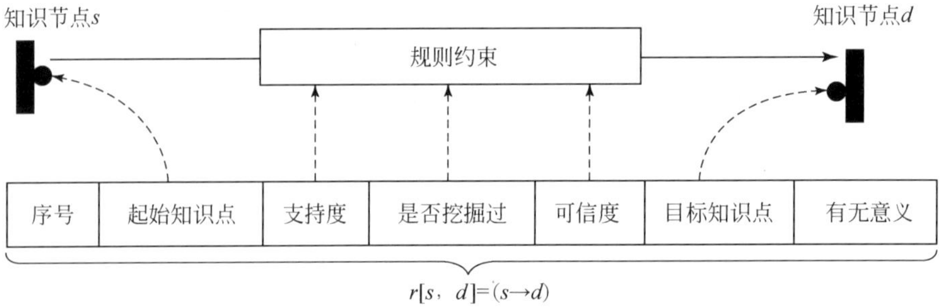

图 13-6　规则的表示形式

图 13-6 中显示，每条规则中包含 6 条信息记录：①该规则有无意义，无意义的规则包括了恒成立及冗余的规则；②表示对这条规则是否已进行过数据发掘；③目标知识点；④起始知识点；⑤可信度；⑥支持度。

恒成立的规则有两种，一种是起始知识点中存在的某个属性程度词包含在目标知识点中，另一种是目标知识点中包含了某个属性所有的属性程度词。冗余规则也有两种，规则（$s\rightarrow d$）和规则（$h\rightarrow d$），s 的属性程度词全部包含在 h 中，这时，（$h\rightarrow d$）便是冗余规则；规则（$d\rightarrow s$）和规则（$d\rightarrow h$），h 中包含了 s 的所有属性程度词，这时，（$d\rightarrow s$）便是冗余规则。

在图 13-5 中，知识库中的知识点 s 对应数据库的数据子类结构〈s，$R(s)$〉中包含的元组的总和为 $P(s)$，数据库中所包含元组的总和为 $P(R)$，对于规则 $r[s, d]=(s\rightarrow d)$，称 $P(s)/P(R)$ 为规则 r 的前支持度，称 $P(d)/P(R)$ 为规则 r 的后支持度，称 $P(s\cap d)/P(s)$ 为规则 r 的可信度，可信度与后支持度的比值称为熵比。

可信度与支持度是规则强度的决定因素，也是对规则优先顺序的表示，这不但提供给用户每条规则明确的优先级，而是在数值子域的划分中具有重要的量化参考意义。

4）知识点链接的形成

知识库中知识获取的一种有效方法：根据产生式规则，按逆向推理方式链接相关知识点，在知识库中形成了一幅完整的知识地图。从某领域问题的总目标结点，逐层向下扩展树的分枝和下层结点，从中提取规则知识，从而有效地获取解决该目标问题的全部规则知识（陈文伟和陈晟，2011：P27-86）。产生式规则的知识表示的特点体现在：一方面，它是基于逻辑推理的演绎推理，这样保证了推理结果的正确性；另一方面，大量产生式规则所连成的知识树，可以是多棵树。从树的宽度看，反映了实际问题的范围，从树的深度看，反映出问题的难度（曾建勋，2011）。

基于产生式规则的推理过程，是对知识点边搜索边匹配的过程。产生式规则中的匹配是利用已知的事实完成和一条规则的推理，这条规则需要在规则库中去搜索找到。已知的事实来自用户提问，搜索和匹配可能出现成功或不成功，当匹配不成功时将引起搜索回溯，重新寻找一条路径搜索，如图 13-7 所示产生式规则的知识推理过程。

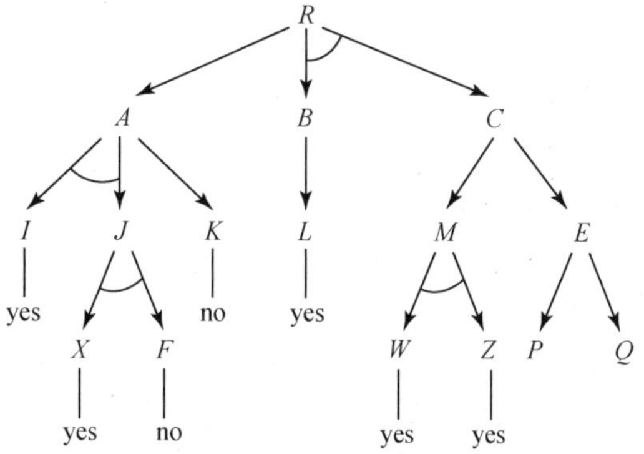

图 13-7　产生式规则的知识推理过程

以图 13-7 为例，知识树呈现出其已有总规则集为：$A\cup(B\cap C)\to R$，对应的子规则为 $K\cup(I\cap J)\to A$、$L\to B$、$M\cup E\to C$。根据现有规则集及给定的其余知识点的取值，求解围绕目标知识点 R 形成的知识链接。

首先，从根知识点 R 开始搜索，经过知识点 A 到知识点 I，I 是目标知识点，并向用户询问，若回答为 yes，则继续搜索知识点 J。J 是由两个知识点 X、F “与关系” 的推理结果，X 是目标知识点，若用户询结果回答为 yes，继续搜索知识点 F，仍然向用户询问，若回答为 no，由于是 “与” 关系，回溯知识点 J 为 no，再回溯知识点 A 暂时为 no，由于知识点 A 还有其他分枝，继续询问知识点 K，若回答也是 no，则此知识点 A 为 no，由此完成了一条分枝的搜索，但没有形成知识链接，并向上回溯根知识点 R 暂时为 no。搜索其他分枝，到知识点 B，再到知识点 L，提问回答为 yes，回溯到知识点 B 为 yes，再到知识点 R，由于与分支知识结点 C 是 “与关系”，搜索知识点 C 再到知识点 M，对知识点 W 提问回答若为 yes，再搜索知识点 Z，提问也为 yes，由于是 “与关系”，回溯到知识点 C 也是 yes，再回溯根知识点 R 即为 yes，结论已获取。由于 C 是由两个知识点 M、E “或关系” 的推理结果，E 的取值不再需要搜索。最终图 13-7 围绕目标知识点 R 形成的知识链接：$B\cap C\to R$、$W\cap Z\to M\to C$。

上述知识链的形成并非难事，但值得注意的是，在实际知识库中储存的很多专家知识及规则是经验性的，而不是精确的。经验性的规则和知识具有不确定性。针对知识和规则的不确定性一般用可信度 CF（certainty factor）来表示，可信度的表达上一节已给出，其表现形式如图 13-6 所示，其取值范围：$0\leqslant CF\leqslant 1$。

例如，有两条相同结论的规则 r_1：$A\to R$、r_2：$B\cap C\to R$，给定不确定性推理时，两条规则的可信度 $CF(r_1)=0.8$、$CF(r_2)=0.9$，各知识点可信度分别为：$CF(A)=0.7$、$CF(B)=0.7$、$CF(C)=0.6$。

则 $CF(A\to R)=0.8\times0.7=0.56$、$CF(B\cap C\to R)=0.9\times\min\{CF(B),CF(C)\}=0.54$，合并结论 R 的可信度为：$CF(R)=CF(A\to R)+CF(B\cap C\to R)-CF(A\to R)\times CF(B\cap C\to R)=0.80$。

13.3.2 知识表示的评价

前文勾勒出知识库与数据库在知识发现过程中彼此内在结构的对应，阐述了适应该结构的知识点之间的逻辑关系，以及前面章节中所介绍的知识表示方法。这些都是知识发现的前提和基础。不同的知识需求所对应的知识表示格式也是不同的。对知识库中的知识需求可分为两个类型：面向人类的信息需求与面向机器的信息需求。面向人类信息需求的知识表示粒度较粗，可以满足知识问答、知识教学等方面的需要。面向机器信息需求的知识表示粒度较细，通常是基于一阶逻辑完全形式化的内容，满足了机器推理的需要。充分考虑和融入知识表示的多粒度性，并通过粒度概念分析（granularity concept analysis，GCA）评价知识表示的形式是否清楚地反映内容实质。同时考虑到知识表示最大作用是有效地支持知识的推理活动，因此知识表示产生的概念效率与计算效用将是重要的评价指标。

1）粒度概念分析

一个可共享的知识库应该满足不同背景的用户对知识的需求，不同的需求对应粗细粒度不同的知识表示，如图 13-8 所示。为此必然需要有一种评价方法来衡量知识库中知识的粗细粒度的表示。本节通过粒度概念分析对粗细不同粒度知识的挖掘，揭示和呈现领域相关知识的结构和内在联系。

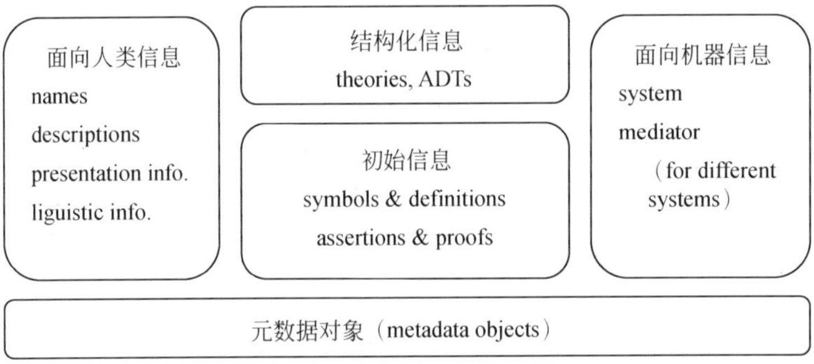

图 13-8 知识库中知识的多粒度表示体系

如果说关联概念分析（relational concept analysis，RCA）是在形式概念分析的基础上着重于在概念横向关联方面进行延伸，那么粒度概念分析则强调在概念纵向细节方面的拓展（滕广青等，2011）。粒度概念分析法的基本指导思想是根据知识所包含的概念粒度由细到粗对知识纵向迭代。粒度概念分析分有两个阶段。第一阶段是构建粗粒度形式背景。由于形式背景中的要素粒度线条粗阔，在一定程度上减轻了对领域专家的依赖，就像区分有毒蘑菇和无毒蘑菇需要一定的专业知识，而区分蘑菇和竹笋则相对容易得多。由粗粒度形式背景诱导出的知识粗粒度表示除了降低知识表示的复杂性，减少了计算量，增强了面向人类信息的可读性，还能够很好地把握全局范围内知识间的语义关系，在领域全局视角下提供粗粒度概念的相关信息，并有助于用户选择相应的高频关键词类做进一步深入分析。粒度概念分析的第二阶段是针对某类高频关键词（热点知识）构建细粒度形式背景。即在原粗粒度的知识表示基础上，进一步细化部分知识点的描述粒度。这部分知识点往往关注度比较高或内涵比较丰富，通过细粒度的表示能更清晰地勾勒出该知识点的内涵。由细粒度形式背景诱导的知识细粒度表示在运算量和复杂程度上都将增加，使得机器推理的效率降低，但能够通过概念间的偏序关系呈现更多的数据细节，从而提高机器推理的准确度，为用户提供了更加准确的知识。

2）概念效用

知识的数量和质量决定了知识库所能提供知识服务的广度及深度，以及解决问题的能力。在知识库内的逻辑结构中考虑知识表示方式的概念效用主要体现在两个方面：①概念的一致性应有利于知识库以自然的方式吸收新知识，新知识的加入与老知识的更新不会引起知识库结构变化。这样有利于知识库大量吸收并储备各方面的知识。②概念的有效性应便于机器的知识推理，高效地挖掘出人们所需要的显性化知识，而这些知识赋予的概念内涵又易于被人们理解。进一步说，面向机器推理的知识包含的概念粒度更细腻，有利于深度挖掘数据，组织成精准度更高的知识；而面向人类的知识包含的概念粒度更粗广，使得知识的表示更丰富，更具内涵。但值得注意的是，不论是面向机器的信息需求还是面向人类的信息需求，知识表示粒度都不能过小或过大，否则将形成不确定性知识，知识表示粒度应遵循适度的原则。

3）计算效用

知识表示的不同粒度是针对知识服务的需求所确定的。知识库中知识表示的粒度粗细没有好坏、优劣之分，只有是否适应知识需求之别。但从响应知识服务的能力及对知识库知识推理的效力等角度考察，就必须提出针对知识表示的计算效用，使知识库既能满足知识表示，表达完整的概念内涵，又保证适宜的颗粒度组合能支持面向知识服务的各种推理需要，更关键的是知识之间及知识所包含的概念粒度之间有严格的逻辑关联，从而巩固知识库内在逻辑结构，为知识推理搭建严密的逻辑基础，保证推理结论的正确性与速度，提升计算效用。

知识表示效用是个两难的复杂问题。面向机器的信息需求期望表示知识的概念粒度越细越好，更便于知识推理的准确性，但在提高概念效用的同时，降低了计算效用，即机器推理的效果提升了，效率降低了。面向人类的信息需求则要求知识的粒度要稍微大些，以便呈现出丰富的语义，便于检索获得准确的且能理解的知识，从计算效用的角度能保证推理的效率，却不能保证推理的精准度。粒度的增大，知识间的逻辑关系将更加复杂，降低了知识表示的概念效用。概念效用与计算效用这两个方面是相互制约的，往往提高一个方面的效用将牺牲另一个方面的效用。

两难问题的瓶颈在于对知识源的技术性的基础处理——数据清洗。

13.3.3 数据清洗

建立知识库目的是为知识服务提供满足应用所需要的知识与规则集合。建立这一集合的基础是数据，数据质量直接决定着知识库的应用价值。提升数据质量就必须加强对非清洁数据的清洗。从而，有利于知识库从清洁的数据从中高效地提取出准确的知识，提供满足需求的知识服务。

数据清洗（data cleaning）的目的是检测数据中存在的错误和不一致，剔除或者改正它们，以提高数据的质量，透视信息的内涵，提升信息的价值，从而保障知识库的知识价值。因此，完整的知识库逻辑结构对知识库的数据清洗提出了要求。

1）知识库中数据清洗的范畴与方法

数据清洗的范畴在微观层面分为单数据源、多数据源，分别体现在模式层和实例层上（王曰芬等，2007）。单数据源的问题集中体现在拼写错误数据、相似重复数据及非关联数据（孤立数据）等；多数据源的问题则反映在时间的不一致上、粒度不一致上，如图13-9所示。

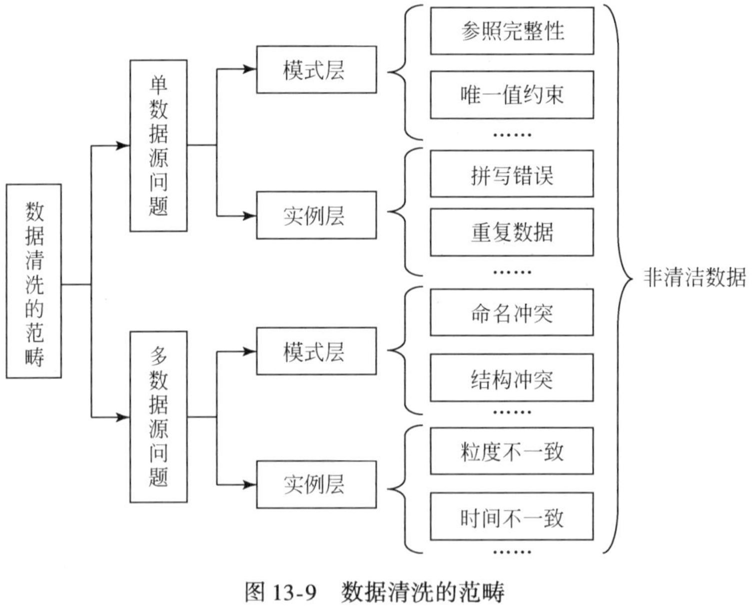

图13-9 数据清洗的范畴

针对知识库中的非清洁数据（dirty data），对模式层的非清洁数据与实例层的非清洁数据分别提出了一些有针对性的方法，概括起来如表13-2所示。模式层针对知识库设计过程的数据结构的缺陷，如缺乏完整性约束的设计；实例层关注数据内容的问题，如数据缺失、数据重复等。

表 13-2 非清洁数据的分类及清洗方法

层	对象	清洗方法	主要途径	解决范围	备注
模式层	数据结构设计不合理	结构冲突清洗方法	手工干预法（准确性高、效率低）	类型冲突、关键字冲突	程序自身无法识别数据类型的冲突和关键字的冲突
			函数依赖法（存在必须满足依赖关系的条件的局限）	依赖冲突	通过属性间的函数依赖关系，查找违反函数依赖关系的值
	属性约束不够	噪声数据清洗方法	分箱法	数字类型的数据	考察属性值周围的值来平滑属性的值
			人机结合法	通用性	对于计算机检测遗漏的可疑数据很难修正
			规则库	规则性强的数据	建立规则库，通过规则约束数据
实例层	属性值的非清洁数据	以统计和总结规律的方式计算错误值，并修正	统计法、聚类法、关联规则	属性值的错误值	
		人工填写空缺值	手工检测	属性值为空值	可以使用属性的平均值、最大值、最小值或更为复杂的概率统计函数值填充空缺值
	重复数据	基于字段的清洗	编辑距离算法、Cosine 相似度函数算法	缩写字符串、字段重复	编辑距离算法最常用算法，易于实现
		基于记录的清洗	排序邻居算法、优先队列算法	依赖关键字	对于阈值的选择敏感
	非关联数据（孤立数据）	基于距离、深度、密度、聚类的方法	通过元数据找到知识的关联性	无相关相似的数据	

以表 13-3 所示的一个非清洁数据片段为例，不难判断：不完整的数据有：（ID：3、字段：归属城市）“NJ”；错误数据有：（ID：6、字段：超市名称）“Mal-Mart”；重复数据：（ID：1、3、6）表示同一个实体。

表 13-3 非清洁数据的片段示例

ID	超市名称	归属城市	商品编码	联系电话	联系人
1	Wal-Mart	Nanjing	J201301	025-83786382	Lisa
2	Carrefour	Shanghai	N-201302	021-64458973	Jerry
3	Wal-Mart	NJ	J201301	025-83786382	Lisa
4	Walmart	Shanghai	N201303	62573489	Lisa
5	Carrefour	Nanjing	J-201301	65737841	Jerry
6	Mal-Mart	Nanjing	J201301	83786382	Lisa

进一步分析可以发现（ID：4、字段：超市名称）“Walmart”虽然不存在拼写错误（该非清洁数据不是由单数据源导致的实例层错误），但表示方式与其他的“Wal-Mart”并不一致。还有，（字段：商品编码）与（字段：联系电话）的表示也不一致。这些不一致究其原因是多数据源导致的数据结构问题，这些非清洁数据阅读者容易判别，但机器很难“理解”，这个问题回到了上一节中知识粒度表示的概念效用与计算效用的博弈。

这引发了另一个深层问题，对于非清洁数据，是否需要彻底清洗？如果由机器进行更细腻的数据清洗，必然将出现数据蕴含的一部分知识丢失或失真，并且带来机器计算上的负担。因此，数据清洗是必要的，但清洗过后，依然存在非清洁数据也是必然的。非清洁数据的辨识与清洗也很难保证知识库中的数据完全清洁。为此，需要容忍非清洁数据的存在，更要研究如何从包含非清洁数据的知识库中得到满足应用所要求的清洁度的查询结果。

2）非清洁数据的清洁度机制

清洁度反映的是数据质量的情况，清洁度可以用一种概率的方法描述，即用非清洁数据片段中的元组的准确概率表述。表 13-3 中，可以判断 ID1、ID3 和 ID6 表示同一个实体。因此，可以合并这 3 条数据片段。根据这份数据片段，只能判断“超市名称”取值更可能为“Wal-Mart”，但机器无法完全排除“Mal-Mart”的可能性，为了描述每个可能取值的质量，赋予每个值一个概率值，表示该值的清洁度。如“Wal-Mart”在同一个实体（ID：1、3、6）3 条数据片段中出现了 2 次，则清洁度为 2/3，如表 13-4 所示。

表 13-4　清洁度表示示例

ID	超市名称	归属城市	商品编码	联系电话	联系人
1	Wal-Mart（2/3） Mal-Mart（1/3）	Nanjing（2/3） NJ（1/3）	J201301（1.0）	025-83786382（2/3） 83786382（1/3）	Lisa（1.0）

在实际应用中，数据片段的清洁度可以通过人工或者自动的方法获取。考虑到随着操作的进行，数据清洁度是递减的，因此根据查询的需求，在操作执行过程中某些环节需要过滤掉清洁度不可能满足查询要求的中间结果，这样可以减小中间结果的数据量，从而加速查询的处理。例如，如果查询要求结果中每条数据片段的清洁度在 0.6 以上，则在查询处理的过程中可以过滤掉清洁度小于 0.6 的中间结果，因为由这些中间结果生成最终结果的清洁度一定小于 0.6。

3）基于阈值的相似连接算法

相似连接是在两个元组集合中选择出满足相似性下界（阈值）的元组对。上文中概述了非清洁数据的分类及清洗方法，本节基于编辑距离的相似连接，对于给定的两个字符串 r 和 s，r 和 s 的编辑距离 ed（r，s）是指从 r 变为 s 所需要的最少的编辑操作（包括：删除、插入和替换）次数。如表 13-4 中，ed（Wal-Mart，Mal-Mart）= 1，ed（025-83786382，83786382）= 4。给出相似连接算法的定义。

定义 1：相似连接。给定两个属性值集合 R 和 S 及编辑距离阈值 k，R 和 S 的相似连接是指选出所有的属性值组合（r，s），其中 $r \in R$，$s \in S$，而且 r 和 s 满足至少存在一组可能取值 r_1 和 s_2，它们的编辑距离 ed（r_1，s_2）$\leqslant k$。

以表 13-5 为例，给出两个集合 R 和 S。若给定编辑距离阈值 k 为 3，则对应相似连接结果仅为（r_1，s_1）与（r_2，s_2），因为 ed（Wal- Mart，Mal- Mart）= 1 ≤ 3，ed（Jerry Strauss，Jerry Strauss）= 0≤3。其余相似连接中（r_2，s_1）、（r_1，s_2）显然其编辑距离均超过阈值 3，表 13-6 给出了对应的连接结果。

表 13-5　集合 *R* 和 *S*

集合 R		集合 S	
r_1	Wal-Mart（2/3） Mal-Mart（1/3）	s_1	Wal-Mart（1.0）
r_2	Jerry Smith（4/5） Jerry Strauss（1/5）	s_2	Jerry Strauss（3/5） Jeff Strauss（2/5）

表 13-6　集合 *R* 和 *S* 的相似连接结果

ID	集合 R	集合 S	清洁度
1	Wal-Mart（2/3） Mal-Mart（1/3）	Wal-Mart（1.0）	1.0
2	Jerry Smith（4/5） Jerry Strauss（1/5）	Jerry Strauss（3/5） Jeff Strauss（2/5）	0.2

其中，第二条元组（ID＝2），ed（Jerry Smith，Jerry Strauss）>3、ed（Jerry Smith，Jeff Strauss）>3，故第二条元组对应清洁度为 1/5×2/5+1/5×3/5＝0.2。进一步给出基于阈值的相似连接算法的定义。

定义 2：基于阈值的相似连接。给定两个属性值集合 R 和 S 及编辑距离阈值 k 和清洁度阈值 α，R 和 S 的阈值相似连接是指选出所有的属性值组合（r，s），其中 $r \in R$，$s \in S$，而且 r 和 s 连接结果的清洁度不低于 α。

上例中，如果清洁度阈值 α 设为 0.3，表 13-5 中两个集合 R 和 S 的阈值的相似连接结果不再是（r_1，s_1）与（r_2，s_2），因为第二条元组对应清洁度为 1/5×2/5+1/5×3/5＝0.2，该结果不满足清洁度阈值要求。基于阈值的相似连接算法的特点是当编辑距离阈值 k 较大且清洁度阈值较小时，连接结果大小将接近于 n^2（n 是连接集合的大小）。反之，当相似度阈值较大（即编辑距离阈值较小）且清洁度阈值也较大时，连接结果集比较小。

13.4　宏观层面的知识库框架结构

知识库整体框架结构的核心是将知识库与数据库协同运作。因此研究知识库框架的重点是以知识获取为导向，探讨发挥协同作用的两个协调器——启发型协调器与中断型协调器的工作机理。两个协调器相互制约相互作用，它们是双库协同机制的核心组件。站在知识库的角度观察数据库会发现：数据库是知识库主要的知识源，但其中的很多知识不关联，且很难形成知识链，启发型协调器会弥补这一知识链短缺问题。而站在数据库的角度观察知识库会发现：知识库中的知识与从数据库即将获取的新知识不断在发生着重复、冗余、循环，为此中断型协调器在阻止知识泛滥方面会发挥很大作用。双库协同机制的最终目的在于产生“全”且“准”的知识，更有效地提高知识服务水平。

13.4.1 知识库整体架构

从知识获取的视角研究知识库的整体框架结构，符合知识服务的要求，保证了知识库的实用性。新的知识库结构（图13-10）中既包含书本知识和领域专家的经验（基础知识库），也包含了不断从错误中修正、提炼的合成知识库，并增加了派生知识库与扩展知识库，在认识发展与时空环境变迁的不同阶段，知识库不断丰富并升级，认识不断深入。

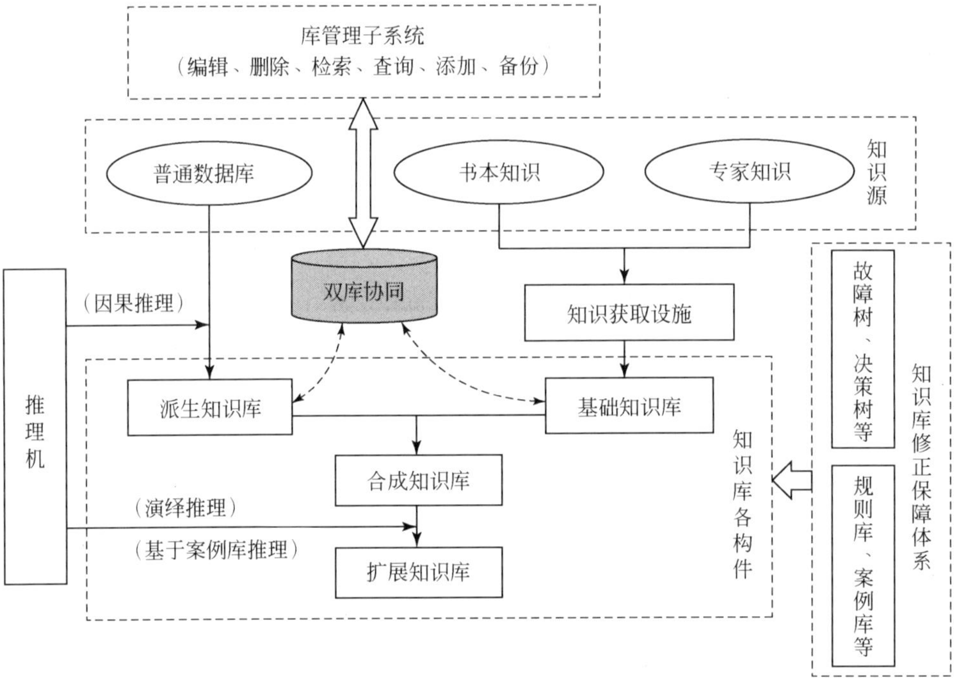

图13-10 知识库的整体框架结构示意图

图示中虚线部分为知识库的整体框架结构，而“推理机”并非知识库中的一部分，更多时候在专家系统中知识库与推理机是一同工作的

1）知识库各构件

在图13-10中所示的知识库整体框架中，知识库构件中存在四个库：派生知识库、基础知识库、合成知识库和扩展知识库。四个库的作用相互关联，且不可取代。

派生知识库：派生知识库中存放的知识来源于普通数据库，而从数据库到派生知识库，其数据的处理过程是非常复杂的，如图13-11所示。

由图13-11可清晰地发现，在数据库中发现并组织知识的过程中，对知识的评价是一

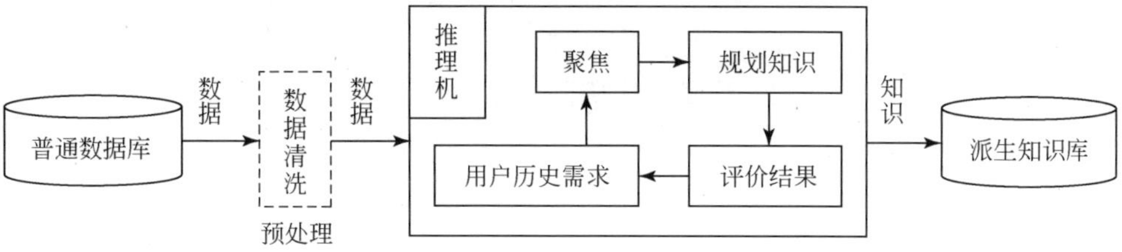

图 13-11　派生知识库的知识生成示意图

个很重要的环节，它直接决定着数据库向派生知识库输送知识的数量和质量。目前，对数据挖掘的研究很多，但对挖掘出的知识进行评价的方法研究尚不多。

基础知识库：是存放专家知识与相关书本知识的容器。对其中知识的管理由知识库修正保障体系中的基础知识库的构成规则库、故障树、决策树、案例库等子库承担。规则库包括了所有的规则；故障树的作用是判断基本故障，分析故障原因、影响及发生的概率；决策树的作用是从数据库中提取分类规则，提高产生分类规则的效率；案例库中存放以往可行的经典案例，支持直接利用此子库进行系统诊断。

合成知识库：用于存放基础知识库与派生知识库合成以后的知识。具体步骤：首先，将派生知识库中的规则与基础知识中规则库 1 合成，形成规则库 2；然后，用新产生的规则库 2 去修正原本基础知识库中的故障树 1、决策树 1 及案例库 1，从而形成新的故障树 2、决策树 2 及案例库 2。合成知识库的流程如图 13-12 所示。

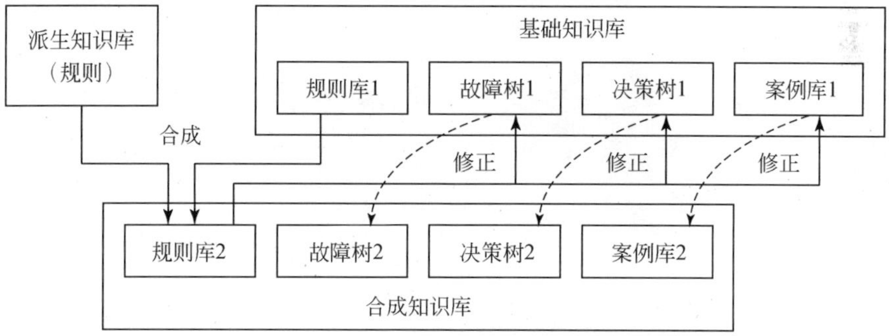

图 13-12　合成知识库的流程

扩展知识库：是在合成知识库的基础上，利用演绎推理机制或基于案例的推理提炼获得的知识集合。解决问题时所用的知识库并非原本的基础知识库，而是经过了这一系列提炼过程最终形成的扩展知识库。

从图 13-10 中可以看出，知识库经过基础—派生—合成—扩展的提升过程，完成了一轮的知识挖掘（发现）循环，重复此过程，就会在认识发展与时空环境变迁的不同阶段，不断优化、丰富、更新知识库中的知识，为知识服务提供保障。

2）库管理子系统

主要是对数据库与知识库（派生知识库、基础知识库）进行管理，可进行编辑、删除、检索、查询、添加、备份等管理。该管理系统需要拥有良好的界面，保证用户可以很方便地实现对各种知识库、数据库的操作管理。

库管理子系统另一个关键作用是双库协同工作的桥梁。

13.4.2 双库协同架构

双库协同主要由启发型协调器与中断型协调器来实现，如图 13-13 所示。启发型协调器是通过搜索知识库中知识结点的不关联态，以挖掘新的知识链，弥补知识短缺，从而启发并激活数据库中相应的数据类，以产生定向发掘进程。中断型协调器在数据库的大量数据中经聚焦而产生规则知识之后，使数据库的知识获取进程“中断”，去搜索知识库中的对应位置，分析对应位置是否存在与此规则知识的重复、冗余、循环等。若存在，则取消该生成规则；若不存在，则继续知识获取进程。双库协同的内涵揭示了知识库与数据库之间的对应关系，为实现缩小搜索空间、提高挖掘效率提供有效的技术方法。

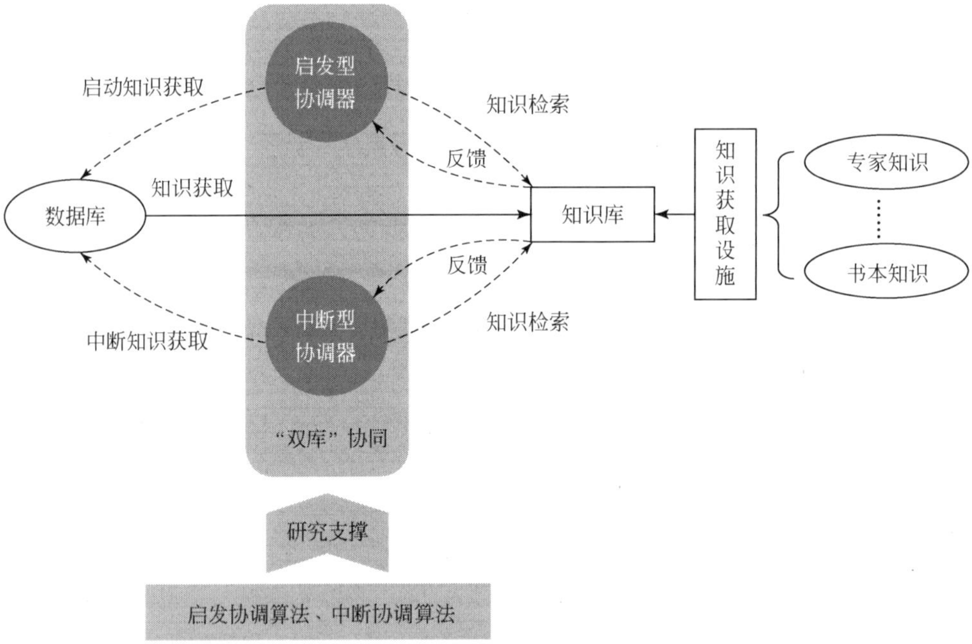

图 13-13　双库协同架构模型示意图

13.4.3 启发型协调器与启发协调算法

启发型协调器设计的目的是为系统的聚焦提供有效的途径。传统的从数据库中挖掘知识，其聚焦是由用户提供感兴趣的方向。但沿此技术路线进行，使得数据中一些潜在的、对用户有用的知识被忽略。为此，在知识库的框架结构中需要构造一个构件，该构件的作用在于搜索对用户有用的知识，弥补用户或领域专家自身的局限性，提高机器的认识自主性，以促进用户对潜在知识的获取。

当知识进入基础知识库后（图 13-10），知识库中各知识点会由起始知识点到目标知识点建立起链接。但对于许多未建立的知识链接，不能只依赖专家的经验和兴趣对它们进行挖掘，需要建立一种搜索策略，让机器自身搜索知识的短缺。

启发型协调器通过启发协调算法来实现。算法研究基于知识点之间存在的映射关系，并周期性捕捉知识点的动态展示，针对用户信息行为分析，识别知识点语义关系并发掘新的知识链，从而实现知识的自动搜索并弥补知识库中知识的短缺，算法的流程如图 13-14。

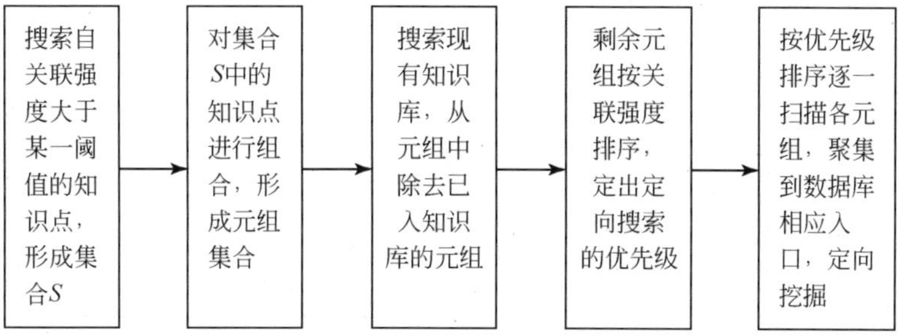

图 13-14　启发协调算法流程图

13.4.4　中断型协调器与中断协调算法

提出启发型协调器的目的是不放过盲点，而研究中断型协调器的目的是避免重复。针对重复性、冗余性、从属性、不相容、循环性的知识，知识库的框架结构中必然要存在一个构件给予其准确定义，并尽早的淘汰这些知识。中断型协调器研究的现实背景是知识库在知识获取过程中，大量假设会产生冗余和重复，而由启发型协调器发现的新知识占的比例很小，中断型协调器的引入将提高知识库运行的效率。

对应的中断协调算法研究是，针对已经存在的知识点，在知识库范围内识别并对有冗余、重复、矛盾的知识做出实时的处理，力图降低由于知识获取过程中重复、冗余、矛盾的积累而造成的问题复杂性，为新旧知识的融合与合成提供先决条件。中断协调算法研究的最终目的是实现知识库与数据库同步演进，其算法流程如图 13-15。

算法中首先判断规则是否健全，即能否构成完整的规则（不构成规则，对其进行重复、冗余、矛盾的判断无意义）；在此基础上对规则集中重复规则进行判断，即不存储相同规则；对于不重复的规则，但经逻辑推理获得相同结果，也除去，即冗余规则；在上述步骤后，对剩余的规则集合进行矛盾性考查。

13.4.5　两个协调器的协同效应

启发型协调器与中断型协调器将数据库与知识库在知识获取过程中融合到了一起。在知识库的框架结构中起到了关键作用：

（1）融合新发现的知识与基础知识库中固有的知识，使它们成为一个有机的整体。即实现了用户（专家）的先验知识与先前挖掘的知识耦合到知识获取的过程中。

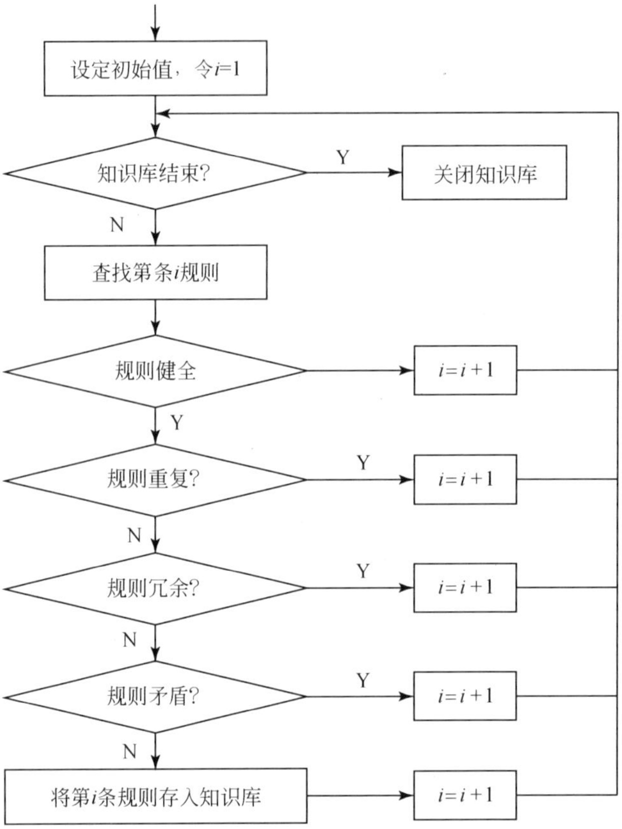

图 13-15　中断协调算法流程示意图

（2）在整个知识获取的过程中，两个协调器对于冗余性、不相容的知识做出了实时处理，有效地减少了知识获取过程所积累的复杂性问题，同时为新旧知识的融合提供了先决条件，实现了双库同步。

（3）数据库中数据的剧增过程，将影响到知识库逻辑结构的进化，在两个协调器的支持下，这种知识库结构进化的能力是本身具有的，无须领域专家的外部干预。

（4）两个协调器优化了知识获取的过程，实现了多渠道聚焦。从认知科学的角度，两个协调器提供了知识获取的智能化平台，提高了认知自主性，较有效地克服了领域专家自身局限性。

（5）揭示了知识子库与数据子类结构结构之间的对应关系，为实现限制性的知识挖掘、减少搜索空间、提高挖掘效率提供有效的技术方案。

13.4.6　基于双库协同的过程模型

将两个协调器融入知识获取的过程，形成了新的过程模型，如图 13-16。

在挖掘过程中，领域知识通过启发型协调器与中断型协调器直接介入挖掘过程，借助同步演进、协同计算互补的思想，自动实现对短缺知识需求进行挖掘。其中的聚焦是指定

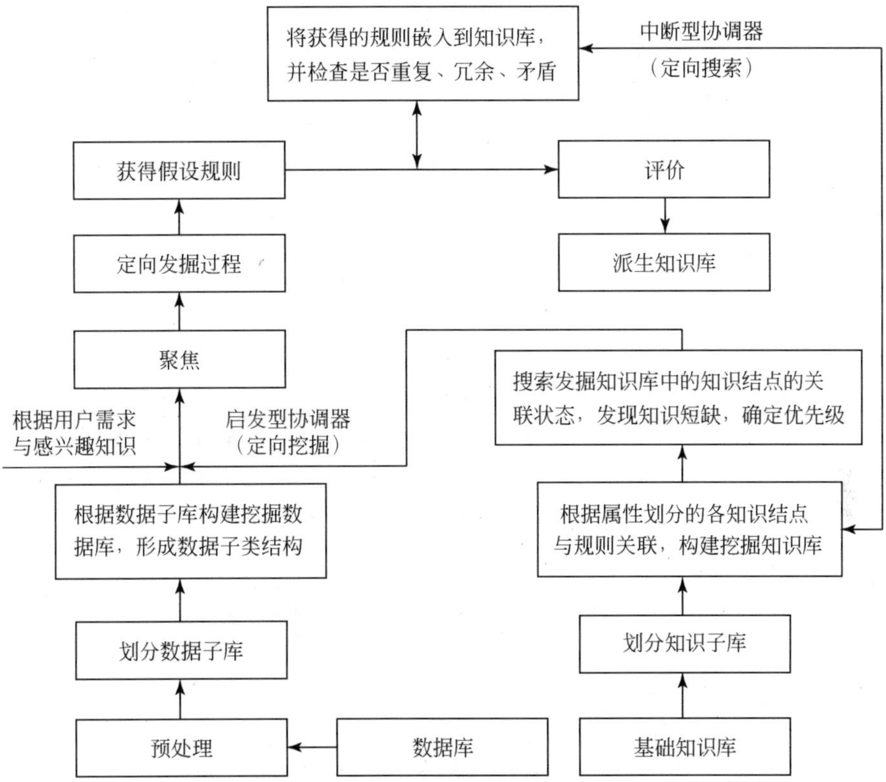

图 13-16　双库协同的过程模型示意图

向挖掘方向与进程当在用户“感兴趣知识点”与系统自主发现的“短缺知识点”吻合时产生的，这样避免挖掘出重复、冗余的知识，也大大减少了规则评价量。引入聚焦的目的是为了减少搜索空间、提高算法效率。随着知识的积累，知识库的知识会越来越多，为了实现对应用问题的快速响应，过程模型中有了中断型协调器，能有效地、动态地、实时地处理知识的循环、重复、矛盾等。

由传统的文献信息服务提升到用于解决实际问题的知识服务，必须以高效的知识获取作为支撑，有效地推动知识服务并拓宽其服务领域。本章从知识服务的角度架构了知识库结构模型，并以知识获取为驱动来构建知识库结构的理论框架，保障知识服务水平的提升；通过对知识库的内在逻辑结构与整体框架结构的研究，探索出知识库结构一般规律，形成知识获取的新模式；根据推理范畴探究知识点之间存在的映射关系提出知识的简约表示，解决了知识存储与知识推理两难问题；引入了数据非清洁度机制，保障了知识简约表示的效用，使得能从知识库中获取满足非清洁度的查询结果且适应不同知识服务的合理化需求。在知识库内在逻辑结构的基础上，进一步探究知识库整体框架结构，突破基于数据库知识获取的封闭结构，提出知识库、数据库双库有机融合并协同工作在知识获取中的全过程，获得更深层次的知识，并给出了启发协调算法与中断协调算法，使知识库整体框架结构具备了自我进化的能力。

第 14 章　数据仓库的组织

数据仓库作为一种数据组织方式，是知识服务最有效的数据载体之一，在信息分析、决策支持领域得到了广泛的应用。数据仓库被认为是：面向主题的、集成的、随时间变化的、非易失的数据集合。这个简短又全面的定义指出了数据仓库的四个主要特征，这四个特征使其与传统数据库有着明显区别。数据仓库在信息分析、决策支持与知识服务中发挥的作用大小，与其组织的科学、有效有着密切的关系。如何将数据仓库的四个特点在其组织中充分体现，如何让数据仓库更有效地提供知识服务，已成为知识组织与知识服务领域的一个重要研究课题。

14.1　数据仓库组织过程与工具

数据仓库组织涉及数据抽取、清洗、转换、归约、变换、集成、汇总等处理过程。这些过程在数据仓库的构建中分别担任不同的角色，并在促进数据间的关联、数据规律的呈现、隐藏知识的发现中发挥着应有作用，为组织决策与知识服务提供了数据保障。这种数据组织过程涉及的工具有很多种，包括数据清洗工具、转换工具以及数据集成工具（ETL，extraction/transformation/loading）、数据仓库平台工具等。

14.1.1　数据仓库的数据质量要求

构建数据仓库主要是为决策提供支持和为用户提供高端服务，因此必须注重数据仓库的数据准确性、一致性、完整性、时效性、可靠性和可解释性，确保 OLAP 分析或挖掘的结果具有较高的精确性和可信度。数据仓库的重要特点是它的数据多维关联性，需要将数据库中的二维联系关系转换成数据仓库的多维联系关系，使数据分析可以从多个角度着手，并实现多维关联分析。达到以上目标，必须保证数据的高质量。

数据仓库的数据质量不仅体现在数据的正确、清洁、干净，还体现在数据仓库的各个维度数据具有较强的关联性。因此在确定数据仓库的主题后，就要选择与主题相关性高的维度，考虑到分析的效率，尽可能选择较多的维度，一般情况下选取 5～9 个维度，也可以根据实际情况增加或减少维度个数。从多个数据源抽取出与主题相关的维度，即数据抽取，是数据仓库把好数据质量关的第一步。

在现实中，由于种种原因导致数据库中存在着许多脏数据。对单数据源来说，脏数据的类型包括不完整数据、不正确数据、不可理解数据、不一致数据等。对多数据源来说，脏数据的类型主要是重复数据和离群点数据等。表 14-1 列出了单数据源和多数据源中脏数据的类型和出现原因。

表 14-1 脏数据类型与出现原因

数据源	脏数据层次	类型	脏数据实例	出现原因
单数据源	模式层	字段约束	2012-13-01	不在约束范围内
		属性依赖冲突	AGE=32 BITHDAY=85-5-15	两个维度值不一致
		唯一性冲突（如主键等）	顾客 1 （customerid = 1213, idcard = 12442） 顾客 2 （customerid = 1214, idcard = 12442）	两个不同的记录依附的主维度完全相同
		参照完整性冲突	Max institutionid=25 institutionid=26	超出设定的值范围，没有相应的对象数据
	实例层	单属性嵌入值过多	姓名=李爱国，江苏人，1977-5-16	单个属性值含有过多的信息
		拼写错误	Institution 输成了 institation	数据输入错误、数据传输过程中发生的错误
		空白值	姓名：李爱国 性别：男 年龄：______（选填）	用户不愿意泄露的信息、很多可选填的输入表单设计
		噪音数据	4 5 8 9 25	真实的数据、人为故意的数据输入错误、数据采集设备有问题、数据传输过程中发生错误
		数据重复	记录 1：学校名称 = Nanjing Unverisity，邮编=210093； 记录 2：学校名称 = Nanjin Unver，邮编=210093	指同一个现实实体在数据集合中用多条不完全相同的记录来表示，由于它们在格式、拼写上的差异，导致数据库管理系统不能正确识别
		数据退化	025-3593597	电话号码的升位，数据变成无效数据
多数据源	模式层	命名冲突	数据源 1：南京大学 数据源 2：南大	同一实体不同的名称
		结构冲突	数据源 1：客户存款=2300（字符型） 数据源 2：客户存款=2300（数值型）	计量单位不一致、不同代码的不一致使用、一个代码有不一致的含义、相同的意义不同的代码，格式不同
	实例层	时间不一致	数据源 1：销售总量：2500（季度） 数据源 2：销售总量：15000（年度）	不同时间层次上的数据在同一层次进行比较与计算
		粒度不一致	数据源 1：销售总量：2500（市级） 数据源 2：销售总量：15000（省级）	不同粒度大小的数据在同一环境下进行比较与计算
		数据重复	数据源 1：销售总量：2500（南京市） 数据源 2：销售总量：2500（南京市）	相同的数据在合并后的数据库中出现两次及以上

如表 14-1 所示，脏数据的类型多种多样，如果不对数据进行清洗就直接导入数据仓库中，将导致分析或挖掘的结果可信度较低，违背了建立数据仓库的初衷。精准的决策依赖于高质量的数据，要得到高质量的数据就要对原始数据进行数据清洗。因此，数据清洗是数据仓库组织的重要步骤。

另外，数据格式的不统一也会影响数据的质量，数据转换也是数据仓库组织的重要步骤。如果数据集非常大，构建大数据集的数据仓库需要较长的时间，使得这种分析或者挖掘变得不现实，这就需要数据归约技术。归约使得大数据集变小，但仍然能够保证数据接近完整性，确保分析结果具有较高的可信度。

当有些维度不适合分析时，需要进行维度变换使之适合分析，或者建立新的维度，这是数据仓库组织的又一操作，即数据变换。数据仓库的数据质量和应用价值就是通过不断的清洗、转换、再生、集成、汇总等得以保证的。

14.1.2 数据仓库构建过程

数据仓库主要作用在于对决策分析的支持。它与数据库的不同在于，数据仓库并不是在事务处理的过程中产生的，而是将多个数据库集成产生的。因此，来自多个异构源的数据仓库，需要经过一系列的处理才能形成，即经过数据的抽取、清洗、转换、归约、变换、集成、汇总，并重构组织成一个语义一致的数据集合，在数据仓库中称之为数据立方体。数据仓库的构建过程参见图 14-1。

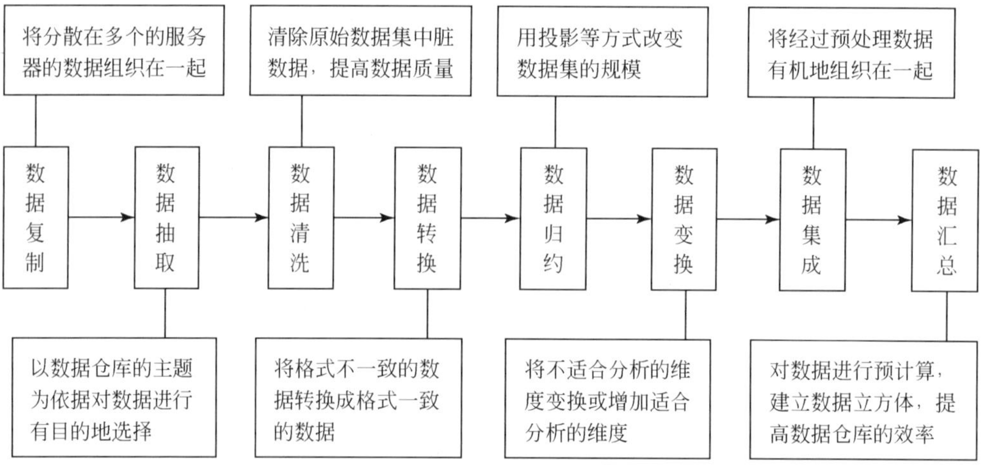

图 14-1　数据仓库构建过程示意图

如图 14-1 所示，数据仓库的构建需要历经数据复制、抽取、清洗、转换、归约、变换（包括数据离散化）、集成和汇总的步骤，这些步骤循序渐进，使多个独立的数据库或分散的数据源汇集成数据相互关联的数据仓库。

数据复制：将多个异地分布的、异构数据源，如关系数据库、文件和联机事务处理记录等集成在一起的操作。

数据抽取：从数据库或其他数据源复制来的数据在欲构建的数据仓库中并非都是有用

的，只有那些与主题相关的数据才是必需的、有使用价值的。因此，数据的抽取应以数据仓库主题为依据对数据源的内容进行有目的地选择。

数据清洗：由于抽取来的数据并非完美，存在着脏数据，即数据有空缺、噪音等缺陷，同时数据仓库的各数据源之间，其内容也存在着不一致的现象。必须控制这些脏数据对数据仓库分析结果的影响程度。因此，需要采取各种有效地措施，对其进行处理，这一处理过程称为数据清洗。对不同类型的脏数据，清洗处理的方法也是不同的。

对于数据空缺：①忽略元组，当缺少类标号时通常这样做。②人工填写缺失值，该方法非常的费时，并且数据集很大、缺失很多值时，该方法可能行不通。③使用一个全局常量填充缺失值，将缺失的属性用同一个常量替换。④使用属性的中心度量（如平均数或中位数）填充缺失值。⑤使用与给定元组属同一类的所有样本的属性均值或中位数。⑥使用最可能的值填充缺失值。

对于噪音数据：①分箱，通过考察数据的“近邻”来光滑有序数据值，可以用箱均值光滑、箱中位数光滑和箱边界光滑。②回归，用函数拟合数据来光滑数据。③离群点分析，通过如聚类来检测离群点。

对于不一致的数据，必须依据数据仓库所应用领域的特点，使用特定的方法加以解决。

数据转换：数据仓库的外部数据源，其文件格式、所依赖的数据库平台等是多种多样的，甚至可能是文本文件，必须对这些数据格式进行转换处理，统一格式。目前大型数据库商基本上都提供了针对多种数据库系统的数据转换引擎，以简化数据仓库的构建工作。

数据归约：将变化范围广、分布杂乱的数据集中投影到较小的集合上，或者去掉一些与数据仓库主题无关的属性的操作，其目的是为了提高分析效率。在数据归约后的数据集上分析的结果与在原始数据上分析的结果是基本相同或近似，然而分析的效率却得到了提高。数据归约策略包括维归约、数量归约和数据压缩。

维归约是指减少所考虑的随机变量或属性的个数，其方法包括：小波变换、主成分分析和属性子集选择，它们都是通过减少维度或属性的个数来提高分析的效率的。小波变换主要是将变化范围大的维度投影到较小的集合上；主成分分析指依据与数据仓库主题的相关度选择合适的维度个数；属性子集选择是去掉与主题相关性弱、不相关及冗余的属性。

数量归约主要是针对数值型数据，通过减少某一维度或属性的数据变化范围，使用较小的数据来替代原始数据。一般采用两种方法：一种方法是建立维度内的函数模型，即对数据的变化建立函数，通过控制自变量的取值范围来获得与原数据相对应的较小数据；另一种方法是不建立函数模型，用其他的方式表示出数据的分布规律，例如直方图、聚类、抽样等，再根据分布规律来获得与原数据相对应的合适的、较小的数据。

数据压缩主要针对的其他类型的数据，与数量归约相似，使用函数或者其他方式等来达到用较小的数据替代原数据的目的。无论数量归约还是数据压缩，在使用函数或者其他方式的过程中都可能会对数据造成微小的改变。但这种改变如果采用相应的逆操作仍能够返回原数据，这种数据归约是无损的。在数据归约处理中，应当尽可能保证数据规约的无损性。

数据变换：有些数据的形式不适合进行分析或挖掘，需要将这些数据变换成适合分析的格式，或在已有数据的基础上新增维度，或者去掉一些数据中的孤立点，使得挖掘过程更加有效、挖掘模式更易理解。数据变换策略包括：①光滑。去掉数据中的噪音。其技术包括分箱、回归和聚类。②属性构造或特征构造。根据已有的属性或维度构造出更适合分析的新属性或维度。③规范化。把属性数据按比例缩放，使之落入一个特定的小区间。④离散化。数值属性的原始值用区间标签或概念标签替换。⑤有标称数据产生概念分层。属性可以泛化到较高的概念层。

以上组织过程都是对数据的预处理，是构建数据仓库的基石，是产生高质量数据的必需步骤，是获得正确知识的必备条件。在数据仓库构建过程中数据预处理将花费大量的时间和精力。

数据集成：科学的决策必须考虑多个方面的因素，每个因素对应数据库的一个维度，要综合考虑这些维度以及维度间的相互影响。传统的数据库是二维关系的，不能从多个维度分析数据以及数据间的关联。数据仓库通过建立事实表和多个维度表实现了数据的多维关联。事实表是提供分析的事实数据，可称为中心主题。维度表是对每个维度的详细说明。建立事实表和维度表的逻辑关联是构建数据仓库的重要步骤，通过维度表可以建立事实表中各个维度的关联。建立中心事实表与维度表和将多个分散的数据库集成为一个中心数据库的操作称为数据集成，即指将来自多个数据库的数据经过预处理后有机地组织在一起，并且建立事实表与维度表的关联的操作。

数据集成有助于减少结果数据的冗余和不一致，可以提高其后数据挖掘过程的准确性和速度。数据集成主要包括实体识别、消去冗余、元组重组。

实体识别是指对来自多个信息源的现实世界的等价实体进行匹配的问题，主要指名称相同但属性内容不同和名称不同但属性内容相同这两类问题。例如，对于来自多个数据源的同一名称实体，但其属性内容不同，原因可能是计量单位不同，必须要统一属性；一个数据库中的 customer-id 和另一个数据库中的 customer-number 名称不同，但属性的内容相同。因此要依据不同的行业规则，区分开属性名称相同但属性内容不同的维度，合并属性名称不同但属性内容相同的维度。

每个属性的元数据包括名字、含义、数据类型和属性的允许取值范围，以及处理空白、零或 NULL 值的空值规则。两个数据库的属性匹配时，必须特别注意数据的结构。

冗余是数据集成的另一个重要问题。一个属性如果能由其他一个或一组属性导出，则这个属性可能是冗余的，属性命名的不一致也可能导致结果数据集成的冗余。对于不同类型的数据采取的消去冗余方法也不同。对于数值型数据，可以采用相关性分析或协方差的方法来检验属性间的依赖关系。对于其他类型的数据，可以使用卡方检验的方法来检验属性间的依赖关系。

除了检测属性间的冗余外，还应当在元组级检测数据。对于同一个实体，由于数据输入的时间不同、数据格式不同等原因，可能导致对实体的描述前后不一致，需要在元组级对数据进行检测，发现对某一实体描述不一致的地方，并根据有关规则修改该数据。

数据汇总：数据仓库包含大量的数据，服务器要在数秒内响应决策支持查询，这就需要将数据进行汇总，进行预计算，建立数据立方体，从而达到快速响应决策支持的目标。多维数据分析的核心是有效地计算多个维度上的聚集，即从不同的单个维度或者几个维度对数据进行汇总预计算，确保提高查询的效率，这种在维度上的汇总预计算为数据汇总。

在数据集成的基础上，对数据的进一步组织，即构建大量的汇总表。为了在数据仓库环境中加快查询速度，提高查询效率，通常会构建大量汇总表形成数据立方体。数据仓库中的数据是从各个基础的数据源中抽取而来，而汇总表就是通过不同的维度来预计算这些数据，并构成基础数据的聚合型物化视图。

数据仓库的汇总计算形式有多种，比较常见的汇总形式有：简单堆积、轮转综合、简单直接文件、连续文件。

简单堆积结构是数据仓库中最简单最常用的数据汇总形式，是以逐个记录（元组）为基础堆积的数据，其过程就是从操作型环境中传输的日常事务记录，再综合成数据仓库记录，这种综合可以根据任何数据仓库的主题域进行。

轮转综合是简单堆积形式的变种，其过程都是从操作型环境中传输的日常事务记录，但综合的方法不同，轮转综合是对一定周期内的记录进行汇总。每经过一个周期就要对周期内的数据进行汇总，并把汇总的结果存放到高一级周期的记录槽中，同时对周期内的数据清零，并开始记录下一个周期。当高一级周期结束时再将记录槽中的数据汇总放入更高一级周期的记录槽中，以此类推。以某销售公司的时间维度为例，一周的 7 天的记录都逐一综合到 7 个相应的日槽中，下周的周一将 7 个日槽综合在一起，并放入周槽中，各个日槽清零，并开始综合新的一周每天的日综合；月底将本月内的各个周槽加在一起，并放入月槽中，各个周槽清零，并开始下月的周槽综合；年底将各个月槽加在一起，并放入到年槽中，各个月槽清零。

轮转综合与数据的简单堆积相比，仅处理非常少的数据单元。轮转综合的汇总方式具有数据紧凑的优点，但是要丢失一些数据的细节，且提取越久的数据，其细节丢失越多。数据的简单堆积形式具有无数据的细节丢失，但是物理存储需要许多的存储空间，且数据的许多处理与数据本身相关。

数据仓库数据的另外一种汇总形式是简单直接文件，这种形式仅仅将数据从操作环境转入到数据仓库环境中，没有任何积累。以某家零售公司为例，简单直接文件的组织形式不是在每天的基础上组织的，而是以较长时间生成的，比如一个星期或一个月，简单直接文件是操作型数据间隔一定周期的一个快照。

依据两个或更多的简单直接文件生成一种连续文件，这是一种新的数据汇总形式。连续的组织形式可以创建新的连续文件，也可以在原有的连续文件后追加新的简单文件。

因此，构建数据仓库不仅仅是设计数据仓库的结构和简单地把数据装入，而是涉及数据的选择、清洗、处理、关联、集成、汇总等多个方面。完成这些方面的工作不但需要科学的方法，更需要相关工具的支持。

14.1.3　数据仓库的构建工具

数据仓库以关系数据库为依托，以数据仓库理论为指导，以各种数据处理工具为手段，对数据进行整合、清洗、集成、导入、汇总等操作，从而达到对数据进行多层次多视角分析的目的。构建数据仓库的涉及数据库与数据仓库平台、数据预处理的 ETL 工具、数据分析的 OLAP 工具、查询可视化的前端展示工具等。

数据库和数据仓库的物理设计都是基于传统的关系数据库理论，而且两者有融合的趋势。SQLServer、SyBase、DB2、Oracle 都是传统的关系数据库，但经过恰当的数据模型设计或参数设置也可以变成健壮的数据仓库实体。与此同时，数据库也在基于自身的特点不断地发展演变，例如 SyBaseIQ、Terradata 等就是数据库版的数据仓库。

较为全面的 ETL 工具应属 Informatica，但最常见的是与 SQL Server 搭配的 SSIS 和 Oracle 的 OWB。OLAP 也逐渐被融合到数据库和数据仓库产品中来，例如微软的 Analysis Service 和 DB2 的 OLAP Server，通过自身提供的专用接口可以加快多维数据的转换处理。当然像 EssBase 这样纯粹的 OLAP 也是非常优秀的产品，实际上 80% 以上的大型 OLAP 都在采用 EssBase。前端工具较流行的有 Hyperion、BO、Congos、Brio 等。表 14-2 为数据仓库构建平台及其他相关工具。

表 14-2　数据仓库构建平台及相关工具

分类	产品名称	描述
数据库	SQL Server	适合 Windows，满足中小型数据库和数据仓库应用
	SyBase	适合 Windows、Unix，满足中小型数据库和数据仓库应用
	DB2	适合 Unix，满足大型、超大数据库和数据仓库应用
	Oracle	适合 Windows、Unix，满足大型、超大数据库和数据仓库应用
数据仓库	Terradata Datawarehouse	适合 Unix，满足大型、超大数据仓库应用
	DB2Datawarehouse	适合 Unix，满足大型、超大数据仓库应用
	SyBase IQ	适合 Unix，满足大型、超大数据仓库应用
OLAP	MS OLAP Analysis Service	适合 Windows，满足中小型数据仓库应用
	Hyperion Ess Base OLAP Server	适合 Unix，满足大型、超大数据仓库应用
	IBM DB2 OLAP Server	适合 Unix，满足大型、超大数据仓库应用
	SAS OLAP Server	适合 Windows、Unix 及 z/OS，满足大型、超大数据仓库应用
ETL	Informatica	适合 Unix、Windows，专业、全面的、强大的 ETL 工具
	Oracle Warehouse Builder	适合 Unix、Windows，对 Oracle 比较适用的 ETL 工具
	MS Server Integration Serivces	适合 Windows，对 SQLServer 比较适用的 ETL 工具
前端工具	BO Crystal Report	主要适合关系型报表，提供微 CuBe 功能满足 OLAP 建模需要
	HyperionEnterprise	主要适合关系型、OLAP 报表，依托 EssBase 的 OLAP 功能
	MSSQLServer Report Service	主要适合 MSSQLServer 平台

14.2　数据仓库模型

数据仓库所分析的对象，都是现实世界中客观存在的事物。这些事物只有经过逐步抽象的处理，才能最终在数据仓库中得到恰当的描述，且这种描述的抽象化是渐进的，抽象化程度不断提高。抽象的过程中需要使用多种数据模型，而构造这些数据模型的过程，也正是客观对象从单纯的客观存在逐步转化为一种有效的、可供分析处理的计算机中的物理存储的过程。

数据仓库的构建需要从现实世界的客观存在出发，借助合理的元数据模型和粒度模型，构造出数据仓库的概念模型，将具体业务概念化和抽象化，由此建立数据仓库的逻辑模型。概念模型和逻辑模型为建立数据仓库的物理模型打下了基础，保证了数据库中的数据有序组织，从而完成数据仓库的物理实现。

在数据仓库的构造过程中，将客观事物从现实世界的存在到计算机内物理实现的抽象过程分为四个阶段：现实世界、概念世界、逻辑世界和计算机世界。现实世界是存在于现实中的各种客观事物及其相互关系的总和，而数据仓库中的数据知识完整的现实世界的一个真子集，只包含对决策有帮助的所有客观对象。概念世界是人们对现实世界中对象的属性进行分析、逐步概括和归纳之后，将其以抽象的形式反映出来的结果，包括概念和关系两大部分。逻辑世界是指人们依据计算机物理存储的要求，将头脑中的概念进行转化，形成逻辑表达结果，帮助人们将需要描述的对象从概念世界转入计算机世界。计算机世界是指现实世界中的客观对象在计算机中的最终表达形式，即计算机系统中的实际存储模式。

与概念世界、逻辑世界和计算机世界相对应的数据模型，分别称为概念模型、逻辑模型、物理模型。图 14-2 给出了数据仓库中构造过程中各种数据模型的层次与相互关系。

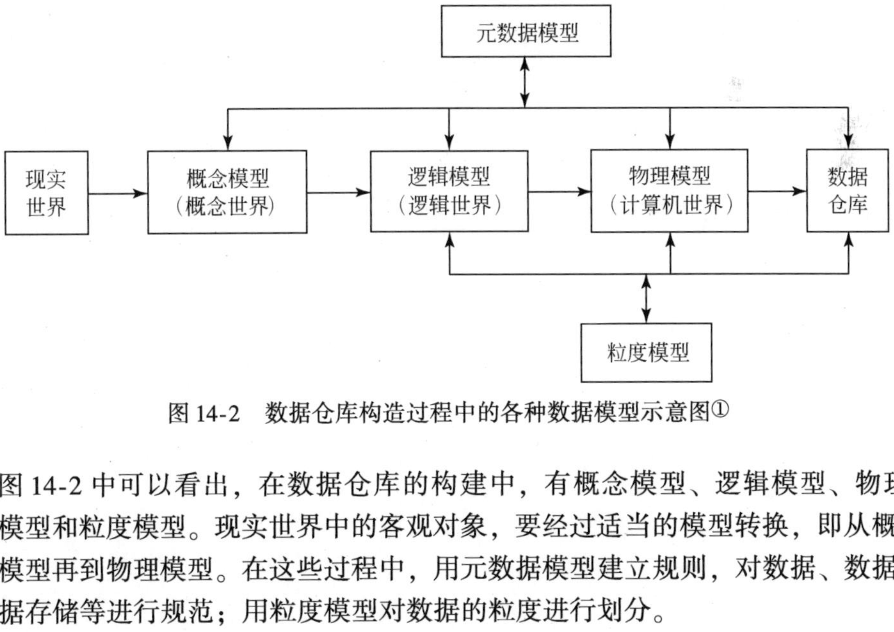

图 14-2　数据仓库构造过程中的各种数据模型示意图①

从图 14-2 中可以看出，在数据仓库的构建中，有概念模型、逻辑模型、物理模型、元数据模型和粒度模型。现实世界中的客观对象，要经过适当的模型转换，即从概念模型到逻辑模型再到物理模型。在这些过程中，用元数据模型建立规则，对数据、数据间的关联、数据存储等进行规范；用粒度模型对数据的粒度进行划分。

14. 2. 1　数据仓库中的概念模型

概念模型是对数据仓库所涉及的现实世界中的所有客观实体进行科学的、全面的分析

① 该图引自苏新宁等编著，由清华大学出版社 2006 年出版的《数据仓库和数据挖掘》：P35

和抽象，为数据仓库的构建制定出蓝图。概念模型设计的关键是要保证所有与数据仓库相关的客观实体（即业务内容）均能得到准确的理解，并被完整地包含在模型中。

数据仓库的概念模型构建方法包括 E-R 图法、面向对象法、动态模型分析法等。E-R 图法具有较好的可操作性、形式简明、易于理解和描述能力强的特点，是建立数据仓库概念模型常用的方法。以 E-R 图法为例，E-R 图法包含事实实体、维度实体、和引用实体三部分。事实实体用于表示现实世界中一系列相互关联的事实，是查询分析的焦点，是数据仓库的中心，对应着数据仓库的事实表。维度实体用于对事实实体的各种属性作细化的描述，是开展查询分析的重要依据，是对用户查询结构进行筛选的工具；引用实体对应于现实世界中的某个具体的实体或对象，其内容是从事务处理数据库中转换而来，在事务数据查询时提供详细的数据，以实现对决策的支持。

但是，E-R 图法也存在着重点不突出的缺陷，其所描述的实体，地位都是平等的，无法反映出决策者所重点关心的对象。因此，需要使用更加合适的方法来设计概念模型，常用的概念模型有星形模型、雪花模型、事实星座模型三种。

1）星形模型

星形模型是相当简洁的数据仓库概念模型，可以很清晰地反映出各实体之间的逻辑关系，并依据实体的重要程度，将这种关系展示出来。星形模型由两部分构成：事实表和维度表。事实表位于星形模型的中心。这个事实表包含大量数据，数据冗余较小，主要用于描述用户最为关心的事物。一般情况下，事实表中的数据只作追加，不进行修改。维度表是事实表的附属表，每个维度表都通过主键与事实表相连，维度表之间通过事实表的中介而建立相互联系。事实表位于中心，维度表则像星光一样围绕着事实表，这也是星形模型得名的由来，图 14-3 给出某零售公司数据仓库中的一个星形概念模型的实例。

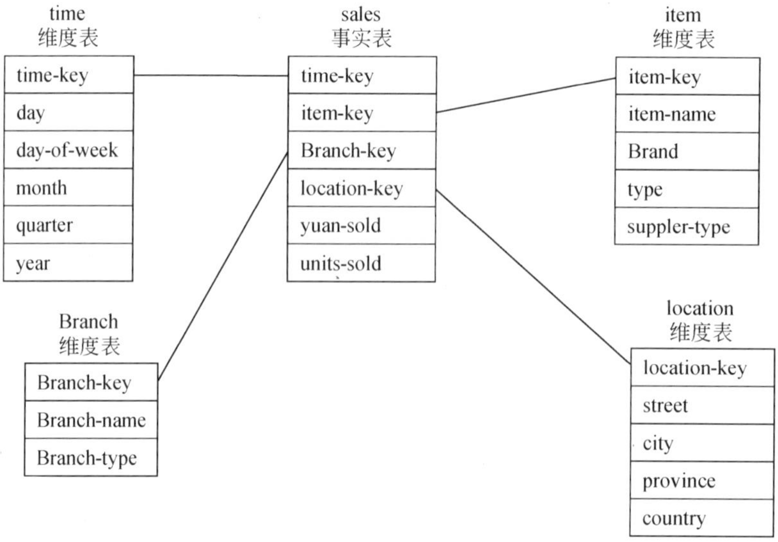

图 14-3　sales 数据仓库的星形模型①

① 该图引自 Jiawei Han 等著《数据挖掘概念与技术》：P140

如图 14-3 所示，每个维度只用一个表表示，而每个表包含一组属性。例如，在维度表 time 中包含属性集 {time-key，day，day-of-the-week，month，quarter，year}，并且通过 time-key 与事实表相连接。一个维度表中的属性可能形成一个层次（全序）或格（偏序）。

星形模型以用户最为关心的事物为中心，将数据仓库连接组合为一个整体。由于每个维度表都利用关键字，通过事实表的外键约束于事实表的某一行。因此查询工作可以从分析维度表中的数据开始，借助维度关键字，方便地链接到星形模型中的事实表。这保证了星形模型具有十分高效的检索效率，从而较好地为用户提供查询、报表、分析等服务。

星形模型适用于大多的数据仓库，但对维度表与事实表间的关系描述能力较弱。因此，星形表较适合事实表与维度表之间的关系比较简单的类型，即仅限于一个事实表与多个维度表构成一到多对应的关联关系。

2）雪花模型

雪花模型是由星形模型拓展而来的，它在事实表和维度表的基础上，增加了一类新表，详细类别表，用于对维度表进行描述。在星形模型中，事实表的规范化程度比较高，但维度表的数据冗余度未加限制。而雪花模型引入了详细类别表，即维度表的维度表，是对维度表说明的表，其目的就是为了将维度表的数据进一步分解，以减少维度表的复杂性，并使详细维度表较低的粒度。雪花模型的维度表较少的冗余，易于维护，节省了存储空间，具有较高的灵活性。但由于表的数量的增多，导致查询时关联操作的增加，降低了浏览的效率，系统的性能会受到影响，所以雪花模型尚不如星形模型流行。雪花模型的实例如图 14-4。

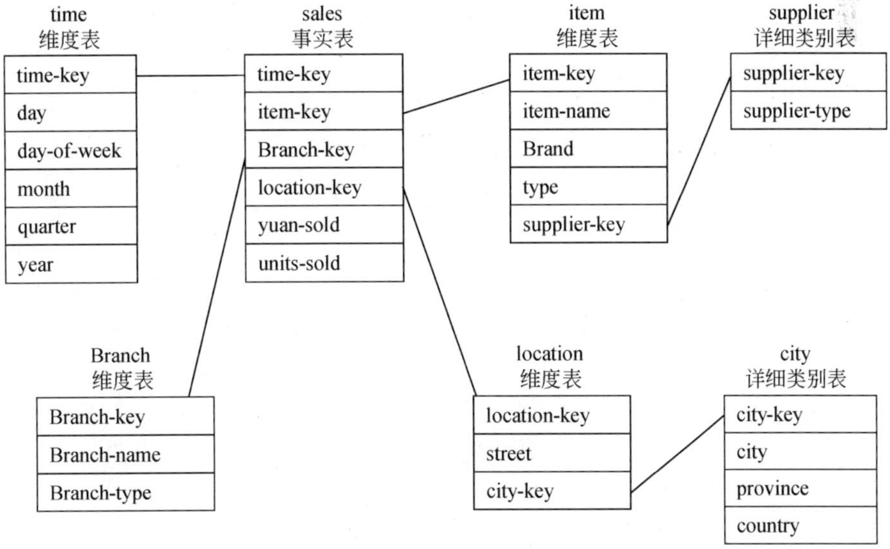

图 14-4 sales 数据仓库的雪花模型①

如图 14-4 所示，星形模型中的 item 的单个维度表在雪花模型被规范化，分成新的维

① 该图引自 Jiawei Han 等著《数据挖掘概念与技术》：P141

度表 item 和详细类别表 supplier，星形模型中维度表 location 也在被规范成新的维度表 location 和详细类别表 city。星形模型适用于维度表本身也需要其他维度表作进一步说明的情形，适应的情形与星型模型相比，都具有一个中心事实表，但雪花模型却多了一个或多个详细类别表，以对维度表进行说明。

3）事实星座模型

事实星座模型往往应用于数据关系更为复杂的事实对象。事实星座模型需要多个事实表共享维度表，因而可以视为星形模型的集合，故也被称为星系模型。事实星座模型如图 14-5 所示。

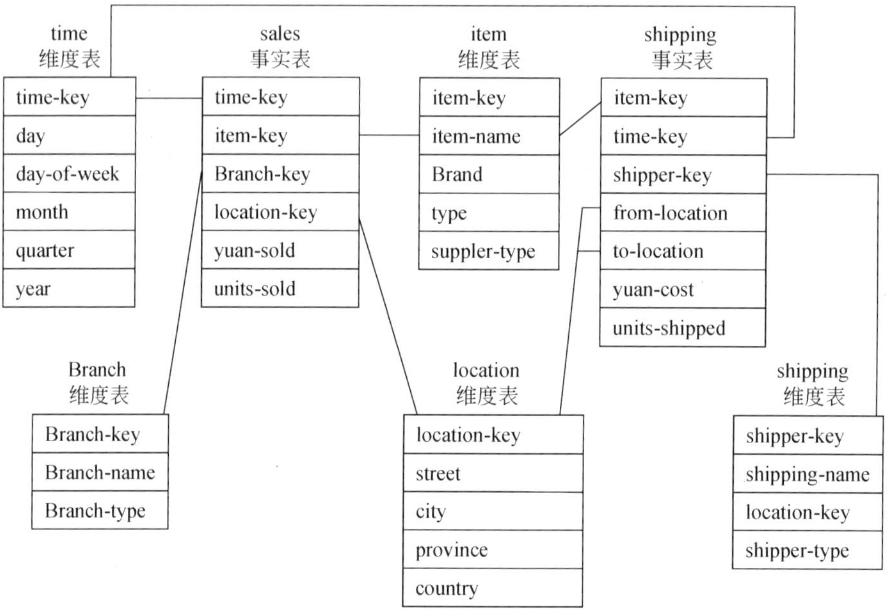

图 14-5　sale 和 shipping 数据仓库的事实星座模型①

在图 14-5 中，有两个事实表：事实表 sales 和事实表 shipping，该模型中的事实表定义和星形模型一样。且两个事实表共享三个维度表：time 维度表、item 维度表和 location 维度表。这种表在实践中使用较少。

在这三种概念模型中，星形模型因结构简单是使用最多的一种数据模型，雪花模型和事实星座模型被使用的次数较少。但随着数据量的增加，数据复杂度的加剧，后两种概念模型也将会得到广泛的应用。

14.2.2　数据仓库中的逻辑模型

逻辑模型是概念模型向物理模型过渡的数据组织模型，也称为中间层数据模型，是确

① 该图引自 Jiawei Han 等著《数据挖掘概念与技术》：P142

保概念模型能够有效地在计算机物理存储实现的模型，是开发者和使用者之间就数据仓库的开发进行交流和讨论的工具与平台。一般而言，高层概念模型中的每一个重要的实体或主题域，都需要建立一个对应的逻辑模型。逻辑模型也是数据仓库组织的逻辑框架。逻辑模型主要包括四种基本的结构元素：初始数据组、二次数据组、连接数据组、类型数据组。

初始数据组：每个实体均拥有且只拥有一个初始数据组，它体现了实体的本质特征。初始数据组的内容和属性需要借助逻辑模型中的其他部件来详细说明。

二次数据组：每个实体均可拥有多个二次数据组，它们通过链接部件与初始数据相连，对初始数据组的内容和属性加以详细说明。

连接数据组：指数据组之间建立联系的部件。借助于连接数据组，初始数据组与二次数据组之间的联系得到了体现，二次数据组因而可以对初始数据组的内容作出详细的说明。

类型数据组：在初始数据组主题下，逐级细化的分类数据。

逻辑模型的这四种基本结构如图 14-6 所示。

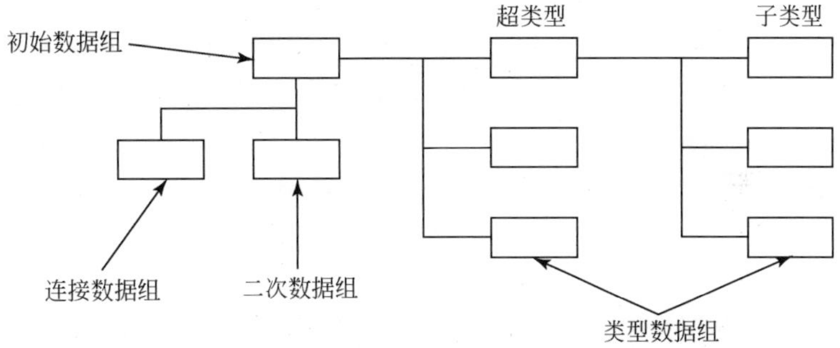

图 14-6 逻辑模型中的四种基本结构

从数据稳定性的角度来观察，除连接数据组之外，从初始数据组，到二次数据组，再到类型数据组，其稳定性是逐步降低的。通过逻辑模型，设计者可向数据仓库的用户提供比概念模型更为详细的系统功能结构图，用户可以从中了解到系统所能提供的功能，以及可以获得哪些知识。在逻辑模型中，数据重组织的优点、数据的属性已经初步体现出来，具备了向物理模型过渡的条件。

14.2.3 数据仓库中的物理模型

数据仓库的物理模型是对数据进行组织的物理实现，即逻辑模型在计算机世界中的具体实现。物理模型的构建包括物理存取方式的设计、数据存储结构的构造、数据存放位置的确定等。物理模型设计应综合考虑机器的 CPU 处理能力、I/O 设备的工作能力及存储设备的空间利用率等因素。针对数据仓库数据存储量大、数据操作方法简单的特点，采用多种技术，提高数据仓库的性能。

数据仓库的物理模型设计，需依据以下要点：①对数据仓库所依据的数据库管理系统

（DBMS）必须有深入的了解，尤其是要了解数据的存储结构和存取的实现方法。②对数据仓库的数据环境尤其是业务数据的数量规模、使用频度、操作方式等方面的特点，要有全面的了解，以便采取有效措施对系统时间和空间的使用效率进行平衡和优化。③对数据仓库外部存储设备的特性必须有足够的了解，如I/O接口的特性、数据分组的方法、磁盘阵列（RAID）的种类与实现手段等。

数据仓库的物理设计的主要内容有：

（1）数据结构的确定。作为数据仓库的基础，DBMS往往可以向用户提供多种存储结构，每种存储结构各有其独特的实现方式。欲选择合适的存储结构，需考虑数据的存储时间、存储空间的效率、数据维护成本等方面的因素。一般来说，数据仓库中的数据都经过了数据预计算和数据分区，最终形成数据立方体的存储格式。

（2）索引策略的确定。数据仓库中的数据存储量十分庞大，但数据仓库内容的更新频率却不高，往往采用定期导入新数据的方法。为有效提高数据仓库的运行效率，必须建立较为复杂的索引策略。

（3）数据存储位置的确定。一般存储在硬盘上，因为硬盘的存储量大，数据传输迅速，检索方便。

（4）存储分配参数的确定。即确定一些具体的、与数据存储分配相关的参数。

尽管数据仓库的实时要求比较低，但在物理模型设计时，也要考虑到其性能和效率，主要应从这几个方面进行考虑：

（1）合理控制数据的规范化程度。由于数据来自不同的地域，且数据格式也不统一，需要建立规范化机制，将杂乱无章的数据统一规范成相同格式的数据，以利于对数据的存储、管理和操作。

（2）设计数据的存储策略。数据仓库的数据是按分级的方法进行组织的。除元数据外，数据一般分为当前细节级、历史细节级、轻度综合级和高度综合级。根据对数据的需求不同，设计出合理的存储策略：服务器级的数据分散存储、磁盘级的存储优化等。

（3）采用RAID技术。使用RAID技术构筑磁盘阵列，获得磁盘存储的容错能力，提高磁盘的I/O性能。

（4）确定科学的索引方法。数据仓库的数据导入是定期的、不频繁的，存储的内容是非易失的、相对稳定的。因而索引的维护工作量小，所以应当设计出全面、科学的索引策略以提高系统的运行效率。

（5）合理控制数据的粒度与数据的分割也非常重要。

14.2.4 数据仓库中的元数据模型

元数据模型是指数据仓库中所有元数据的整体，贯穿于数据仓库的设计、开发和使用过程的始终。元数据模型对于概念模型、逻辑模型、计算机模型之间的转化和数据仓库的建立都是不可或缺的。元数据模型是数据仓库中关于数据、数据操作和应用程序的结构与意义的描述模型。它是对数据进行组织的依据，是数据仓库的核心部件。元数据模型的主要作用包括：

(1) 定义了数据仓库内部的数据逻辑结构和物理结构及其变化，定义了仓库模式、视图、维度、分层结构、导出数据等，以及对数据集市的位置与内容的确定。它是数据仓库系统的结构图和说明书。

(2) 操作元数据定义了数据从抽取、清洗、转换到导入数据仓库的全部处理过程，包括对原始数据的操作历史、数据变换所使用的变换序列、数据清洗、装入的操作、仓库的使用统计、错误报告等。

(3) 用于汇总算法，包括度量和维度定义的算法，数据所处的粒度、划分、主题领域、聚集、汇总、预定义的查询和报告。

(4) 建立了操作环境到数据仓库的映射，包括源数据库及其内容、相关描述以及数据的划分、提取、清理、转换规则、刷新、清洗、安全性等，实现了描述业务规则与数据之间的映射。这种映射可以理解为实际工作中的业务规则与数据仓库内容的对应关系，也是数据分割的依据，是构造数据仓库过程不可或缺的步骤，即对数据仓库中的内容按一定的属性和阈值进行分离，达到提高数据仓库性能的目的，在数据抽取/转换中起到确定数据源、保证数据仓库内容质量和实现属性间的映射与转换的作用。

(5) 定义了系统性能数据，包括对数据刷新、更新、复制等操作的规则以及改善数据存储和检索性能的索引与概要。

元数据模型对数据仓库的作用只有在元数据正确使用后才能体现出来，所以要加强对元数据的搜集、存储和维护的管理。由于元数据的构成与来源的复杂性，就要求在数据仓库中必须有一个完善的机制，避免因元数据的遗漏、错误给数据仓库的构建工作带来消极的影响。

14. 2. 5 数据仓库的粒度模型

粒度模型是指数据仓库在构造过程中各种粒度参数的总和。在从概念模型、逻辑模型，到转换为计算机模型，至最终构建数据仓库的过程中，粒度模型起着至关重要的作用。在设计数据仓库时，需要根据行业的业务特点和决策分析的需求，妥善设定粒度指标，以取得良好的效果。

在构建数据仓库的过程中，构造粒度模型也是一项十分重要的工作。粒度是指数据仓库中记录数据或对数据进行综合时所使用的时间段等参数，它决定了数据仓库中所存储的数据单元在时间上的详细程度和级别。时间段参数越短，粒度级别越细，数据就越详细、越具体，但数据综合性较低；反之，时间段参数越大，粒度级别越粗，就意味着数据综合度越高，但细节的损失也越多，表 14-3 给出了粒度的大小与细节的损失说明（以时间维度为例）。

表 14-3 粒度的大小与细节的损失说明

数据名称	粒度级别	综合性	数据细节	说明
明细数据	低（按事务）	低	高	针对事务记录，无损失
日汇总数据	次低（按每日事务总量）	次低	较高	损失交易细节，无法解释当日明细数据的变化情况
月汇总数据	较高（按每月事务总量）	较高	次低	细节损失较多
年汇总数据	高（按每年事务总量）	高	低	高度概括，仅对一些统计分析功能有意义

如表 14-3 所示，粒度越细的数据，数据的细节也清晰，本身并不进行汇总，但却为汇总准备了条件，属于传统的业务处理数据库处理数据的范畴，是面向事务处理的；粒度粗的数据，是进行汇总后的数据，是预计算后的数据，是存储在数据立方体中的数据，且随着粒度的增大，其数据在立方体中的位置也越高。

怎样对数据仓库中的数据进行正确的粒度划分？这需要由数据仓库表的总行数决定。因数据仓库中的数据存取是通过存取索引实现的，而索引的组织是针对库中表的行来完成的，即在每个索引中，每行必有一个索引项，索引的大小只与表的行数有关。

怎样确定数据仓库中数据的粒度级别？这需要结合业务的特点、分析的类型、总存储空间等因素综合来考虑，其中分析的类型是最重要的因素。从分析需求的角度来说，希望数据能以最原始的状态保存，这样分析的结构才是最可靠的，但是过细的粒度、过大的数据量会给计算机硬件性能提出更高的要求，所以还要结合业务数据的特点，确定合理的粒度值。

构造数据仓库中粒度模型的过程，也是划分数据的粒度和确定数据的粒度级别的过程，实际上是一个决策过程，只有对数据进行的划分和使数据处于恰当的粒度级别，才能使构建的数据仓库产生良好的效用。

14.3 数据仓库组织与构建实例

本节以石油行业的专利数据 16 383 条为实验数据，对这些数据进行复制、抽取、清洗、变换等数据组织，并建立 13 个维度表，最终以 SQL Server Business Intelligence Development Studio 为平台构建出石油领域的专利数据仓库。

14.3.1 数据仓库数据组织

从 CNKI 专利库中检索出了国内 2006 ~ 2012 年石油行业的专利记录并进行手工筛选。选取了 2006 年申请至 2012 年 4 月前入库的共计 16 383 条专利记录作为分析对象，每条专利数据包括专利号、国际分类号、发明人等各种题录数据和专利名称、关键词、摘要等内容数据。需要说明的是：2012 年申请或者公告的数据由于检索时间限制明显不全，2011 年申请的专利在 2012 年 4 月之前有一部分申请尚未公告，所以这一时间段数据会有缺失。所建立的数据仓库可以对石油专利的结构特征进行分析，以了解目前国内石油专利发展现状、趋势及专利间关系。本实例主要阐述专利数据仓库组织的实践过程。

数据复制：从 CNKI 专利库中选择与石油行业相关的 16 383 条专利数据，并以 dbo 格式存放在名称为 Patent_ bak 的数据库中，并将事实表命名为石油领域专利事实表，共有 18 个维度，分别是专利号、发明名称、国际分类号、申请人、联系地址、第一代理人、第一代理机构、发明人、第一发明人、申请日、公开日、公告日、优先权、国际公布、页数、摘要、主权项、国省代码。

数据抽取：假设要对石油领域的专利在时间和地域方面进行分析，那么发明名称、摘要和主权项与数据仓库分析的主题关联性较低，因此去掉这 3 个维度，剩余 15 个维度都与数据仓库的主题相关性较高，确定抽取这 15 个维度作为事实表的列。

数据清洗：如果专利申请没有代理人和代理机构，就会导致“第一代理人”维度和“第一代理机构”维度有大量的空白值；如果专利的优先权没有设定，也会导致“优先权”维度有大量的空白值；如果专利只是申请了国内的专利，而没有申请国外专利，也会导致“国际公布”维度有大量空白值。对这些空白值的处理方式是用“NULL”代替空白值，代替前和代替后的效果比较如表 14-4 所示。

表 14-4　空白值处理前后对照表

空白值处理前				空白值处理后			
第一代理人	第一代理机构	优先权	国际公布	第一代理人	第一代理机构	优先权	国际公布
杨冬	成都虹桥专利……			杨冬	成都虹桥专利……	NULL	NULL
朱永林	哈尔滨市松花…			朱永林	哈尔滨市松花…	NULL	NULL
李丛	辽宁沈阳国兴…			李丛	辽宁沈阳国兴…	NULL	NULL
丁湘俊	中山市科创…			丁湘俊	中山市科创…	NULL	NULL
谢小廷	北京市中实…			谢小廷	北京市中实…	NULL	NULL
蔡学俊	福州元创专利…			蔡学俊	福州元创专利…	NULL	NULL
张果瑞	哈尔滨松花…			张果瑞	哈尔滨松花…	NULL	NULL

一般情况下，数据需要转换和归约，但本例所使用的数据均来自于 CNKI，数据格式相对统一，不需要格式转换。数据量只有 16 383 条，且数据相对来说比较集中，不需要数据规约，因此省略了数据转换和数据归约这两个步骤。

数据变换：数据库中有些维度不适合进行分析，需要对维度进行变换或者添加一些新的维度。在每一条专利数据中，专利国际分类号的形式如“B02C23/08（2006.01）I”，不适合进行数据分析，需要进行数据变换，对国际分类号进行分割。每个专利国际分类号的第一个字母代表国际专利分类法的第一层次的类别，上述“B”就是第一层次的第二个类别。前三个符号代表专利属于大类别中的某个小类别，“B02”代表第 B 个大类别中的第 02 小类别，即代表专利国际分类号的第二层次。C23/08 表示在 B02 这个类别中的编码。至此可以对专利所属的类别进行分析，并建立类别的层次结构。因此，以国际分类号为基础，新建两个维度代表大类别的“国际分类法第一层”和代表大类别中小类别的“国际分类法第二层”。

为了统计专利的申请人数或发明人数，添加新的维度“发明人数”和“申请人数”；为了对比专利的文献的长度，添加维度“页数范围”，分成 1～10、11～20、21～30、31～40、41～50、50 以上六个页数区间；专利的时间跨度只是比较某年申请、公开或公告的专利数，不需要具体到某一天，因此将维度“申请日”“公开日”“公告日”变换成“申请年”“公布年”“公告年”；维度“联系地址”含专利申请所在的地区，基于该维度新建维度“国省名称”；维度“优先权”含有太多的信息，不利于信息的分析，而且只需要了解优先权属于那个国家就行，所以将维度“优先权”变换成维度“优先国”；同理，将维度

“国际公布”变换成维度“公布国”。至此，变换或添加的维度完成，数据预处理也告结束。表 14-5 显示数据变换后添加或变换的维度表。

表 14-5　数据变换后添加或变换的维度表示例

页数范围	国省名称	发明人数	申请人数	国际分类第一层	国际分类第二层	申请年	公布年	公告年	优先国	公布国
1～10	四川省	4	1	B	B02	2007	2008	2008	NULL	NULL
1～10	黑龙江省	7	1	E	E21	2007	2008	2008	NULL	NULL
1～10	辽宁省	1	1	B	B08	2007	2008	2008	NULL	NULL
11～20	广东省	4	1	C	C09	2007	2008	2008	NULL	NULL
1～10	北京市	6	2	G	G01	2006	2008	2008	NULL	NULL
1～10	福建省	1	1	C	C07	2007	2008	2008	NULL	NULL
1～10	湖南省	2	1	B	B01	2006	2008	2008	NULL	NULL
1～10	黑龙江省	3	1	E	E21	2007	2008	2008	NULL	NULL
1～10	江西省	1	1	C	C04	2007	2008	2008	NULL	NULL
11～20	四川省	8	1	C	C02	2007	2008	2008	NULL	NULL
11～20	四川省	4	1	E	E21	2006	2008	2008	NULL	NULL
1～10	四川省	4	1	C	C04	2006	2008	2008	NULL	NULL
11～20	挪威	1	1	E	E21	2006	2008	2008	NO	英
1～10	陕西省	6	1	C	C07	2007	2008	2008	NULL	NULL
1～10	江苏省	1	1	C	C02	2006	2008	2008	NULL	NULL
1～10	北京市	6	2	B	B01	2007	2008	2008	NULL	NULL
11～20	四川省	2	1	C	C09	2007	2008	2008	NULL	NULL
11～20	北京市	13	1	C	C02	2007	2008	2008	NULL	NULL
1～10	上海市	2	1	A	A61	2007	2008	2008	NULL	NULL
11～20	北京市	8	2	B	B01	2006	2008	2008	NULL	NULL
1～10	黑龙江省	1	1	C	C09	2007	2008	2008	NULL	NULL
11～20	北京市	5	1	G	G01	2006	2008	2008	NULL	NULL
1～10	美国	1	1	C	C10	2006	2008	2008	US	英
11～20	美国	1	1	G	G01	2006	2008	2008	US	英

由于只有一个数据源，所以没有数据集成这一过程，直接进行了数据汇总。数据汇总主要采用了简单堆积方法，这种方法依赖于数据仓库中所建立的维度表。

根据地区维度“国省名称”，包含着国内地区和国外地区，所以建立的维度表要有层次。第一层包括国内地区和国外地区，其中 0 代表国内地区，1 代表国外地区；第二层是具体的哪个省或哪个国家，这样就构建出了“地区_ 字典”“地区_ 字典”的内容形式如表 14-6 所示。

表 14-6　维度表“地区_ 字典”示例

编号	国省名称	地区类别	地区代码
1	北京市	国内地区	0
2	山东省	国内地区	0
3	江苏省	国内地区	0
4	辽宁省	国内地区	0
…	…	…	…
32	美国	国外地区	1
33	日本	国外地区	1
34	韩国	国外地区	1
35	法国	国外地区	1

为了更清晰地表示地区的重要性，可以再构建维度表“国内地区_字典”和“国外地区_字典”，作为维度表的后备之用。

根据维度“第一代理机构”中出现的代理机构均列出，建立维度表“第一代理机构_字典”。同理，根据维度“发明书页数”可建立维度表“发明书页数_字典”，根据维度“发明人数”可建立维度表“发明人数_字典”，根据维度“申请人数”可建立维度表“申请人数_字典”，根据维度“页数范围”可建立维度表“发明书页数范围_字典”，根据维度“国际分类第一层”和“国际分类第二层”可建立维度表“国际分类号_字典”，根据维度“公布国”可建立维度表“国际公布国_字典”，根据维度“优先国”可建立“优先国_字典”。这样建立了 8 个维度表。

对于维度“第一代理人”“第一发明人”“第一申请人”来说，仅仅列出所有出现的维度值等并不能完全对这些维度进行分析，因为可能出现同名不同人的情况，所以需要其他的维度对这些维度值加以限制。例如，相同的第一发明人但联系地址不同就不能认定是相同的维度值，这就需要用维度“联系地址”来约束。因此，维度“第一发明人”和“第一申请人”需要维度“联系地址”约束，维度“第一代理人”需要维度“第一代理机构”约束。依据维度“第一申请人”和“联系地址”建立了维度表“第一发明人_ 字典”；依据维度“第一申请人”和“联系地址”建立了维度表“第一申请人_ 字典”；依据维度“第一代理人”和“第一代理机构”建立维度表“第一代理人_ 字典”。表 14-7 显示了维度表“第一代理人_ 字典”的部分内容。

表 14-7　维度表“第一代理人_ 字典”示例

编号	第一代理人	第一代理机构
1	安宝贵	大连东方专利代理有限责任公司
2	安纪平	北京华夏博通专利事务所
3	安丽	中国航天科技专利中心
4	安平	包头市专利事务所
5	安宇宏	北京铭硕知识产权代理有限公司

续表

编号	第一代理人	第一代理机构
…	…	…
38	蔡学俊	福州元创专利代理有限公司
39	蔡学俊	福州元创专利商标代理有限公司
40	曹洪进	北京北新智诚知识产权代理有限公司
41	曹洪进	北京市德权律师事务所
42	曹继红	中国商标专利事务所有限公司

对于维度“发明人数”和“申请人数”，直接将事实表中发明人数从小到大增序排列，并依据上述两个维度建立了两个维度表“发明人数_ 字典”和“申请人数_ 字典”。值得注意的是，维度表只记录表中出现过的人数，若没有出现数字，维度表就不记录。

对于维度“申请年”“公布年”“公告年”，都是关于时间的维度，且粒度都是年，则基于这三个维度只建立一个维度表“时间_字典”。为了强调地区维度的重要性，本例依据维度“国省名称”，建立了两个备用维度表“国内地区_字典”和“国外地区_字典”。

围绕数据仓库的主题，依据相关的维度，共建立了13个子维度表，分别是“发明书页数_字典”“发明人数_字典”“申请人数_字典”“发明书页数范围_字典”“国际分类号_字典”“国际公布国_字典”“优先国_字典”“第一代理人_字典”“第一发明人_字典”“第一申请人_字典”“发明人数_字典”“申请人数_字典”“时间_字典”。

14.3.2 构建数据仓库的实例

本例选择构建数据仓库的工具是 Microsoft SQL Server 2005，构建的平台是 SQL Server Business Intelligence Development Studio（简称 BI）。BI 为用户提供了报表、联机分析和数据挖掘等功能，这些功能为构建数据仓库以及知识发现提供了有力支持。本例选择的数据源是石油行业的专利数据，以数据库中的关系型数据表为事实表基础，构建了“地区_ 字典”等多个维度表，将石油领域专利事实表（中心事实表）和多个维度表关联起来，建立面向石油领域的专利数据仓库，该数据仓库的概念模型采用了星型模型。

基于 BI 构建石油行业专利仓库的基本过程包括：创建 Analysis Services 项目、定义数据源、定义数据源视图、定义多维数据集、部署 Analysis Services 项目等。每个步骤的具体描述如下。

1）创建 Analysis Services 项目

若要在 Microsoft SQL Server 2005 中创建数据仓库，首先应在 Business Intelligence Development Studio 中创建 Microsoft SQL Server 2005 Analysis Services（SSAS）项目。本例基于 Analysis Services 模板创建了名为 patent 的项目。

2）定义数据源

创建 patent 项目后，需要在项目中定义一个或多个数据源，数据仓库即是对多数据源数据的统一和综合。本例将 patent_ bak 数据库定义为 patent 项目的数据源，该数据库属于 SQL server 数据类型，包括国际分类号、地区和申请人、发明人、代理人、代理机构、申请时间、公开时间、公告时间、优先权、发布国、发明书页数、专利名称、摘要以及新建维度国省名称、第一发明人、第一申请人、第一代理人、第一代理机构、发明人数、申请人数、优先国等相关信息，时间跨度为 2012 年 4 月之前的所有石油相关专利，这些可作为维度定义和创建多维数据集的基础。

3）定义数据源视图

数据源视图是指数据源中所有元数据的单一统一视图。由于数据源中可能涉及多种格式、多种类型的数据结构，其元数据纷繁复杂，要对这些数据进行统一和综合，就必须定义一个统一的元数据结构，这样就可以在开发过程中使用这个统一后的元数据，而无需打开与任何基础数据源的连接。

在此步骤中，需要选择数据仓库的逻辑模型。本例选择了星形模型，1 个事实表和 13 个维度表。选定逻辑模型后需要设置各个表主键，并建立事实表和维度表之间的逻辑关系。建立维度表与事实表间逻辑关系的方法是，在设置好逻辑主键的维度表中，找出维度表中字段名与事实表的字段名相同的维度，建立起事实表到维度表的逻辑关系。建立事实表和维度表的关系有两种方式：一种是将事实表中的维度拖到相应的维度表中；另一种是右击事实表的某一维度，选择包含该维度的维度表即可。值得注意的是，在使用后一种方式，如果事实表和维度表包含两个或两个以上相同的字段名时，要建立它们一一对应的逻辑关系，不能在同一个逻辑关系表中建立多个逻辑关系，否则在数据部署时会出现无法部署的问题。另外，在建立逻辑关系时，也允许多个事实表中的维度与同一个维度表建立逻辑关联。在本例中，事实表中的维度“申请年”“公布年”“公告年”都与维度表“时间_字典”建立逻辑关系，在图 14-7 中用三个箭头表示。本例中事实表与 13 个维度表的逻辑关系如图 14-7 所示。

建立事实表与维度表的逻辑关系时，有些维度表用单个维度并不能完全确认维度表和事实表的唯一关联性。图 14-7 中，在第一申请人_字典维度表中，第一申请人相同但联系地址不同，在只用第一申请人这一维度的情况下就把这类数据归在一起，其实他们不是同一类数据。因此，需要维度表中的其他维度与事实表中的维度也建立逻辑关系才能确定维度表和事实表的唯一关联性。所以对维度表第一申请人_字典来说，除了建立维度第一申请人与事实表中的第一申请人之间的逻辑关系外，还需要建立维度联系地址与事实表中的维度联系地址之间的逻辑关系，在图 14-7 中我们用两个箭头线表示；同理，对维度表第一发明人_字典来说，需要分别建立维度第一发明人、联系地址与事实表中的维度第一发明人、联系地址之间的逻辑关系，对维度第一代理人_字典来说，需要分别建立维度第一代理人、第一代理机构与事实表中的维度第一代理人、第一代理机构之间的逻辑关系。

4）定义多维数据集

定义好统一的数据源视图后，就可以创建初始的多维数据集了。多维数据集由两部分构成：维度和事实。其中维度是指观察事实或分析问题的角度，事实则是指根据维度计算

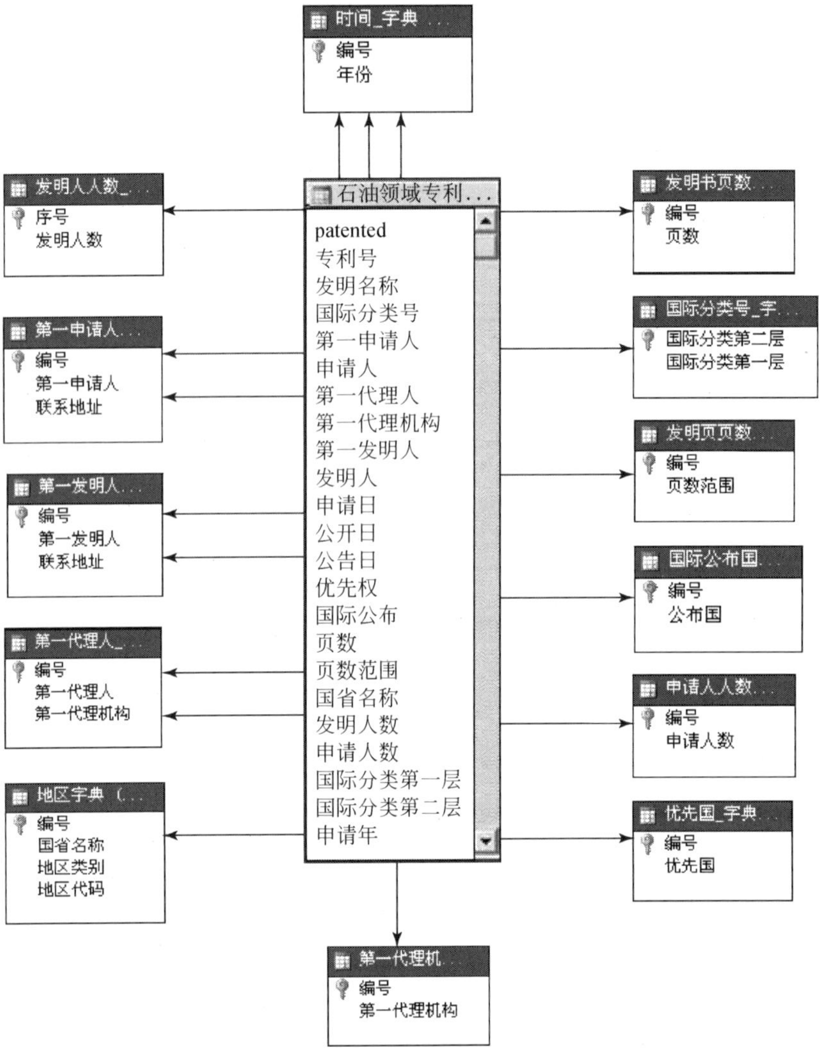

图 14-7　事实表和维度表的逻辑关系示意图

所获得的统计值。OLAP 分析的实质就是通过比较分析不同维度计算出事实。根据数据仓库总线型构建模式，首先定义与任何多维数据集都无关的维度表集合，称之为共享维度；然后再定义集成了部分维度表的一个或多个多维数据集；也可以使用多维数据集向导，一次性定义一个多维数据集及其所包含的事实表和维度，然后在编辑器中修改维度和事实的属性结构。图 14-8 即是本例生成的一个星型多维数据集，其中包括 1 个事实表和 13 个维度表。

多维数据集的构建相当于定义了数据仓库的元数据结构模式以及数据源到数据仓库的数据抽取规则，可以在多维数据集设计器中查看结果，了解维度和多维数据集的属性，修改多维数据集的体系结构，定义维度和度量值组之间的关系以及每个维度在每个度量值组中的粒度等。

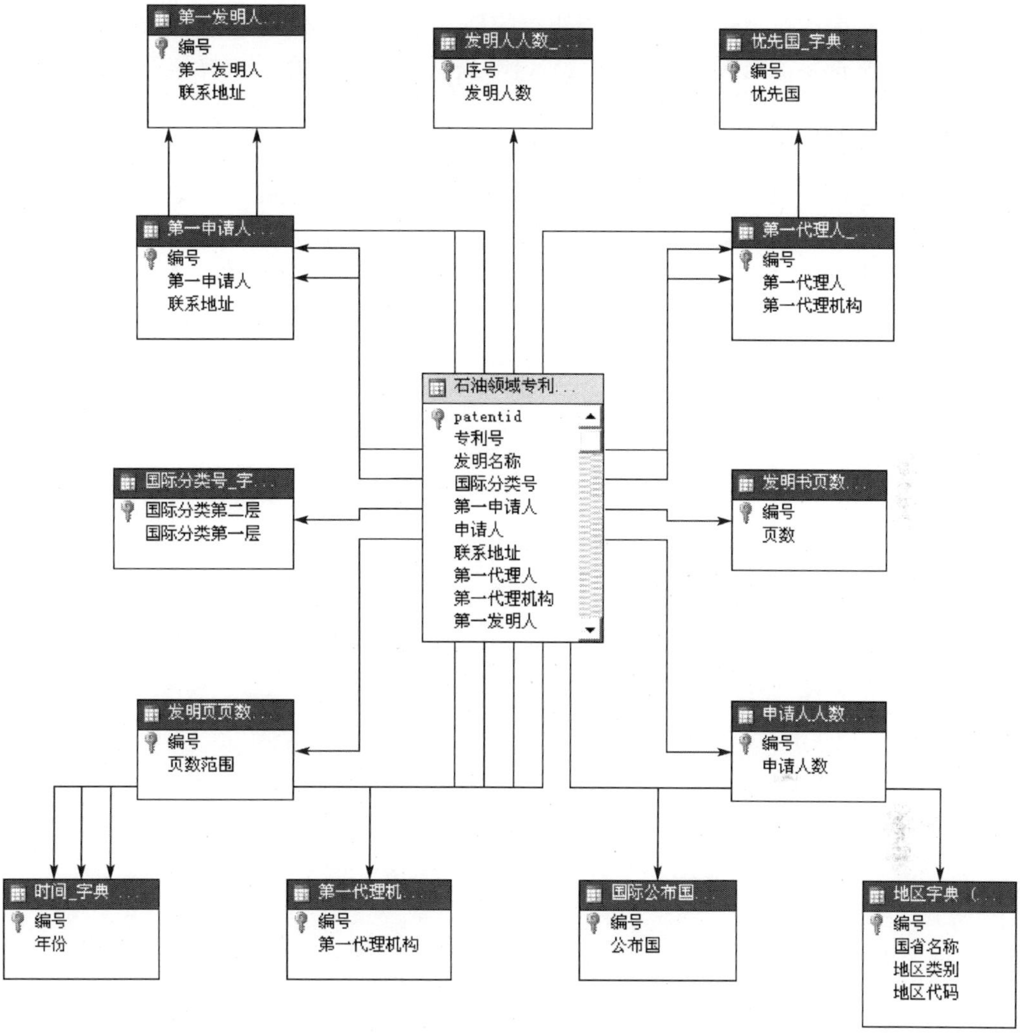

图 14-8　多维数据集的星形模型

5）部署 Analysis Services 项目

若要查看 patent 项目中多维数据集中的数据，必须将该项目部署到 Analysis Services 的指定实例，然后处理该多维数据集及其维度。其实质是根据结构模式创建定义好的对象并基于抽取规则从数据源中抽取数据到多维数据集中。

部署并处理多维数据集成功后，数据立方体 patent_ bak. cube 自动生成，可以在多维数据集设计器的“浏览器”选项卡中查看该立方体。这有助于了解多维数据集的总体情况及其完善方向。例如，可能需要定义维度成员排序顺序、删除不必要的维度属性、定义新的层次结构、修改现有层次结构或配置度量值属性。

在 patent_ bak. Cube 数据立方体上可以进行 OLAP 操作，OLAP 分析的基本操作包括上卷（roll-up）、下钻（drill- down）、切片（slice）、切块（dice）、转轴（pivot）、钻过（drill-across）、钻透（drill-through）等。具体的操作是从左侧的 patent_ bak 的维度表中筛

选的字段拖入到表中所示的位置。但要注意的是，同一维度表的筛选字段拖入同一位置，不同维度表的筛选字段拖入不同的位置，操作完成后将筛选字段拖出操作框即可。

数据仓库为各行各业决策支持提供了科学工具，然而欲保证数据仓库在知识服务和各类决策中有效发挥作用，数据仓库的组织起着很重要的作用。它架构了数据框架、建立了数据之间的语义关系，保证了数据间的多维联系，是当前广泛用于事务处理的数据库技术的有力补充。本章探讨了数据仓库组织的全过程，不仅把重点放在数据仓库的数据模型探讨方面，还对数据仓库构建的前期工作进行了大量阐述，如数据复制、抽取、清洗、转换、规约、变换和集成等。为了给读者更加清晰地认识，本章还以构建石油领域的专利数据仓库为例进行了详细介绍。

参考文献

艾丹祥，张玉峰 . 2003. 利用主题图建立概念知识库 . 图书情报知识，(2) ：48-50.

白海燕，乔晓东 . 2010. 基于本体和关联数据的书目组织语义化研究 . 现代图书情报技术，197 (2)：18-27.

毕强，牟冬梅，刘昆 . 2006. 语义网格环境下数字图书馆知识组织研究 . 图书情报工作，(6)：28-32.

卜东波，白硕，李国杰 . 2002. 聚类/分类中的粒度原理 . 计算机学报，25 (8)：810-816.

卜书庆 . 2009. 基于《中分表》的国家数字图书馆知识组织思考 . 图书馆论坛，(06)：194-198.

布鲁克斯 B C. 1984. 情报学基础（四）. 王崇德译 . 情报科学，(05)：73-75.

陈强，廖开际，奚建清 . 2006. 知识地图研究现状与展望 . 情报杂志，25 (5)：43-46.

陈文伟，陈晟 . 2011. 知识工程与知识管理 . 北京：清华大学出版社 .

陈悦，刘则渊 . 2005. 悄然兴起的科学知识图谱 . 科学学研究，23 (2)：149-154.

丛凯，张霖，罗永亮，等 . 2010. 基于知识库的面向服务架构 . 计算机集成制造系统，16 (8)：1769-1777.

邓小昭，等 . 2010. 网络用户信息行为研究 . 北京：科学出版社 .

董慧，余传明，杨宁，等 . 2006. 基于本体的数字图书馆检索模型研究（Ⅲ）——历史领域资源本体构建 . 情报学报，25 (5)：564-574.

董振东，董强 . 2001. 面向信息处理的词汇语义研究中的若干问题 . 语言文字应用，(3)：28-32.

郜强 . 2011. 基于语义词语相似度计算模型的研究与实现 . 西安：西安电子科技大学 .

高勇 . 2008. 啤酒与尿布：神奇的购物篮分析 . 北京：清华大学出版社 .

郭朝敏，姜丽红，蔡鸿明 . 2012. 一种关系数据库到本体的自动构建方法 . 计算机工程与应用，(7)：115-121.

国家图书馆《中国图书馆分类法》编辑委员会 . 2005. 中国分类主题词表 . 北京：北京图书馆出版社 .

韩家炜，等 . 2012. 数据挖掘概念与技术 . 北京：机械工业出版社 .

贺德方 . 2010a. 《汉语主题词表》的回顾与展望 . 情报理论与实践，(02)：1-4.

贺德方 . 2010b. 国内外知识组织体系的研究进展及应对策略 . 情报学报，29 (6)：963-972.

胡昌平，柯平，王翠萍 . 2005. 信息服务与用户研究 . 北京：科学技术文献出版社 .

蒋永福，李景正 . 2001. 论知识组织方法 . 中国图书馆学报，(1)：3-7.

蒋永福 . 1999. 图书馆与知识组织——从知识组织的角度理解图书馆学 . 中国图书馆学报，25 (5)：19-23.

李道国，苗夺谦，张红云 . 2004. 粒度计算的理论、模型与方法 . 复旦学报（自然科学版），43 (5)：837-841.

梁志峰 . 2010. 基于 Google 趋势分析的区域网络关注度研究——以湘潭为例 . 湖南科技大学学报（社会科学版），13：41-47.

刘晨，殷国富，龙红能 . 2008. 制造工艺知识粒度描述方法与获取算法研究 . 计算机集成制造系统，14 (10)：1966-1973.

刘洪波 . 1991. 知识组织论——关于图书馆内部活动的一种说明 . 图书馆，(2)：14-18.

刘华梅，侯汉清 . 2010. 基于受控词表互操作的集成词库构建研究 . 中国图书馆学报，(03)：67-72.

刘迅 . 1985. 知识工程——未来图书馆学情报学教育内容变化的学科归宿 . 情报科学，(5)：1-6.

刘知远，孙茂松 . 2007. 汉语词同现网络的小世界效应和无标度特性 . 中文信息学报，21 (06)：52-58.

栾尚敏，戴国忠 . 2008. 命题规则知识库更新的一种代数方法 . 中国科学（E 辑：信息科学），38（2）：177-194.
欧石燕 . 2013. 面向中文知识组织系统的术语注册与术语服务构建 . 第十七届海峡两岸信息管理发展与策略学术研讨会论文集 . 南京 .
司莉，陈欢欢 . 2008. 国内外知识地图研究进展 . 图书馆杂志，(8)：13-17.
宋克振，张凯 . 2005. 信息管理导论 . 北京：清华大学出版社 .
苏新宁 . 2000. 中国社会科学引文索引设计 . 情报学报，(4)：290-295.
苏新宁，等 . 2004. 企业知识管理系统 . 北京：科学出版社 .
苏新宁，等 . 2006. 数据仓库和数据挖掘 . 北京：科学出版社 .
苏新宁 . 2012. 中文社会科学引文索引（CSSCI）的设计与应用价值 . 中国图书馆学报，(38)：95-102.
滕广青，毕强，鲍玉来 . 2011. 基于粒度概念分析法的文献关键词分析 . 现代图书情报技术，(9)：1-6.
王东波，朱丹浩，苏新宁 . 2012. 洛特卡现象在汉语词汇句法功能分布复杂度中的呈现 . 情报学报，(3)：297-302.
王昊，谷俊，苏新宁 . 2013. 本体驱动的知识管理系统模型及其应用研究 . 中国图书馆学报，(2)：98-110.
王昊，苏新宁 . 2011. 基于 CSSCI 本体的知识检索服务平台构建及应用 . 现代图书情报技术，(3)：22-29.
王建勇，单松巍，雷鸣，等 . 2001. 海量 Web 搜索引擎系统中用户行为的分布特征及其启示 . 中国科学：(E 辑)，31（4)：372-384.
王军，程煜华 . 2009. 基于传统知识组织资源的本体自动构建 . 情报学报，28（5)：651-657.
王曰芬，熊铭辉，吴鹏 . 2008. 面向个性化服务的知识组织机制研究 . 情报理论与实践，(1)：7-11.
王曰芬，章成志，张蓓蓓，等 . 2007. 数据清洗研究综述 . 现代图书情报技术，(12)：50-56.
王知津，王璇，马婧 . 2012. 论知识组织的十大原则 . 国家图书馆学刊，(4)：3-11.
王知津 . 1998. 从情报组织到知识组织 . 情报学报，(3)：230-234.
王忠红 . 2009. 知识组织工具的发展和趋势 . 图书情报知识，132（6)：97-102.
危辉 . 2008. 语义问题与人工智能模型构造的系统观点 . 心智与计算，9（4)：14 -15.
肖希明 . 2006. 信息资源建设：概念、内容与体系 . 中国图书馆学报，(5)：5-8.
徐丽，丁世飞 . 2011. 粒度聚类算法研究 . 计算机科学，38（8)：25-28.
薛建武，勾苗，吴拓 . 2011. 基于 SKOS 的国防科学技术叙词表向本体的转换研究 . 情报学报，30（3)：310-317.
杨谱春 . 1999. 认识地图的完善——自然词叙词表描述客观知识结构的功能 . 图书与情报，(4)：33-34.
杨人子，严洪森 . 2011. 基于信息粒度的知识网的模糊分类与检索方法 . 自动化学报，37（5)：585-595.
尹盼盼，崔荣一 . 2012. 基于用户行为分析的文献阅读价值评估方法 . 计算机应用研究，29（4)：1285-1288.
袁翰青 . 1964. 现代文献工作基本概念 . 图书馆，(2)：25-31.
曾建勋 . 2011. 知识链接的研究现状与发展趋势 . 情报理论与实践，34（2)：119-123.
曾文，王惠临 . 2010. 主题词表自动构建技术研究 . 情报理论与实践，(06)：117-120.
翟爽，宋文 . 2010. 社会标签进展研究概述 . 图书情报工作，54：41-44.
张琪玉 . 1993. 分类标记原理与方法概述 . 图书馆，(1)：12-16.
张雪英，侯汉清 . 2000. 叙词表词汇转换系统的设计 . 情报学报，19（5)：451-457.
赵昌葆 . 2006. 工程知识粒度化技术及其应用研究 . 西安：西北工业大学 .
中国大百科全书编辑委员会 . 2009. 中国大百科全书（第二版）（第 13 卷）. 北京：中国大百科全书出版

社.
中国大百科全书编辑委员会.2009. 中国大百科全书（第二版）（第22卷）. 北京：中国大百科全书出版社.
中国大百科全书编辑委员会.2009. 中国大百科全书（第二版）（第24卷）. 北京：中国大百科全书出版社.
中国大百科全书编辑委员会.2009. 中国大百科全书（第二版）（第25卷）. 北京：中国大百科全书出版社.
中国科学技术情报研究所等编.1980. 汉语主题词表. 北京：科学技术文献出版社.
中国情报学百科全书编委会.2010. 中国情报学百科全书. 北京：中国大百科全书出版社.
周芝芬.2004. 基于数据仓库的数据清洗方法研究. 上海：东华大学.
朱庆华，李亮.2008. 社会网络分析法及其在情报学中的应用. 情报理论与实践，(31)：179-182.
Abbas J. 2010. Structures for Organizing Knowledge: Exploring Taxonomies, Ontologies, and Other Schema. New York: Neal-Schuman Publishers.
Alexander Sigel. The "Knowledge Organization on Internet" Mini- FAQ. http://www.isko.org/wiss-org.faq.html.
Amancio D R, Nunes M G V, Oliveira Jr O N, et al. 2012. Using complex networks concepts to assess approaches for citations in scientific papers. Scientometrics, 91 (3): 827-842.
Apache Jena. http://jena.apache.org/index.html.
Baader F, Calvanese D, McGuinness D, et al. 2003. The Description Logic Handbook: Theory, Implementation and Applications. Cambridge: Cambridge University Press.
Banks M G. 2006. An extension of the Hirsch index: Indexing scientific topics and compounds. Scientometrics, 69 (1): 161-168.
Berners-Lee T, Hendler J, Lassila O. 2001. The semantic web. Scientific American, 284 (5): 28-37.
Bibliographic Ontology Specification. http://www.frbr.org/2008/06/06/bibliographic-ontology-specification-10.
Bizer C, Heath T, Berners-Lee T. 2009. Linked data-the story so far. International Journal on Semantic Web and Information Systems (IJSWIS), 5 (3): 1-22.
Borst P, Akkermans H, Top J. 1997. Engineering ontologies. International Journal of Human-Computer Studies, 46 (2): 365-406.
Brachman R J. 1977. What's in a concept: structural foundations for semantic networks. International Journal of Man-Machine Studies, 9 (2): 127-152.
Breese J S, Heckerman D, Kadie C. 1998. Empirical analysis of predictive algorithms for collaborative filtering. Proceedings of the 14th Conference on Uncertainty in Artificial Intelligence (UAI-98). Sar Francisco.
Cancho R F, Solé R V. 2001. The small world of human language. Proceedings of the Royal Society of London Series B: Biological Sciences, 268 (1482): 2261-2265.
Cheng G, Ge W, Qu Y. 2008. Falcons: searching and browsing entities on the semantic web//Proceedings of the 17th international conference on World Wide Web. ACM.
Choudhury M, Chatterjee D, Mukherjee A. 2010. Global topology of word co-occurrence networks: Beyond the two-regime power-law//Proceedings of the 23rd International Conference on Computational Linguistics: Posters. Association for Computational Linguistics.
Citespace. http://cluster.cis.drexel.edu/~cchen/citespace/.
Cluto. http://glaros.dtc.umn.edu/gkhome/cluto/cluto/.
Code4rda. http://code.google.com/p/code4rda/.

Cooley R, Mobasher B, Srivastava J. 1997. Web mining: Information and pattern discovery on the world wide web//Tools with Artificial Intelligence, 1997. Ninth IEEE International Conference.

Dahlberg I. 2011. Brief Communication: How to Improve ISKO's Standing: Ten Desiderata for Knowledge Organization. Knowledge organization, 38 (1): 68-74.

Dewey Decimal Classification. https: //www. oclc. org/dewey. en. html.

Ding L, Finin T, Joshi A, et al. 2004. Swoogle: a search and metadata engine for the semantic web//Proceedings of the thirteenth ACM international conference on Information and knowledge management. ACM.

Eppler M J. 2001. Making knowledge visible through intranet knowledge maps: concepts, elements, cases// System Sciences, 2001. Proceedings of the 34th Annual Hawaii International Conference.

Erdös P, Rényi A. 1960. On the evolution of random graphs. Publications of the Mathematical Institute of the Hungarian Academy of Sciences, 5: 17-61.

Freeman L C. 1979. Centrality in social networks conceptual clarification. Social networks, 1 (3): 215-239.

Friedman A, Thellefsen M. 2011. Concept theory and semiotics in knowledge organization. Journal of documentation, 67 (4): 644-674.

Goldberg D, Nichols D, Oki B M, et al. 1992. Using collaborative filtering to weave an information tapestry. Communications of the ACM, 35 (12): 61-70.

Gruber T R. 1993. A translation approach to portable ontology specifications. Knowledge acquisition, 5 (2): 199-220.

Gruber T R. 1995. Toward principles for the design of ontologies used for knowledge sharing? . International journal of human-computer studies, 43 (5): 907-928.

Guan J C, Gao X. 2009. Exploring the h-index at patent level. Journal of the American Society for Information Science and Technology, 60 (1): 35-40.

Guare J. 1990. Six degrees of separation: A play. New York: Vintage Books.

Heath T, Bizer C. 2011. Linked data: Evolving the web into a global data space. Synthesis lectures on the semantic web: theory and technology, 1 (1): 1-136.

Hernández M A, Stolfo S J. 1998. Real-world data is dirty: Data cleansing and the merge/purge problem. Data mining and knowledge discovery, 2 (1): 9-37.

Hill L, Buchel O, Janée G, et al. 2002. Integration of knowledge organization systems into digital library architectures. Thirteenth ASIS&T SIG/CR Workshop on Reconceptualizing Classification Research. Philadelphia.

Hirsch J E. 2005. An index to quantify an individual′s scientific research output. Proceedings of the National Academy of Sciences of the United States of America, 102: 16569 - 16572.

Hodge G. 2009. Systems of Knowledge Organization for Digital Libraries: beyond Traditional Authority Files. Washington DC: The Digital Libray Federation Council on Library and Information Resources.

Hung S W, Wang A P. 2010. Examining the small world phenomenon in the patent citation network: a case study of the radio frequency identification (RFID) network. Scientometrics, 82 (1): 121-134.

ICTCLAS. http: //ictclas. nlpir. org/.

iso jtc 1/sc 34. http: //www. iso. org/iso/iso_ technical_ committee. html? commid=45374.

Joachims T. 2002. Optimizing search engines using clickthrough data//Proceedings of the eighth ACM SIGKDD international conference on Knowledge discovery and data mining. ACM.

Kalfoglou Y, Schorlemmer M. 2003. Ontology mapping: the state of the art. The knowledge engineering review, 18 (1): 1-31.

Kessler M M. 1963. Bibliographic coupling between scientific papers. American documentation, 14 (1): 10-25.

Lee L. 2001. Knowledge sharing metrics for large organization //Morey D, Maybury M, Thuraisingham B. Knowledge Management. Cambridge: The MIT press.

MarOntontology. http: //deri. semanticweb. org/content/marcont-ontology.

Maximum Entropy Modeling Toolkit for Python and C++. http: //homepages. inf. ed. ac. uk/lzhang10/maxent_toolkit. html#intro.

Menzel C. 2011. Knowledge representation, the World Wide Web, and the evolution of logic. Synthese, 182 (2): 269-295.

MeSH. http: //www. ncbi. nlm. nih. gov/mesh.

Metzing D. 1980. Frame Conceptions and Text Understanding. Berlin: Walter de Gruyter.

Minsky M L. 1968. Semantic information processing. Cambridge: The MIT press.

MOD Schema. http: //www. loc. gov/standards/mods/.

Morris S A, Yen G, Wu Z, et al. 2003. Time line visualization of research fronts. Journal of the American society for information science and technology, 54 (5): 413-422.

Neches R, Fikes R E, Finin T, et al. 1991. Enabling technology for knowledge sharing. AI magazine, 12 (3): 36.

NoteExpress. http: //www. reflib. org/CompanyWeb/.

OWL 2. http: //www. w3. org/TR/owl2-overview/.

Quilian M R. 1968. Semantic Memory//Minsky M L. 1968. Semantic information processing. Cambridge: The MIT press.

Small H. 1973. Co- citation in the scientific literature: A new measure of the relationship between two documents. Journal of the American Society for information Science, 24 (4): 265-269.

Smiraglia R P, van den Heuvel C. 2011. Idea collider: from a theory of knowledge organization to a theory of knowledge interaction. Bulletin of the American Society for Information Science and Technology, 37 (4): 43-47.

Steyvers M, Tenenbaum J B. 2005. The Large - Scale Structure of Semantic Networks: Statistical Analyses and a Model of Semantic Growth. Cognitive science, 29 (1): 41-78.

Sure Y, Studer R. 2005. Semantic Web technologies for digital libraries. Library Management, 26 (4/5): 190-195.

Svenonius E. 2000. The Intellectual Foundation of Information Organization. Cambridge: The MIT press.

Tang L, Zhang Y G, Fu X. 2005. The statistic properties of Chinese semantic network in HowNet . Proceedings of 2005 IEEE International Conference on Natural Language Processing and Knowledge Engineering.

Vail E F. 1999. Knowledge mapping: getting started with knowledge management. Information systems management, 16 (4): 16-23.

Wang H C, Kuo H C, Chen H H, et al. 2005. KSPF: using gene sequence patterns and data mining for biological knowledge management. Expert Systems with Applications, 28 (3): 537-545.

Watts D J, Strogatz S H. 1998. Collective dynamics of "small-world" networks. Nature, 393 (6684): 440-442.

William S, Austin T. 1999. "Ontologies" . IEEE Intelligent Systems, 18-19.

Yun G, Shin D, Kim H, et al. 2011. Knowledge-mapping model for construction project organizations. Journal of Knowledge Management, 15 (3): 528-548.